Theories of Administrative Action

行政行为原理

叶必丰 /著

商务印书馆
创于1897 The Commercial Press
2019年 · 北京

图书在版编目(CIP)数据

行政行为原理/叶必丰著. —北京:商务印书馆,2019
ISBN 978-7-100-17187-8

Ⅰ.①行… Ⅱ.①叶… Ⅲ.①行政行为—行政法—研究—中国 Ⅳ.①D922.112.4

中国版本图书馆 CIP 数据核字(2019)第 046538 号

行政行为原理

叶必丰 著

商 务 印 书 馆 出 版
(北京王府井大街36号 邮政编码100710)
商 务 印 书 馆 发 行
北京艺辉伊航图文有限公司印刷
ISBN 978-7-100-17187-8

2019 年 5 月第 1 版　　开本 880×1230 1/32
2019 年 5 月北京第 1 次印刷　　印张 15¼

定价:64.00 元

目　　录

前　言

行政行为原理是作者长期研究的一个领域。

从1996年起到2006年国家社科基金项目“行政行为原理研究”立项之前，作者在行政行为原理领域先后发表了《行政行为的确定力研究》（《中国法学》1996年第3期）、《行政不作为略论》（《法制与社会发展》1996年第5期）、《论行政行为的执行力》（《行政法学研究》1997年第3期）、《行政行为的公定力》（《法学研究》1997年第5期）、《假行政行为》（《判例与研究》1998年第1期）、《论行政行为的补正》（《法制与社会发展》1998年第1期，与张辅伦合作）、《现代行政行为的理念》（《法律科学》1996年第6期）、《行政行为的模式》（罗豪才主编：《行政法论丛》1999年第2卷，法律出版社1999年版）、《法学思潮与行政行为》（《浙江社会科学》2000年第3期）、《论行政行为的解释》（《珞珈法学论坛》，武汉大学出版社2000年版）、《宪政行为与行政行为》（《北大法律评论》2001年卷）、《行政行为执行力的追溯》（《法学研究》2002年第5期）、《行政行为的生效时间》（《湖北行政学院学报》2002年第5期）、《抽象行政行为的由来、范围和合法要件》（刘茂林主编：《公法评论》第1卷，北京大学出版社2003年版）、《行政行为的分类：概念重构抑或正本清源》（《政法论坛》2005年第5期，《新华文摘》2005年第23期）和《我国区域经济一体化背景下的行政协议》（《法学研究》2006年第2期）。同时，作者主持了“行政行为判解”丛书，出版了《应申请行政行为判解》（武汉大学出版社2000年版）和《行政行为的效力研究》

(中国人民大学出版社 2002 年版),以及撰写了若干重要教材、著作中的行政行为原理部分。

在这期间,作者还发表和出版了少量行政行为制度方面的论文和著作,包括《论行政罚款》(《法学研究》1990 年第 5 期)、《论规范性文件的效力》(《行政法学研究》1994 年第 4 期)、《公共利益本位论与行政担保》(《中央政法管理干部学院学报》1997 年第 5 期,与周佑勇合作)、《论教师职称授予行为的法律性质》(《江西社会科学》1998 年第 2 期,与周佑勇合作)、《行政即时强制界说》(《求是学刊》2000 年第 1 期,与何琳合作)和《规范性文件的种类》(《行政法学研究》2000 年第 2 期),以及《行政处罚概论》(武汉大学出版社 1990 年版)和《行政规范研究》(法律出版社 2002 年版,与周佑勇合作)。

另外,作者还组织所在学科点的研究生,对行政行为原理展开研究。作者直接指导或参与指导的学位论文有《行政不作为》(周佑勇硕士学位论文)、《未型式化行政行为论》(李傲硕士学位论文)、《论行政行为的告知》(张辅伦硕士学位论文)、《行政行为的附款》(喻少如硕士学位论文)、《受欺诈行政行为》(肖军硕士学位论文)、《需补充行政行为》(张鹏硕士学位论文)和《需补充行政行为研究》(韩思阳硕士学位论文)等。

作者一直期待有机会对已有的研究做一次系统的梳理,并对一些尚未研究的领域进行研究。自 2006 年国家社科基金项目立项以来,作者先后发表的阶段性成果有:《受欺诈行政行为的违法性和法律责任——以行政机关为视角》(《中国法学》2006 年第 5 期)、《经济宪法学研究的尝试:分税制决定权的宪法解释》(《上海交通大学学报》哲社版 2007 年第 6 期)、《大型公共活动中政府维护公共安全职责的履行》(《上海交通大学学报》哲社版 2008 年第 2 期)、《行政和解和调解:基于公众参与和诚实信用》(《政治与法律》2008 年第 5 期,《新华文摘》

2008年第17期)、《需补充行政行为:基于监督的制度分析》(《行政法学研究》2008年第3期)、《需上级指示行政行为的责任——兼论需合作行政行为的责任》(《法商研究》2008年第5期)、《具体行政行为框架下的政府信息公开》(《中国法学》2009年第5期)和《规则抄袭或细化的法解释学分析——部门规则规定应急征用补偿研讨》(《法学研究》2011年第6期)。这一期间还完成了教育部规划课题,出版了《行政协议——区域政府间合作机制研究》(法律出版社2010年版,与何渊、李煜兴、徐健合作)。

"一切研究之要务在于寻找到与其研究对象相适应的研究方法。"①作者在对前期研究的梳理,以及对新领域的研究中,主要采用了下列方法:第一,逻辑分析方法。这一方法主要运用于对一些基本理论问题的讨论,包括对法学思潮与行政行为、依法治国与行政行为和行政行为的模式等问题的讨论,以确立有关行政行为的基本理念和原理。第二,比较分析法。其中,学说的比较分析,主要用于讨论行政行为的分类及抽象行政行为的由来、范围和合法要件等,以梳理有关行政行为学说及其发展脉络。制度比较分析,主要用于对我国尚未建立的行政行为制度,希望通过比较提炼出某些具有一般规律的原理,以便我国制度建设时可供借鉴。这些讨论包括宪法行为与行政行为和具体行政行为的更正等。第三,制度分析方法。对需合作行政行为来说,学说中并无太大争议,但现实中问题很多。现实中的问题,主要涉及制度设计及运行,因而采用了制度分析方法来加以讨论。在做这种分析的时候,作者没有直接去讨论学说、判例或国外的经验,只是把这些素材作为认识和分析制度的工具和框架。第四,判例研究方法。"法学的任何科学

① [奥]埃利希:《法社会学原理》,舒国滢译,中国大百科全书出版社2009年版,第8页。

阐释都必将以法官法学作为出发点”,“法官法学总是被看作是主导性的,而且经常被看作是唯一的法学”。① 尽管“人类生活本身并非都是在法庭前上演的”,但在20世纪初“将司法判决引入现行法的阐释之中,这被认为是一项开拓性的创新”。② 这一方法也是本书最重要的研究方法,本书一半以上的章节都是运用这一方法撰写的。判例是一种司法实践,蕴含着丰富的解决问题方法或智慧,对争议已有终局性的法律结论。通过观察、概括和总结,作者试图提炼出某些共同特征,把解决问题的方法努力概括为可适用的规则,使学说具有本国基础或中国元素。对判例的观察、概括,本书遵循最高法院指导案例、最高法院公报案例、最高法院各业务庭参考案例、最高法院终审案例和地方法院案例的位阶次序。也就是说,只有在高位阶判例中没有相应实践时,才引用下一位阶判例。同时,对判例内容的援用还遵循裁判摘要或裁判要旨、判词、裁判要旨理由的次序规则。第五,归纳研究方法。“在真正的科学中,归纳方法占主导地位,它力图通过事实的观察和经验的积累使我们洞察事物的本质。”或者说,“每一次演绎之前都必须有一种归纳”。③ 本书对归纳方法是与判例方法相结合加以运用的,通过“对事实上在司法上实践过的东西进行描述”,④归纳和总结当下的行政行为实然状态。总体上说,本书的写作不是基于立法主义而是基于解释主义的立场展开的。这是因为立法主义的制度建构,毕竟要比解释主义的功能释放消耗更多的社会资源。我们只有在现有的制度无法释放所需要的功能,或者说功能的释放遭遇了制度瓶颈的时候,才需要制度

① [奥]埃利希:《法社会学原理》,舒国滢译,中国大百科全书出版社2009年版,第262页。

② 同上书,第20、22页。

③ 同上书,第8、522页。

④ 同上书,第191、475页。

建构。

本书写作的指导思想,是努力实现行政行为原理的中国化。作者努力以我国实践的需求来讨论和研究行政行为原理,用经实践检验而累积的经验来校正自己在学说借鉴中的谬误。这一努力是通过判例的运用来实现的。判例中当事人之间的争议是中国的,解决争议的法院是中国的,解决争议的方法或规则也是中国的。判例中法院对行政行为的阐述所构成的理论,自然是中国的。当然,在我国适用的立法,在我国的行政实践,也都是中国的。但行政行为从根本上说来源于司法并服务于司法,立法、行政和司法中司法又是最终的。司法是法律规则的表述者,甚至是法制的生成机制。从本书有关重大明显瑕疵、无效行政行为和行政合同的考察可以明显地发现,即使没有相关的法律规定,基于当事人争议的逼迫,法院也需要表明自己的态度,从而逐渐形成一套规则。在此意义上,司法甚至是法律规则的发现者或制定者。司法是行政实践的判断者,是随意行政的矫正者。行政法主要应该是司法的法。通过判例来实现行政行为原理的中国化,其实也为行政行为学说建立了坚实的实践基础。

在体系安排上,本书没有采用教材式的写作体例,而采用了专题式的论证方式。这样一种安排,有利于了解本书的问题意识,研究方法和分析框架,以及所取得的结论。为此,作者在每章前都简单介绍了研究思路,每节后都有简短结语。

在本书中,作者是把"行政行为"作为最广义的概念来解释和使用的,即既包括法律行为又包括事实行为,既包括单方行为又包括双方行为,既包括抽象行政行为又包括具体行政行为。但是,行政行为原理的研究重点,却是具体行政行为。本书对此做了较大篇幅的讨论。作者一直主张将具体行政行为称为"行政决定",但为了保持与学界的一致性,在本书中仍称其为具体行政行为。需要说明的是,在引用日本和欧洲大陆法系文献时，其“行政行为”即为我们的具体行政行为；在引用我国台湾学者的文献时，其“行政处分”亦系我们的具体行政行为。同时，基于前后文可理解的考虑，作者有时也省去“具体”两字，而直接使用“行政行为”。有的裁判文书也基于前后文逻辑，直接使用“行政行为”而没有处处使用“具体行政行为”。作者在引用这些裁判文书时，并没有去添加“具体”两字予以说明。另外，依申请行政行为、需补充行政行为、需合作行政行为、受欺诈行政行为、瑕疵行政行为、无效行政行为等，都是指具体行政行为。之所以没有“具体”两字，是因为这些分类本来就是基于具体行政行为所进行的。况且，也是约定俗成。加上“具体”两字，如“受欺诈具体行政行为”，既不顺畅又会造成抽象行政行为也有受欺诈行为的误解。

从 1996 年开始到现在，作者对行政行为原理的关注和思考已经 17 年，也发表或出版了较多论著。在此，我对各位编辑的支持和厚爱，谨表诚挚的谢意！在课题结项并获“优秀”后，作者又花了近两年的时间，根据新的文献和判例对结项报告进行反复修改。但是，作者很多认识仍然是粗浅的。对外国学说和立法的引用，仅限于文本；对司法判例的援用，除了位阶规则和内容规则外并没有建立和使用其他更严格的标准。需要研究和需要深化的行政行为原理，还有不少，本书稿也并非全面系统。加上作者的能力所限以及杂务分心，本书与应该有的期待还有很大的距离。这是作者今后需要继续努力思考的，也敬请读者批评指正。

叶必丰

2013 年初夏于意心居

缩　略　语

本书除直接引用外，使用下列缩略语：

1.《最高人民法院关于审理政府信息公开行政案件若干问题的规定》，2011 年 7 月 29 日，法释[2011]17 号，缩略为"最高法院政府信息公开案件规定"。

2.《最高人民法院关于执行〈中华人民共和国行政诉讼法〉若干问题的解释》，1999 年 11 月 24 日，法释[2000]8 号，缩略为"行政诉讼法若干问题解释"。

3.《最高人民法院关于审理行政许可案件若干问题的规定》，2009 年 11 月 9 日最高法院审判委员会第 1476 次会议通过，法释[2009]20 号，缩略为"最高法院行政许可法解释"。

4.《最高人民法院关于人民法院依法执行行政机关的行政处罚决定应用何种法律文书的问题的批复》，1985 年 9 月 14 日，缩略为"最高法院应用法律文书批复"。

5.《最高人民法院关于贯彻执行〈中华人民共和国行政诉讼法〉若干问题的意见（试行）》，1991 年 7 月 11 日起试行，2000 年 3 月 10 日废止，缩略为"最高法院贯彻行政诉讼法意见"。

6.《最高人民法院关于办理申请人民法院强制执行国有土地上房屋征收补偿决定案件若干问题的规定》，最高法院审判委员会第 1543 次会议通过，2012 年 2 月 27 日，法释[2012]4 号，缩略为"执行房屋征收补偿决定规定"。

7. 凡法律、行政法规前有“中华人民共和国”的，一律省略“中华人民共和国”，如《中华人民共和国行政诉讼法》缩略为《行政诉讼法》。并且，在本书第一次出现时，均注明发布时间，以表明时效。

8. “人民法院”缩略为“法院”，“人民政府”缩略为“政府”；“人民代表大会”缩略为“人大”，“常务委员会”缩略为“常委会”，“中华人民共和国主席”缩略为“国家主席”。

案例缩略名

本书原则上不使用经学者编辑的案例。在个别场合使用的,通过脚注注明。本书案例采用正式裁判文书或经公布的指导案例和参考案例。

本书案例的名称,一般由原告(起诉人)名加检索项构成。原告为自然人但有多个的,用“等”说明;原告为法人或其他组织的,提炼容易记忆的关键词。检索项即方括号部分,“最”系最高法院,“指”系指导案例,“典”系最高法院公报公布的典型案例,“参”系最高法院各业务庭所编写、发布的参考案例;“民”、“刑”、“行”分别指民事案例、刑事案例、行政案例。最高法院指导案例检索项的数字,系指导案例编号;最高法院典型案例检索项的数字,系最高法院公报时间;最高法院参考案例检索项的数字一般为案例编号,无编号的为裁判文书案号;最高法院终审案例检索项的数字,系裁判文书案号。地方法院案例检索项中的“京”系北京市,各项数字系裁判文书案号。具体举例如下:

1. 最高法院指导案例:“指导案例 5 号　鲁潍(福建)盐业进出口有限公司苏州分公司诉江苏省苏州市盐务管理局盐业行政处罚案(最高人民法院审判委员会讨论通过,2012 年 4 月 9 日发布)”,缩略为“鲁潍盐业案[最指 5 号]”。

2. 最高法院典型案例:《罗伦富不服道路交通事故责任认定案》,《中华人民共和国最高人民法院公报》2002 年第 5 期,缩略为“罗伦富案[最典行 2002—5]”。

3. 最高法院参考案例:《行政机关执法检查当中制作的现场检查笔录不具有可诉性——封丘县电业局诉封丘县卫生局撤销检查笔录案》(第 84 号案例),载最高法院行政庭:《中国行政审判案例》,中国法制出版社 2012 年版,第 15 页,缩略为"封丘电业局案[最参行第 84 号]"。

4. 最高法院终审案例:《辽宁省海城市西柳镇人民政府诉辽宁省海城市诚信房屋开发总公司土地使用权转让、侵权赔偿纠纷上诉案——中华人民共和国最高人民法院(2001)民一终字第 79 号民事判决书》,缩略为"西柳土地案[最(2001)民一终字第 79 号]"。

5. 地方法院案例:宁波市镇海区人民法院(2006)甬镇行初字第 22 号行政判决书,缩略为"夏国芳等案[(2006)甬镇行初字第 22 号]"。

另外,本书后附有全部案例的索引。

第一章　绪论

本章思路　行政行为原理是作为部门法学的行政法学研究的对象。但是,行政法学对行政行为的认识,必须以理论法学为指导,必须以理论法学的成果为基础。本章的研究试图回答:随着社会发展而形成的各法学流派为行政行为理论提供了什么样的营养,现代社会需要提倡什么样的普适性行政行为理念,行政行为与同属于公法行为的宪法行为有什么样的关联?

第一节　法学思潮与行政行为*

行政行为是行政法学尤其是大陆法系行政法学所普遍接受和广泛使用的法学范畴,也是行政法尤其是大陆法系行政法的核心。对行政行为的系统研究,几乎需要行政法学的所有技术,涉及行政法的全部领域。本节仅拟从社会发展过程中所出现的法学思潮与行政行为关系的角度,来揭示行政行为所蕴含的法律文化和人文精神,追溯行政行为理论的发展。

---

* 本节的基本内容曾以《法学思潮与行政行为》为题发表于《浙江社会科学》2000年第3期,整理中略有修改。

一、概念法学与行政行为范畴

概念法学又称形式法学，源于17世纪德国封建习惯法的罗马法化运动即“《学说汇纂》在现代的应用”或“潘德克顿运动”(usus modernus pandectarum)，因此又称“潘德克顿法学”。近代意义的概念法学，则是19世纪中叶的德国法学家为适应德国法制统一及其法典化进程的需要，建立资本主义法学体系而兴起的一种法学思潮，其代表人物主要有海塞(Heise)、凡格罗(K.A.Vangerow，1808—1870)、温德海得(R.Windscheid，1817—1892)、拉邦德(P. Laband，1831—1918)和迈耶(Otto Mayer，1848—1924)等。概念法学认为，法学的研究对象仅限于实定法规范；法学是一门运用“法律学的方法”，对实定法规范进行“纯粹的逻辑性思维”的科学。概念法学强调，法学的任务就在于对历史长河中和现行的实定法规范进行逻辑分析和处理，提炼出具有共同性和普遍性的素材，并对该素材进行概括、抽象和归类，使其形成一个严密的体系，为人们科学地认识实定法规范和制定、解释法典提供一种统一和标准的概念性工具和框架性结构。概念法学取得了一系列重大的法学成果，建立起了近代意义上的精密的法学范畴和严密的法学体系。①

概念法学在德国的兴起，具有相应的社会背景。直至19世纪中叶，德国仍处于封建割据状态，调整社会关系的仍然是分散的日耳曼习惯法。法德战争终于唤醒了日耳曼人的民族意识，并逐渐形成了相对统一的俾斯麦中央政权。政治的统一和政权的巩固，需要统一法制的保障。法国的法典化成就，更令德国人羡慕和渴望。于是，德国法学家终于以萨维尼(F. C. von Savigna，1779—1861)关于习惯法、学术法和法典法的历史法学为理论基础，兴起了一场广泛而深入的“潘德克顿法

---

① 参见何勤华：《西方法学史》，中国政法大学出版社1996年版，第252—253页。

学”运动。

处于上述社会背景和法文化氛围的迈耶，自然成了概念法学的拥护者和实践者，于 1895 年提出了“行政行为”这一法学范畴。众所周知，在此以前行政法学已经在法国得以产生和长足发展，并将行政机关的一切法律行为（包括公法行为和私法行为）称为“行政行为”（acte administratif）。但在 19 世纪绝大部分时间内，法国行政法学并未对它给予精密加工和严格锤炼，而仅仅热衷于区分权力行为（actes d'autorté）和管理行为（actes de gestion）。其次，在 1895 年之前的德国，行政法并未成为一个独立的部门法，行政法学并未成为一门独立的部门法学，而往往与宪法学合称公法学或国法学，研究行政法的方法是国法学方法。再次，在 1895 年之前的德国行政法学著作中，所构筑的主要内容是行政法分论，即内务行政、外务行政和军事行政等各部门行政活动的具体制度和现象。迈耶通过对法、德两国行政法的研究，将行政法学从国法学中剥离了出来，从行政机关的各种活动中（尤其是从具有典型意义的警察和税务行政活动中）提炼出“处理具体行政事务”这一具有普遍性的素材。他又将行政机关的“处理具体行政事务”与法院的司法判决进行了比较分析，从中抽象出“主权者的权力作用”、强制性和单方面性等共同性素材。① 接着，他将上述两种素材加以综合，并借鉴法国行政法学上的“acte administratif”用德文“ver waltungsakt”这一名词加以概括，在 1895 年出版的《德国行政法》中提出了“行政行为”这一行政法学核心范畴。根据他的界定，行政行为是指行政机关运用公共权力，对具体行政事务适用法律、决定个人权利义务的单方行为（原文为“... ist der Verwaltungsakt, ein der Verwaltung zugeh = riger obrigkeitlicher Ausspruch, der dem Untertanen im Einzelfall bestimmt, was

---

① 参见[德]奥托·迈耶：《德国行政法》，刘飞译，商务印书馆 2002 年版，第 98 页。

für ihn Rechtens sein soll."①)。这意义上的"行政行为",在我国大陆行政法学上就是具体行政行为,因此我国大陆学者刘飞直接将其译为"具体行政行为"。② 此后,"行政行为"被德国法学家不断地进行加工和锤炼,先由柯俄曼(Kormann)运用民法上的法律行为和意思表示理论界定为"国家之法律行为",以后又由福雷那(Fleiner)阐释为"行政机关"的法效意思表示,接着又被耶利内克(Walter Jellinek)概括为"行政机关对特定人所为,具有公权力之意思表示"。③

行政行为概念强调行政行为对个人的规制作用。"作为行政机关最重要的活动手段和方式,行政行为在调整国家与人民之间的法律关系、确定人民的权利义务方面扮演着重要的角色。"④当然,行政行为的重心不仅是规制,而且是体现法治的价值诉求,即"形成法律规范的能力,法律优先及法律保留。"⑤奥托·迈耶之所以以司法裁判作为行政行为的蓝本,就因为司法裁判在当时被认为已经实现了法治。并且,他在提出行政行为概念时,还指出了无效行政行为不具有法律效力及保证法律安定性的行政行为效力。⑥ 也就是说,"行政行为从最初被创设时起就具有着眼于法治国,限制国家权力、保障人权的目的"。⑦ 但即便如此,行政行为在理念上所体现的仍是主权者对臣民何者为法的宣示,是一种臣民必须服从的单方命令。

20 世纪以来,概念法学依旧是"法学屡试不爽的家常备药,无论在

---

① 转引自翁岳生:《行政法与现代法治国家》,台湾祥新印刷公司 1979 年版,第 3 页注 10。

② [德]奥托·迈耶:《德国行政法》,刘飞译,商务印书馆 2002 年版,第 97 页。

③ 参见翁岳生:《行政法与现代法治国家》,台湾祥新印刷公司 1979 年版,第 3—4 页。

④ 赵宏:《法治国下的行政行为存续力》,法律出版社 2007 年版,第 2—3 页。

⑤ [德]奥托·迈耶:《德国行政法》,刘飞译,商务印书馆 2002 年版,第 67 页。

⑥ 同上书,第 100—101 页。

⑦ 赵宏:《法治国下的行政行为存续力》,法律出版社 2007 年版,第 8 页。

何地，这种法学在不断地开辟发展的道路”。① 在行政行为领域，概念法学仍致力于行政行为的类型化。② 行政行为是纷繁复杂的。从内容上看，既有为相对人设定权利的行为也有为相对人设定义务的行为，既有为相对人消灭权利的行为也有为相对人消灭义务的行为，既有消灭相对人作为义务的行为也有消灭相对人不作为义务的行为。从形式上看，既有书面的行为，也有口头的行为。从主体上看，既有行政机关的行为也有授权行政主体的行为，既有公安、民政部门的行为也有经济、教育部门的行为。它们尽管都是行政行为，但又有各自的特征。20 世纪的行政法学对此做了大量的逻辑处理工作，即寻求某类行政行为的共同素材，归纳为构成要件，将具备共同构成要件的行政行为，用一个行政行为的下位属概念加以命名和界定，从而形成各种不同模式或类型的行政行为，如行政许可、行政征收、行政裁决、行政处罚和行政强制措施等。同时，概念法学在 20 世纪以来还致力于具体行政行为以外行政行为的类型化，如行政计划、行政合同、行政指导、行政私法行为和行政事实行为等。基于行政行为新形式的层出不穷，行政行为的类型化将是行政法学的一项长期工作，也是概念法学持续不衰的原因。

概念法学对行政行为的研究理论，在行政法学上被称为行政行为的形式学说。这种研究是卓有成效的。首先，它为行政法学提供了有关行政行为的一系列重要的概念性工具，有利于人们之间的沟通和交流，使行政法学理论能得以传播和传承。“概念是构筑科学思想大厦的工具”，是一切科学考察的出发点。③ 其次，它为行政法对行政行为

---

① ［奥］埃利希：《法社会学原理》，舒国滢译，中国大百科全书出版社 2009 年版，第 347 页。

② 参见林明锵：《论型式化之行政行为与未型式化之行政行为》，载《当代公法理论》，台湾月旦出版公司 1993 年版，第 338 页以下。

③ ［奥］埃利希：《法社会学原理》，舒国滢译，中国大百科全书出版社 2009 年版，第 9、28 页。

的规范提供了可能性。概念法学对行政行为共同素材的提炼，使得法律有可能对行政行为的构成要件、合法要件和违法行政行为的补救等作出统一的规定。它试图“把整个法律的现象世界都装入”概念体系之中，从而推导出法律规范体系。① 再次，它建立了行政行为的逻辑体系，有利于认识和分析各种行政行为的特征。借助于这种逻辑体系，可以对社会现实中所发生的某一特定行政行为进行推理、归类和定位，从而准确地适用法律。但是，行政行为形式学说的缺陷也是明显的。它有时把法学上的经验概念当作数学概念加以计算，抽空了生活养分。② 它往往“仅止于对行政行为过程中的最后阶段之产物，即对最后之行政处分、行政契约、法规命令、行政规则或自治章程等作研究。对于在最后决定（或最终结晶）产生前所发生之协商、当事人参与、讨论、听证等行政过程则缺乏研究”。③ 同时，行政行为的形式学说对行政行为的目的即规制作用未予重视；使行政行为概念及规则过于抽象，难以为普通公民所认识和理解，也为行政行为在实践中的推理和定位带来了困难；在理论研究上也过分集中于类型化行政行为，对非类型化行政行为的重视不够。

二、社会法学与行政行为的嬗变

以法国法学家狄骥（Leon Duguit，1859—1928）为代表的社会连带主义法学认为，人与人之间的联系是一种社会连带关系。社会连带关系有两种，即同求的社会连带关系和分工的社会连带关系。同求的社

---

① 参见[奥]埃利希：《法社会学原理》，舒国滢译，中国大百科全书出版社 2009 年版，第 369、394 页。

② 同上书，第 333、358—359 页。

③ 林明锵：《论型式化之行政行为与未型式化之行政行为》，载《当代公法理论》，台湾月旦出版公司 1993 年版，第 351 页。

会连带关系，是人们为了追求共同利益而结成的共同协作关系。分工的社会连带关系，是人们为了满足各自不同的利益而形成的相互合作关系。[①] 他认为，行政机关与相对人之间的关系也是一种社会连带关系，即行政机关为公众提供服务和相对人对服务给予合作的关系。美国实用主义法学吸收了狄骥的思想。庞德（R. Pound，1870—1964）认为，20 世纪的法学道路"似乎是一条通向合作理想而不是通向相互竞争的自我主张理想的道路"。[②] 康曼裘（H. S. Commager，又译康马杰）则指出："社会法学即是实用主义。……它并不把法律当作为保障个人权利与自由的盾牌，而把它用作满足社会需要的合作工具。它是一种适合于都市化了的社会生活实际与平等主义社会中的政治生活实际的法律哲学。"[③]社会法学的这种理论，目的在于强调人对社会或者集体的责任，是对自由主义强调个人权利或自由的调整，因而也被德国学者以及受其影响的学者称为团体主义思想。[④] 福斯多夫（Ernst Forsthoff，1902—1974）和巴杜拉（Peter Badura）就是在德国行政法学界支持和宣传这种思想的代表。他们认为，在现代社会，人们的"有效生活空间"范围日益扩大，但所拥有的"掌握空间"却日益狭窄，"社会依赖性"日益增强，因而以相互合作为核心的团体主义思想已取代个人主义思想是一种不争之事实。[⑤] 当代西方国家所流行的福利行政法理

---

① 参见［法］狄骥：《宪法论》，钱克新译，商务印书馆 1962 年版，第 63 页。

② ［美］庞德：《通过法律的社会控制·法律的任务》，沈宗灵等译，商务印书馆 1984 年版，第 67 页。

③ 转引自［美］威尔斯：《荷姆斯——实用主义法学的代言人》，允怀译，《政法研究》1955 年第 1 期。

④ 参见林纪东：《行政法》，台湾三民书局 1988 年版，第 44 页。

⑤ 参见［德］福斯多夫：《当作服务主体之行政》，陈新民译，载陈新民：《公法学札记》，台湾三民书局 1993 年版，第 57 页以下；［德］巴杜拉：《在自由法治国与社会法治国中的行政法》，陈新民译，载陈新民：《公法学札记》，第 112 页以下。

论也是以这种团体主义思想为支持的。

社会法学及其团体主义思想,在经济上是资本主义从自由竞争转变到垄断阶段的产物。因为在垄断阶段,就业、教育、环境和交通等个人的生存和发展问题已不是可以由个人所能解决的问题,必须依靠社会集体的力量。社会法学及其团体主义思想,在政治上是巩固阶级统治、维持社会稳定的需要。因为在垄断阶段,封建复辟的危险已经消除,人民对政府的信任发生危机(集中表现为无产阶级的革命运动)。上述经济和政治状况,决定在意识形态上表现为强调矛盾的同一性而否认矛盾的对抗性;提倡人们相互间、阶级之间和政府与个人间的合作,反对人们革命和社会动荡。

社会法学认为,行政行为在本质上是一种为相对人或公众提供服务的行为。狄骥指出:"行政行为的性质不是来源于它的起源,而是来源于它的目的。行政行为仍然是一种出于公共的目的而实施的个人行为。"①这种公共目的,也就是公共服务,满足公众在治安和公益方面的需要。行政行为所要实现的目的,就是设定为公众提供公共服务的主观法律状态,并且符合预定的为公众提供公共服务的客观法目标。②因此,行政行为在本质上不能因它的权力起源而界定为主权者的命令,而应当根据它的目的界定为公共服务行为即公务行为。狄骥甚至认为,国家没有任何权力,只有执行法律或完成上述任务的义务。国家履行义务的行为即公务行为,实质上是一种在公众的合作下,为满足公众需要而组织和促进物质、文化、精神和道德发展的服务行为。奥里乌(Maurice Hauriou,1856—1929)支持了狄骥的观点,并认为公共服务是

① [法]狄骥:《公法的变迁·法律与国家》,郑戈、冷静译,辽海出版社、春风文艺出版社1999年版,第122页。

② 同上书,第129页。

一种事业即公共事业:"'一种为满足公众需要的,由国家组织的,固定、持续地向公众提供的服务。'它包含四个要素:固定的服务、向公众提供的服务、公众的需要、国家的组织。"①这实际上也就是公务行为的四要素。美国实用主义法学的创始人霍姆斯(O. W. Holmes,曾译荷姆斯,1841—1935)则认为,"警察权力遍及于一切重大的公共需要。它可以用来帮助着为习俗所认可,或被流行的道德或强大的、占优势的意见所认为对公共福利大大地、直接地必要的东西"。② 福斯多夫则指出,人们所拥有的"掌握空间"的日益狭窄和"社会依赖性"的日益增强,使得对资源的"取用"日益困难,因而就需要行政机关来公平地协调和分配"取用机会"、对个人给予"生存照顾"。巴杜拉对福斯多夫的理论进行分析和概括后指出,行政行为的唯一内涵就是"服务"。③ 根据团体主义思想,行政机关的行政处罚是为了给公众提供一个良好的社会秩序,行政征收是为了给公众提供公共设施服务的需要,行政许可则是对资源和机会的一种分配,等等。社会法学认为,对这种服务,由于能够得到某种好处,相对人一般都会自觉地接受和给予合作。④ 这样,尽管"公权力仍然是公权力,而逐渐摆脱与特殊利益站在敌对立场之角色",⑤行政行为所体现的关系也就成了一种行政机关与相对人之

---

① [法]莫里斯·奥里乌:《行政法与公法精要》,龚觅等译,辽海出版社、春风文艺出版社1999年版,第17页。

② 转引自[美]威尔斯:《荷姆斯——实用主义法学的代言人》,允怀译,《政法研究》1955年第1期。

③ 参见[德]福斯多夫:《当作服务主体之行政》和[德]巴杜拉:《在自由法治国与社会法治国中的行政法》,陈新民译,载陈新民:《公法学札记》,台湾三民书局1993年版,第60、126页。

④ 参见[法]狄骥:《宪法论》,钱克新译,商务印书馆1962年版,第469页;[美]庞德:《通过法律的社会控制·法律的任务》,沈宗灵等译,商务印书馆1984年版,第69页。

⑤ [德]福斯多夫:《当作服务主体之行政》,陈新民译,载陈新民:《公法学札记》,台湾三民书局1993年版,第66页。

间的服务与合作的"信任"关系。但是,行政机关的服务是以公共权力为后盾的。当相对人不愿提供合作时,行政机关就可以运用公共权力强制其合作。因此,主权及其公共权力、单方面性并不是行政行为的本质,而只是一种必要的服务手段。社会法学认为,根据19世纪的行政法治理论,行政行为是行政机关的一种主权行为,是相对人必须服从的主权者的命令。也就是说,行政行为所体现的是一种行政机关与相对人之间的命令与服从的"对抗"关系。团体主义思想将服务与合作作为行政行为的理念,并不是将这一理念输入原行政行为及其理念之中,而是行政行为及其理念的根本性和实质性嬗变。① 从此,"可以说公共服务的概念正在取代主权的概念。国家不再是一种发布命令的主权权力。它是由一群个人组成的机构,这些个人必须使用他们所拥有的力量来服务于公众需要。公共服务的概念是现代国家的基础"。②

社会法学认为,团体主义思想给行政行为带来的嬗变,不仅表现在其法理念即其内涵上,而且也表现在其外延上。他们认为,行政行为作为一种服务行为,既包括传统意义上的行政行为(公法上的单方意思表示即单方行政行为),也包括传统意义上不属于行政行为的行政契约(行政私法行为)、行政事实行为和行政指导行为。"依社会法治国的理念,行政必须提供满足个人生活所需的'引导'及'服务'行为。"③ 因此,行政机关可以采用任何形式为相对人提供各种服务行为。只要行政机关真正提供了服务,即使该服务行为缺乏相应的法律根据,也并

---

① 参见[德]巴杜拉:《在自由法治国与社会法治国中的行政法》,陈新民译,载陈新民:《公法学札记》,台湾三民书局1993年版,第113页。

② [法]狄骥:《公法的变迁·法律与国家》,郑戈、冷静译,辽海出版社、春风文艺出版社1999年版,第13页。

③ [德]巴杜拉:《在自由法治国与社会法治国中的行政法》,陈新民译,载陈新民:《公法学札记》,台湾三民书局1993年版,第112页。

不构成违法，因为历史上早就有“自愿者不能构成违法”的法谚。于是，传统意义上的行政行为即单方行政行为，在当代行政行为体系中已丧失其绝对优势。单方行政行为即使仍被采用，其内涵也已被改变。

社会法学对传统的行政行为理论进行了批评。狄骥认为，启蒙思想家所提倡的个人自由和天赋人权，是既不能用神来推理，也不能用现实来论证的、博取人们欢笑的花言巧语。他认为，在法学上，基于上述思想而形成的个人的主观权利和国家的公共权力，也是根本不存在的。因此，行政行为根本就不应该被称为公共权力行为，行政机关的行为也不应该被区分为公共权力行为和事务管理行为，行政行为更不应区分为主权性行政行为和技术性行政行为。① 尽管这种区分“标志着公法发展史上的一个新时代的来临。但是，这一理论本身是不成熟的”。“只要认为每一种行政行为都是主权权力的一种表现，其必然结论就是：包括法院在内的任何机构都不得对行政行为的合法性进行审查。”于是，在法国就设计出了行政法院。“尽管它享有一定的审判权，但是，从传统的观点上来看，行政法院所行使的只是一种间接的司法权。在准行政问题上，它只能提供建议；而且，它的裁决也往往偏向于政府一方。”②奥里乌认为，公务行为是在公众的自觉合作或积极参与下得以实现的。如果封建时代的主权者命令也可以称为服务的话，那么：“1. 这种服务不是以一个团体的名义，而是以一个领主的名义提供的；2. 这种服务不是无偿的，相反是征收某些租税的机会。总之，这种服务

---

① 参见［法］狄骥：《宪法论》，钱克新译，商务印书馆 1962 年版，“第二版序言”，第 494 页；［法］狄骥：《公法的变迁·法律与国家》，郑戈、冷静译，辽海出版社、春风文艺出版社 1999 年版，第 123 页。

② ［法］狄骥：《公法的变迁·法律与国家》，郑戈、冷静译，辽海出版社、春风文艺出版社 1999 年版，第 123 页。

并不是别人自愿接受的，而是根据一种强者的法律强加于人的”。① 巴杜拉则指出，即使在19世纪，非强制性的公共服务行为也是存在的。但是，迈耶由于以公权力、强制性和单方面性为标准来界定“行政行为”，就把不具有上述特征的行政活动排除在“行政行为”之外了。因此，迈耶对“行政行为”的概括是不全面的。巴杜拉认为，迈耶对“行政行为”的界定是形式主义的，却是符合当时的自由主义法理念的。然而，自由主义法理念却导致了行政机关高高在上、公民屈服于行政机关之下的“高权行政”。②

从政治层面上说，社会法学及其行政行为学说是反动的，目的在于鼓吹阶级合作，反对社会革命。狄骥就说过，宣传马克思主义和阶级斗争是一种犯罪行为。在第二次世界大战期间，团体主义思想也曾被纳粹法学家改造为“领袖制”学说，成为法西斯主义政权的御用理论。福斯多夫本人就是一个拥护“领袖制”学说，支持法西斯主义的学者。但从技术层面上说，社会法学对行政行为的研究是有价值的，是符合社会发展要求的。它强调社会矛盾的统一性、提倡服务与合作，有利于政权的巩固和社会的稳定。它把非单方行政行为的服务行为纳入行政行为的体系，置于行政法的规范之下，也有利于防止行政机关的法律规避。更为重要的是，它不仅注意行政行为的结果，而且十分重视行政行为的实施过程和目的。在狄骥的理论中，行政机关的服务是以相对人的合作为前提的。合作，就意味着相对人的参与。公务行为是行政机关与相对人服务与合作的结果。福斯多夫认为，依“生存照顾”即服务观念，相对人具有对服务的“分享权”。“这个‘分享权’的问题，也就成了

---

① ［法］莫里斯·奥里乌：《行政法与公法精要》，龚觅等译，辽海出版社、春风文艺出版社1999年版，第10页。

② ［德］巴杜拉：《在自由法治国与社会法治国中的行政法》，陈新民译，载陈新民：《公法学札记》，第118页。

在国家公权力范围下个人参与的方式了。"①正是在社会法学的积极提倡和推动下,20 世纪最重要的行政法治成就之一,即以听证为核心的现代行政程序法制度才得以建立起来,使行政机关在作出行政行为时有可能吸收相对人即服务对象的意志,行政民主和行政公正才得以增强。社会法学还推动了行政法治从形式法治到实质法治的转变。社会法学认为,行政行为的目的是为相对人提供某种"福利"、"好处"或利益(由此形成了所谓的"福利行政法"理论)。因此,判断一个具体行政行为是否有效、是否应予撤销的标准,不是具体行政行为在形式上是否合法,而是具体行政行为在实质上是否合法,即是否真正为相对人提供了某种利益,实质法治应取代形式法治,从而提高服务的效率。现在,许多国家的行政程序法都规定了对具体行政行为瑕疵的更正和补正。

三、发现法学与行政行为的实施

自由法学也称为自由法运动,是社会法学的一个分支,源于耶林(Rudolf von Jhering,1818—1892)关于法的目的论或者利益论,盛行于 20 世纪初叶的欧洲大陆。利益法学的代表人物主要有奥地利法学家埃利希(E. Ehrlich,又译艾尔力许,1862—1922)、法国法学家舍尼(Francois Gény,又译谢尼、惹尼,1861—1944)和德国法学家坎特诺维茨(Hermann Kantororwicz,1877—1940)。现实主义法学则流行于 20 世纪初的美国,代表人物有卢埃林(K. N. Llewellyn,1893—1962)和弗兰克(Jerome Frank,1889—1957)。它们有很多共同点,都强调法的发现或寻找。为了表述的方便,我们概称为发现法学。发现法学认为,人们之间的社会联系是一种社会联系或利益一致关系,成文法规范不过是

---

① [德]福斯多夫:《当作服务主体之行政》,陈新民译,载陈新民:《公法学札记》,台湾三民书局 1993 年版,第 89 页。

一种社会关系即社会秩序的体现。由于成文法永远赶不上社会关系的发展,因而一制定出来就过时了;同时,成文法永远概括不了社会关系的各个方面,因而一开始就是片面的。也就是说,成文法是一种书面的和静止的法,而社会关系或社会秩序却是一种生活中和行动中的法。生活和行动中的法高于书本上的成文法。行政机关和法院不应机械地而应灵活地去适用成文法,自由地去发现生活中的法,以便使成文法符合生活中的法。①

发现法学的产生具有与其他社会法学相同的社会背景。进入20世纪以来,社会关系更加广泛,其变化更加迅速,立法对这种社会关系的反应就显得相对迟缓。这样,要求充分发挥行政和司法职能,以解决立法与现实之间差距的法学思潮就应运而生了。

发现法学认为,行政行为的实施不必以成文法或者判例为依据。埃利希认为,"法律发展的重心自古以来就不在于国家活动,而在于社会本身"。"法的阐释必须以之作为出发点的人类关系却不依赖于法条。"②当存在制定法时,立法意图是无关紧要的;当没有制定法时,行政机关就可以根据利益衡量和内在正义作出判断。③ 美国实用主义法学的代表庞德,主张为了适应新的道德观念和变化了的社会和政治条件,法官可"无法司法"。④ 但他并没有说行政行为的实施也可以不需要法律根据。卢埃林却认为,实体法规则在实际的执法过程中所具有的意义远没有早先设想的那么重要,"那种根据规则审判案件的理论,

---

① 参见沈宗灵:《现代西方法律哲学》,法律出版社1983年版,第96页以下;张文显:《二十世纪西方法哲学思潮研究》,法律出版社1996年版,第134页。

② [奥]埃利希:《法社会学原理》,舒国滢译,中国大百科全书出版社2009年版,第429、528页。

③ 同上书,第136、414、539页。

④ 参见[美]庞德:《法理学》,封丽霞译,法律出版社2007年版,第280—283页。

看来在整整一个世纪中，不仅愚弄了学究也愚弄了执法者”。[①] 他认为，行政机关完全可以像法院一样，不受成文法和判例的拘束来实施行政行为。法院同行政官员以至行政官员们之间不妨各行其是，可以有互相不同的种种做法。他认为某些官员这样做，另一些官员那样做，而法院又是另一种的做法，这是完全合法的；法律在这种情况下，不是一个而至少是三个。[②] 弗兰克则走得更远。他认为，在行政官员和法官眼里，法律和事实都是不确定、不可知的，都不能作为行政行为和判决的依据。总之，发现法学认为行政机关作出行政行为时所引用的法律根据，最多是一种不具有实际意义的文法修饰。

发现法学认为，行政机关可以根据利益衡量自由地实施行政行为。埃利希认为，行政行为的实施应以活的法律为依据。活的法律就需要行政官员依赖其“个性”去自由地寻找和发挥，即对现实中的利益关系进行评价，从而选择应予优先保护的利益。[③] 根据舍尼的观点，当成文法与客观情况不一致时，就应当以习惯、判例和学说为法的补充渊源；并且，行政机关应根据历史、政治、经济和社会等各种有关科学的研究成果，甚至道德情感自由地去探求客观情况中的规律，从而作出行政行为。[④] 弗兰克则认为，行政行为的实施既不必以成文法和判例为依据，也不必以所谓活的法律为依据，因为行政行为和判决一样，从根本上说是外界因素对实施者个性的无数刺激的结果。他说，刺激的因素是多

---

① K. N. Llewellyn: “The Constitution as an Institution” in *Columbia Law Review*, Vol. XXXIV (1934), 7。

② 参见 K. N. Llewellyn: *Jurisprudence: Realism in Theory and Practice*, pp. 29—31, Chicago: University of Chicago Press, 1962。

③ 参见[奥]埃利希：《法社会学原理》，舒国滢译，中国大百科全书出版社 2009 年版，第 212—214、229 页。

④ 参见王伯奇：《谢尼的解释成文法》，载王伯奇：《王伯奇法学论著集》，台湾三民书局 1999 年版，第 148 页。

种多样的，也是错综复杂的，往往要看作出行政行为的官员的个性而定。如果把“S”作为刺激，把“P”作为实施者的个性，把“D”作为行政行为或判决，则“D＝S×P”。①

发现法学认为，行政行为的实施不以成文法为依据并不意味着行政专横。埃利希认为，“权利不是来自法条，而是来自人与人的关系”，“人类团体的内部秩序”。② 当制定法不能适应社会需要或社会存在需要而没有制定法时，就应该寻找存在于社会秩序的活的法作为行政行为的依据。但“自由的法的发现并非如人们所想象的那样是一个摆脱制定法的法的发现，而是一个摆脱抽象的概念和推释中徒劳而多余的束缚的法的发现”。③ 这种发现或寻找受制于经济、文化和政治关系，受制于对规范起决定作用的力量对比关系，受制于合目的衡量和正义原则。④ 正义原则要求没有利害关系，超越情感，合乎价值观和发展目标。在个案中的争议，则有赖于“天才之综合结果”。“天才是通过神秘的巧合生于当下的未来之人，他当下的所思所感就是未来所有人类所思所感。”⑤

发现法学认为，行政行为本身就是法。埃利希认为，成文法的种种缺陷引发了法的自由发现运动，去寻找活法。“活法不是在法条中确定的法，而是支配生活本身的法。这种法的认识来源首先是现代法律性文件，其次是对生活、商业、习惯和惯例以及所有联合体的切身观察，这些事项既可能是法律所认可的，也可能是法律所忽视和疏忽的，甚至是法律所反对的。”⑥他在这里所说的“现代法律性文件”，就包括行政

---

① 参见张文显：《二十世纪西方法哲学思潮研究》，法律出版社1996年版，第332页。

② ［奥］埃利希：《法社会学原理》，舒国滢译，中国大百科全书出版社2009年版，第38、39页。

③ 同上书，第374页。

④ 同上书，第212、396—397、413页。

⑤ 同上书，第221页。

⑥ 同上书，第545页。

行为文书在内。卢埃林认为,“法官的判决即法律”这一传统的法理学精神是不全面的。因为在国家机关里,除了法官外还有一大批行政官员,他们的行为并不比法官的行为次要,而且他们的行政行为从量上说更经常地触及有关普通人的利益。随着行政机关的职能和力量的增加,行政行为的数量将日益增多,行政行为也就更为重要了。因此,行政行为和司法判决一样,都是“法律的中心”和法律的最后表现。“法律的中心不仅是法官对有关的普通人发生影响的行为,而且任何国家官员以官方的资格所作的行为也是法律的中心。”“行政行为对于受影响的普通人说来,往往就是关于该事件的法律的最后表现。”①

发现法学作为一种法学世界观,是反动的,是为垄断资产阶级服务的。它与概念主义法学相比,也是一种矫枉过正的理论,是对法治的一种破坏。因此,发现法学长期受到包括西方学者在内的批评。埃尔曼指出:“信奉自由主义的德国法学家为了将形式主义逐出法庭,曾推动了‘不受拘束地发现法律’(free law finding)方法的采用。”采用这种方法并持政治偏见的司法机关“为共和国的夭折和希特勒的胜利奉献了犬马之劳”。② 在美国,弗兰克和卢埃林等人的理论,也受到了以庞德为代表的社会法学的强烈反对。第二次世界大战后,他们的观点逐步向庞德的观点靠拢,他们也分别承认自己对法律的定义“犯了严重的错误”,“充其量是对真相的很片面的叙述”。③ 在这种理论指导下,要实现依法行政也是难以想象的。

在德、法的概念法学看来,成文法一经制定,无需解释。即使在法典中存在纰漏,也可以通过类推的方法得到解决。因此,执法者只能根

---

① K. N. Llewellyn: *Jurisprudence: Realism in Theory and Practice*, p. 31, Chicago: University of Chicago Press, 1962.

② 转引自张文显:《二十世纪西方法哲学思潮研究》,法律出版社 1996 年版,第 134 页。

③ 转引自沈宗灵:《现代西方法律哲学》,法律出版社 1983 年版,第 107 页。

据法典的字面意义或法律逻辑机械地加以执行。正是基于这一认识，拿破仑曾为托雷(Toullier)根据《拿破仑法典》所著的《民法释义》而勃然大怒。① 发现法学却是对这种形式主义的概念法学的反叛，对法典主义缺陷的批判，从而是有一定意义的。具体到行政行为领域而言，它要求人们不能把注意力集中在行政行为概念上，而应当关注行政行为现象本身；不仅应当重视行政行为的结果，而且应当重视行政行为的实施和操作。它充分强调了行政行为对当事人的重要法律规制意义，尽管有些言过其实，但目的却在于说明行政行为与法律规范相比对当事人规制、影响、作用的直接性。更为重要的是，它意识到了行政行为的效率性，探索了行政行为的实施规律和影响行政行为作出的主客观因素，试图借助当代行为科学、心理学和实证主义哲学的成果谋求建立实现行政行为准确化和量化的公式。发现法学在行政行为理论上的努力，无疑为后人对行政行为的研究提供了有益的启示。

本节小结

概念法学、社会法学和发现法学发端于不同的社会阶段。后一法学思潮都是对以往法学思潮的批判和发展，但绝不是对以往法学思潮的完全否定和彻底抛弃。② 与特定阶段的法学思潮相适应，行政行为理论的发展也经历了概念概括、观念重塑和操作技术三个阶段。同样，每一阶段上的行政行为理论都是在先前阶段的基础上发展起来的，是以往行政行为理论的进步、完善和丰富。概念法学为行政行为的理论研究和具体实施建立了逻辑思维和沟通的概念性工具，社会法学为行

---

① 参见王伯奇：《论概念法学》，载王伯奇：《王伯奇法学论著集》，台湾三民书局1999年版，第25、26页。

② 参见[英]莫尔：《英译本序说》，李丹译，载[奥]埃利希：《法社会学原理》，舒国滢译，中国大百科全书出版社2009年版，第570页。

政行为的理论研究和具体实施提供了一种社会理念和观念价值,发现法学则试图为行政行为理论研究和具体实施制定一套操作规则。这种进步、完善和丰富都是适应所处社会时代需要的创新和时代特征的体现。由此,给我们法学研究所提供的启示是非常丰富的。

第二节 依法治国与行政行为*

依法治国这一基本方略已经通过宪法修正案载入我国的宪法典。这是20世纪末国家向公众和世人所作的一项郑重承诺,即国家为了发展民主、尊重人权,将严格按法律约束自己的权力行为。依法治国的重点是依法行政。依法行政承诺的兑现是一个系统工程,既需要观念的转变,也需要制度建设的保障,更需要法规范的有效运行。那么,依法行政应当确立什么样的理念,对行政行为提出了什么样的要求?

一、行政行为的服务性

(一)服务理念的确立

19世纪的古典行政法是以个人自由为人文精神的。它在公共利益与个人利益关系上的价值判断是互相冲突,在道德观念上的价值取向是互不信任和互相猜忌,因而在行为关系上的理念就是竞争或对抗。也就是说,政府与公民间的行为关系,是一种命令与服从关系(大陆法系国家)或命令与控制关系(英美法系国家),行政行为是行政机关作为主权者对公民所作的最终命令。如果这种命令非要称为服务,那么

---

* 本节的基本内容曾以《现代行政行为的理念》为题发表于《法律科学》1999年第6期,整理中有较多修改。令自己感到满意的是,在当时就提出了"和谐、合作、服务",以及"行政机关是全体社会成员的代表者,应当为全社会成员服务"等理念。

这种服务也并不是个人自愿接受的。[①] 但是,20 世纪以来的现代行政法却必须重视最大多数人的根本利益。它在公共利益与个人利益关系上的价值判断是互相一致,在道德观念上的价值取向是互相信任,因而在行为关系上的理念就是服务与合作。也就是说,政府与公民之间的行为关系是一种服务与合作的关系,行政行为是行政机关在公民的参与下所作的一种服务行为。法国法学家狄骥认为,这种人文精神的转变和新观念的确立,是以第一次世界大战的爆发为代价的。但是,新的精神和观念终于在马恩河畔和凡尔登山峡战胜了旧精神和旧观念。从此,我们不能再把行政权作用称为权力行为了,而应当把它称为公共服务行为即公务行为,因为它是为满足公众需要而组织和促进物质、文化、精神和道德发展的行为。[②] 德国行政法学家福斯多夫和巴杜拉对此也作了阐述。[③] 我们认为,如果抛开上述论述的价值性认识不论,而仅仅从科学性认识上看,将服务作为行政行为的本质是正确的,是符合社会发展趋势的。行政主体运用公权所作的服务行为,即对公共利益进行集合、维护和分配的行为,就是公共服务行为即公务行为。

(二)服务理念的阐释

服务作为行政行为的新理念,并不是将这一理念输入原行政行为及其理念之中,而是行政行为及其理念的根本性和实质性嬗变。[④] 这

---

① 参见[法]莫里斯·奥里乌:《行政法与公法精要》,辽海出版社、春风文艺出版社 1999 年版,第 10 页。

② 参见[法]狄骥:《宪法论》,钱克新译,商务印书馆 1962 年版,"第 2 版序言",第 9、483 页。

③ 参见[德]福斯多夫:《当作服务主体之行政》,陈新民译,载陈新民:《公法学札记》,台湾三民书局 1993 年版,第 89 页;[德]巴杜拉:《在自由法治国与社会法治国中的行政法》,陈新民译,载陈新民:《公法学札记》,台湾三民书局 1993 年版,第 112、113、126 页。

④ [德]巴杜拉:《在自由法治国与社会法治国中的行政法》,陈新民译,载陈新民:《公法学札记》,台湾三民书局 1993 年版,第 112、113、126 页。

种变革,不仅为我们认识行政行为的主体、权力和效果等要素提供了新的思维方式和认识,也为我们实施行政行为提出了新的要求。

行政机关是服务机关。行政行为的实施者是行政机关。行政机关在本质上是公众的服务者。从理论上说,行政机关是全社会成员共同利益的受托人和各社会成员个人利益的维护者,与公众之间的利益关系是受委托与委托、公共利益与个人利益之间的关系。行政机关受托的公共利益,不是供其本身或其工作人员享受的特殊利益,而是分配给公众来享受的利益,是用于保障个人利益的利益。公共利益的集合、维护和分配,是因为单个的社会成员无法或难以实现自己的这种利益。因此,社会成员需要这样的服务机关,行政机关只能是服务机关。对此,国内外学者已经从不同角度作过论证。从实定法规范上看,我国宪法典明文规定了行政机关的服务性质。《宪法》第 27 条规定:“一切国家机关和国家工作人员必须依靠人民的支持,经常保持同人民的密切联系,倾听人民的意见和建议,接受人民的监督,努力为人民服务。”第 22 条规定:“国家发展为人民服务、为社会主义服务的文学艺术事业、新闻广播电视事业、出版发行事业、图书馆博物馆文化馆和其他文化事业,开展群众性的文化活动。”类似的实定法规范还有很多。这些规定的总精神就是,“人民委托行政机关管理国家行政事务,目的就是要使行政机关为自己服务”,①而不是为了实现专政进行发号施令。

行政权是服务职责。行政行为是运用行政权所作的行为。行政权实质上是对公共利益进行集合、维护和分配的权力。行政机关通过对公共利益的集合、维护和再分配,目的是为了保护个人利益,确保个人追求和实现自己利益的公平机会,实现社会成员实际占有利益的基本公平。因此,行政权是一种服务权。同时,受托者不能再委托。这种公

① 应松年等:《行政法学理论基础问题初探》,《中国政法大学学报》1983 年第 2 期。

共服务是无法由他人替代的，这种服务权是不能抛弃和转让的，抛弃或转让将使公民难以充分享受公共服务，受转让者所作的服务就不再是公共服务。因此，行政权又是一种服务职责。这样，20 世纪以来，公共服务观念代替了公共权力观念，公共权力不复是一种“发号施令”的权力，“这种公共权力绝对不能因它的起源而被认为合法，而只能因它依照法律规则所作的服务而被认为合法”。① 并且，行政权作为一种服务职责，不同于 19 世纪的命令权，并不以相对人的服从为目的，而应以为相对人提供服务为目的；并不以强制为必要的、本质的属性，而必须体现相对人对服务的可接受性，更多地采用说服教育方法和私法上的服务形式。行政机关的服务往往是相对人乐于接受的，往往能得到相对人的积极合作即配合和参与。即使法律上赋予了行政权以强制性，只要服务能得到顺利实现或相对人愿意接受这种服务，行政机关在执法中也可以不运用这种行政权。总之，随着服务观念的确立，在现代国家里尽管“公权力仍然是公权力，而逐渐摆脱与特殊利益站在敌对立场之角色”，②即摆脱了与人权相对立的角色。

行为效果是服务及利益。根据服务理念，行政行为的内容和效果都是服务及利益。其中，行政处罚行为是为了给公众提供一个良好的社会秩序，行政征收行为是为了给公众提供公共设施服务的需要，行政许可行为则是对资源和机会的一种分配，等等。行政机关通过行政行为给予相对人的利益，不再是一种恩赐，而是相对人受法律保护的权利。这就改变了将行政行为作为主权者命令，以相对人的服从为内容和目的的“警察行政法”观念。并且，现代社会也更愿意从行为效果上

① 参见[法]狄骥：《宪法论》，钱克新译，商务印书馆 1962 年版，“第二版序言”，第 8 页。

② [德]福斯多夫：《当作服务主体之行政》，陈新民译，载陈新民：《公法学札记》，台湾三民书局 1993 年版，第 66 页。

来认识行政权作用,认为行政权作用作为一种服务,既包括传统意义上的行政行为(公法上的单方意思表示即单方行政行为),也包括传统意义上不属于行政行为的行政契约、行政事实行为和行政指导行为。上述三种行为模式与传统的行政行为相比,有两个重要特点:一是强制性较弱,服务性较明显;二是除行政合同外并不具有拘束力和执行力,主要是设法取得公民、法人或其他组织的自觉合作,当事人在事后往往仍可予以推翻。从法学上说,行政指导等手段即使不是法律手段,由于并没有强制规定公民等的权利义务,是允许由行政机关实施的,基于相对人的自愿并不构成违法。于是,传统意义上的行政行为即单方行政行为,在当代行政权作用体系中已丧失其绝对优势,行政权作用的范围得以不断拓宽。

但是在今天,尤其在我国,服务作为行政行为的新理念还有待人们的努力,也是当前行政法变革的两大内容之一。我们"必须使行政机关更新观念。行政机关总是按照传统的做法,倾向于把自己视为统治权威而把公民视为臣民"。①

二、行政行为的过程性

以命令与服从为理念的古典行政法,将行政机关的行政行为视为主权者的最终决定。相对人最多只能得到这个最终决定的一个事后通知。但是,"合作是一个过程",②以服务与合作、信任与沟通为理念的现代行政法,将行政行为看作一个过程,即从意思表示的发生和形成到作出和实现的时空运动过程。这意味着服务理念拓展了人们对行政行

---

① [法]勒内·达维:《英国法与法国法:一种实质性比较》,潘华仿等译,清华大学出版社2002年版,第118页。

② [美]庞德:《通过法律的社会控制·法律的任务》,沈宗灵译,商务印书馆1984年版,第67页。

为的认识,将行政机关与相对人之间的权利义务关系回溯到该最终决定作出以前。

(一)合作需要过程

今天,行政法变革的另一内容,就是“公民们自己必须摆脱这样一种看法:认为行政事务只属于公共官员们的事务,这些官员是注定要为他们提供服务的,而与他们个人无关”。① 也就是说,相对人必须确立起对服务的合作观念,行政机关实现服务必须得到相对人的合作。

合作包括配合和参与两个方面。配合主要是一种义务,具有消极性和被动性。参与则主要是一种权利,具有积极性和主动性,是合作的本质。相对人对服务行为的合作,不仅表现为对一个已作出的、最终的行政决定的配合,而且还表现为对形成和作出行政决定的参与。所谓参与权或参政权系指个人依法具有的,基于主动地位,参与国家意思之形成,作为国家机关进行活动的权利。② 相对人参与意思表示,必须在该意思表示作出以前,服务与合作也只能在过程中得到实现,因而我们必须将行政行为作为一个过程来看待,而不应将行政行为仅仅当作一个最终决定。

相对人的参与,使行政机关与相对人的意志得以沟通和交流,可以将行政意志融化为相对人意志,也可以将相对人意志吸收到行政意志中,从而使行政法关系具有某种双方性,使相对人真正成为行政法关系的主体,使人权真正得到尊重。相对人的参与,只有在过程中才能对行政机关的意思表示发挥作用。第一,基于参与,行政机关有义务向相对人证明其意志的正确性。这就是说,行政机关作出行政决定,应向相对

---

① [法]勒内·达维:《英国法与法国法:一种实质性比较》,潘华仿等译,清华大学出版社 2002 年版,第 118 页。

② 参见[德]耶利内克:《主观公法权利体系》,曾韬等译,中国政法大学出版社 2012 年版,第 125 页;王和雄:《论行政不作为之权利保护》,台湾三民书局 1994 年版,第 47 页。

人证明是公共利益与个人利益关系一致性的体现，是符合行政法规范规定的。但是，这种证明只有在行政行为作出前的过程中才有意义，否则就成了一种宣示。第二，基于参与，行政机关有义务听取相对人的意见。相对人对行政机关的证明有权进行反驳，对公共利益的集合、维护和分配提出自己的意见和愿望，对事实的认定和法律的适用，要求行政机关采纳并对其原有意志进行修正，从而使行政意志体现相对人意志或使相对人意志吸收为行政意志。要使行政意志体现相对人意志或使相对人意志吸收为行政意志，只有在行政行为作出前的过程中才有可能。

（二）诚信需要过程

服务与合作是行政法精神对双方主体在行为上的要求，相互信任是行政法精神对双方主体在实施行政法行为时的一种道德要求和观念支持。它与当代民商法上的诚实信用原则一样具有具体的内容，即行政法关系上的诚实义务、告知义务、合作义务和保密义务。

相互之间的诚实、信任需要行政行为的过程性，并只能在行政过程中得以确立。行政过程的法制化即行政程序，是对已确立诚信关系的一种保护。弗里德曼（Lawrence M. Friedman）指出："感到程序上的合法性最终导致实质上的赞同规则和我们所谓的信任。"①这也就是说，只有按法定程序所作的行政行为，才能表明行政机关的诚实，才能获得相对人的信任。

行政程序有利于培植行政法主体的诚实、信任意识。诚实信任本身只是一种抽象的道德观念。但是，行政程序这种意思表示规则使之具体化了，为行政法主体间的诚实、信任提供了现实的操作规则。只要行政机关按行政程序实施行政行为，只要相对人按行政程序参与实施

---

① ［美］弗里德曼：《法律制度》，李琼英等译，中国政法大学出版社1994年版，第134页。

行政行为,就可以直接观察诚实信任的法律实践,就可以切身感受诚实得到对方信任后的尊严。长此以往,必将有利于行政法主体养成相互信任、以诚相待的品质和习惯。

行政程序为诚实信任提供了统一的客观标准。行政程序具有客观性和统一性。只要一方当事人严格按行政程序作意思表示,就足以说明自己的诚实和对对方当事人的充分信任,也就足以使对方当事人对自己表示充分信任。例如,听证的举行,足以说明行政机关对事实和法律的开诚布公,对相对人诚实合作的充分信任。这就是说,一方面,行政程序为自己的意思具有诚实性提供了客观标准。行政法主体只要按这一标准作意思表示,自己的诚实信任就可以得到法律的有效承认和保护。另一方面,行政程序也为自己判断对方的意思表示是否具有诚实性提供了客观标准。如果对方主体违反了这种程序规则,就意味着对信任关系的破坏,就应承担相应的法律后果,从而保护自己的诚实信任。

然而,行政程序作为一种意思表示规则,根本作用在于保证双方主体将作的实体上意思表示的诚实性。行政法主体履行程序上的诚实义务,根本目的是为了使自己的实体意思表示得到对方主体的信任。例如,行政机关只有遵守回避、顺序、听证等程序规则,才能表明自己所作实体意思表示的诚意。行政机关只有按一定程序发布信息、统计资料,该行政指导行为才能得到公众的信任,而不会被公众置之不理。同样,相对人在程序上的诚实合作,则可期望的实体利益、所提出的实体要求才能得到行政机关的信任和满足。如果一方主体不履行程序上的诚实义务,那么也意味着对实体上的意思表示缺乏足够的诚意,甚至可能构成对对方主体的欺诈。违反程序上诚实义务的一方,对此应承担相应的法律后果,以保护对方主体的诚实信任。由此可见,行政程序通过对程序上诚实义务的要求,对实体上的诚实义务的履行起到了保证作用,对实体上的信任关系起到了一种间接保护作用。

总之，现代行政法提倡诚实信任，不只是为了说明行政行为作出及生效后双方主体的观念状态，更重要的是为了说明行政行为作出过程中双方主体所应持的价值观念，说明在行政行为作出前双方主体在程序上的权利义务关系。

（三）沟通需要过程

“在任何社会环境下，解决价值冲突的办法都只有寥寥几种。一种办法是通过地理上的隔绝，另外一种更主动的办法就是退出。弥合个别的或文化上的差异的第三种办法是通过对话，在这种情况下，价值冲突原则上能够表现出一种积极的征象，也就是说，能够成为增进交流和自我理解的手段。最后，价值冲突也可以通过使用武力或暴力来加以解决。在我们今日生活于其间的全球化社会里，这四个选择有两个已经急剧地减少了。”①

沟通是指存在的主体对他人永久地开放，主体与主体之间的交流、对话和讨论。存在主义哲学家雅斯培（Karl Theodor Jaspers，又译雅斯贝斯，1883—1969）认为，“理智只有在讨论中才能得到明了”，“人与人之间的沟通是达到各种形式的真理之途径”。② 行政行为实施过程中的沟通就是这样一种协商机制。尽管现代社会以公共利益与个人利益关系的一致性、服务与合作、彼此信任为价值取向，但公共利益与个人利益之间的冲突并未消失，服务与合作中的地位障碍、地理障碍、语言障碍和心理障碍仍然存在，行政机关的愿望和意见与相对人的要求并不完全相同。在这种情况下，我们就不能通过斗争或强制来实现自己的愿望、意见和要求。也就是说，行政机关不能未经协商而任意强制相

---

① 转引自［美］华勒斯坦等：《开放社会科学》，刘锋译，三联书店 1997 年版，第 75 页。

② ［德］雅斯培：《关于我的哲学》，载［美］W. 考夫曼：《存在主义》，陈鼓应等译，商务印书馆 1987 年版，第 150 页。

对人接受自己的意思表示，相对人不能用破坏社会秩序或非和平的方式来达到自己的要求。因此，彼此沟通，从而达成最终的行政行为，可以避免相互间的事后误会和摩擦。

沟通又是现代社会消除冲突的一种平衡和补救机制。在行政法中，如果事前的沟通并未实现，冲突业已发生和存在，则只能通过事后的协商、对话和讨论来沟通行政机关与相对人之间的意见，消除双方主体之间的冲突和纠纷。只有通过沟通，才能实现服务与合作，才能建立相互信任。行政法主体不能通过隔绝和退出来回避冲突，也不能通过武力或暴力来解决冲突。回避并不能建立相互信任，暴力只能激化冲突，都不可能恢复公共利益与个人利益关系的一致性。对行政机关的违法行为也不能用强制制裁来解决。狄骥指出："公法是国家法、统治者的法；因此人们就不能直接对自己行使强制。"①因此，当因行政行为违法而发生行政机关与相对人之间的冲突时，只能通过协商、对话来沟通，只能通过对行政行为违法性的消除和补救来恢复公共利益与个人利益关系的一致性。

总之，实现公共利益与个人利益关系的一致性，完成服务与合作必须进行事前和事后的沟通。行政机关与相对人之间的这种沟通，只能在行政过程中进行，必须通过相应的机制即行政行为的作出程序和作出后的实施程序来实现。

三、行政行为的从属法律性

（一）执法行为

在苏联、东欧及我国法学上，人们习惯地把行政解释为管理，并将行政机关和行政权解释为"国家管理机关"和"国家管理权"。其实，从

---

① ［法］狄骥：《宪法论》，钱克新译，商务印书馆1962年版，第504页。

立法、行政和司法的角度上看，这是不准确的。管理与被管理，不过是命令与服从观念的翻版，也是导致“管理论”或“控权论”等陈旧或不正确观念的因素。我们认为，从行政法的服务与合作、信任与沟通的理念出发，行政机关和行政权是一种执法机关和执法权。从理论上说，近代分权学说的鼻祖洛克（John Locke，1632—1704）和孟德斯鸠（C. L. Montesquieu，1689—1755），都是在执行法律的意义上来解释行政、行政机关和行政权的。① 马克思认为，行政就是执法。② 可以说，“经典作家，特别是B. N. 列宁使用的是‘行政’、‘国家行政活动’、‘行政机关’的表述法，而没有使用‘国家管理’、‘管理机关’或‘国家管理机关’这些词”。③ 从实定法上说，行政机关和行政权同样是执法机关和执法权。我国《宪法》第85、105条明文规定，我国国家行政机关是各级国家权力机关的“执行机关”。执行机关，就是执行国家权力机关的法律、法规和决议的国家机关，也就是执法机关。行政机关的任务，就是主动、持续地去执行法律规范，调整各种利益关系，实现立法的意图或法律规范的规制目的。从上述观念出发，行政行为就是执法行为，是一种通过执行法律为公众提供服务的行为。

（二）服从法律

行政行为尽管被解释为服务行为，行政机关可以以单方行政行为

---

① 参见［英］洛克：《政府论》（下册），叶启芳等译，商务印书馆1983年版，第94页；［法］孟德斯鸠：《论法的精神》（上册），张雁深译，商务印书馆1982年版，第155、157页。

② 马克思曾经引用过黑格尔的一句话：“执行和实施国王的决定，一般说来就是贯彻和维护已经决定了的东西，即现行的法律、制度和公益设施，等等，这和做决定这件事本身是不同的。这种使特殊从属于普遍的事务由行政权来执行。”马克思认为，这是“关于行政权的一般说明”。（马克思：《黑格尔法哲学批判》，载《马克思恩格斯全集》第1卷，人民出版社1965年版，第294—295页。）

③ ［保］斯泰诺夫等：《行政法学的基本概念》，姜明安译，载《行政法研究资料》（下册），中国政法大学出版社1985年版，第636页。

来为相对人提供各种服务，但行政行为作为一种执法行为就必须受法律的约束，坚持依法行政。这是因为，行政机关的行政权源于法律。克拉勃（Hugo Krabbe，1857—1936）指出：根据近代国家观念，“必须承认法律——制定的法律——不但是公民的权利和义务的来源，而且是所谓主权者的权利或政府的一切构成权的基础”。[①]“主权者从前的职务应该看作公务行政的一部分，这种公务行政的各方面，只有根据法律和普通法或者某种特别法才能够处理。”[②]因此，行政权只能来源于法律，行政权的运用、行政行为的实施必须服从法律，并受法律的约束。狄骥认为，如果没有法律依据，则“我认为国家这种公共权力之所以绝对能把它的意志强加于人，是因为这种意志具有高于人民的性质的这种概念是想象的，丝毫没有根据的，而且这种所谓国家主权既不能以神权来说明，也不能用人民的意志来解释，因为前者是一种超自然的信仰，后者则是毫无根据，未经证明、也不可能的假设”。[③]克拉勃指出，新的国家观念“不承认法律权力以外的其他权力，并且对于自以为是的主权者不留余地——行政法和私法间在原则上没有区别”。[④]因此，法律未赋予行政机关的权力，视为法律保留。

当然，19 世纪的法治学说也产生了依法行政的观念。但是，这种法治学说却保留着法外的行政权，认为行政权和立法权、司法权都来源于具有抽象人格主体的国家。[⑤]“结果，主权者可以不受法律节制，用任何手段，甚至用限制公民自由的方法，培养公共的利益。”“这种观念

---

① ［荷］克拉勃：《近代国家观念》，王检译，商务印书馆 1957 年版，第 25 页。

② 同上书，第 79 页。

③ ［法］狄骥：《宪法论》，钱克新译，商务印书馆 1962 年版，“第二版序言”，第 8 页。

④ ［荷］克拉勃：《近代国家观念》，王检译，商务印书馆 1957 年版，第 90 页。

⑤ 参见［日］村杉敏正：《论行政处分之公定力》，载城仲模：《行政法之基础理论》，台湾三民书局 1988 年版，第 175 页以下。

给政治学说带来了一种极度的混乱，因为现在有两种权力——法律和主权者——互相冲突。倘使我们保持整个主权观念，换句话说，法以外的权力来源的观念，那么就无法解释主权者的服从法律了。倘使人们承认法律是权力的原始来源，那么便不许保持主权观念。"①

行政行为的从属法律性，仅仅意味着行政行为从属于法律的应然性，而并不意味着其实然性，与行政行为的界定无关。也就是说，行政行为的从属法律性，并不意味着行政行为必然合法，也并不意味着只有合法的行为才是行政行为。理论上曾有过、现在又有以合法性来界定行政行为的主张，②这是我们不能同意的，也是与《行政复议法》③《行政诉讼法》④和《国家赔偿法》⑤等实定法的规定不一致的。

（三）实质法治

行政权对法律的从属性，说明行政机关的执法服务应该是一种"依照法律规则所作的服务"，⑥即依法行政。然而，服务理念导致了依法行政从形式法治到实质法治的变化。在 19 世纪，依法行政是以立法权、司法权与行政权的对抗，以牺牲效率为代价来实现的。在当代，依法行政则将在立法和司法的支持下及相对人的合作下得以实现。20 世纪以来，尤其是第二次世界大战以来，各国纷纷抛弃了行政机关的一举一动都是有法律依据的形式法治理论，而奉行实质法治理论。实质

① ［荷］克拉勃：《近代国家观念》，王检译，商务印书馆 1957 年版，第 91 页。

② 姜明安：《行政法与行政诉讼》，中国卓越出版公司 1990 年版，第 236 页；刘勉义：《论行政行为与行政机关事实行为的界分》，载刘莘等主编：《中国行政法学新理论》，中国方正出版社 1997 年版，第 118 页。

③ 1999 年 4 月 29 日国家主席令第 16 号公布。

④ 1989 年 4 月 4 日国家主席令第 16 号公布。

⑤ 1994 年 5 月 12 日国家主席令第 23 号公布，2010 年 4 月 29 日全国人大常委会第一次修正，2012 年 10 月 26 日全国人大常委会第二次修正。

⑥ ［法］狄骥：《宪法论》，钱克新译，商务印书馆 1962 年版，"第二版序言"，第 8 页。

法治理论认为，只要行政机关实质上为相对人提供了服务，服务形式或程序上的不足，即行政行为在形式或程序上的某些瑕疵，并不需要予以撤销，而可予以补正或转换，以避免因同一反复而形成的不合理和效率低下。① 这一实质法治理论已经得到许多国家立法的确认。② 我们认为，在我们这个法治程度、法治素质还不够高的大国里，要求行政机关有较高的服务效率，就更应坚持实质行政法治，相对人对此应该予以合作。遗憾的是，我们现在的立法和理论并没有走出形式法治的误区。当然，实质法治并不意味容忍行政行为在程序和形式上的违法。相反，强调行政行为的程序和形式正是当代行政法所取得的最重要的成就。实质法治只是寻找到了既能弥补行政行为在程序上和形式上的违法性，又能保障行政效率的结合点。

实质法治理念的确立，为行政法对行政行为的规范提供了新思路。田中二郎教授在《依法行政之原理》中对依法行政的含义进行了分析，指出："（1）最初谓一切行政行为，均须依据法律，始合于依法行政之本义。（2）其后谓仅系侵害人民权利，或使人民负担义务之行为，必须有法律之根据，其余行为，可听由行政机关自由决定，其解释已较前为广泛。（3）迨于最近，学者谓依法行政一词，仅有消极之界限，即指在不违反法律范围内，允许行政机关自由决定而言，非谓行政机关一举一动，均须有法律根据之意，其解释与前更不相同"。③ 当然，不违反法律

---

① ［日］室井力主编：《日本现代行政法》，吴薇译，中国政法大学出版社1995年版，第109—110页；林纪东：《行政法》，台湾三民书局1988年版，第49、51、331页；［英］丹宁：《法律的训诫》，杨百揆等译，群众出版社1985年版，第9页以下；［德］格奥尔格·诺尔特：《德国和欧洲行政法的一般原则》，于安译，《行政法学研究》1994年第4期。

② 参见《联邦德国行政程序法》第42、45、46、47条；《西班牙行政程序法》第53条；《意大利行政程序法草案》第51、52条；澳门地区《行政程序法典》第118条；我国《行政复议条例》第42条第2项。

③ 转引自林纪东：《行政法》，台湾三民书局1988年版，第49页。

范围即可自由决定，需要严密法律规范的存在为前提。这在我国，远未到来，仍需坚持法律优先和法律保留原则。

四、行政行为的无偿性

（一）无偿服务

尽管行政行为是一种服务行为，但却又是一种执法行为。因此，“在公共机关和私人机关的社会服务间有一种重大差异”，①即行政行为是一种无偿的服务行为。当代美国学者指出：“由于政府计划的目标是为公众需要服务，并非是在赚钱的意义上盈利，甚至像美国邮政服务局等政府企业单位也不能严格地按企业方式经营。正如弗里施莱和罗斯指出的那样，国家政策要求‘所有美国公民……无论他们住在何处，都应享受同样水平和质量的政府服务。这即是说，每一个人都应靠近一个邮局——和靠近其他政府公用设施一样——无论他是生活在艾奥瓦州的温特塞特农区，还是生活在马里兰州的切维·蔡斯市郊。为了给这一政策注入生命力，邮政服务局必须在其不盈利的地区保持服务。有的人主张，它们实际上必须沿着美国每一个十字路口开办邮局’。虽然这种政策要增加成本，但是要保证提供服务。而私人公司在需要增加较多成本时通常不会提供这种服务。”②这是因为，在私法上权利义务是可以分离的，服务是以等价、有偿为原则的。但是，在行政法上行政机关的权利义务却是难以分离的，行政机关的权利往往又是一种职责或义务。行政行为作为法律在特定利益关系中的具体体现，是行政机关履行职责或义务的结果。义务的履行是无偿的，是不能索取报酬的，不能以等价、有偿为原则。

---

① ［荷］克拉勃：《近代国家观念》，王检译，商务印书馆1957年版，第79页。

② ［美］菲利克斯·A．尼格罗等：《公共行政学简明教程》，郭晓来等译，中共中央党校出版社1997年版，第11页。

（二）无偿性的具体表现

行政行为实质上表现为行政机关对公共利益的集合、维护和分配。

行政机关对公共利益的集合，主要表现为对不属于社会成员的利益确认为公共利益，以及对属于社会成员的个人利益予以行政征收两类。前者如将文物、尚未为个人所合法占有的山川、土地以及无主财产宣布为公共利益。显然，将不属于社会成员的利益确认为公共利益是无偿的。至于行政征收，又表现为税收和财物的征收。其中，税收的征收往往具有普遍性，是实现社会公正的一种途径，一般都是无偿的。财物的征收往往是针对具体事件中的个别社会成员的，并非针对普遍的社会成员，应给予补偿。这是因为，公共负担必须平等。特定相对人的财物为行政机关所征收，被集合为公共利益，承担了其他社会成员所没有承担的义务，得不到补偿就不足以在与其他社会成员间保持平等。总之，我们可以这么说，公共利益的集合原则上是无偿的。

个人利益之所以要集合为公共利益，公众的共同利益之所以要委托行政机关来维护，并不是为了使某些人多占利益，更不是为了供行政机关及其工作人员享受。事实上，行政机关作为一种拟制的人格主体，并不能消费利益。法律上，行政工作人员被禁止占用公共利益。公共利益的集合和维护，完全是为了进行再分配，使公众对利益的占有大体上趋于公平，即实现社会公正。① 正因为公共利益的集合是无偿的，行政机关对公共利益的维护和分配，原则上也应当是无偿的。行政机关在已经无偿取得公众利益的基础上，对这种利益的维护和再分配就不能以有偿为原则和条件。行政机关对良好社会秩序的提供，对社会成员从事相应职业的许可，对普通教育和环境等公共设施的营建和维护，

---

① 参见叶必丰：《公共利益与个人利益的辩证关系》，《上海社会科学院学术季刊》1997 年第 1 期。

等等，都是供公众普遍享受的服务，应当是无偿的。例外的是，行政机关对个别社会成员的特殊服务，应当是有偿的。例如，行政机关对矿产资源的分配，对污染物排放的许可，对娱乐性公共设施的提供，等等，服务对象往往只是个别或一部分社会成员。这部分社会成员在比其他社会成员享受更多服务的同时，理应为公共利益作出更多的贡献，否则就不足以保持社会公正。

总之，行政行为尽管被解释为服务行为，但却是一种公共服务，不同于私人服务。它无论从公共利益的集合上看，还是从公共利益的维护和分配上看，原则上都具有无偿性，有偿只是一种例外。因此，我国目前大量存在的行政事业性收费，很多都是不合理的。在个别地方和部门出现的"保护费"和"盖章费"，更是一种奇怪现象。这是我国转型期所必须解决的问题，也是有待行政法学作专门研究的重要课题。

本节小结

行政法的人文精神必将体现为行政行为的理念。不同时代有不同的时代精神。20 世纪以来的利益一致、服务与合作、信任与沟通精神，体现为行政行为的理念就是服务性、过程性、从属法律性和无偿性。依法行政，要求在行政行为的实施上以这一理念为指导。

第三节　宪法行为与行政行为*

一、区分宪法行为与行政行为的必要性

作者尽管接受行政行为的界定通说，却始终认为作为法律部门的

---

* 本节曾发表于《北大法律评论》(2001)第 4 卷 · 第 1 辑，系应编辑部邓海平同学之约而撰写，现有较大修改。

宪法和行政法是两个不同的部门法,作为根本大法的《宪法》是法典、是各部门法的根本渊源。[①] 这在大陆法系国家,应该是一个不争的事实。它们在设置行政法院,建立行政诉讼机制外,几乎都设置了宪法法院(或者宪法保障机构),建立了合宪性审查机制。法国著名公法学家狄骥也明确指出,公法有三个部门,即宪法、行政法和诉讼法。他说,公法的第一个部门是宪法,"所包括的规则决定统治者的活动范围,统治者各种势力的代表方式,以及他们代理人的地位,他们代理人之间的关系,以及代理人和统治者的关系"。[②] 为了避免作为根本大法的宪法典和作为法律部门的宪法之间的混淆,他进一步指出:"这里的'宪法'是非常广义的,同'狭义的宪法'不同",狭义宪法与普通法相对应。[③] 公法的第二个部门是行政法。"行政法是和行政职能的行使相适应的,它包括适用于行政行为的效果和适用于公务的规则总体。"[④]与部门法的划分相适应,行政法学与宪法学也是两个不同的部门法学。学者任东来指出:美国宪法文献中的"Constitutional Law","几乎所有的美国宪法教科书和法学院的基础课,都称'宪法法'而非'宪法或者宪法学'",[⑤]都有宪法法这一法律部门。然而,我国宪法学界没有界定作为法律部门的宪法外延,只热衷于作为根本大法的宪法典;我国行政法学界则很少论及行政法的宪法基础,并往往将宪法的内容作为行政法来介绍(如关于行政立法和国家权力机

---

① 参见叶必丰:《行政法学》,武汉大学出版社 1996 年版,第 8 页;叶必丰:《行政法的人文精神》,湖北人民出版社 1999 年版,第 78、82、85 页。

② [法]狄骥:《宪法论》,钱克新译,商务印书馆 1962 年版,第 500 页。

③ [法]狄骥:《宪法学教程》,王文利等译,辽海出版社、春风文艺出版社 1999 年版,第 32—33 页。

④ [法]狄骥:《宪法论》,钱克新译,商务印书馆 1962 年版,第 501 页。

⑤ 任东来:《宪法法和宪法学之辨》,《法制早报》2006 年 12 月 10 日。

关对行政机关的监督)。[①] 并且,宪法学界和行政法学界都有这样一种观点,即宪法是行政法的静态,行政法是宪法的动态;[②]把行政法看作是从属于宪法的法律部门的观点,[③]则更为普遍。在实践中,国家有关主管部门也把宪法与行政法合并成了一个二级学科。

同行政法与宪法、行政法学与宪法学的区分一样,公法行为上的宪法行为与行政行为也需要界分。这是因为:第一,宪法行为所要设定的宪法关系,是一种"全体对全体的比率"关系[④](包括阶级之间、政党之间、民族之间、国家机关之间、中央与地方之间的对比关系),以及最基本的个人与国家之间关系。行政行为所要设定的行政法关系,是一种个人利益与公共利益之间的关系。第二,宪法行为是沟通宪法规范与宪法权利之间的桥梁,行政行为则是沟通行政法规范与行政法上权利的桥梁。宪法权利既有集合权(如选举权和集会游行示威权等),[⑤]又有个体权利(如生命、自由和财产)。行政法上的权利往往是个体的独占权(如经许可开采矿产资源等)。宪法上的个体权利是一种基本权利,而行政法上的个体权利却是具体权利。第三,违宪的宪法行为所应当承担的责任是宪法责任,对不特定多数人或其代表机关承担的责任。违法的行政行为所应当承担的责任是行政责任,对特定相对人承担的

---

① 参见张尚鷟主编:《行政法学》,北京大学出版社 1990 年版,第 181、372 页。行政法学上的"平衡论",为了能够使行政主体与相对人之间在地位上实现平衡,也不得不借助于宪法内容(参见叶必丰:《行政法的理论基础问题研究》,《法学评论》1997 年第 5 期)。

② 参见龚祥瑞:《比较宪法与行政法》,法律出版社 1985 年版,第 5 页;许崇德等主编:《新中国行政法学研究综述》,法律出版社 1991 年版,第 84 页。

③ 参见胡建淼:《行政法学》,法律出版社 1998 年版,第 17 页。

④ [法]卢梭:《社会契约论》,何兆武译,商务印书馆 1982 年版,第 72 页。

⑤ 参见[德]耶利内克:《主观公法权利体系》,曾韬等译,中国政法大学出版社 2012 年版,第 124 页;张弘:《法的价值分析——秩序、效益、权利》,《外国法学研究》1996 年第 2 期。

责任。这就表明,对行为性质的认定是认定责任性质的前提。第四,因宪法行为而引起的宪法纠纷,主要应当通过合宪性审查机制来解决。因行政行为引起的行政纠纷,则主要是通过行政复议和行政诉讼机制来解决的。这就说明,对行为性质的认定是确定案件主管或管辖的前提。

当然,理论上的必要性不等于现实中的必要性。从理论上的必要性转化为现实中的必要性,取决于客观条件的成熟性和权利保护的有效性。客观条件的成熟,包括理论上的充分准备,需要区分行政行为与宪法行为的案件或素材已经累积到足以作出理论概括的程度。在1989年以前,区分行政行为与民事行为的客观条件并不成熟,因而行政纠纷的解决被规定在《民事诉讼法》(试行)①之中。此后,正是由于理论和实务界的共同努力,行政行为才从民事行为中真正分离、独立了出来。同样,在21世纪以前,我国区分行政行为与宪法行为的客观条件也并不成熟,因而许多宪法行为也被包括在行政行为之中,并被称为"抽象行政行为"。但是,现在应该说是成熟的时候了。一方面,我国宪法的运行和实施进程已经启动,建立合宪性审查机制已经有了一定的理论准备,因而就不能没有宪法行为。另一方面,众多判例已经向我们证明,将宪法行为置于行政行为之内,不仅并不能审查宪法行为,而且在行政行为以宪法行为为前提时也无法对行政行为进行合法性审查。权利保护的有效性,旨在说明哪种理论或制度更能有效的保护人权。不同的国家有着不同的社会和文化背景,因而同一种制度对人权的保护就会有不同的效果。在英美法系国家,按照普通法就能够有效地保护人权,因而就没有区分公法和私法、公法行为和私法行为的必

---

① 1982年3月8日全国人大常委会令第8号公布,1991年4月9日国家主席令第44号废止。

要。在大陆法系国家，认为行政诉讼和宪法诉讼（合宪性审查机制）能有效地保护人权，因而就有必要区分公法和私法、公法行为和私法行为，并且不断将私法行为公法化。① 同理，在我国尚未建立起合宪性审查机制的条件下，把某些宪法行为作为行政行为来对待，可以借助于行政诉讼机制部分实现保护集体人权的目的，因而扩大行政行为的外延、挤压宪法行为的空间似乎更能保护人权。但通过多年的实践，现在看来这一效果并不明显，因而理论上就必须寻找新的出路，探讨行政行为与宪法行为的界限，为合宪性审查机制的建立铺平道路。因此，从我国的现实情况来看，区分行政行为与宪法行为也是有必要的。

---

① 原论文匿名评审人指出："对行政行为和宪政行为所作区分，是否为大陆公法学说之通说？其基础是否为行政法院与宪法法院（委员会）之分立？现实欧洲模式中宪法诉讼或合宪性审查主要涉及全体对全体的关系吗？欧洲关于'人权'的宪法诉讼或合宪性审查是全体对全体的关系吗？请详述之。"1. 从笔者所涉猎的文献来看，欧洲大陆公法学说中并未对行政行为与宪法行为作明确的区分。法国著名公法学者狄骥把法律行为分为公法行为和私法行为，并使用了行政行为和违宪行为这两个概念，却并未使用宪法行为这一概念。（参见[法]狄骥：《宪法学教程》，王文利等译，辽海出版社、春风文艺出版社 1999 年版，第 38—39 页。）在孟德斯鸠、卢梭、莫里斯·奥里乌、勒内·达维、哈特穆特·毛雷尔、平特纳、罗尔夫·斯特博、福斯多夫和克拉勃等欧洲大陆学者，以及日本学者的著作中，也难以见到宪法行为这一概念。可以说，宪法行为这一概念的提出，以及宪法行为与行政行为的区分是笔者的主张和观点，也是本文力求解决的任务。2. 应当说，宪法行为和行政行为的区分是宪法法院和行政法院分立的基础或前提。但事实是行政法院和宪法法院早已存在，而行政行为与宪法行为的区分却至今并未上升为一种理论。这并不说明人们在设置这两种法院时，对作为客观存在的行政行为和宪法行为毫无认识。相反，它说明理论常常落后于实践，理论常常是对实践的一种概括和总结。在我国，要在行政诉讼之外建立起一种合宪性审查机制，就不能走别人已经走过的路，就有必要找到一种理论根据。这也正是笔者写作本文的出发点和目的。3. 关于"全体对全体的关系"，可参阅叶必丰：《论宪法的理论基础》，载浙江大学法律系、浙江省法制研究所主编：《法治研究》1998 年卷，浙江大学出版社 1999 年版，第 182 页以下；叶必丰：《行政法的人文精神》，湖北人民出版社 1999 年版，第 58 页以下。在合宪性审查中，程序的发动者可能是一个组织（政党、团体或国家机关），也可能是一个自然人或法人。当程序的发动者是一个自然人或法人时，表面上看是一种"全体"对个人的关系，但其实所反映的却是一种全体对全体的利益关系。该程序的发动者只是一种整体利益的代表者。

二、宪法行为与行政行为的理论分析

宪法关系是宪法主体因实施宪法行为而形成的社会联系。从理论上说，与民事法律行为、行政行为理论是民法学、行政法学的核心一样，宪法行为理论也是宪法学的核心。从实践中看，宪法行为意味着宪法的实施和运行，只有宪法行为的实施才能实现宪法状态；只有宪法行为范畴的确立和研究，才能促使宪法从纸上建筑走向现实状态，也才能使宪法学从注释和宣传走向真正的理论研究。然而，现有法理学并没有确立和研究这一宪法基本范畴，①现有宪法学也没有提出并研究这一基本范畴。童之伟教授对苏联宪法学中文版代表性著作、20 世纪 50 年代的我国宪法学著作和 20 世纪 70 年代末以来的我国宪法学著作所使用的基本范畴进行了统计，②但其中却并没有“宪法行为”。在目前我国宪法学基本范畴的专题研究中，也未论及宪法行为这一基本范畴。③ 其他国家的文献中，我们尽管能看到违宪行为，但同样难以找到对宪法行为的完整界定。

作者认为，宪法行为是宪法主体行使宪法权利，调整或协调整体利益与整体利益对比关系以及最基本的个人利益与公共利益关系，旨在产生宪法上法律效果的公法行为。大体上说来，宪法行为有以下几种：第一，组织行为。这类宪法行为具体包括选举行为、任免（政府组成成员、法官、检察官）行为、行政区域的划分、各级政权组织的成立和机构的设置行为，政党的成立、我国政协组织的建设和地方自治团体的成立

---

① 参见张文显：《法学基本范畴研究》，中国政法大学出版社 1993 年版，第 124 页以下。

② 童之伟：《论宪法学新体系的范畴架构》，《法学研究》1997 年第 5 期。

③ 参见张光博：《宪法学基本范畴的再认识》，《法学研究》1987 年第 3 期；李龙等：《宪法学基本范畴简论》，《中国法学》1996 年第 6 期。

行为，以及上述组织的职权和职责的设定行为，等等。第二，立法行为。这类宪法行为具体包括权力机关的立法行为和行政立法行为；既包括制定和修改法律、法规和规章的行为，也包括废止和撤销法律、法规和规章的行为，还包括法律解释（当然，法律、法规和规章制定者的解释是否合理则是另外一回事①）。第三，国防和外交行为。这类宪法行为具体包括宣战和媾和、缔结条约和协定的行为，以及对外交涉、报复和发表声明、抗议等行为。第四，参与行为。作为宪法行为的参与行为不同于行政法上相对人的参与行为。公民在行政法的参与行为，是公法上的私人（个体）行为，②并不影响行政机关所作行为仍然是行政行为这一性质。宪法上的参与行为，是公众集体行使宪法权利的、独立的、公共性质的行为，如选举、全民公决等，而不再属于某个国家机关所作的行为。公民出席立法听证会、人代会，也是一种宪法意义上的参与，但却不能构成一个独立的参与行为，而只是立法行为等宪法行为中的一个程序环节。第五，监督行为。这类宪法行为具体包括审查和批准政府工作报告、法院工作报告、检察院工作报告、国民经济和社会发展计划、国家预算和决算等行为，以及通过对政府的质询、不信任案、罢免或弹劾案等行为。

应当指出的是，宪法行为是一个中性的概念，并不具有合宪性评价功能。也就是说，宪法行为本身是区别于行政行为、民事行为和裁判行为而存在的一种法律行为，而并不意味着合宪或者违宪。它既包括合宪行为，也包括违宪行为。例如，作为宪法行为的任命行为，既包括合宪的任命行为，也包括违宪的任命行为。在俄罗斯联邦的卡松恰伊·

① 参见袁吉亮：《论立法解释制度之非》，《中国法学》1994 年第 4 期；［俄］拉扎列夫主编：《法与国家的一般理论》，王哲等译，法律出版社 1999 年版，第 234 页。

② 参见［日］盐野宏：《行政法》，杨建顺译，法律出版社 1999 年版，第 243 页以下。

切尔克斯共和国总统选举中，两名候选人都未能赢得多数票的情况下，叶利钦任命其中的瓦伦蒂·弗拉索夫为临时总统的行为，被质疑为一种违宪行为，①但却仍然是一种宪法行为。同时，宪法行为是以不破坏宪法、不推翻合宪政府为前提的一个法学范畴。革命和政变、分裂和独立，已经超出了宪法的底线，不能在宪法行为中找到位置，或许在刑法中留有位置，或许导致新宪法。

与行政行为相比，宪法行为有自己的特点：第一，主体上的特殊性。行政行为的主体是行政主体。相对人尽管可以发动和参与行政程序，但仅仅是行政的参与者。在法律上，行政行为仍然是行政主体的意思表示。宪法行为的主体不仅包括国家行政机关，还包括国家权力机关和国家司法机关，公众及其组织的政党。例如，游行示威、全民公决等宪法行为的主体就不是国家机关，而是公众。第二，内容上的特殊性。行政行为所要实现的是法律上已经确认的公共利益与个人利益关系。它所针对的相对人应当是特定相对人，在内容上表现为对特定相对人公共利益（权利）和公共负担（义务）的分配。宪法行为所要实现的是宪法规范中已经确认的整体利益对比关系，以及最基本的公共利益和公共负担的分配制度。宪法行为所针对的是公民的基本权利，国家机关、政党和宗教组织等的权利。第三，效果上的特殊性。行政行为具有强制性。宪法行为是否具有强制性，则不能一概而论。国家机关作为宪法主体，对公民所作的宪法行为（如立法行为等）一般具有强制性。但是，公民和政党等所作的宪法行为，如公众的罢工行为、政党宣布退出议会的行为等，都不具有强制性。一个国家机关对另一个国家机关所作的宪法行为，有的具有强制性，如立法机关对行政机关的宪法行为，国家元首宣布解散议会的宪法行为；而有的也不具有强制性，如行

① 参见《叶利钦“钦定”共和国临时总统遭万人抗议》，《长江日报》1999年7月28日。

政机关向立法机关提交议案的行为，地方国家机关对中央国家机关的行为。

三、宪法行为与行政行为的现实考察

（一）行政立法

我国行政法学上普遍认为，抽象行政行为是行政主体运用行政权，针对不特定人或事制定具有普遍约束力的行为规则的行为，包括行政立法和制定行政规范性文件两类。① 作者在编写教材时，以及在本书中，也采用这一通说。② 但不得不申明，行政立法在性质上是一种委任立法，不是行政行为而是宪法行为。从理论上说，行政立法所反映的既是行政机关与全体或绝大多数社会成员之间的代表与被代表关系，又是立法机关与行政机关之间的委托与被委托关系。在存在公法和私法分野的大陆法系国家，行政法学上并未将行政立法作为一种重要的行政行为来探讨，相反是作为一种法的渊源予以简要介绍的。③《联邦德国行政程序法》（1997 年）、《西班牙公共行政机关及共同的行政程序法》（1992 年）、《葡萄牙行政程序法典》（1996 年）和《奥地利普通行政程序法》（1991 年）等大陆法系国家的行政程序法典中都没有规定行政立法及其程序。它是宪法规定的内容，是合宪性审查的标的。④ 我们在涉及大陆法系国家包括行政立法在内的抽象行政行为时，其实是把

---

① 参见罗豪才主编：《行政法学》，北京大学出版社 1996 年版，第 137 页。

② 参见叶必丰：《行政法学》，武汉大学出版社 1996 年版，第 104 页。

③ 参见[德]哈特穆特·毛雷尔：《行政法学总论》，高家伟译，法律出版社 2000 年版，第 58—62 页；[日]盐野宏：《行政法》，杨建顺译，法律出版社 1999 年版，第 42 页。

④ 参见刘兆兴：《德国联邦宪法法院总论》，法律出版社 1998 年版，第 178 以下；城仲模：《行政法之基础理论》，台湾三民书局 1988 年版，第 99 页；龚常等：《奥地利国家机构与官员制度》，人民出版社 1985 年版，第 63 页；《大陆法系各国宪法法院法》，载莫纪宏：《宪法审判制度概要》，中国人民公安大学出版社 1998 年版，第 152 以下。

它作为一种与我国抽象行政行为的同质现象，相对于具体行政行为来介绍的。当然，在不存在法律部门划分的英美法系国家，没有区别宪法行为和行政行为，即使有与大陆法系法学上相同名称的概念也往往有着自己的界定。同时，与作为自律法的大陆法系行政法不同，英美法系行政法是一种控权法。[①] 行政立法权与行政裁决权一样，自应受到严格控制。因此，在他们的著作中，自然就要有较大的篇幅来讨论行政立法或授权立法。[②] 我国把实际上属于宪法行为的行政立法，纳入行政行为来讨论，起因于王名扬先生的观点，后受英美法系行政法的影响，当然也根植于行政立法的强势现状。

（二）针对特定人的宪法行为

对政府组成人员和法官、检察官的任免行为，似乎是一种针对特定人的行为。同时，代议机关所作的行为也可能是行政行为。[③] 这样，这类任免行为似乎是行政行为。其实，这些政府组成人员是通过选举而被任命的。在西方国家，他们一般并不是以个人身份参选的，而是作为某一党派的代表或经某一党派推举参选的，所代表的是一种整体利益。既然如此，那么任命行为所针对的对象，实际上并不是个人而是某个党派。至于该党派内的哪些人员能够成为内阁成员，也并不受公务员法的约束，而是政党政治决定的。在我国，并不存在竞选制度，政党制度也与国家制度基本上相对应，这类任免行为更类似于行政行为。但是，我们如果能够从一届政府、法院和检察院的组织角度来分析，那么就比较容易认识到这是一种宪法行为。因此，这类任免行为不能作为行政诉讼的标的，而只能作为合宪性审查的标的。

---

① 参见叶必丰：《行政程序法的两大模式》，《中外法学》1997 年第 1 期。

② 参见［英］威廉·韦德：《行政法》，徐炳等译，中国大百科全书出版社 1997 年版，第 557—616 页；［美］伯纳德·施瓦茨：《行政法》，徐炳译，群众出版社 1986 年版，第 29—81 页。

③ 参见王名扬：《法国行政法》，中国政法大学出版社 1989 年版，第 550 页。

行政法学上的特定人,并不是指一个人或某个人,而是指可确定的人或特定法律事实中的人。① 也就是说,在特定法律事实中可确定的多数人,就是"特定人"。② 由此出发,行政机关对集会游行示威的许可尽管是对多数人所作的行为,也被看作是一种行政行为。日本就有这样的判例,学者也常常以此为实例来说明行政行为问题。③ 同样,在我国也存在集会游行示威是宪法行为还是行政行为的问题。但在目前,作为宪法行为却缺乏合宪性审查机制,作为行政行为囿于"政治权利"的认识而不能被起诉,④即都还无法获得司法审查。无论是合宪性审查机制还是"政治权利"方面的因素,说到底都是一个宪法问题。我们由此是否又可以反过来说它正是一个宪法行为呢?那也未必,因为它又是一个可受行政复议的行为(《集会游行示威法》⑤第 13 条)。并且,集会游行示威的举行,在法律上也被认定为可受行政处罚的私人公法行为即相对人的行政法行为。因此,对集会游行示威的许可行为,从我国法律上的安排看仍然是一个行政行为,目前之所以无法得到司法审查,只是因为条件尚未成熟。

四、宪法行为与行政行为的转化

整体利益系由成员利益构成,且某种整体利益可以上升为公共利

---

① 参见姜明安主编:《行政法与行政诉讼法》,北京大学出版社、高等教育出版社 1999 年版,第 144 页。

② 参见我国台湾地区"大法官会议"释字第 156 号解释,载王和雄:《论行政不作为之权利保护》,台湾三民书局 1994 年版,第 68 页。

③ 参见[日]盐野宏:《行政法》,杨建顺译,法律出版社 1999 年版,第 132 页脚注;[日]室井力主编:《日本现代行政法》,吴薇译,中国政法大学出版社 1995 年版,第 117 页。

④ 参见最高人民法院行政审判庭:《行政诉讼与土地管理法新解》,时事出版社 1999 年版,第 18 页。

⑤ 1989 年 10 月 31 日国家主席令第 20 号公布。

益。最基本的公共利益与个人利益关系与具体的公共利益与个人利益关系,分界线更是难以确定。我们关注宪法与行政法的区分,宪法行为与行政行为的不同,并不是否认它们之间的联系。相反,宪法行为与行政行为的主体存在重合,基本权利与一般权利也许处于临界点,因而出现了两者间的相互转化。

（一）宪法行为向行政行为的转化

公众的集会游行示威权是一种宪法权利。但是,统治者总是愿意将宪法问题转化为行政法问题。① 集会游行示威就是一个把宪法行为转化为行政行为的典型例子。把集会游行示威这一宪法行为转化为行政行为需要解决两个问题:一是行为的主体由公众转化为行政机关,二是把整体利益转化为个人利益。

宪法行为的主体既可以是国家机关,也可以是公众。集会游行示威的主体显然是公众。但是,行政行为的主体只能是行政主体。要实现这一转换,就要把集会游行示威分为两个阶段,即集会游行示威的申请和进行。然后,把集会游行示威的申请作为行政主体实施许可决定的发动和一个环节,把集会游行示威的进行作为对许可决定的执行或实现。这样,公众的集会游行示威就成了附属于行政许可行为的私人公法行为即相对人的行政法行为。

宪法行为所体现的是整体利益对比关系。国家所代表的整体利益已被上升为公共利益,群体的整体利益则有可能被分解为个人利益。这就使得整体利益对比关系具有被转化为公共利益与个人利益关系的可能,使宪法行为转化为行政行为的可能。集会游行示威正是这样一种群体对国家的关系。国家对集会游行示威实行许可制度,正是把群体的整体利益化解为个人利益的体现。

---

① 参见叶必丰:《行政法的人文精神》,湖北人民出版社 1999 年版,第 116 页。

通过对集会游行示威问题的分析，我们可以发现把宪法行为转化为行政行为所采用的方法是，先把行为主体转换为行政主体，接着把内容（利益）置于模棱两可的境地或分解为成员个人利益，于是宪法行为就名正言顺地成了行政行为。类似的现象还有很多，比如把迁徙自由转换为人员流动的行政许可等。

（二）行政行为向宪法行为的转化

1948年，英国上议院的一项判决确立了这样的规则：部长执行执政党政策的行为不存在是否公正的问题，不适用自然公正原则。① 这是因为，执政党的政策，是其整体利益的集中体现，反映了整体利益对比关系。执行该政策的行为，是已经通过选举而得到确认的整体利益对比关系的具体落实。这种具体落实措施的公正性，不能脱离整体利益对比关系来认识。这样，相同情况下的决定，会因执行法律还是执行政策而表现为不同性质的行为。如果纯粹是执行法律的行为，则是公共利益与个人利益关系的体现，属于行政行为；如果执行法律的行为又是政策的要求，则是执政党的整体利益与在野党的整体利益之间关系的体现，或者说所体现的整体利益关系的色彩超过了同时体现的公共利益与个人利益关系，而属于宪法行为了。于是，行政行为也就可以转换为宪法行为了。当然，我们说过，在英美法系国家的观念上，不存在宪法行为和行政行为的区分。但是，这两种行为现象的存在却是并不以其观念为转移的客观事实。

行政行为向宪法行为转化的另一种形式，是通过权利的转换来实现的。例如，在街头行乞是一种一般权利还是基本权利，是行政法上的权利还是宪法上的权利？在法国和荷兰两国，对乞丐实行许可制度，②把行

---

① 参见王名扬：《英国行政法》，中国政法大学出版社1987年版，第154页。

② 参见商殷：《巴黎乞丐　必须纳税》，《法制日报》1989年12月20日第4版；兴旺：《乞丐领执照并要纳税》，《法制日报》1990年3月24日，第3版。

乞看作是一般权利。但在美国,却有不同的认定。美国纽约联邦法院认为,乞丐在地铁行乞是一种受宪法保护的言论自由权,纽约地铁管理局禁止行乞是一种违宪行为。联邦第二上诉法院则认为,行乞与其说是言论自由不如说是行为,因为行乞本身并不含有与此行为不可分离的信息,也无法证明它传达了一个社会或政治信息,因而不是一种宪法权利。联邦最高法院却认为,行乞是一种宪法上的言论自由权,只不过禁止行乞是公共秩序的需要。[①] 也就是说,通过把一般权利转换为基本权利,就可以把行政行为转换为宪法行为。

本节小结

区分宪法行为与行政行为无论在理论上还是现实中都是有意义的,尤其可以为合宪性审查提供理论支撑。宪法行为是宪法主体行使宪法权利,调整或协调整体利益对比关系以及最基本的个人利益与公共利益关系,旨在产生宪法上法律效果的公法行为,独立于行政行为。但当宪法行为与行政行为的主体出现重合,基本权利与一般权利处于临界状态时,就出现了两者间的相互转化,于是行政立法等行为到底是宪法行为还是行政行为也显得模棱两可。

---

① 参见高小田:《美国有人如此主张:行乞与脱衣舞受宪法保护》,《法制日报》1990年10月21日,第3版;麦立:《法令下生计绝乞丐失业、令难行禁不止仁人恻隐》,《法制日报》1991年5月4日,第3版。

第二章　行政行为的分类和模式

本章思路　行政行为的分类学说林林总总，有成就也有错乱，亟待以实践需求为导向进行梳理。本章的研究试图回答以下问题：通过行政行为分类所获得的行政行为类型怎么会与行政行为的内涵界定相矛盾，是重新界定行政行为的内涵还是重构行政行为的分类体系？行政行为的分类与行政行为的模式各有什么功能，行政行为如何模式化，我国现行的行政行为模式体系如何？

第一节　行政行为的分类学说*

行政行为的分类历来为我国行政法学所重视，是迄今为止的行政行为理论和行政法学教科书都不会遗忘的组成部分。但是，行政行为分类的社会功能是什么？现有的分类是否能满足社会需求的实现？行政行为的分类作为行政行为概念之外延的另一表述，与行政行为概念

---

* 本节的基本内容曾以《行政行为的分类：概念重构抑或正本清源》为题发表于《政法论坛》2005 年第 5 期，转载于《新华文摘》2005 年第 23 期。在初稿完成后，曾请应松年和姜明安教授审阅。两位教授都提出了宝贵和中肯的指导性意见，都已为作者接受、采纳并体现在本文中。对两位教授的为人气度、学术智慧，作者深表敬佩；对两位教授的不吝赐教，作者深表感谢！当然，本节所存在的偏颇和错误，均为作者个人的责任。作者当初本拟将初稿送王名扬、张尚鷟和皮纯协教授审阅，但因王老年事已高，张老和皮老贵体欠佳而不忍打搅。同时，作者在写作过程中，得以与朱芒教授深入讨论，得到孟鸿志和周佑勇教授在收集文献资料方面的协助，还听取了我的研究生们所提出的各类意见，在此一并致谢！

的内涵是否一致，以及所展开的行政行为理论的演绎是否科学？到目前为止的行政法制建设与行政行为分类的对应关系是否合理？

一、行政行为分类的社会需求

（一）行政行为的分类及社会功能

在我国权威性行政法学著作中，一般将行政行为分为抽象行政行为和具体行政行为、羁束行政行为和裁量行政行为、依职权行政行为和应申请行政行为、附款行政行为和无附款行政行为、授益行政行为和负担行政行为、要式行政行为和非要式行政行为、作为行政行为（行政作为）和不作为行政行为（行政不作为）、独立的行政行为和需补充的行政行为、内部行政行为和外部行政行为、单方行政行为和双方（多方）行政行为，以及行政立法行为、行政执法行为和行政司法行为，自为的行政行为、授权的行政行为和委托的行政行为等。① 同时，学界还将行政行为分为行政行为和准行政行为、行政法律行为和行政事实行为、实体行政行为和程序行政行为、单独行政行为和共同行政行为、受领行政行为和非受领行政行为、合法行政行为和违法行政行为、实力行政行为和意思行政行为、有效行政行为和无效行政行为、对人的行政行为和对物的行政行为、职权行政行为和职权相关行政行为、平常行政行为和紧急行政行为、可诉行政行为和不可诉行政行为、主行政行为和从行政行为、中间行政行为和最终行政行为、终局行政行为和非终局行政行为，强制执行的行政行为和非强制执行的行政行为，以及公安行政行为、工商行政行为、交通行政行为、税务行政行为和军事行

---

① 参见应松年主编：《行政法学新论》，中国方正出版社 1999 年版，第 184—191 页；罗豪才主编：《行政法学》，北京大学出版社 1996 年版，第 138—139 页；许崇德等主编：《新中国行政法学研究综述》，法律出版社 1991 年版，第 195—197 页；姜明安主编：《行政法与行政诉讼法》，北京大学出版社、高等教育出版社 2005 年第 2 版，第 178—182 页，等等。

政行为,等等。①

在上述各种分类中,有的分类源于域外学说的借鉴,但多数分类在域外学说中却是不存在或不作为分类来研究的,②而是我国行政法学者密切关注和长期观察社会现实,并对观察对象进行理论加工的结果。无论必要性和科学性如何,这些分类都是对现实社会中存在的行政行为现象的理论检阅、梳理、概括、归类和抽象,承载着反映和描述客观现实的社会使命。《行政不作为判解》(周佑勇著,武汉大学出版社 2000 年版)、《应申请行政行为判解》(叶必丰著,武汉大学出版社 2000 年版)的出版,《附款行政行为研究》(俞少如著,武汉大学 2003 届硕士学位论文)、《需补充行政行为研究》(张鹏著,武汉大学 2003 届硕士学位论文)和《行政行为附款研究》(王春波著,浙江大学 2004 届硕士学位论文)的完成,都反映了我国学者对这种分类研究所取得的进步。

同时,行政行为的这些分类,也是对现实中存在的纷繁复杂、千奇百态的行政行为现象的解剖。按照各种不同标准对行政行为进行分类,实现了对行政行为的多角度解剖和透析,揭示了行政行为的各种不同特征和规律。授益行政行为和负担行政行为的分类,有利于将人们的注意力引向行政行为的内容;依职权行政行为和应申请行政行为的

---

① 参见许崇德等主编:《新中国行政法学研究综述》,法律出版社 1991 年版,第 190 页以下;胡建淼:《行政法学》,法律出版社 2003 年版,第 207 页以下;杨解君主编:《行政法学》,中国方正出版社 2002 年版,第 191 页以下;杨海坤等:《国内行政行为分类研究述评》,《黑龙江社会科学》2000 年第 3 期;夏勇等:《军事行政法律行为研究》,法律出版社 1996 年版,第 6 页。

② 参见[德]哈特穆特·毛雷尔:《行政法学总论》,高家伟译,法律出版社 2000 年版,第 207 页以下;[德]汉斯·J. 沃尔夫等:《行政法》(第二卷),高家伟译,商务印书馆 2002 年版,第 41 页以下;[日]盐野宏:《行政法》,杨建顺译,法律出版社 1999 年版,第 83 页以下;[日]室井力主编:《日本现代行政法》,吴薇译,中国政法大学出版社 1995 年版,第 82 页以下;许宗力:"行政处分",载翁岳生主编:《行政法》,中国法制出版社 2002 年版,第 664 页以下;陈新民:《行政法学总论》,台湾三民书局 1997 年第 6 版,第 217 页以下。

分类，有利于观察实施行政行为的启动程序和相对人的参与；行政作为和行政不作为的分类，则揭示了容易为人们所忽视的行政权的消极作用方式，等等。这些分类和解剖为立法者在规范行政行为时建立符合各自特点的制度，为行政主体在实施行政行为和司法机关审查行政行为时掌握客观规律提供了可能。

再次，行政行为的分类是人们认识行政行为现象的开始，是对各类行政行为规律认识的记载。只有通过这种分类，我们才能进一步科学地认识和掌握行政行为的内容和形式、程序和结果、合法和违法、制度和运作，从而使行政行为定型化、模式化。① 目前，行政许可、行政处罚和行政强制措施等，已经是一种模式化行政行为，因而在教材中有可能作为专章进行介绍，作为一种知识进行传播。但是，现实中还有大量的行政行为尚未模式化，还无法进行专门的讨论。在这种情况下，行政行为的分类作为对行政行为现象最原始性的规律性认识的记载，起到了补充性作用，即通过分类对所有行政行为进行一种概括性介绍，避免把行政行为与经常被提到或被重点介绍的模式化行政行为相等同的可能，并且也有利于人们对行政行为认识的深化和累积。

最后，行政行为的分类是有关原理和制度得以构筑的前提。只有将行政行为分为抽象行政行为和具体行政行为，我们才能构筑具体行政行为的构成要件、效力、更正和补正等原理和制度。只有将具体行政行为分为授益行政行为和负担行政行为、行政作为和行政不作为等，我们才能构筑行政强制执行原理和制度。反过来说，这些行政行为原理和制度，也正是基于行政行为的分类及其所揭示的特征而建立的。因此，离开了行政行为的分类，相关的原理和制度就难以形成和建立。

---

①　参见叶必丰：《行政行为的模式》，载罗豪才主编：《行政法论丛》（第2卷），法律出版社1999年版，第219页以下。

（二）行政行为分类的必要和充分

我国行政法学上对行政行为的分类标准较多，有的学者用 20 多个标准进行各种各样的分类。[①] 尽管这些分类都能从一个侧面或角度揭示行政行为的特征或规律，但从社会需求的角度来看是否完全有必要，是否还有必要再以其他标准继续对行政行为进行分类呢？

分类总是为了满足某种目的和需要。行政行为的分类在满足制度建设的同时，还应满足下列社会需求：第一，某种分类对学科体系具有支配性或框架性作用。这种具有支配性或框架性作用的分类，所揭示的是分类对象的本质属性，足以从根本上将分类对象作出区分，从而为分类对象建立理论模型乃至为整个学科体系的形成奠定逻辑前提。我国行政法学上关于抽象行政行为和具体行政行为的分类，就是一种具有上述意义或作用的分类。这种分类，足以解释两类行政行为在主体（相对人）、程序、内容、效力和法律救济等各方面的区别，建立各自的理论体系和制度规范，并影响到整个行政法学体系的构建。第二，某类行政行为的特征如此明显、丰富和重要，如果不通过分类来介绍和说明则无法或难以在其他内容中作出解释性安排。例如，授益行政行为和负担行政行为的分类，关系到行政行为的实施依据、程序、可撤销性以及行政法基本原则的适用，在不对行政行为的内容作专门介绍的情况下就无相关部分予以安排，因而就需要在行政行为的分类中作出说明和分析。又如，行政行为附款的内容是如此丰富，如果不作专门介绍而只是在行政行为的效力中顺带说明，就难以充分揭示其特征，因而也就需要通过附款行政行为和无附款行政行为的分类来处理。当然，如果对行政行为的附款作专门介绍的情况下，也就没有必要再在分类中加

---

① 参见皮纯协等：《行政行为分类的研究》，人大复印资料《中国政治》1991 年第 12 期；许崇德等主编：《新中国行政法学研究综述》，法律出版社 1991 年版，第 190 页以下。

以说明，[1]以免浪费资源。

基于以上认识，本文认为对行政行为只要保留少量分类即可。对现有学说中的大量分类，可在相关部分讨论，而没有必要作为一种分类而独立存在。例如，对作为行政行为（行政作为）和不作为行政行为（行政不作为）、内部行政行为和外部行政行为、行政法律行为和行政事实行为、单独行政行为和共同行政行为、可诉行政行为和不可诉行政行为、终局行政行为和非终局行政行为以及自为的行政行为、授权的行政行为和委托的行政行为，都可以在行政复议和行政诉讼的受案范围中加以说明和解释，没有必要既在行政行为的分类又在复议和诉讼的受案范围中都予以介绍。如果不是因为复议和诉讼的受案范围问题，我们也就没有必要作内部行政行为和外部行政行为之类的分类。对内部行政行为和行政不作为等，则还可以在行政行为的概念和特征或者行政行为的构成要件部分予以说明；合法行政行为和违法行政行为、有效行政行为和无效行政行为几乎涉及行政法学的所有问题，既不是分类所能解释清楚又是没有必要通过分类予以强调的毫无意义的"分类"。[2] 如果这样的问题也可以作为分类来解决的话，那么我们行政法学的所有内容都可以通过分类来处理了，如需听证的行政行为和无需听证的行政行为、按一般程序实施的行政行为和按简易程序实施的行政行为、公务行政主体实施的行政行为和地域行政主体实施的行政行为、合议制行政主体实施的行政行为和首长负责制行政主体实施的行政行为，等等。如果进行诸如此类没完没了的行政行为分类，那么我们

---

① 参见［日］盐野宏：《行政法》，杨建顺译，法律出版社 1999 年版，第 83—89、128 页；［德］汉斯·J. 沃尔夫等：《行政法》（第二卷），高家伟译，商务印书馆 2002 年版，第 41—65 页。

② 值得注意的是，我们许多作者在研究行政奖励、行政处罚和行政救助等某类行政行为现象的时候，也往往套用行政行为的一般分类法进行各种分类，而忽视了分类研究的目的。

的整个行政法学也就成了行政行为分类学了。

另一方面，我国行政行为的分类学说并不充分和深入，难以满足制度建构的需求。这主要表现在具有支配性或框架性意义的抽象行政行为和具体行政行为的研究上，以及对具体行政行为的进一步划分以适应行政行为统计的需要上。对此，我们将在后文作进一步说明。

二、行政行为的分类与内涵

（一）行政行为的分类与内涵周延性

行政行为的分类对象，是"行政行为"。各种类别的行政行为，其实就是相对于行政行为内涵而言的外延。因此，对行政行为分类，就必须牢牢把握行政行为的内涵。然而，现有的行政行为分类却与行政行为内涵存在着严重的冲突。

首先，某些行政行为的分类超出了行政行为的外延。依目前通说，行政行为是指具有行政权的组织行使行政权、执行公务，能直接或者间接产生法律效果的行为。① 学者们不论对行政行为内涵作怎样的界定，至少对通说所揭示的两项要件即行政权作用和法律效果都是认同的。如果我们对照这两项要件与行政行为分类学说，则可以发现事实行政行为、实力行政行为等并不符合法律效果要件，都超出了行政行为应有的范围或外延。当然，如果行政行为的界定并不以法律效果为要件，则另当别论。

近年来随着对程序的重视，学界也往往将程序权作为一种法律效果来对待。于是，学界也就将行政行为分为实体行政行为和程序行政行为。然而，法学总是以权利为关注点和着眼点的。程序行政行为的

---

①　参见应松年主编：《行政法学新论》，中国方正出版社 1999 年版，第 181 页；罗豪才主编：《行政法学》，北京大学出版社 1996 年版，第 105 页；姜明安主编：《行政法与行政诉讼法》，北京大学出版社、高等教育出版社 2005 年第 2 版，第 175 页。

存在,也必须以法律效果要件即对程序权乃至实体权的影响为构成要件,并结合行政行为的成熟性要素加以考量。例如,如果法律上规定某项许可证的申请应当经县级主管部门审查后报省级主管部门批准,县级主管部门审查后退回给申请人或者未向省级主管部门报送的,则影响到了申请人的程序权以至实体权利,并且具有最终意义(成熟性),则构成一个行政行为。县级主管部门在审查中的会议讨论、调查、报送(即使在报送材料中有不利于申请人的审查意见)等,都没有构成对申请人权利的最终影响,因而也没有构成一个行政行为,最多是一个事实行为而已,①但有的学者却并未注意到这点②或者并不这样认为。③ 如果这种事实行为影响到省级主管部门对申请人权利的设定,则申请人只需要以违反法定程序或者主要事实不清等为理由,以省级主管部门所作的行政行为为救济标的即可,而没有必要把这种事实行为在尊重程序的名义下作为一种程序行政行为来对待请求救济。但很遗憾的是,主张实体行政行为和程序行政行为之分类的学者,似乎都并未注意到这种救济的必要性。因此,程序行政行为作为一种事实行为,在以法律效果为要件的情况下,也是一种超出行政行为外延的行为。④

---

① 参见闫尔宝:《简论程序行政行为》,载刘莘等主编:《中国行政法学新理念》,中国方正出版社 1997 年版,第 123 页以下。

② 参见胡建淼:《行政法学》,法律出版社 2003 年版,第 208—209 页;杨解君主编:《行政法学》,中国方正出版社 2002 年版,第 191 页以下。

③ 参见应松年主编:《行政法学教程》,中国政法大学出版社 1988 年版,第 195 页。

④ 值得指出的是,在德国行政法学上,也存在以实体和程序为标准所作的分类,但分类的结果却不是实体行政行为和程序行政行为,而是形式行政行为和实体行政行为。简单地说,形式行政行为是指特定形式已符合行政行为构成要件而不论内容如何的行为;实体行政行为是指特定内容已符合行政行为构成要件而不论其形式如何的行为(参见[德]汉斯·J. 沃尔夫等:《行政法》(第二卷),高家伟译,商务印书馆 2002 年版,第 48—49 页)。这一分类具有重要意义,值得我们借鉴。当然,对此我们也可以放在行政行为的构成要件及其认定部分处理(参见叶必丰:《行政法学》,武汉大学出版社 2003 年版,第 179 页以下),不一定作为分类来处理。

其次,某些行政行为的分类缩小了行政行为的外延。在域外行政法上,抽象行政行为和具体行政行为也是客观存在的,[①]但在学说上"行政行为"仅仅是指我们所称的具体行政行为,因而"行政行为"的分类对象也仅仅是我们所称的具体行政行为。我国台湾学者陈新民教授即使在写作《中国行政法学原理》时,也仍然坚持将这种分类限定于具体行政行为,而没有运用来对行政行为进行分类。[②] 我们借鉴具体行政行为的分类法对行政行为进行分类是可以的,但问题是我们至今并未对这种借鉴的合理性作过论证,并且对分类的例证也往往是有关具体行政行为的实例。这样的分类,至少存在着只是对具体行政行为而不是对行政行为进行分类的嫌疑,因而也就存在着在分类时缩小行政行为外延的嫌疑或可能。我们尽管可以勉为其难地解释抽象行政行为的羁束和裁量、授益和负担、要式和附款等问题,但这种解释的意义却值得怀疑。因此,这些行政行为的分类与行政行为的内涵并不周延。

再次,某些行政行为的分类与行政行为内涵的演绎并不一致。行政行为的构成要件、更正、补正和效力等原理,显然应该是行政行为内涵的具体演绎和制度确认。在我国行政法学上,这些原理也确实是被置于抽象行政行为和具体行政行为的上位概念行政行为之下进行解释的。但实际上,这些原理概括自具体行政行为而非包括抽象行政行为和具体行政行为在内的行政行为。从这些原理的内容上说,它们也只能适用于具体行政行为而不能适用于抽象行政行为。[③] 也就是说,在这些原理的阐述中所指称的行政行为已经不是经专门定义的行政行

---

① 参见叶必丰:《抽象行政行为的由来、范围和合法要件》,载刘茂林主编:《公法评论》(第1卷),北京大学出版社2003年版,第121页以下。

② 参见陈新民:《中国行政法学原理》,中国政法大学出版社2002年版,第140页以下。

③ 参见章志远:《行政行为概念之科学界定》,《浙江社会科学》2003年第1期。

为,或者说内涵已经发生变化,即在含义上从行政行为变成了具体行政行为。因此,这些行政行为的分类与行政行为有关原理所体现的行政行为内涵也是不一致的。

(二)行政行为的分类学说溯源

行政行为分类等行政行为原理与行政行为内涵之间的矛盾,已经引起学者们的关注和重视,并主张行政行为概念的重构或对其重新进行定位,即将行政行为的内涵回归到德国法的意义上,①或者维持其现有内涵不变但改变相关原理或制度。② 其实,对行政行为内涵并不需要重新定位或重构,所需要的只是正本清源。

行政行为的分类等行政行为理论体系,在我国是以王名扬先生为代表的老一代学者建立起来的。他在我国第一部公开出版的行政法学著作《行政法概要》中,是在“行政权作用”这一意义上使用“行政行为”概念的,并不包括法律效果要件。正是在这一意义上,他把行政行为分为抽象行为和具体行为、单方行为和双(多)方行为、法律行为和事实行为。至于独立行为和补充行为、羁束行为和裁量行为、要式行为和非要式行为、依职权行为和应申请行为的分类则是在具体行政行为即“行政措施”之下所进行的分类,而不是对行政行为进行的分类。抽象行政行为自有抽象行政行为的分类。同样,合法要件和效力原理也是在具体行政行为而不是在行政行为之下阐述的。③ 这样一个行政行为的理论体系,既源于法国行政法学,④也体现了我国民国时期行政法学者

---

① 参见杨建顺:《关于行政行为理论与问题的研究》,《行政法学研究》1995 年第 3 期;章志远:《行政行为概念之科学界定》,《浙江社会科学》2003 年第 1 期。

② 参见朱新力等:《行政行为的重新定位》,《浙江大学学报》(人文社会科学版)2003 年第 6 期。

③ 参见王珉灿主编:《行政法概要》,法律出版社 1983 年版,第 97—125 页。

④ 参见叶必丰:《抽象行政行为的由来、范围和合法要件》,载刘茂林主编:《公法评论》(第 1 卷),北京大学出版社 2003 年版,第 121 页以下。

的认识，①反映并发展了当时各政法院校所编写的教学讲义中有关行政行为内涵的界定及其分类观点，②并不存在我们前述所指出的各种矛盾。

王名扬先生的行政行为分类等理论体系，并非基于我国实定法上的规定和司法上的判例，在《行政诉讼法》制定前也并没有实定法和判例的支持。这一理论体系虽然在当时得到了学者们的支持，但并没有影响对此进行新的探索。在新的探索中，学者们开始强调行政行为的法律效果要件，不断增加行政行为的分类。在这种探索中，姜明安教授曾将行政立法行为排除在行政行为以外。③ 从作者未经严格考证和手头仅有的文献来看，这种探索导致行政行为分类等理论体系结构性改变的最早一部著作，是张尚鷟教授于 1986 年 5 月由群众出版社出版的《行政法知识讲话》。④ 这种结构性改变体现在以下几个方面：第一，在原有抽象行政行为和具体行政行为、单方行政行为和双(多)方行政行为、行政法律行为和行政事实行为的基础上，增加了具有特性的行政行为和一般行政行为、形式意义上的行政行为和实质意义上的行政行为(以行为主体是否行政机关为标准)、要式行政行为和非要式行政行为、行政行为和准行政行为四种分类，开创了将具体行政行为的分类提升为行政行为的分类并与行政行为的原有分类相并列的先河。第二，在沿袭对行政行为内涵不作法律效果要件限定的基础上，却将具体行

---

① 参见白鹏飞：《行政法总论》，上海商务印书馆 1927 年版，第 86 页；赵章程：《行政法总论》，上海商务印书馆 1935 年版，第 160 页。

② 参见原湖北财经学院国家法教研室：《行政法概论》，1983 年印，第 112—144 页。

③ 参见应松年、朱维究：《行政法学总论》，工人出版社 1985 年版，第 258—299 页；姜明安：《行政法学》，山西人民出版社 1985 年版，第 295—307 页；姜明安：《行政法概论》，北京大学出版社 1986 年版，第 205—208 页；张焕光等：《行政法基本知识》，山西人民出版社 1986 年版，第 119—124 页；姜阳：《行政法基本知识》，教育科学出版社 1986 年版，第 24 页以下。

④ 几乎在同时，张焕光教授等对行政行为的分类也进行了探索，但可以说并未导致结构性变化(参见张焕光主编：《行政法总论》，中国经济出版社 1986 年版，第 124 页以下)。

政行为的构成要件和效力原理提升为行政行为的构成要件和效力原理，并与行政行为的分类等一道作为行政行为的基本原理置于行政立法之前。① 从此，行政行为的分类与行政行为的内涵开始发生冲突。

此后，张尚鷟教授在其著作和其主编的著作中，继续倡导他的行政行为分类学说。② 皮纯协教授等则进一步发展了张尚鷟教授的分类学说，将行政行为的主体扩展到行政机关以外的企事业单位，将行政行为的分类扩展到15种，将具体行政行为的分类全面提升为行政行为的分类，③并不断增加分类。④ 到1989年，张尚鷟教授的分类学说得到了更多学者的采纳、认同和支持；⑤罗豪才教授在1988年主编的著作中主张德国法上的行政行为概念，⑥此时也转而接受张尚鷟教授的分类学说。⑦ 并且，教育部也于1989年正式将这一分类体系载入《中国行政法学教学大纲》。⑧ 于是，此后出版的论著也就纷纷采用这一通说和法定学说。⑨ 在1989年前，学界仍有不少学者支持王名扬教授的分类

---

① 参见张尚鷟：《行政法知识讲话》，群众出版社1986年版，第69页以下。

② 参见张尚鷟：《行政法教程》，中国广播电视大学出版社1988年版，第125—127页；张尚鷟主编：《行政法学》，北京大学出版社1990年版，第165页以下；张尚鷟主编：《走出低谷的中国行政法学》，中国政法大学出版社1991年版，第132页以下。

③ 参见皮纯协主编：《中国行政法教程》，中国政法大学出版社1988年版，第64—85页。

④ 参见皮纯协等：《行政行为分类的研究》，人大复印资料《中国政治》1991年第12期；许崇德等主编：《新中国行政法学研究综述》，法律出版社1991年版，第190页以下。

⑤ 参见张焕光等：《行政法学原理》，劳动人事出版社1989年版，第211页以下；张树义等主编：《中国行政法学》，中国政法大学出版社1989年版，第70页以下。

⑥ 参见罗豪才主编：《行政法论》，光明日报出版社1988年版，第150页。

⑦ 参见罗豪才主编：《行政法学》，中国政法大学出版社1989年版，第124页以下。

⑧ 参见陈安明、姜明安主编：《中国行政法学教学大纲》，北京大学出版社1990年版，第47页以下。

⑨ 参见方昕等：《行政法总论》，人民出版社1990年版，第76页以下；张树义主编：《行政法学新论》，时事出版社1991年版，第93页以下；杨海坤：《中国行政法基本理论》，南京大学出版社1992年版，第248页以下；王连昌主编：《行政法学》，中国政法大学出版社1994年版，第114页以下。

学说,[1]有的甚至坚持到了1989年后多年,[2]但最终也接受了法定学说。[3] 作者本人也处于不断地徘徊和摇摆之中,时而用通说来解释抽象行政行为,[4]时而直接采用通说,[5]时而将行政行为限定在具体行政行为上使用,[6]甚至尝试用行政决定来代替具体行政行为并进行分类等原理的解释。[7] 由于这些论著强调行政行为的法律效果要件,行政行为分类与行政行为内涵和相关原理间的矛盾日益加剧。

基于上述梳理,作者认为,我们如果要摆脱行政行为内涵与外延(分类)上的矛盾,就有必要恢复王名扬先生的行政行为理论体系。[8]

---

① 参见应松年主编:《行政法学教程》,中国政法大学出版社1988年版,第185—197、247—261页;杨小君主编:《行政法》,中国经济出版社1989年版,第160页以下;叶必丰:《行政法原理》,湖北科技出版社1988年版,第145—148、157—162页。

② 参见姜明安:《行政法与行政诉讼》,中国卓越出版公司1990年版,第236页以下;应松年主编:《行政行为法》,人民出版社1993年版,第1页以下。

③ 参见姜明安主编:《行政法与行政诉讼法》,高等教育出版社1997年版,第56页以下;姜明安主编:《行政法学》,法律出版社1998年版,第59页以下;应松年:《行政法学新论》,中国方正出版社1998年版,第179页以下。

④ 参见叶必丰:《行政行为确定力研究》,《中国法学》1996年第3期;叶必丰:《论行政行为的执行力》,《行政法学研究》1997年第3期,等等。

⑤ 参见叶必丰:《行政法学》,武汉大学出版社1996年版,第99页以下;叶必丰主编:《行政法与行政诉讼法》,中国人民大学出版社2003年版,第45页以下。

⑥ 参见叶必丰:《行政行为的效力研究》,中国人民大学出版社2002年版,第9页以下。

⑦ 参见叶必丰:《行政法学》,武汉大学出版社2003年版,第167页以下。

⑧ 本节初稿完成后,作者收到了应松年教授主编的《当代中国行政法》。在该书中,杨海坤教授也主张将行政行为的内涵恢复到王名扬先生当初的界定。他说:"本书的意见作为一种尝试,考虑将行政行为作宽泛主义的解释,甚至恢复到我国上世纪80年代初期的提法,即行政行为作为一个学理概念,指称所有行政主体所为以达到行政目的的行为。"(杨海坤:《行政行为》,载应松年主编:《当代中国行政法》(上卷),中国方正出版社2005年版,第514页)这可以说与作者不谋而合。不过,杨海坤教授尚未将行政行为的概念与行政行为的分类、构成要件和效力等原理结合起来,仍将具体行政行为的分类、构成要件和效力等原理作为行政行为的原理来处理。同时,方世荣教授和章志远博士在该书中又将同一原理运用于分析行政决定(具体行政行为)的分类和效力。(参见该书第650页以下)这样,现有的矛盾并没有解决,还出现了重复。

只有这样，我们才能使行政行为成为一个能涵盖事实行为和法律行为、抽象行为和具体行为、单方行为和双方行为，并适应行政法制度建设需要的基础性范畴。在此基础上，再逐级分类，即把抽象行政行为分为行政立法行为和制定行政规范性文件行为，以及执行性抽象行政行为、补充性抽象行政行为和自主性抽象行政行为等；把具体行政行为分为羁束行为和裁量行为、依职权行为和应申请行为、附款行为和无附款行为、授益行为和负担行为、要式行为和非要式行为、独立行为和需补充行为，然后阐述具体行政行为的构成要件和效力等基本原理。至于作为和不作为这一分类，是仅限于具体行政行为还是也可适用于抽象行政行为，有待进一步研究。① 在名称上，如果将抽象行政行为直接用行政立法和行政规范性文件来替代，则具体行政行为也可用行政决定来替代。应该说，这种正本清源已经成为一种趋势。经过几年努力而草拟，并已正式进入立法程序的《中华人民共和国行政程序法》（草拟稿），就用行政决定代替了具体行政行为，并且已把构成要件和效力还原为具体行政行为即行政决定的构成要件和效力。这样的安排并未受到学者们的反对或批评，与我国台湾学者所描述的行政行为体系图相一致，②也能

① 在本节初稿中，作者不主张将作为和不作为用于抽象行政行为的分类，认为抽象行政不作为或者行政立法不作为（参见薛子进：《南京一公民状告政府行政"立法"不作为》，《法制日报》2003 年 3 月 25 日；郁进东：《全国首例诉行政立法不作为案一审被驳回》，《中国青年报》2003 年 6 月 13 日；赵凌：《空难最高限赔仅 7 万　为何一拖 12 年未曾改》，《南方周末》2005 年 3 月 17 日），既不符合公共政策的裁量原理也不符合行政不作为的构成要件。姜明安教授在审阅了本节初稿后认为，作为与不作为是否可以用于抽象行政行为的分类有待继续研究，并向作者提供了指导性意见。作者认真考虑了姜明安教授的指导意见。的确，作为请求权之一的相对人的行政立法动议权已被学者提出（参见黄学贤：《行政相对人的行政立法动议权》，《法制日报》2002 年 2 月 24 日；陈蕊：《相对人的行政立法动议权》，《行政法学研究》2004 年第 4 期）。不过，对行政主体不能满足相对人这一请求的行为，也可以作为具体行政行为来认定，因为这一请求的提出者毕竟是特定相对人。

② 参见张载宇：《行政法要论》，台湾汉林出版社 1977 年版，第 303 页。

与域外行政行为理论相对接。作者在2003年出版的《行政法学》(武汉大学出版社)一书中,作了初步尝试。在写作姜明安教授主编的《行政法与行政诉讼法》(北京大学出版社、高等教育出版社2005年版)行政行为部分时,作者也提出了相应的建议,并基本得到了采纳。相反,推翻原来的所有理论建构,将行政行为在具体行政行为的意义上使用,几乎是不可能的。并且,即使这么做,也还得用“机关行为”(Agency Action)、“行政作用”或“行政活动”之类的概念来概括事实行为和法律行为、抽象行为和具体行为、单方行为和双方行为。

应当说明的是,作者所作的上述学术检讨是为了通过对行政行为分类学说的梳理,清理行政行为理论体系上的混乱,而不是为了追究责任。行政行为分类上的迷误以及所造成的理论混乱,有多方面的原因。1949年的政治变革中断了我们的行政法传统,使行政法学停滞了30年。改革开放伊始,中外的行政法学交流还不够充分,对外国行政法理论的译介刚刚起步。包括作者本人在内的行政法学者,并未受过行政法学的良好训练,对行政法的研究如同我们的改革开放一样只能“摸着石头过河”。行政法学的研究,也缺乏实定法和判例坐标,只能以行政及其随意性为观察对象。在这样一种背景下,对行政法的探索误入泥潭或歧途,可以说在所难免。张尚鷟和皮纯协教授也正是在这样的背景下,为我国行政法学研究的恢复,行政法学科的建立,行政法人才的培养,行政法制的建设作出了杰出的贡献。他们的成就和在行政行为分类学说上的探索性迷误,都是我们今天进一步认识行政法现象的宝贵财富。

三、行政行为的分类与立法

(一)行政行为的分类与救济范围

对行政行为分类最猛烈的批评,集中于抽象行政行为与具体行政行为的分类。这种批评的现实动因是《行政诉讼法》基于抽象行政行为和具体行政行为的分类，以具体行政行为为标准确立了诉讼的受案范围。受此影响，《行政复议法》也以具体行政行为为标准确立了复议的受案范围。但是，行政行为的法律效果要件和单方性特征，却构成了把行政事实行为和行政合同纳入行政救济范围的障碍。尽管根据《国家赔偿法》的规定和司法解释，侵犯相对人合法权益的行政事实行为已经是一种可诉行为，但却与具体行政行为的法律规定形成了无法兼容的矛盾。并且，抽象行政行为与具体行政行为的分类，被认为是难以将抽象行政行为纳入行政诉讼受案范围的原因。① 因此，这种批评的目的，是为了使行政行为的分类能满足行政复议和行政诉讼即行政救济范围上制度建构的需要，使其具有行政救济的"通道性功能"。

对抽象行政行为和具体行政行为分类的批评，有的是在哲学和语义学上展开的。认为"抽象"寓于"具体"之中，"具体"是"抽象"观念的物质存在，因而不能作为两种不同类别行为的名称；作为这一分类标准的"特定"或"不特定"，具有相对性或不确定性，因而也无法区分抽象行政行为和具体行政行为。② 对此，作者不敢苟同。法学尽管不应拒绝哲学的指导，但也不应机械的套用，这正像我们的姓名不能简单地用哲学和语义学来分析一样。法学发展到今天，自有一套解释原理和话语。我们即使不采用"抽象行政行为"和"具体行政行为"的名称，也会有其他的名称，如同美国行政法上的"法规"（rule）和"裁定"（order）

① 参见章志远：《行政行为概念之科学界定》，《浙江社会科学》2003 年第 1 期；朱新力等：《行政行为的重新定位》，《浙江大学学报》（人文社会科学版）2003 年第 6 期；余军等：《作为行政诉讼"通道"的功能性概念——行政处分（verwaltungsakt）与具体行政行为的比较分析》，《政法论坛》2005 年第 1 期；程广安：《关于行政行为学理划分的思考》，《理论探索》2004 年第 2 期。

② 参见杨解君：《抽象行政行为与具体行政行为划分质疑》，《中央政法管理干部学院学报》1995 年第 1 期；刘志坚：《对具体行政行为与抽象行政行为分类的逻辑思考》，《科学・经济・社会》2000 年第 2 期。

以及德国行政法学上的"行政行为"。这些名称或术语再准确,其本身都难以区分或界定所指代的行政行为现象,而需要相应的法律原理和学说得以确定。[①]

行政救济范围的制度建构需要借助于行政行为的分类,[②]但绝不取决于行政行为的分类。美国行政法上法规和裁定的分类,不是为了谋求司法审查范围的确定而是为了解决两种不同行为所要适用的程序制度的建立。[③] 德国行政法上"行政行为"的精确性已为我们所认同,但这一基础性概念并不能解决行政事实行为和行政合同等的可诉性问题,而仍然需要"一切非宪法性质的公法上争议"来界定。[④] 也就是说,行政行为的分类标准与行政救济的界定标准,并非同一标准。[⑤] 如果我们非要找一个用来概括属于行政诉讼受案范围的行为的名称,那么不妨使用"可诉行为"。但我们在使用这个名称时千万不要忘了它并不是对目前通说所称的行政行为进行分类的结果,而是对属于行政诉讼受案范围的行政法律行为、行政事实行为和行政合同等的概括。因此,基于行政救济范围制度建设的需要,重构行政行为概念既不可能也无现实必要。

(二)行政行为的分类与程序立法

通过行政诉讼来推行法律对行政的支配,属于他律;行政机关主动

---

① 参见王名扬:《美国行政法》(上),中国法制出版社 1995 年版,第 348—351 页;[德]哈特穆特·毛雷尔:《行政法学总论》,高家伟译,法律出版社 2000 年版,第 186—191 页;[德]汉斯·J. 沃尔夫等:《行政法》(第二卷),高家伟译,商务印书馆 2002 年版,第 33—36 页。

② 参见[德]汉斯·J. 沃尔夫等:《行政法》(第二卷),高家伟译,商务印书馆 2002 年版,第 13 页。

③ 参见王名扬:《美国行政法》(上),中国法制出版社 1995 年版,第 348 页。

④ 参见《联邦德国行政法院法》第 40 条第 1 款。

⑤ 参见罗文燕等:《具体行政行为和抽象行政行为区别标准新表述》,《浙江工商大学学报》2004 年第 4 期。

接受法律的约束,属于自律。在英美法系国家,依法行政的实现主要靠行政程序这一自律机制和司法审查这一他律机制。但在大陆法系国家早期,依法行政的实现除了行政诉讼这一他律机制以外,自律机制主要是(具体)行政行为这一法律原理,后来才融入了行政程序。也就是说,(具体)行政行为分类等理论,从它产生时起,更多地服务于行政自律而不是他律。德国学者鲍尔教授在"行政强制的理论与实践国际研讨会"上,提交了一篇名为《行政行为作为行政执行的中心概念》的论文。该文认为,(具体)行政行为具有五项功能:具体化和个性化功能、解释和稳定功能、行政程序法方面的功能、行政诉讼法方面的功能和执行名义功能。本文作者认为,除了行政诉讼法方面的功能以外,其他四项功能都属于需要行政主体自律的功能。相对于英美法系的控权法,大陆法系行政法则侧重于自律法。这也是英美法系国家不需要(具体)行政行为理论而大陆法系行政法却不能没有(具体)行政行为理论的原因所在。① 我国要实现依法行政,行政诉讼只是必要的"核威慑力",主要还在于行政自律。为了推进行政自律,如何对行政行为进行科学分类,从而制定行政程序法,建立符合各类行政行为的程序制度,是我们当前行政法制建设的重要任务。这也说明,我们不能因为行政救济范围的确定没有取决于行政行为的分类而否认其存在价值。

"绝大多数国家行政程序法典化的实践说明,选择适合的角度对行政行为加以分类是统一行政程序立法的技术前提。"②由于行政行为分类等行政行为理论上的混乱,《中华人民共和国行政程序法》(草拟稿)试图回避"行政行为"这一概念及其分类,直接列举行政决定、行政立法、行政规范性文件、行政规划、行政合同和行政指导等行为(第2条

① 参见叶必丰:《行政程序法的两大模式》,《中外法学》1997年第1期。

② 参见杨寅:《〈行政程序法试拟稿〉立法思路评析》,《法学》2003年第9期。

适用范围)，用“行政权力的行使”、“依照职权进行行政活动”和“行使行政权力”等表述(参见第一章总则)来代替“实施行政行为”或“作出行政行为”等概念。然而，行政行为及其分类已经是我们绕不开的一个结、无法跨过去的一道坎。“草拟稿”在公正、正当、比例和诚信原则的表述中仍然使用了“行政行为”，在作为行政行为下位概念的行政决定即具体行政行为一章之下的第七节的标题又赫然是“应用自动化设备和电子文件实施的行政行为”。这里的问题是：在行政行为的内涵极为混乱的情况下，能否不对其作出任何界定就予以使用；作为涵盖整个法律的原则中使用的行政行为与“草拟稿”所列举的行政决定、行政立法、行政规范性文件、行政规划、行政合同和行政指导等行为，以及“草拟稿”中未出现但根据第1条立法宗旨和其他条文中的“行政权力的行使”等表述可以必然推导出的行政事实行为和行政不作为之间是一种什么关系；如果行政行为是所列举的行为和行政事实行为、行政不作为的上位概念，那么在规定行政行为的形式时，能否将“行政行为”置于“行政决定”之下？“草拟稿”对清理行政行为的分类等理论上的混乱，如前所述，已经进行了积极探索并取得了明显进步，但作者认为还不够彻底。要彻底清理这种混乱，从而加强“草拟稿”的科学性，必须面对“行政行为”并作出界定，必须从目前的行政行为理论体系退回到王名扬先生的行政行为理论体系上去。

(三)行政行为的分类与统计

行政行为的统计，对了解我国行政法治状况和法律实施的效果，进一步完善行政法制度，无疑具有重要意义。全面而翔实的统计资料，也是行政法学研究必不可少的基础。行政行为的分类学说，应该为行政行为的统计提供基本的框架。但是，到目前为止，行政行为的分类学说还没有为行政行为的统计提供一个比较成熟的框架。

行政行为统计的目的，是为了全面了解和掌握行政权的作用状况即行政行为的实施情况，而不是为了揭示和描述行政行为的各种特征，也不是为了指导行政行为的实施。因此，用于行政行为统计的分类，必须是一个行政行为的归类体系。基于这个归类体系，作为行政行为"生产商"的行政主体可以准确地把自己的"产品"即行政行为，投放到相应的位置；作为"消费者"的决策者或研究者，可以自由地浏览和有目标地采集。这样一个归类体系的建立，有赖于行政行为的模式化，有赖于在各行政行为模式之间建立起稳固的逻辑联系。

行政行为的统计对象，是现实中发生和存在的行政行为，而不是法律规范中规定的行政主体有权实施的行政行为。在依法行政的情况下，这两者是一致的。但两者间的完全一致，只能是一种理想，在现实生活中是不可能的。例如，营业执照依法只能由工商部门吊销，但在现实中也存在公安部门吊销营业执照的情况。因此，要建立用于统计的行政行为分类体系，就必须充分注意到这种现实。

行政行为的统计体系，必须能够穷尽对现实中所发生的行政行为的统计。由于现实中的行政行为还没有也不可能完全被模式化，我们常常过于关注已经模式化的行政行为而忽视未模式化行政行为。我们在统计体系中，很难描述甚至列出未模式化行政行为，很容易遗漏在统计体系之外。例如，要不是南方证券、玉溪药业、健力宝和伊利等一系列被行政接管事件的发生，①行政接管这一行政强制措施行为也不会进入我们行政法学的视野。② 又如，在一个案件中往往会有多个行政

---

① 参见《中国证监会、深圳市政府：南方证券接管顺利完成》，《上海证券报》2004 年 1 月 5 日；万兴亚：《行政接管玉溪药业，红塔区政府双重身份遭质疑》，《中国青年报》2003 年 2 月 27 日；曹康林：《"健力宝风波"全调查》，《商界名家》2005 年第 2—3 月期；叶永笔等：《伊利九高管被强制调查　呼和浩特市领导接管伊利》，《京华时报》2004 年 12 月 21 日。

② 参见乐勇杰：《行政接管的法律分析》，上海交通大学硕士学位论文，2005 年 1 月。

行为。我们可能会重视作为案件结果的行政行为如行政处罚，但容易忽视查处案件过程中所采取的行政行为如行政强制措施（尤其是那些不规范的行政强制措施行为）。但是，如果在我们的统计体系中遗漏了诸如此类的行政行为，那么统计的全面性和准确性就值得怀疑了。在确定什么是具体行政行为、具体行政行为有哪些为目的而编写的《具体行政行为要览》一书中，所录入的几乎只是行政处罚和行政强制措施，大量的其他具体行政行为都被遗漏了。①

行政行为的统计体系，又应避免对行政行为的重复统计。由于有些行政行为需要多个行政主体审批，但对外其实只是一个行政行为。这类行政行为即为学说上的需补充行政行为。据作者调查，对这类行为很容易被重复统计，在已经建立统计体系的地方确被重复统计。这也影响了统计信息的准确性。作者认为，对这类需补充行政行为，应当根据《行政诉讼法》的规定，以公文上署名并加盖公章的行政主体为统计单位，作为一个行政行为来统计。

行政行为的统计体系应当尽可能多地反映行政行为信息。一般说来，统计项目越多，信息就越丰富，该统计也就越有价值。例如，对需补充行政行为，如果能够在统计体系中反映出补充行为及其实施机关，那么对行政权的相对集中、行政机构和行政程序的改革等都将是非常有意义的。相反，如果统计项目过于简单，只是统计本年度本机关实施了多少个行政行为，那么几乎就没有什么意义可言。但从调查和已有的努力来看，统计项目越多，统计体系的建立就越难。更为重要的是，统计项目过多，行政主体要做的统计工作也就越重。对有些项目，如果不经培训，则工作人员也很难作出识别和判断，很容易出差错，甚至不严肃地填写应付。因此，如何把握相应的度，也是需要进一步研究的问题。

---

① 参见万洪源：《具体行政行为要览》，武汉出版社 1994 年版，“目录”。

本节小结

本节以行政行为的分类学说为对象,从行政行为的分类功能、行政行为的内涵和行政法制度的建构三个方面进行了检讨。通过检讨,初步梳理了行政行为分类理论的脉络,提出了正本清源的主张。王名扬教授关于抽象行政行为和具体行政行为的分类,也受到基于扩大行政救济范围考虑的批评。行政行为的分类理论诚然关系到行政救济范围制度的设计,但并不具有决定意义。行政行为的分类和行政救济范围,可以有各自的标准。科学的行政行为分类理论,有利于行政程序法的科学性和行政行为的统计分析。

同时,本节所做的学术检讨,也使作者认识到学术研究在不经意间所犯下的意想不到的错误,将造成研究功能的迷失、理论体系的混乱和制度构筑的障碍,而要清理这种错误却是多么的困难、代价是多么的巨大。错误不可避免,但不可缺少的是时常的检讨和反思。既然是研究和探索,也就有风险。这些启示将时时提醒作者本人的学术思考。

第二节 行政行为的模式建构*

一、行政行为模式界说

行政行为的模式,即行政行为的形态或模型,在行政法学上表现为行政行为的概念或范畴,指在理论或实务上普遍认同的,已形成固定、

---

* 本节曾以同名论文发表于罗豪才主编:《行政法论丛》(第 2 卷),法律出版社 1999 年版,第 219 页以下。自论文发表以后,作者又有一些新的收获。因此,本节除行政行为模式的界说和价值部分外,基本上属于重写。

共同典型特征即构成要件的行政行为体系。

行政行为的模式，在行政法学上就是行政行为的概念或范畴，如抽象行政行为、具体行政行为、行政处罚、行政处分、行政许可、行政奖励、行政裁决、行政征收、行政给付、行政确认、行政强制措施和行政强制执行等。这些概念或范畴，都是经过长期的、许多人的观察、分析、概括、锤炼、加工和运用，及实践的检验、沉淀和认同而形成的，是对行政法进行理性思维的表现和记载。如单方具体行政行为，在我国民国时期的行政法学上被概括为“行政处分”，①在新中国的第一部行政法学著作中则是用“行政措施”来概括的，②此后又曾以“行政执法”来界定，③但最后终于形成了“具体行政行为”这一为当前学说和实务所普遍接受的理论范畴。因此，行政行为范畴与其他法学范畴一样，“既是人类以往认识成果的结晶，又是认识进一步向前推移的支点。任何一门科学，从理论形态上说，都是由范畴建构起来的理论大厦。没有范畴，就意味着没有理性思维，没有理论活动和理论表现”。④

行政行为的模式，是某类行政行为典型特征的理论化和固定化。一个特定的行政行为，是行政主体的一种外化的特殊意志。行政主体的意志在通过一定的形式表现于外部以前，是无法为外人所认知的。但是，为了规范这种意思表示，人们就从以往的实践中总结出了共同的特征，从而使其客观化和固定化为所谓的构成要件以及模式。例如，责令停产停业、罚款和拘留等行政行为的共同构成特征就是：相对人实施了违反行政法规范的行为，行政主体运用行政权对相对人实施制裁，这种制裁的内容表现为剥夺权利或设定义务。同时，这类行政行为在上

---

① 参见范扬：《行政法总论》，商务印书馆1935年版，第四章第五节。

② 参见王珉灿主编：《行政法概要》，法律出版社1983年版，第112页。

③ 参见应松年主编：《行政法学教程》，中国政法大学出版社1988年版，第247页。

④ 张文显：《法学基本范畴研究》，中国政法大学出版社1993年版，第1页。

述各方面区别于颁发营业执照、征收税款和发放抚恤金等行政行为。因此,共同特征被固定化、客观化为构成要件,具备构成要件的行为集合成一个模式即行政处罚。行政行为模式或范畴与其他法学范畴一样,“作为思维的产品和结构单位在形式上是主观的,但范畴的内容即范畴所反映的属性和联系是客观的,是客体本身所具有的”。①

行政行为的模式,是行政行为的体系化。一个行政行为模式,意味着许多行政行为的组合,并意味着属于更大范围内更多行政行为的组成部分,是整个行政行为的“网上纽结”。也就是说,一方面它本身就是一个行为体系或系统,另一方面它又是大系统中的子系统。例如,行政处罚这一行为模式,本身就包含了行政罚款、行政拘留、责令停产停业和吊销证照等众多行为模式,同时又隶属于具体行政行为这一行为模式,是行政行为网络中的一个特定“纽结”。

具有相应模式的行政行为,可以称为模式化或型式化行政行为。“所谓‘型式化之行政行为’系指:已经广受实务、学说所讨论而已固定化之行政行为,其概念、体系,其体系于其他体系相互间之关系已经大体完备”的行政行为。② 尚不具有相应模式的行政行为,则称为未模式化或未型式化行政行为。例如,公安机关对交通事故责任的认定,系行政权作用,在行政诉讼初期曾被作为具体行政行为。③ 1992 年起,责任认定被作为证据,责任认定行为被作为行政调查行为。④ 2000 年以后,

---

① 张文显:《法学基本范畴研究》,中国政法大学出版社 1993 年版,第 2 页。

② 林明锵:《论型式化之行政行为与未型式化之行政行为》,载《当代公法理论》,台湾月旦出版公司 1993 年版,第 341 页。

③ 参见王学俭诉襄阳县公安局交警大队对汽车被撞交通事故裁决案,载最高法院中国应用法学研究所:《人民法院案例选》(行政卷,1992—1996 年合订本),人民法院出版社 1997 年版,第 20—24 页。

④ 参见最高法院、公安部《关于处理道路交通事故案件有关问题的通知》,1992 年 12 月 1 日,法发[1992]39 号。

它又被作为具体行政行为,[①]在罗伦富案[最典行 2002—5]中被认定为行政确认行为。2004 年《道路交通安全法》[②]第 73 条又将责任认定书作为证据,“交通事故责任认定行为不属于具体行政行为”[③]而属于行政调查行为。如此的反复,说明它的性质和特征长期没有得到确定,属于未模式化行政行为。此类未模式化行为还有机动车驾驶员交通违章记分[④]和医疗机构违章记分等。

行政行为的模式不同于行政行为的分类。行政行为的分类是以给定范围内的所有行为为划分对象的,并且对给定对象可以按各个不同的标准、从任一角度作反复地划分,从而得到若干种类,并分析某一种类行政行为的特征。这种划分在逻辑上具有穷尽性,所得到的某一种类行政行为总是与另一种类行政行为相对应而存在。例如,从分类学的角度上看,行政罚款属于单方行政行为、依职权的行政行为、需告知的行政行为、要式行政行为和外部行政行为等,区别于双方行政行为、依申请的行政行为、非告知行政行为、非要式行政行为和内部行政行为等。如上所述,行政行为的模式是根据特定的构成要件而建立的,并不以所有行政行为为概括对象,而仅仅是对具有相同构成要件的行政行为的概括。一种模式化的行政行为也并不与另一行政行为模式相对应,而是区别于所有其他行政行为而存在的。如果认定了某一行为具备特定的构成要件,我们就能够认定该行为的模式属性,从而推知其所应适用的法律和程序。例如,行政处罚仅仅以罚款、没收、停产停业和

---

① 参见公安部《关于建议纠正部分基层人民法院将交通事故责任认定纳入行政诉讼范围的函》,2000 年 6 月 21 日,公交管(2000)113 号。

② 2003 年 10 月 28 日国家主席令第 8 号公布。

③ 参见 2005 年 1 月 5 日全国人大常委会法工委询问答复(“交通事故责任认定行为是否属于具体行政行为,可否纳入行政诉讼受案范围?”)。

④ 参见郁祝军案[最参行第 6 号]。

吊销证照等具有相同构成要件的行政行为为概括对象，并不包括颁发营业执照、撤职和查封等行政行为。它并不与行政处分或行政奖励等特定的行政行为相对应，而区别于所有行政处罚以外的行政行为。

二、行政行为模式的价值

行政行为模式的主要价值，体现在沟通、定位和规范三个方面。

（一）行政行为模式的沟通价值

德国存在主义哲学家雅斯培指出："理智只有在讨论中才能得到明了"，"人与人之间的沟通是达到各种形式的真理之途径"。[①] 沟通和交流，除了一定的机制以外，还需要相应的概念性工具。行政行为的模式作为一种理论范畴或概念，就是这样一种避免发生不必要的误会和无谓纷争的沟通工具。行政法学的研究和讨论，行政法知识的传授和普及，行政法学与其他部门法学及行政学等学科的对话，都离不开这种概念性工具。翻阅任何一部行政法学论著，我们可以发现对各种行政行为的介绍和讨论，都是对模式化行政行为的分析、概括和解释。如果不使用相应的概念、范畴，如果纷繁复杂的行政行为现象不具有相应的模式，则任何一部行政法学论著都不可能或无法作系统地介绍和分析。在行政法实务中，同样只有具有和运用所有参与者所一致认同的行政行为模式或概念性工具，才有可能进行简洁明了和准确无误的有效沟通。例如，原《湖北省计划生育条例》[②]第26条规定："对计划外生育的，按下列规定处罚：（一）干部、职工计划外生育的，……并视情节轻重给予行政处分。"这里的"处罚"是指"制裁"还是仅仅指"行政处罚"？

---

① ［德］雅斯培：《关于我的哲学》，载［美］W. 考夫曼：《存在主义》，陈鼓应等译，商务印书馆1995年版，第150页。

② 1987年12月19日湖北省第六届人民代表大会常务委员会第30次会议通过，1997年新的《湖北省计划生育条例》公布。

如果仅仅指行政处罚的话,那么行政处分属于行政处罚吗?立法上所使用的前后不一致的行政行为范畴,必然会使特定案件中的参与者发生不同的认识,导致沟通障碍。对这种障碍的消除,就不得不求助于复杂的解释。因此,每个行政法学者和行政法实务工作者,都应当具有使行政行为模式化和运用行政行为模式进行沟通的自觉意识和职业责任感。

(二)行政行为模式的定位价值

行政行为的模式是一个体系。每一个特定的行政行为模式都能在该体系中找到相应的位置,即在行政行为网络上找到其"纽结"。借助于行政行为模式,我们就可以对一个特定的行政行为进行逻辑推理、归类和定位。例如,某公安交通管理局对一拒不接受培训的出租车驾驶员所作的罚款500元的决定,在行政行为体系中属于行政罚款——行政处罚——具体行政行为。用电棍击倒该驾驶员的行为,在行政行为体系中属于行政事实行为。通过这种认定、归类、推理和定位,可以了解该行政行为应经过的程序,分析该行政行为的公定力、确定力、拘束力、执行力以及错误和瑕疵,①并往往可作逆向推理。湖南泰和案[最参行第45号]判决,就是从拍卖公告的法律效力来推理、认定它属于具体行政行为的。通过这种推理和定位,还可以进一步确定行政救济机制,准确适用法律。例如,行政处罚和行政强制措施都是具体行政行为,都属于行政复议和行政诉讼的受案范围。但是,驾驶员对作为一种行政处罚的行政罚款不服,可以根据《行政复议法》第6条第1项的规定申请行政复议,或者根据《行政诉讼法》第11条第1项的规定提起行政诉讼;法院对该行政行为有权根据《行政诉讼法》第54条第4项的规定作出变更判决。对行政事实行为不服,则需要请求行政机关确

---

① 参见林明锵:《论型式化之行政行为与未型式化之行政行为》,载《当代公法理论》,台湾月旦出版公司1993年版,第347页。

认该行为违法,然后对行政机关拒绝确认或确认行为申请复议、提起诉讼,或者根据《国家赔偿法》第3条第3项等的规定申请行政赔偿;法院对该行政行为不能作变更判决。

(三)行政行为模式的规范价值

在法治社会里,行政行为应得到法律的规范,行政主体应按法律规则实施行政行为。法律是对普遍性社会现象的典型特征和已有规律的固定化和永久化。只有当千变万化和错综复杂的行政行为现象的共同构成要件被分析、提炼和概括出来,并被固定下来以后,才有可能制定法律来规范和约束行政行为。“德国行政法学始祖之一的Otto Mayer曾说过一句至理名言,他说:经由型式化,可以产生法治国家之纪律。这里所谓的‘纪律’其实就是一种制度化。凡行政行为被型式化之后,它便具有一种稳定性之要素,这种稳定性乃是建立制度的前提要件。”①例如,只有当工商部门的吊销营业执照行为、公安部门的拘留行为、环境保护部门的责令停产治理行为、卫生部门的罚款行为等共同构成要件和一般规律被人们所认识和掌握,并且形成了行政处罚这一行政行为模式时,才有可能制定统一的行政处罚法来规定行政处罚的实施主体、管辖适用规则和处罚程序,从而来规范各种行政处罚行为。“建立了制度与纪律后,使得人们对所有的行政手段有一种概观的可能性,也因为制度框架之建立,增加了对行政手段的可理解性及清楚性。”②相反,如果行政行为未被模式化,则相关的立法会有困难。例如,《行政诉讼法》对受案范围的明确和穷尽列举,就需要借助于行政行为模式。行政处罚、行政强制措施在当时就已模式化,行政许可的模

---

① 林明锵:《论型式化之行政行为与未型式化之行政行为》,载《当代公法理论》,台湾月旦出版公司1993年版,第347页。

② 同上。

式化已初露端倪,因而就能比较容易地作出明确列举规定。但其他大量行政行为当时并未模式化,如生活安置、困难补助、伤残抚恤和扶贫救灾等行政行为并未形成行政给付或行政救助之类的行为模式,损害赔偿裁决、权属纠纷裁决和侵权纠纷裁决并未形成行政裁决模式,等等。这样,法律就无法作出明确、穷尽的列举规定,而只能用比较繁琐的语言来描述,甚至在作某些列举后又作出一兜底性规定。所列举的各项行政行为,如"行政机关没有依法发给抚恤金的"行为、"行政机关违法要求履行义务的"行为与行政处罚、行政强制措施行为,也并不是同一层次上的行政行为。

当然,行政行为的模式也有它的缺陷。行政行为模式的固定性,从另一个意义上说就是缺乏灵活性,因而行政行为的已有模式往往难以适应不断出现的新的需要,从而不断产生新的非模式化行政行为。行政行为模式的典型性或概括性,从一个意义上说也就是高度抽象性,抽空生活内容和规制目的,给推理和定位带来相应的困难,使没有一定的行政法学知识或对普通公众难以了解和掌握。行政行为模式的集合性,也会使人们的注意力过分集中于模式化行政行为,而忽视非模式化行政行为及其规范。①

三、行政行为的模式化

(一)行政行为模式化的历程

行政行为的模式化,发端于德国行政法学鼻祖迈耶研究并提出"行政行为"这一行政法学范畴。此后,"行政行为"被德国法学家不断

① 参见[奥]埃利希:《法社会学原理》,舒国滢译,中国大百科全书出版社 2009 年版,第 333、358—359 页;林明锵:《论型式化之行政行为与未型式化之行政行为》,载《当代公法理论》,台湾月旦出版公司 1993 年版,第 349 页以下。

地进行加工和锤炼。[①] 20世纪以来，概念法学在大陆法系国家以及日本和我国的法学界得以广泛流传。在行政行为领域，概念法学仍致力于行政行为的模式化，并取得了许多重要成果。首先，社会法学的兴起，给行政行为范畴导入了服务与合作的新理念。社会法学认为行政行为的内涵就是"服务行为"，行政行为具有过程性，因而重新锤炼了行政行为范畴，并改变了行政行为即主权者命令的传统观念。其次，基于行政行为的新概括，发展了行政行为的模式体系。新行政行为的模式体系除了单方具体行政行为外，还包括行政契约、行政指导、行政计划和行政事实行为，甚至还包括"行政命令"等抽象行政行为。这些新的行政行为模式，不仅得到了行政法理论的广泛讨论，而且得到了最新立法的确认[②]和判例的承认。[③] "在这种行政行为体系之中，传统上当成行政行为中心之行政处分制度，已丧失其绝对的重要性。"[④]再次，传统上行政机关的私法行为，也受到了行政法理论和实务界的充分关注，并被模式化为"国库行政行为"。它具体包括行政辅助行为、行政营利行为和行政私法行为三种模式。[⑤] 最后，建立了具体行政行为的模式体系。也就是说，对具体行政行为本身又进行了下一位阶的模式化。这一成果主要是由我国大陆行政法理论与实务界取得的。

---

① 参见翁岳生：《行政法与现代法治国家》，台湾祥新印刷公司1979年版，第3—4页。

② 参见《日本行政程序法》，朱芒等译，《行政法学研究》1994年第1、2期；《韩国行政程序法》，车美玉译，《行政法学研究》1997年第3期。

③ 在日本，已有大量行政契约和行政指导的判例（参见［日］室井力主编：《日本现代行政法》，吴薇译，中国政法大学出版社1995年版，第144、158页以下）。在美国，尽管法学和实务中并不注重行政行为理论范畴的抽象、概括和锤炼，但仍然广泛地运用着行政行为模式，有关行政指导和行政契约的理论和判例也并不少见（参见［美］欧内斯特·盖尔霍恩等：《行政法和行政程序概要》，黄列译，中国社会科学出版社1996年版，第109页以下）。

④ ［德］巴杜拉：《在自由法治国与社会法治国中的行政法》，陈新民译，载陈新民：《公法学札记》，台湾三民书局1993年版 第127页。

⑤ 参见许宗力：《法与国家权力》，台湾月旦出版公司1993年版，第1页以下。

（二）行政行为的模式化阶段

随着行政法调整对象的发展变化，新的行政行为现象不断出现。行政行为模式的缺乏灵活性，使其无法包容某些新行政行为现象。现有行政行为模式无法包容的新行政行为现象，是一种非模式化行政行为。为了便于沟通、推理、定位和规范，就有必要对这些非模式化行政行为予以模式化。同时，原有的行政行为模式也需要随社会的发展而予以再加工、锤炼和重新概括的模式化工作。根据萨维尼习惯法、学术法和法典法的理论以及概念法学的技术，行政行为的模式化一般都要经历三个阶段。

首先，同类行政行为现象在行政法实务中的大量、反复出现，并累积到了一定程度，为人们的观察和认识提供了足够的素材。我国曾长期实行的计划经济，其实就是一种公权力严密干预社会经济生活的体制，导致了行政审批极为繁多，以致公民、法人或其他组织不堪重负。①我国当时到底有多少项行政审批，我们恐怕至今也没有一个准确的数字。即使《行政许可法》②制定前后的清理，在工作量上也已经相当于做一次全国人口普查。仅就国务院层面，2002—2013 年所取消的审批已达 2090 项、转变管理方式的 400 项，③另有未经统计的法律、行政法

---

① 参见侯希辰、王浩志：《1984 年福建国企厂长写松绑信向政府要权》，《海峡都市报》2008 年 10 月 9 日。

② 2003 年 8 月 27 日国家主席令第 7 号公布。

③ 参见《国务院关于取消第一批行政审批项目的决定》（国发[2002]24 号）、《国务院关于取消第二批行政审批项目和改变一批行政审批项目管理方式的决定》（国发[2003]5 号）、《国务院关于第三批取消和调整行政审批项目的决定》（国发[2004]16 号）、《国务院关于第四批取消和调整行政审批项目的决定》（国发[2007]33 号）、《国务院关于第五批取消和下放管理层级行政审批项目的决定》（国发[2010]21 号）、《国务院关于第六批取消和调整行政审批项目的决定》（国发[2012]52 号）、《国务院关于取消和下放一批行政审批项目等事项的决定》（国发[2013]19 号）和《国务院关于取消和下放 50 项行政审批项目等事项的决定》（国发[2013]27 号）。

规设定的许可类审批。针对成千上万的行政审批,我们重新概括了行政许可这一行为模式。同样,随着我国的城市化、老城改造以及经济建设的发展,强制拆迁行为数以万计地出现,我们又重新概括了行政征收这一行为模式。雪灾、地震等自然灾害的频频发生,行政机关的抢险救灾、抚恤救助行为大量涌现,为即时强制、行政救助、行政征用等行政行为的模式化提供了必要性和可能性。

其次,对非模式化行政行为运用法学方法进行逻辑处理。这里所说的法学方法,就是要把握某种类型行政行为的法律特征,而不是像行政学那样关注行政行为的效率,也不是采用政治学或社会学等的研究方法。这里的逻辑处理,主要是在理论上观察、分析、比较各种类型行政行为现象的法律特征,寻找它们的典型共同法律特征,将具有相同法律特征的行政行为予以归类、概括和界定,将它们相同的、典型的、本质性的法律特征固定化、稳定化为构成要件,然后用一个相应的名称予以命名,并通过不断的锤炼和加工,从而也为行政行为的法典化和法典注释提供了一种通用的标准性工具和前提。

最后,对这种法律特征已经固定化和稳定化的行政行为现象,通过立法和判例予以确认和制度化、模式化。行政行为理论范畴的抽象和概括只能解决行政行为现象的沟通、推理和定位问题,并不能解决对行政行为的规范问题。同时,行政行为模式理论中的不同意见也会给行政法实务中的沟通、推理和定位带来困难。行政行为的法典化则有利于行政行为形式学说中不同意见的暂时统一、行政行为模式的最终确立和对行政行为的严格规范。《行政处罚法》、①《行政复议法》和《行政许可法》等的制定,意味着行政处罚、行政复议和行政许可等模式化的基本完成。最高法院《关于规范行政案件案由的通知》(法发[2004]

① 1996 年 3 月 17 日国家主席令第 63 号公布。

2号)规定以行政裁决、行政奖励和行政确认等为行政案件案由,也是对相应行政行为模式的确认。裁判文书中对行政合同的反复使用和说理,同样是对行政合同模式的固定化和制度化。

因此,以法律上的逻辑处理为前提,通过立法和判例来确认行政行为的相同法律特征或构成要件,也是行政行为模式化的重要组成部分。行政行为的模式化,既不能等同于概念化也不能等同于制度化,而是两者的统一。

(三)行政行为典型特征的提炼

在行政行为模式化阶段中,对非模式化行政行为运用法学方法进行逻辑处理,关键在于对行政行为共同典型特征的提炼。那么,共同的典型特征应当从哪里提炼呢?

共同的典型特征应当从相对人所具有的情形来提炼。公民、法人或其他组织实施了违法行为,是行政处罚的共同特征;公务员实施了违法的职务行为,是行政处分的共同特征;相对人实施了法律所提倡、鼓励的行为,是行政奖励的共同特征;相对人具有自身不可克服的困难,是行政救助的共同特征,等等。

共同的典型特征应当从行政行为的内容来提炼。行政行为的内容即权利义务,是作出行政决定的目的。狄骥指出:“决定的目的既是意志行为的一种基本要素,不论在公法或私法的法律行为中它都起着主要的作用。”因为决定的目的“是引向选择和决定的考虑”,“是行动所固有的本质。它是人们在这样行动时所欲达到的最后归宿”。[①] 行政行为是意在设定还是变更或消灭权利义务,是权利还是义务,权利的类型是属于自由权、平等权、参与权、请求权中的哪一种,义务又属于哪一类?例如,行政处罚是剥夺、限制违法行为人的权利或设定违法行为人

① [法]狄骥:《宪法论》,钱克新译,商务印书馆1962年版,第229、230、245页。

的义务,内容是负担性的。行政给付是设定相对人利益满足权(请求权)的,行政许可主要是设定相对人自由权的,行政救助是设定相对人权利保护(请求权)的,其内容都是授益性的。

从行政行为内容来提炼行政行为的共同特征,是重要的,却又是困难的。这是因为,权利义务有时体现在多个行政行为中或行政活动的多个环节中。例如,强制拆迁在理论界和司法界曾被广泛而反复使用。其实,除即时强制外,强制拆迁是一个依附于先前已经存在的行政征收、拆除违法建筑等具体行政行为而存在的行政强制执行行为,所设定的主要是相对人的忍受义务。行政强制执行类似于司法强制执行,执行错误主要表现为:执行尚未发生强制执行效力的行政文书,违反法律规定先予执行,违法执行案外人财产且无法执行回转,明显超过执行数额、范围执行且无法执行回转,执行过程中对查封、扣押的财产不履行监管职责、严重不负责任、造成财物毁损、灭失,以及执行过程中变卖财物未由合法评估机构估价或者应当拍卖而未依法拍卖而强行将财物变卖给他人等。但对强制拆迁的起诉,其实是对补偿方案的不满,而补偿方案是行政征收必不可少的内容。这样,除即时强制以外,强制拆迁的实质内容是剥夺财产权和设定补偿,而非相对人的忍受义务。如果我们仅仅从强制拆迁这一行政行为表象来提炼共同特征,那么就很难保障相对人的合法权益。因此,强制拆迁应当被概括为行政征收而不是行政强制,它的出现本身不过是一个法制不健全状态下的避重就轻现象。

从行政行为的内容来提炼其共同特征,还需要结合中国的实际情况。例如,从我国《行政许可法》的规定来看,我国行政许可的外延比日本行政许可的要广,不仅仅包括对自由权的解禁,还包括了部分行政认可即权利义务的确认。这样的规定,反映了我国立法者将尽可能多的行政审批纳入该法来调整,从而控制和规范行政审批的立法选择。

从行政行为的内容来提炼其共同特征,还要考察相对人的请求。

有时，行政行为表现为行政主体的沉默，以及简单的行动、肯定或拒绝。相对人举报并请求制裁某违法相对人的，尽管行政主体沉默或拒绝，性质上仍属于行政处罚行为。相对人请求奖励、救助、许可的，尽管行政主体沉默或作简单的肯定、否定，行政行为在性质上仍分别属于行政奖励、行政救助、行政许可。这种做法，在法国具有很悠久的历史。①

共同的典型特征还应当从行政程序来概括。例如，行政处罚是行政主体依职权启动的，行政许可是行政主体以相对人申请启动的。同样属于授益行政行为的行政许可、行政救助、行政给付，行政许可的程序必须由相对人启动（申请），行政救助和行政给付则既可由相对人启动也可由行政主体启动。行政主体的撤销，按行政复议程序进行的属于行政复议，规定为罚则按行政处罚程序进行的属于行政处罚，按行政许可程序进行的属于行政许可，等等。

共同的典型特征一般并不从行政主体资格及其权限来提炼。行政主体资格及其权限上的特征，只有在概括行政立法行为的共同构成要件时，或者行政行为的合法性要件时，具有重要意义，对具体行政行为的本质属性意义不大。例如，公安机关不能吊销工商机关颁发的营业执照，但却越权吊销了。该行为尽管属于违法行政行为，但却仍是一个吊销证照的行政处罚行为。

四、行政行为的模式体系

（一）行政行为模式体系的发展

根据前文王名扬教授有关行政行为的定义，行政行为系行政权作用，包括事实行为和法律行为；行政法律行为，可分为单方行政行为和

---

①　参见［法］莫里斯·奥里乌：《行政法与公法精要》（上册），龚觅等译，辽海出版社、春风文艺出版社1999年版，第478页。

双方行政行为;单方行政行为,可分为抽象行政行为和具体行政行为;双方行政行为,可以分为行政合同和行政协议。但是,具体行政行为和行政事实行为有哪些模式,似乎尚未完全形成共识。

根据《行政诉讼法》的规定,可诉行政行为都属于具体行政行为。因此,从可诉行政行为来分析具体行政行为的模式,本来是一条现实的路径。可惜的是,《行政诉讼法》制定时,我国的行政法理论和实践都还不是很发达,该法第11条所规定的可诉具体行政行为中能够被公认的行政行为模式只有行政处罚、行政强制措施和行政许可。基于法律解释的性质所限,“行政诉讼法若干问题解释”也未能发展出新的具体行政行为模式。

通过长期的司法实践和理论探索,2004年最高法院发布了《关于规范行政案件案由的通知》(法发[2004]2号),规定“行政行为种类”有:行政处罚、行政强制、行政裁决、行政确认、行政登记、行政许可、行政批准、行政命令、行政复议、行政撤销、行政检查、行政合同、行政奖励、行政补偿、行政执行、行政受理、行政给付、行政征用、行政征购、行政征收、行政划拨、行政规划、行政救助、行政协助、行政允诺、行政监督和其他行政行为共27种。

(二)行政行为模式体系的讨论

对上述27种可诉行政行为是否都属于具体行政行为,是否都属于同一位阶的行政行为模式,仍值得讨论。

从当前的实践和学说来看,《关于规范行政案件案由的通知》所规定的行政处罚、行政裁决、行政许可、行政复议、行政奖励和行政给付,作为具体行政行为的一级模式,异议不大。《湖南省行政程序规定》①第54条所规定的行政执法即具体行政行为,就列举了行政许可、行政

① 2008年4月17日湖南省政府令第222号发布。

处罚、行政强制、行政给付、行政征收和行政确认六种具体行政行为模式，基本对应。

《关于规范行政案件案由的通知》将行政强制限定为行政强制措施，把行政执行即行政强制执行从行政强制中分离出来，在理论上本来也是可以的，但现与《行政强制法》①第2条的规定不符，需要以该法的规定为准。《关于规范行政案件案由的通知》所规定的行政确认作为一种权利义务的认定、登记和宣告，也可作为具体行政行为的一级模式，但应包括非许可类的登记行为即行政登记。《关于规范行政案件案由的通知》所规定的行政批准，可以与行政许可和行政确认相对应，即指依申请而实施的非许可、确认类具体行政行为。《关于规范行政案件案由的通知》所规定的行政命令，可以界定为要求相对人履行某种义务的具体行政行为，如《行政诉讼法》第11条第1款第7项规定的"认为行政机关违法要求履行义务的"行为，可以作为具体行政行为的一级模式。

《关于规范行政案件案由的通知》所规定的行政撤销，到底是指哪些行政行为需要讨论。目前，实践中的行政撤销有三种情形：第一，作为行政处罚种类的行政撤销。如《宗教事务条例》②第40条第2款："大型宗教活动过程中发生危害公共安全或者严重破坏社会秩序情况的，依照有关集会游行示威的法律、行政法规进行现场处置和处罚；主办的宗教团体、寺观教堂负有责任的，由登记管理机关撤销其登记。"该撤销是一种行政处罚罚则，没有必要单列。第二，作为消灭具体行政行为效力的行政撤销，如撤销行政处罚决定和撤销行政许可等。第三，作为行政处理的撤销，如违法撤销公民、法人或其他组织之间的合同等。后两种撤销行为除通过行政复议撤销外，确实难以在现行模式中

---

① 2011年6月30日国家主席令第49号公布。

② 2004年11月30日国务院令第426号发布。

归类,需要作为一种独立的模式。

《关于规范行政案件案由的通知》所规定的行政征购中,“征”和“购”是有矛盾的,“征”系单方行政行为,“购”则属于双方行政行为。如果“购”意味着征收时补偿数额上的按市场价全额补偿,则仍属于征收,否则就属于行政合同。因此,行政征购并非独立的具体行政行为模式。其次,在德国和我国台湾地区,征收与征用未作区分,而统一为行政征收。① 但我国宪法和法律上区分了征收和征用,因而将两者都作为一种独立的具体行政行为模式也是可以的。再次,征收、征用与补偿在制度上系唇齿条款,不存在无补偿的征收、征用,也不存在无征收、征用的补偿。② 但在行为上,征收、征用与补偿却是可以分别实施的。当补偿系征收、征用的部分内容时,属于征收、征用。当补偿独立实施时,则不应归类为征收、征用,而应独立存在。

《关于规范行政案件案由的通知》所规定的行政划拨研究最多的是在1995年,到2007年已经降到0,③法学领域的研究更少,从一个方面说明此类行为正在逐渐消失。从当前的法律规定来看,行政划拨主要限于国有土地的用地划拨,以及国有资产的行政划拨。其他划拨行为如果属于某类模式的,则应按该类模式认定,如救助款的划拨应属于行政给付。在暂无相应归类模式的情况下,我们仍可将其作为具体行政行为的一级模式。

《关于规范行政案件案由的通知》所规定的行政协助是否可以作

---

① 参见[德]哈特穆特·毛雷尔:《行政法学总论》,法律出版社2000年版,第678页以下;陈敏:《行政法总论》,台湾新学林出版有限公司2007年版,第1178页以下。

② 参见李震山:《论行政损失补偿责任》,载台湾行政法学会主编:《损失补偿·行政程序法》,台湾元照出版有限公司2005年版,第137—138页。

③ 参见CNKI概念知识元库“行政划拨”,载http://define.cnki.net/WebForms/WebDefines.aspx?searchword=%e8%a1%8c%e6%94%bf%e5%88%92%e6%8b%a8,最后访问日期2010年5月6日。

为具体行政行为的一级模式也值得考虑。这是因为,行政主体间的协助,应当以要求协助机关所作的行政行为性质来认定,公民对行政主体的协助可以归入行政命令。《关于规范行政案件案由的通知》所规定的行政受理,原则上仅为预备行为。当其具有最终法律效果时,也应按批准行为的性质是许可、复议、救助还是其他来确定。《关于规范行政案件案由的通知》所规定的允诺不合适作为具体行政行为的模式。在德国法上,“许诺本身不是行政行为,而是行政前行为”。尽管它具有重要的行政法意义,但“许诺并非一定要定位为行政行为”。[①] 在我国台湾地区行政法学上,有学者主张承认其具体行政行为地位。[②] 在我国法律上,行政主体依允诺做出具体行政行为的,按该具体行政行为的性质认定;没有依允诺做出相应具体行政行为的,可按行政不作为认定,也没有必要将允诺定位为具体行政行为。

《关于规范行政案件案由的通知》所规定的行政检查、行政监督和行政救助,基本上并非法律行为而属于行政事实行为。如果存在行政强制措施的,则应归类到行政强制措施。如果行政救助存在给付内容的,则应归类到行政给付。

《关于规范行政案件案由的通知》所规定的行政合同系行政主体与特定相对人缔结的协议,是“具体”的,在多数国家都是可诉的。但作为一种行政行为的模式,应对应于单方行政行为而不应作为具体行政行为的模式。

《关于规范行政案件案由的通知》所规定的行政规划可以分为拘束性和非拘束性两类。其中,拘束性行政规划属于具体行政行为,也可作为具体行政行为的一级模式,否则应归为抽象行政行为。

---

① [德]汉斯·J.沃尔夫等:《行政法》(第二卷),高家伟译,商务印书馆2002年版,第143页。

② 参见许宗力:《行政处分》,载翁岳生编:《行政法》,中国法制出版社2002年版,第645页。

（三）行政行为的模式体系图

基于上述分析，我国行政法上行政行为的模式体系基本如下：

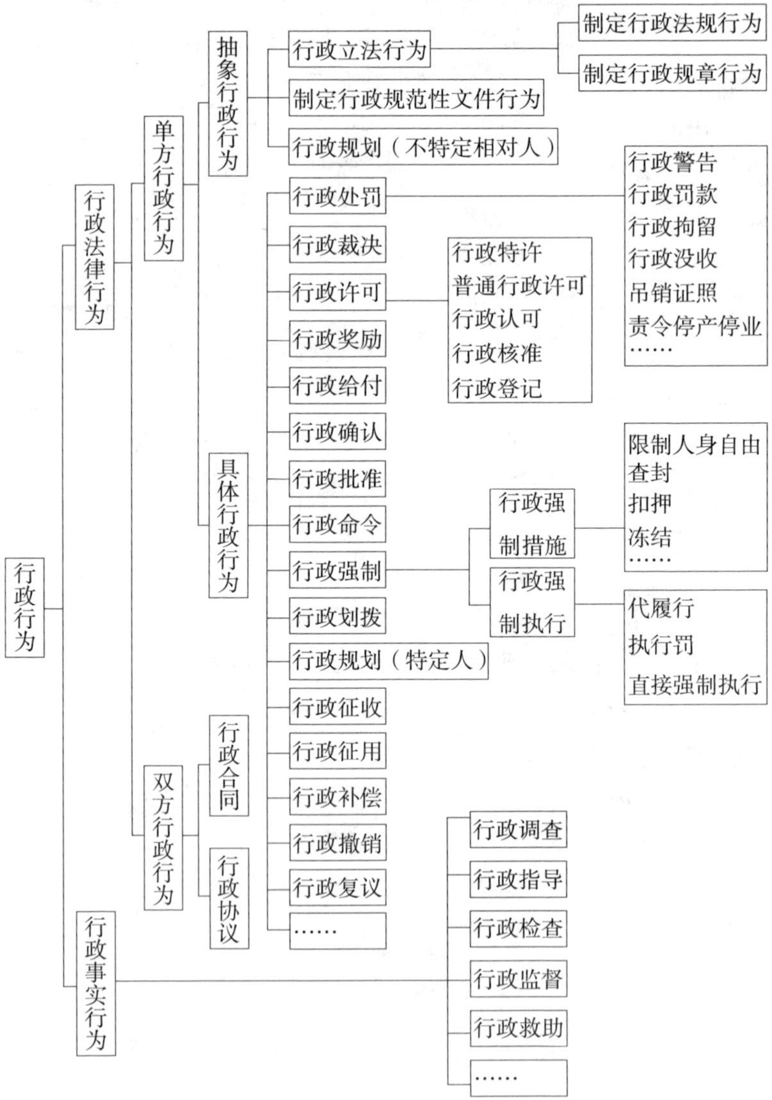

本节小结

行政行为的模式，指在理论或实务上普遍认同的，已形成固定、共同典型特征即构成要件的行政行为体系，区别于行政行为的分类。无论在行政法学上还是在行政法实务中，行政行为模式都具有沟通、推理、定位和规范的重要价值。行政行为的模式化发端于概念法学，由社会法学予以发展。行政行为的模式化，需要行政行为现象累积到足够的程度，进行逻辑处理和锤炼，再进行法典化以及司法确认。对行政行为的共同典型特征，需要从相对人情形、权利义务、行政程序等方面予以概括。本节还描绘了我国行政行为模式体系图，借此可以运用行政行为的构成要件进行模式定位。

第三章　抽象行政行为的基本理论

本章思路　我国有关抽象行政行为的研究，多为对行政立法和行政规范性文件的制度分析，理论概括明显不足。本章的研究试图回答以下理论问题：抽象行政行为概念是怎样被确立起来的，在国外是针对哪些现象的？既然抽象行政行为已成通说，那么它的范围和合法要件有哪些？

第一节　抽象行政行为的由来和范围*

抽象行政行为是相对于具体行政行为而言的，是行政法学上的一个特殊概念。法理学上并没有相应的抽象法律行为之说，民法学上也没有抽象民事法律行为。抽象行政行为与具体行政行为的分类，不仅给实务中对具体行政行为的认定带来了困难，也为行政主体规避司法审查开了方便之门，因而受到人们的质疑。① 但这种分类及其概念是我们的独创，还是有其外国法理论渊源，其范围如何？

---

* 在本节主题内，作者曾发表前期成果《抽象行政行为的由来、范围和合法要件》（载刘茂林主编：《公法评论》（第1卷），北京大学出版社2003年版，第121—135页）一文。本节系根据该文改写而成。

① 参见杨解君：《抽象行政行为与具体行政行为划分质疑》，《中央政法管理干部学院学报》1995年第1期。

一、抽象行政行为概念的由来

在法国行政法的初期，据奥托·迈耶的考察，行政行为（Acte Administratif），是指处理具体事件的类似于法院判决地位的行为。① 如果确实如此，那么行政行为就是指我们所称的具体行政行为。但是，在法国经典行政法的奠基人莫里斯·奥里乌的《行政法与公法精要》中，有“行政行为”和“行政处理”的分类。他所说的行政处理就是我们所说的具体行政行为，而“行政行为是一项通过自身可以产生法律效应的应执行决议”。② “行政行为”是不是包括抽象行政行为，不知是翻译的问题还是原作者表述的问题，抑或是我们理解的问题，还不甚清晰。与奥里乌同时的社会连带主义法学、公务论的创始人狄骥，则明确主张抽象行政行为和具体行政行为的分类。他把抽象行政行为称为规则行为，指行政机关创制普遍性行为规则的行为，把具体行政行为称为条件行为。③ 狄骥的这一分类影响了法国后来的行政法学，为后来学者所承袭。④ 韦尔于 1983 年出版的《行政法》和里韦罗、瓦利纳 2004 年版的《法国行政法》中，也都把行政行为分为抽象行为和具体行为。⑤ 由此看来，在法国行政法学上，存在着抽象行政行为和具体行政行为的分类。

法国行政法学上对行政行为的界定和分类，则源于法国行政法院的体制。法国行政法院原为拿破仑设立的国家参事院，一开始就具有

---

① 参见翁岳生：《行政法与现代法治国家》，台湾祥新印刷公司 1979 年版，第 3 页。

② 参见［法］莫里斯·奥里乌：《行政法与公法精要》（上册），龚觅等译，辽海出版社、春风文艺出版社 1999 年版，第 473 页。

③ 参见［法］狄骥：《宪法论》，钱克新译，商务印书馆 1962 年版，第 236 页。

④ 参见王名扬：《法国的行政法和行政法学》，载法学教材编辑部《行政法概要》编写组：《行政法资料选编》，法律出版社 1984 年版，第 515 页。

⑤ 参见［法］韦尔：《法国行政法概述》，徐鹤林编译，载《行政法研究资料》，中国政法大学 1985 年印，第 280—281、321 页；［法］让·里韦罗、让·瓦利纳：《法国行政法》，鲁仁译，商务印书馆 2008 年版，第 490、495 页。

草拟法律草案和公共行政条例的职能。在国家参事院发展成为行政法院后,对行政条例的草拟和咨询职能也发展成为审查职能。学理上对行政行为的界定,就是以可诉行为为对象的。因此,把抽象行政行为包括在行政行为内,也就不足为怪了。

然而,学习和研究法国行政法的奥托·迈耶,却带领大陆法系的其他国家学者,走上了一条不同于法国行政法学的道路。他把行政行为仅仅界定为我们所说的具体行政行为;①把“法规命令”界定为“国家具有法规效力的、但不是以法律形式颁布的意志表达”,“是由受委托负责执行权的机构制定的”,②属于授权立法。他同时指出:“除了法规命令以外,还有其他的由执行机构制定普通形式的规定,即内部行政规定。”③但对法规命令和内部行政规定,它都不是作为行政行为,而是作为行政法的渊源来介绍的。在此20年前,普鲁士已经建立起德国最早的行政法院。不过,当时的德国尚未统一,统一的行政法院制度尚未建立起来。相反,统一的法制正是在“潘德克顿运动”的推动下建立和发展起来的。④ 与法国行政法和行政诉讼的历史不同,德国的立法和司法是在理论的指导下开展的,行政行为这一概念起初“仅通用于学者之间,以后始见于法律条文与法院之判例上”。⑤ 无论是战前起草的符腾堡行政法典草案,还是战后制定的行政法院法,直到《联邦德国行政程序法》,都采纳了迈耶式的行政行为概念。大陆法系除法国以外的许多国家和地区,理论上接受了迈耶式的行政行为概念,立法上采纳了《联邦德国行政程序法》的经验,即存在我们所称的抽象行政行为现象但并未定位于行政行为。

在英美法系国家,没有法律行为理论,也没有行政行为理论。美国

---

① 参见[德]奥托·迈耶:《德国行政法》,刘飞译,商务印书馆2002年版,第97页。
② 同上书,第86页。
③ 同上书,第87页。
④ 参见何勤华:《西方法学史》,中国政法大学出版社1996年版,第252页。
⑤ 翁岳生:《行政法与现代法治国家》,台湾祥新印刷公司1979年版,第214页。

早期行政法学的代表人物,留学德国的古德诺(Frank J. Goodnow,1859—1939),曾致力于德国行政法及其行政行为理论的引入,却没有成功。但基于行政行为这一客观现象的存在,也建立起了自己的局部性概念体系。在多数情况下,"Administrative Decision"或"Order"(Adjudication 的结果)是指我们所说的具体行政行为,①"Rule"或"Enactment"则指我们所称的抽象行政行为,而用"Agency Action"、"Administrative Action"或者"Acts of the Administration"等来概括我们所说抽象行为和具体行为。② 但在法律文本上,正像我们的"决定"这一名称不

① 参见《美国联邦行政程序法》第 551 条第 6 项,载[美]伯纳德·施瓦茨:《行政法》,徐炳译,群众出版社 1986 年版,第 622 页;《澳大利亚 1977 年行政决定(司法审查)法》第 3 条,叶必丰译,《行政法学研究》1996 年第 1 期;王名扬:《美国行政法》(上),中国法制出版社 1995 年版,第 348 页;"Although far from carefully designed, statutory rights of appeal are now commonly provided to an independent appeal tribunal from decisions made by government departments about individual entitlements: the refusal or revocation of a business licence, or the refusal, reduction or termination of a social security benefit, for example." drew from J. M. Evans & C., *Administrative Law*, Emond Montgomere Publications Limited, Toronto, Canada, 1995, p. 22。

② 美国联邦《行政程序法》(*Administrative Procedure Act*)第 551 条第 13 项规定:"'Agency Action' includes the whole or a part of an agency rule, order, licence, sanction, relief, or the equivalent or denial thereof, or failure to act", drew from Ernest Gellhorn & Ronald M. Levin, *Administrative Law and Process*, West Publishing Co., 1990, p. 409;叶俊荣:"行政命令",翁岳生主编:《行政法》(上册),中国法制出版社 2002 年版,第 608 页;Merris Amos, "The parliamentary commissioner for administration, redress and damages for wrongful administrative action", Public Law (London), 2000, p. 21;"An individual may be affected by acts of the administration in one of two ways. First, there are varieties of decision-makers and decision-making. ... Secondly, there is an equal diversity amongst rule-making", drew from P. P. Craig, *Administrative Law*, London, Sweet & Maxwell, 1983, p. 89;"For this reason, lawyers are often involved in the design of institutional arrangements for the investigation and review of administrative action about which there is a complaint." drew from J. M. Evans & C., *Administrative Law*, Emond Montgomere Publications Limited, Toronto, Canada, 1995, p. 21. 美国学者彼特·施特劳斯(Peter L. Strauss)也是用"Administrative Action"来概括"Adjudication","Rulemaking"和"Investigation"的(参见[美] Peter L. Strauss, *An Introduction to Administrative Justice in the United States*, Carolina Academic Press, 1989, p. 133)。

仅仅用于具体行政行为而且也用于抽象行政行为一样，"Order"等名称也可以用于抽象行政行为。[①] "Administrative Behavior"一词多用于行政学上的行政行为，[②]有时也在行政法学上出现，[③]但仍侧重于法律意义不那么强烈的行政活动或行政作用。我国入世后，有的认为，"Gates"中的"Administrative Decision"既包括抽象行政行为又包括具体行政行为；有的认为，它包括具体行政行为和行政规范[④]，即是一个不包括行政法规和规章的行政行为概念。[⑤] 看来这些解释都不一定准确。我们认为从英语国家的使用来看，"Administrative Decision"是不包括抽象行政行为的。当然，我国的行政诉讼是否因此就适应WTO规则、是否已经与国际接轨则又另当别论。因为在这些国家，不属于"Administrative Decision"范围内的抽象行政行为也是可受司法审查的。

无论是法国以外的大陆法系国家，还是英美法系国家，我们所称的抽象行政行为这一同质法律现象是客观存在的，是被排除出具体行政行为（Administrative Decision 或 Order）、不受说明理由制度限制的"Rule"。[⑥] 问题是，它们本身的名称各不相同，在英美法系和大陆法系

---

① 参见城仲模：《行政法之基础理论》，台湾三民书局1988年版，第107页注9。

② 参见张金鉴主编：《云五社会科学大辞典·行政学》，台湾商务印书馆股份有限公司1973年版，第45页"行政行为"条。

③ "This received wide publicity at the time, but as it was an example of ad hoc high-handed administrative behaviour it was not within the brief subsequently given to the Franks Committee", drew from P. P. Craig, *Administrative Law*, London, Sweet & Maxwell, 1983, p. 155.

④ "行政规范"这一概念，是作者和周佑勇教授在《行政规范研究》一书中提出的，是指各级各类行政机关为实施法律和执行政策，在法定权限内制定的除行政法规和规章以外的具有普遍性约束力和规范体式的决定、命令等总称（参见叶必丰、周佑勇：《行政规范研究》，法律出版社2002年版，第33—34页），相当于其他学者所说的"其他行政规范性文件"，也相当于德国、日本和我国台湾地区学者所称的"行政规则"，下同。

⑤ 参见曹建明主编：《WTO与中国的司法审判》，法律出版社2001年版，第285页。

⑥ 参见［英］韦德：《行政法》，徐炳等译，中国大百科全书出版社1997年版，第557、590页。

的地位差别很大，即在英美法系可以为“Administrative Action”或“Agency Action”所包含，在法国以外的大陆法系却属于行政法的渊源。同时存在的问题是，中译者对同一个词有各种不同的翻译。例如，《美国联邦行政程序法》中的“rule”，徐炳先生译为“规章”，王名扬先生译为“法规”，城仲模先生则译为“规则”。[①] 不仅各中译者有不同的选词用词，而且《美国联邦行政程序法》中的“rule”也只适用于该法，在其他法律中又可有各自的名称。[②] 英国的情况也是如此，并令其本土学者眼花缭乱。[③] 在法国，被概括为抽象行为的也有命令（décret）、规定（arrêté）、条例（règlement）和法令（ordonnance）。我们无意去考证我们所说的抽象行政行为在这些国家有什么相对应的语词，而是认识到这些国家也存在由行政机关制定的可反复适用或针对不特定多数人的普遍性行为规则。[④] 它们或称“Rule”、“Regulation”、“Order”、“Enactment”，或称“Ausführungsverordnung”、“Verwaltungsverodnung”、“Rechtsverordnung”，等等。但无论译为法规还是译为规章和其他名称，“rule”或“règlement”并不是我们的行政法规、地方性法规或行政规章。我们为了比较的需要，可以把它们称为抽象行政行为。

---

① 参见《美国联邦行政程序法》第 551 条第 6 项，载［美］伯纳德·施瓦茨：《行政法》，徐炳译，群众出版社 1986 年版，第 622 页；王名扬：《美国行政法》（上），中国法制出版社 1995 年版，第 348 页；城仲模：《行政法之基础理论》，台湾三民书局 1988 年版，第 106 页。

② 参见城仲模：《行政法之基础理论》，台湾三民书局 1988 年版，第 107 页注 9。

③ “There is a bewildering variety of terminology through which to express delegated legislation. Orders in Council, rules, regulations, byelaws and directions all jostle one another upon the statute book. The key to sanity is the realization that nothing turns upon the precise nomenclature. The Committee on Minister's Powers recommended that regulation, rule and order should each be used for a specific purpose. Regulation should be reserved for substantive law, rule for procedure, while order should be restricted to executive and judicial or quasi-judicial decisions. Nothing has been done to implement this idea... ”（P. P. Craig, *Administrative Law*, London, Sweet & Maxwell, 1983, p. 196.）

④ 参见王名扬：《美国行政法》（上），中国法制出版社 1995 年版，第 347—352 页。

在我国,现已广泛使用的抽象行政行为一词,最早见于《行政法概要》。该书首次将行政行为分为“抽象的行为和具体的行为”。该书指出:“国家行政机关在进行行政管理活动时,有时只制定抽象的规范,不对具体事情进行处理,这种行为称为抽象的行为。”①据了解,这部分是王名扬先生撰写的。与迈耶一样,王名扬先生也是学习和研究法国行政法的,具有法国巴黎大学行政法博士的学历背景。他的上述观念也源于法国行政法学。对此,我们可以从他的《法国的行政法和行政法学》一文中得到印证。在该文中,他介绍了以狄骥为代表的法国行政法学上的分类学说,即把行政行为分为规则行为、主观行为、条件行为和混合行为。② 这里的规则行为,就是抽象行政行为。在后来出版的现已成为名著的《法国行政法》中,王名扬先生采用了“普遍性的行为和具体的行为”,③虽然没有沿用“抽象行政行为”这一概念,但意思是相同的,仍然体现了思想的一贯性。这一分类学说,经学者承袭和宣传,后为《行政诉讼法》及其司法解释所采用,而成为一种法律术语和法律制度。

二、抽象行政行为的范围

抽象行政行为的界限和范围,涉及行政诉讼的受案范围,涉及权利的保护机制,涉及“Gates”中对“Administrative Decision”进行司法审查条款在我国的实施问题。即使在抽象行政行为也属于司法审查范围的美国,这一问题也会涉及适用何种行政程序问题。如果属于抽象行政行为就应适用“Rule”制定程序,如果不属于抽象行政行为就应适用裁

---

① 王岷灿主编:《行政法概要》,法律出版社 1983 年版,第 98 页。

② 参见王名扬:《法国的行政法和行政法学》,载法学教材编辑部《行政法概要》编写组:《行政法资料选编》,法律出版社 1984 年版,第 515 页。

③ 参见王名扬:《法国行政法》,中国政法大学出版社 1989 年版,第 135 页。

决程序,从而涉及司法审查的法定程序标准。

(一)抽象行政行为范围的确定标准

简单地说,许多国家把抽象行政行为的范围界定为法规、命令,我国把它界定为行政法规、规章和行政规范性文件。但具体的界限,仍然需要相应的标准来确定。这种确定标准,是围绕着抽象行政行为的内涵——行政机关针对不特定多数人制定的,具有普遍性约束力的行为规则——展开的。

1. 法律效果标准。抽象行政行为要发生约束力,需要有法律效果。于是,法国行政法院对抽象行政行为范围的确定,就采用了法律效果标准。在法国,凡是行政机关制定的具有普遍性约束力的行为规则,都属于抽象行政行为,包括执行条例、自主条例和法令条例。① 法国最高行政法院认为,行政机关的建议、愿望,为指导所属行政机关及其工作人员的工作对法律规范所进行的各种解释和指示,没有强制约束力的各种通知,都不属于抽象行政行为。但是,如果行政机关所作的上述行为具有新的法律效果,即单方面改变相对人法律地位的,实际上已构成一个新的条例或法规,那么就属于抽象行政行为。② 这一标准也被德、日等国所采用。传统上,德、日等国的抽象行政行为并不包括行政规则。近年来,由于本来只发生内部法律效果的行政规则的外部化,以及行政规则在现实中所发挥的重要作用,就不得不把行政规则纳入行政作用的范围。③ 但是,缺乏法律行为理论的英美法系国家,并不注重法律效果。根据美国《联邦行政程序法》第 551 条第 4 项规定的“Rule”即抽象行政行为,是包括解释和说明的。《澳大利亚 1977 年行政决定(司

---

① 参见王名扬:《法国行政法》,中国政法大学出版社 1989 年版,第 134—139 页。

② 参见[法]韦尔:《法国行政法概述》,徐鹤林编译,载《行政法研究资料》,中国政法大学 1985 年印,第 281 页。

③ 参见[日]盐野宏:《行政法》,杨建顺译,法律出版社 1999 年版,第 72—73 页。

法审查)法》第3条,在抽象行政行为进行界定时也没有用法律效果来排除。① 在我国行政法理论上,对这一标准也未予重视。

2. 效力范围标准。围绕着是否适用于不特定相对人,其约束力是否具有普遍性,又有以下主要标准:

(1)时间标准。以美国霍姆斯(Holmes)大法官为代表,主张时间标准说。他认为,"Rule"即抽象行政行为适用于将来,"Order"即具体行政行为则是针对过去和现在情况所作的决定。因此,凡是针对将来事项作出的规定都是抽象行政行为。②

(2)适用范围标准。以大法官伯格(Burger)为代表,主张适用范围说。他认为,抽象行政行为所针对的是不特定多数人,具体行政行为所针对的是特定相对人。因此,凡是针对不特定多数人的行为,都是抽象行政行为。③ 德国学者多持这一主张,并对相对人是否特定采用相对人的数量是否具有可统计性标准加以判断。特定与不特定,也就是个别与一般。"个别与一般的区别不能根据数量确认,而是处理行为作出时收件人的范围是否可以确定,收件人的范围是封闭的还是开放的,是否是可以扩大的。"④也就是说,相对人的人数具有不可统计性的行

---

① 参见《澳大利亚1977年行政决定(司法审查)法》第3条,叶必丰译,《行政法学研究》1996年第1期。原文为:"'decision to which this Act applies' means a decision of an administrative character made, proposed to be made, or required to be made, as the case may be (whether in the exercise of a discretion or not) under an enactment, other than a decision by the Governor-General";"'enactment' means

(a) an Act other than the *Commonwealth Place (Application of Laws) Act* 1970;

(b) an Ordinance of a Territory; or

an instrument (including rules, regulations or by-laws) made under such an Act or under such an Ordinance, and includes a part of an enactment."

② 参见王名扬:《美国行政法》(上),中国法制出版社1995年版,第348页。

③ 同上书,第348页。

④ [德]哈特穆特·毛雷尔:《行政法学总论》,高家伟译,法律出版社2000年版,第197页。

政行为,即在时间或其他条件上相对人范围具有开放性的行政行为,属于抽象行政行为。

（二）抽象行政行为范围的确定

行政法规和规章,在我国依通说都属于抽象行政行为。① 除此以外,还有哪些属于抽象行政行为呢？用什么标准来确定呢？

1. 根据法律效果标准确定。对抽象行政行为范围,首先应采用法律效果标准确定。《湖南省行政程序规定》②第 45 条规定:“本规定所称规范性文件是指除政府规章以外,行政机关和法律、法规授权的组织制定的,涉及公民、法人和其他组织权利义务,在一定时期内反复适用,具有普遍约束力的行政公文。”《山东省行政程序规定》③第 43 条也作了类似规定。这些规定对行政规范性文件的界定,已经采用法律效果为标准。我国司法上也承认这一标准。黄银友等案[最参行第 22 号]裁判要旨指出:“行政机关为促进辖区经济社会发展而制定的奖励文件,如所含允诺性内容与法律法规不相违背,应视为合法有效。”这里的“允诺性内容”就是一种法律效果。当然,我国所采用的法律效果标准是“涉及公民、法人和其他组织权利义务”,与法国等所采用的法律效果标准即具有新的法律效果还是不同的,要宽泛得多。要认定一个普遍性行政文件是否具有新的法律效果很难,而认定它涉及相对人的权利义务却要容易得多。同时,基于我国的法治发展水平,采用严格的法律效果标准,把那些解释性、指导性文件排除在行政规范性文件之外,会给行政机关留下规避法律之门。因此,我国宜以涉及相对人权利

---

① 《立法法》实施以后,有学者认为行政机关制定行政法规和规章的行为不属于抽象行政行为(参见杨小君:《国家赔偿法律问题研究》,北京大学出版社 2005 年版,第 22—23 页),但目前尚未成为通说。

② 2008 年 4 月 17 日湖南省政府令第 222 号发布。

③ 2011 年 5 月 25 日山东省政府令第 238 号发布。

义务为法律效果的内容，把那些纯粹的内部行政规程排除在抽象行政行为之外。

2. 根据效力范围标准确定。效力范围标准，包括时间标准和适用范围标准。但是，时间标准与适用范围标准有时是有矛盾的。“就时间标准而言，只要对今后有效力的决定都是法规，那么行政机关签发的许可证，对某人发布的禁止令或扣押令就成为法规，必须适用制定法规的程序了，显然和实际情况不符合。就适用范围的标准而言，行政机关规定某个或某几个特许企业收费标准的决定，由于只适用于特许的人，就变成裁决了，也不符合实际情况。”①为此，美国《联邦行政程序法》第 551 条第 4 项规定的“Rule”即抽象行政行为，所采用的主要是时间标准，但又兼顾了适用范围标准。② 该项规定：“‘规章’系指机关为执行、解释、说明法律和政策，或为了规定机关的组织、程序或活动规则而发布的普遍适用于专门事项的、对未来有拘束力的文件的全部或其中一部分；还包括批准或规定未来的收费标准、工资、法人体制或财经体制及其改革、价格、设施、器具、服务费或津贴费，还包括批准或规定财产估价、成本费用、记账以及与上述各项相关的活动。”③

我国《行政诉讼法》第 12 条第 2 项规定了抽象行政行为，即“具有普遍约束力的决定、命令”。这里的“普遍约束力”既包括时间上的又包括范围上的效力。“行政诉讼法若干问题解释”第 3 条对此解释称：“行政诉讼法第十二条第（二）项规定的‘具有普遍约束力的决定、命令’，是指行政机关针对不特定对象发布的能反复适用的其他行政规范性文件。”这里的针对不特定对象，指的是适用范围；反复适用，指的

① 王名扬：《美国行政法》（上），中国法制出版社 1995 年版，第 349 页。
② 同上书，第 348—349 页。
③ ［美］伯纳德·施瓦茨：《行政法》，徐炳译，群众出版社 1986 年版，第 622 页。

是适用时间。这是两个必须同时具备的标准,而不是分别存在的标准。也就是说,我国所采用的界定标准与美国不同,以适用范围标准为主、以时间标准为补充。董永华等案[最参行第4号]终审判决运用上述标准,认定了被诉行为系具体行政行为而非抽象行政行为。王明三等案[最(2000)行终字第1号]裁定认为:"重庆市司法局(1999)渝司办54号文件以及该文件中有关'对年满70岁的律师不再注册'的规定,均是具有普遍效力的规范性文件,属于抽象行政行为。"

其实,我国行政诉讼的范围仅限于具体行政行为。在现有法律制度不变的前提下,我们就应尽可能采用能够扩大行政诉讼受案范围、限制抽象行政行为范围的标准。收费许可之类行为在美国本来就属于法规(Rule),如果采用适用范围标准会被认定为裁决。在我国,根据乔占祥案[京(2001)年高行终字第39号]判决,采用适用范围标准将这类行为排除出抽象行政行为,归为具体行政行为是合理的。[①] 同样,对特定物的行政行为,确定某树为名木古树、某建筑物为文物的行为,也应归为具体行政行为。这是因为,该行为的相对人是特定的,是该树木、建筑物的所有者、经营者或使用者,也是行政行为的申请者。这类行为在德国属于具体行政行为即一般处分。

普遍约束力,即对不特定多数人具有约束力。在实践中,行为对象的特定与不特定有时往往难以确定。这种情况主要发生在行为是针对特定事项的场合。当行为针对特定事项时,相对人往往不止一个。这种行为在《联邦德国行政程序法》上称为一般命令。一般命令不是一种独立的法律行为,而是具体行政行为的一种。[②] 这种针对特定事项

---

① 参见叶必顺、叶必丰:《列车票价上浮是具体行政行为吗》,《法制日报》2001年3月21日第六版。

② [德]哈特穆特·毛雷尔:《行政法学总论》,高家伟译,法律出版社2000年版,第196—197页。

的具体行政行为，往往容易被误认为抽象行政行为。要对它们加以区分和认定，关键应看行为对象的数量在该行为作出时是否可以统计和确定。如果行为对象的数量在该行为作出时可以统计和确定，那么该行为就是具体行政行为，反之，就是抽象行政行为。我们在这里应当强调的是，行为对象是否可以统计和确定，必须以行为作出之时为标准，而不是以统计和确定之时为标准。①

抽象行政行为可能是一个书面文件的全部，也可能是该书面文件的一部分。在实践中，有的书面文件既设定了不特定相对人的权利义务，又设定了特定相对人的权利义务。例如，卫生部、公安部、农牧渔业部、国家中医药管理局和国家工商管理局《关于进一步加强对"安钠咖"管理的通知》（[84]卫药字第8号），大部分内容规定了不特定相对人的权利义务，属于抽象行政行为。但同时，它又规定了特定相对人的权利义务，即规定"安钠咖"只能由北京、上海和兰州的三家制药厂生产。这部分内容却完全是具体行政行为的内容。

有时，具体行政行为却具有抽象行政行为的形式。易泽广案[最参行第44号]被诉行为系《长衡500KV送电线路工程株洲县建设工程征地拆迁补偿安置办法》（株县政办发[2007]9号），具有抽象行政行为的形式，但其实是具体行政行为。这就要求我们应运用抽象行政行为的标准，从内容上而不是从形式上去鉴别。值得注意的是，行政机关经常用行政规范的形式作出具体行政行为，以规避行政复议和行政诉讼。我们不可轻易上当。

本节小结

我国行政法学上抽象行政行为这一概念源于王名扬先生的倡导，

---

① 参见叶必丰：《行政法学》，武汉大学出版社2003年版，第181—182页。

归根结底是受法国行政法学的影响。在其他国家,作为抽象行政行为这种法律现象也是存在的,只是由于文化和语言体系的不同有不同的命名和术语,由于法律传统的不同又有不同的定位,但我们还是能够找到相对应的概念和相应概念下所指代的现象。对抽象行政行为范围的确定,有法律效果标准和效力范围标准。我国宜采用以涉及相对人权利义务为内容的法律效果标准,并采用效力范围标准,具体按照相对人的是否可统计性,从而对抽象行政行为的范围予以确定。

第二节　抽象行政行为的合法性要件

"行政法的一个反常现象就是自行限制",①即依法行政。依法行政不仅仅要求具体行政行为符合法律,而且要求抽象行政行为符合法律。抽象行政行为往往是具体行政行为的实施依据,从某种程度上讲,是依法行政的根本点。为此,本节讨论抽象行政行为的合法性标准即合法性要件。

一、抽象行政行为合法性要件的概括

(一)抽象行政行为合法要件的经验

在法国,违法抽象行政行为的撤销,是通过越权之诉来进行的。越权之诉的法定理由,即认定抽象行政行为违法的标准或撤销抽象行政行为的根据,是无权限、形式上的缺陷、权力滥用和违反法律。无权限,包括权限篡夺行为,以及无事务管辖权、无时间管辖权和无地域管辖权等一般的无权限。形式上的缺陷,是指抽象行政行为欠缺必要的形式

① ［法］让·里韦罗、让·瓦利纳:《法国行政法》,鲁仁译,商务印书馆2008年版,第326页。

或程序,或者不符合规定的形式和程序。权力滥用,是指行政机关的抽象行政行为,虽然在其权限范围以内,但不符合公共利益目的或者法律授予这种权力的目的,或者滥用程序。权力滥用与无权限和形式缺陷的区别在于,后两者之审查抽象行政行为外部的合法性,而前者却审查行使权力的目的正当性,审查抽象行政行为内容的合法性。违反法律则是指除前三种情形以外的所有违法情形,主要包括抽象行政行为的标的直接违反法律,抽象行政行为的法律根据错误,以及抽象行政行为的事实根据不符合法律规定。① 因此,在法国分析和判断抽象行政行为是否合法,就要看抽象行政行为是否存在无权限、形式上的缺陷、权力滥用或违反法律的情形。只有不存在上述任一情形的抽象行政行为,才是合法行为。

在美国,《联邦行政程序法》第706条规定的应予撤销的违法机关行为(Agency Action)的各种情形,也适用于抽象行政行为(Rule)。这些违法情形就是:独断专横、反复无常、滥用自由裁量权或其他不合法的行为;同宪法规定的权利、权力、特权与豁免权相抵触;超越法律规定的管辖范围、权利和限度,缺少法律规定的权利;没有遵循法律规定的程序;没有事实根据,以致要由复审法院对事实重新进行审理等。根据法律的规定和法院的实践,学者们对合法性要件作了各种各样的概括。② 我们也可以概括为:第一,权限要件,即制定法规必须取得国会的授权,并且所获得的立法权不得是国会的专属立法权,也不得是再委托或转授的立法权,行政机关也只能就授权法所确定的主题范围内行使立法权;第二,内容要件,即行政机关制定法规不得违反授权法中所明确规定的立法主题、目的、政策和准则,并且不得违反宪法和上位法

---

① 参见王名扬:《法国行政法》,中国政法大学出版社1989年版,第658—671页。
② 参见城仲模:《行政法之基础理论》,台湾三民书局1988年版,第119—122页。

的规定；第三，程序和形式要件，即法规草案须事先公布，须告知利害关系人并由其提出书面意见，须经听证，须经签署发布。但是，法院在把握上述要件审查抽象行政行为的合法性时，往往更侧重于程序要件，并且根据谢弗朗案件的判决，法院也不应审查行政机关在制定抽象行政行为时的政策选择。①

在今天的英国公法领域，已经从原来的法文化的输出国变成了“进口国”。② 在美国和澳大利亚已经制定行政程序及其司法审查法典的今天，英国仍固守着它的判例法传统。在我们讨论的论题范围内，就表现为抽象行政行为的合法性要件并不是议会规定的，而是由判例确定的。这些合法性要件包括：委任立法应符合授权法的真实目的，应遵循前后一致性，不得侵犯宪法原则所保护的基本人权，不得存在不合理的情形，不得存在错误的目的或恶意，应遵循自然公正原则，应遵循法定程序，以及不得是二级委任立法权等。③

在我国台湾地区，相当于我们称为抽象行政行为的是行政命令，包括法规命令和行政规则两类。其中，法规命令的合法必须具备形式要件和实质要件。形式要件包括，法规命令的制定必须基于法律的授权，必须由被授权的行政机关制定，必须遵循“行政程序法”第 154 条所规定的预告程序和第 157 条第 3 项所规定的发布程序以及授权法所要求的特定程序。实质要件包括，法规命令的制定不得逾越其授权的目的、内容和范围，法规命令的内容也不得与“宪法”、法律或上级机关的行政命令相抵触。至于行政规则的合法性要件，主要是下达和发布。然

---

① 参见王名扬：《美国行政法》（下），中国法制出版社 1995 年版，第 709、718 页。

② 参见 Carol Harlow, *Export, Import: The Ebb and Flow of English Public Law*, Public Law (London), 2000, p. 240。

③ 参见［英］韦德：《行政法》，徐炳等译，中国大百科全书出版社 1997 年版，第 577—592 页。

而，台湾地区的行政诉讼制度与我国大陆相同，“行政法院”只负责审查具体行政行为（行政处分）。对行政命令的合法性，是通过审查行政处分而附带进行的，以及通过“司法院”大法官的释宪来审查的。上述审查的重点是，行政命令是否与“宪法”所保障的基本权利相抵触，是否合乎法律的授权范围。①

从上述经验，我们可以将抽象行政行为的合法性要件分解和归类为权限要件、内容要件、程序要件和形式要件。

（二）我国抽象行政行为合法性要件的依据

在我国，《立法法》②第 87 条规定：“法律、行政法规、地方性法规、自治条例和单行条例、规章有下列情形的，由有关机关依照本法第 88 条规定的权限予以改变或者撤销：（一）超越权限的；（二）下位法违反上位法规定的；（三）规章之间对同一事项的规定不一致，经裁决应当改变或者撤销一方的规定的；（四）规章的规定被认为不适当，应当予以改变或者撤销的；（五）违背法定程序的”。《立法法》的这一规定，体现了《宪法》第 67 条第 7 项及第 89 条第 1、13、14 项的要求，吸取了多年来司法实践所积累的经验。《法规规章备案条例》③第 10 条规定了国务院法制机构对报送国务院备案的法规、规章进行审查的具体内容，也是上述五项。我们认为，其中的第（三）项，除了不涉及合法性的政策性选择外，都可以纳入其他各项；第（四）项所说的“不适当”虽然是一个很宽泛的概念，但应限制在除第（一）、（二）、（五）项以外的违法情形，类似于法国的“违反法律”。另外，尽管有关法律规范未作明文规定，但行政立法必须是书面的而非口头的，也必须符合各种名称的规

---

①　参见叶俊荣：《行政命令》，翁岳生主编：《行政法》（上册），中国法制出版社 2002 年版，第 545—547、611 页。

②　2000 年 3 月 15 日国家主席令第 31 号公布。

③　2001 年 12 月 14 日国务院令第 337 号发布。

定。这样,我国行政立法行为的合法性要件也就可以概括为:权限要件、内容要件、程序和形式要件。

在我国,抽象行政行为除了行政立法行为以外,还有制定行政规范性文件的行为。对行政规范性文件的合法性,除了宪法有原则的规定外,散见于《行政处罚法》和《行政许可法》等等单行法的规定。比较而言,基于我们的行政规范性文件范围要比台湾地区的行政规则宽、乱,我国大陆地区行政规范性文件合法性要件的要求也更为严格。同时,有的省、自治区、直辖市还制定了行政规范性文件的制定程序或备案规定。如《浙江省行政规范性文件备案审查规定》①《内蒙古自治区行政规范性文件备案审查规定》②《上海市行政规范性文件制定和备案规定》③《四川省行政规范性文件制定和备案规定》④《北京市行政规范性文件备案监督办法》,⑤等等。这些规章对行政规范性文件的备案审查规定,基本上仿效《立法法》和《法规规章备案条例》的规定。例如,《上海市行政机关规范性文件制定程序规定》第15条规定:"规范性文件制定机关的法制机构负责对本规定第14条规定提供的材料提出法律审核意见";"审核意见应当包括下列内容:(一)是否具有制定的必要性和可行性;(二)是否超越制定机关法定的职权范围;(三)是否符合本规定第四条、第八条、第九条的规定;(四)是否与相关的规范性文件相协调、衔接;(五)是否征求相关机关、组织和管理相对人的意见;(六)是否对重大分歧意见进行协调;(七)其他需要审核的内容"。第4条的规定是:"行政机关制定规范性文件,应当遵循下列原则:(一)国

① 2000年5月26日浙江省政府令第119号发布。
② 2002年1月18日内蒙古自治区政府令第116号发布。
③ 2003年12月28日上海市政府令第18号发布。
④ 2004年12月20日四川省政府令第188号发布。
⑤ 2005年10月8日北京市政府令第160号发布。

家法制统一原则;(二)依照法定职权和程序制定原则;(三)职权与责任相一致原则;(四)维护公民、法人和其他组织合法权益原则;(五)保障行政机关依法行使职权原则。”第 8 条的规定是:“规范性文件的内容应当明确、具体,具有可操作性。同时,不得与法律、法规、规章和国家的方针、政策相抵触”;“规范性文件应当科学地规范行政行为,符合转变政府职能的要求”。第 9 条的规定则是:“除有法定依据或者国家另有规定的外,行政机关不得在规范性文件中设定下列内容:(一)行政许可事项;(二)行政处罚事项;(三)行政强制措施;(四)行政收费事项;(五)其他应当由法律、法规、规章或者上级行政机关规定的事项。”因此,对《立法法》第 87 条合法性要件的学理概括,也适用于行政规范性文件。

总之,概括地说,抽象行政行为的合法性要件有权限要件、内容要件、程序和形式要件。

二、抽象行政行为合法性要件的内容

抽象行政行为的合法性要件是由法律规范规定的,但具体内容却往往是通过判例等实践来丰富的。我们通过已获得终局性结论的判例,可以检视抽象行政行为合法性要件的主要内容。

(一)权限要件

抽象行政行为的权限要件,是指实施抽象行政行为时行政机关没有超越权限。这里的权限,既包括组织法上的权限又包括行为法上的权限。

1. 组织法上的权限。组织法上的权限合法,要求行政机关制定行政法规或规章必须具备主体资格,即必须属于宪法、组织法和《立法法》所规定的行政法规、规章的制定主体。不具有主体资格的,实为无权限。但组织法上对行政规范性文件的制定主体要求并不是很严格。

在司法实践中，一般仅将内部机构排除在行政规范性文件的制定主体之外。丰祥公司案［最典行 2003—1］终审法院认为："依据《盐业管理条例》第三十一条规定，本条例由轻工业部负责解释，盐务局提供的中盐政［2000］109 号《关于对上海市盐务管理局〈关于请求解释'盐的批发业务由各级盐业公司统一经营'的请示〉函复函》系国家轻工业局内设机构盐业管理办公室的文件，国家轻工业局盐业管理办公室无权对《盐业管理条例》作出解释，且该复函亦未对外公布，故对外不具有法律效力。"对这种主体资格要件，陈炯杰案［最参行第 21 号］裁判要旨再次作了确认。

2. 行为法上的权限。各级各类行政机关在行为法上的权限，由众多的单行法加以规定。《立法法》第 56 条对国务院制定行政法规的行为权作了一般性规定，第 71—73 条对法定行政机关制定规章的行为权作了一般性规定。同时，《立法法》第 8 条等所规定的法律规定事项，又是对法定行政机关制定行政法规和规章之行为权的排除。制定行政规范性文件的行为权，除行政法规范的授权性规定外，多为在行为权上的排除性规定。在分析和判断抽象行政行为是否超越权限时，上述行为权上的排除性规定具有特殊意义，我们有必要结合实践加以总结。

（1）属于法律规定的事项，尤其是《立法法》第 8 条所规定的全国人大及其常委会专属立法事项，不属于行政机关的行为权范围。《山西省人民政府关于保护企业厂长、经理依法执行职务的规定》[①]第 8 条第 2 项规定："以暴力、威胁方法阻碍厂长、经理依法执行职务，尚不够刑事处罚的，可实行劳动教养。"如果该规定在《立法法》生效后制定，就属于行使了只有全国人大及其常务委员会才能行使的立法权，属于

① 1988 年 9 月 25 日山西省政府第 1 号令发布，2002 年 1 月 19 日山西省政府第 152 号令废止。

超越权限。根据《宪法》(修正案)第22条第3款的规定,行政征用也应由法律创设。如果抽象行政行为创设行政征用制度,则属于超越权限。

(2)未授权规定的事项。在上位法已有规定的情况下,作为下位法的抽象行政行为要作出不同的规定,必须取得授权。抽象行政行为需经授权而未获授权作出规定的,属于超越权限。在泰丰案[最典民2000—4]中,所涉规章山西省政府《山西省城镇国有土地使用权出让和转让实施办法》①第11条的规定,对原告已经支付的定金及土地使用权出让金不予退还。二审法院认为,《城镇国有土地使用权出让和转让暂行条例》②"没有出让金不予退还的规定。该条例第五十三条规定:'本条例由国家土地管理局负责解释。'因此,山西省实施办法第十一条规定的'不予退还',既未经行政法规授权,又与行政法规抵触,是无效的"。任建国案[最典行1993—3]法院也对未获授权而作出扩大规定的规章不予适用。行政规范性文件未经授权,不得创设公众的义务。下级机关未经授权,不得通过抽象行政行为规定专属于上级机关的事项。例如,根据税收法律法规和《国务院关于纠正地方自行制定税收先征后返政策的通知》③的规定,除国务院外,其他行政机关不得制定税收优惠政策。《国务院办公厅关于再次重申发布全国性对外经贸法规、政策有关规定的通知》④规定:"今后,全国性的对外经贸法规、政策均由对外贸易经济合作部审核并统一对外发布(需立法或需由国务院发布的除外)……各地方、各部门未经国务院授权,不得制定、发

① 1993年12月16日山西省政府令第42号发布,1997年10月10日山西省政府令第91号修正,2011年1月18日山西省政府令第230号废止。

② 1990年5月19日国务院令第55号发布。

③ 2000年1月11日,国发[2000]2号。

④ 1993年9月23日,国办发[1993]63号。

布全国性对外经贸法规、政策(包括禁止或限制进出口商品的目录)。各地方、各部门在各自职权范围内制定有关法规、政策涉及对外经贸问题时,必须以国家的对外经贸法规为依据,不得与其相抵触。”同时,授权立法和依授权行政创制性文件在授权范围外作出规定的,以及通过二次授权作出规定的,也属于超越权限。

(3)其他国家机关的法定事项。行政机关依法只能针对自己及所属下级机关所行使的职权,通过抽象行政行为加以规范,而不能规范其他国家机关法定职权的行使。莱芜发电案[最(1998)行再字第1号]判决认为:“《水法》①第三十四条第三款规定:‘水费和水资源费的征收办法,由国务院规定。’也就是说,水费、水资源费的征收范围、征收标准等,应由国务院规定,其他部门无权规定。”

但在实践中,抽象行政行为抄袭上位法的现象普遍存在,从而导致《上海市公共信息系统突发事件处置办法》②第22条第1款那样的超越权限。③

(4)不属于行政规范性文件创制的事项。公民的权利义务原则上应该由法律规范来创制。未经授权,行政规范性文件只能创制公民的权利而不能创制义务,尤其不能创制行政处罚、行政许可和行政强制。法律规范也不得授权行政规范性文件创制行政处罚、行政许可和行政强制。

(二)内容要件

1.“下位法”不得违反“上位法”。这一要件在司法实践中得到了

---

① 1988年1月21日全国人大常委会通过,2002年8月29日全国人大常委会修正,2009年8月27日全国人大常委会修改。

② 上海市经济和信息化委员会2010年8月25日发布,沪经信法[2010]493号。

③ 参见叶必丰:《规则抄袭或细化的法解释学分析——部门规则规定应急征用补偿研讨》,《法学研究》2011年第6期。

不断检验。林剑辉案[最(1997)行终字第8号]和洋浦大源案[最(2003)行终字第2号]判决都认为,与上位法相一致的规章和行政规范性文件,可以依法适用。任建国案[最典行1993—3]终审法院认为:《行政诉讼法》所规定的"可以参照的规章,是指那些根据法律和国务院的行政法规制定的规章。对于那些不是根据法律和行政法规制定的规章,或者其内容与法律和行政法规相抵触的规章,则不在人民法院参照之列"。此后,泰丰案[最典民2000—4]再次坚持和重申了这一原则;鲁潍盐业案[最指5]裁判要点则进一步阐释,下位法设定上位法未设定的处罚、许可属于违反上位法,法院不予适用。这一原则不仅适用于行政立法行为,而且也适用于行政规范性文件的制定。"从审判实践看,下位法不符合上位法的常见情形有:下位法缩小上位法规定的权利主体范围,或者违反上位法立法目的扩大上位法规定的权利主体范围;下位法限制或者剥夺上位法规定的权利,或者违反上位法立法目的扩大上位法规定的权利范围;下位法扩大行政主体或其职权范围;下位法延长上位法规定的履行法定职责期限;下位法以参照、准用等方式扩大或者限缩上位法规定的义务或者义务主体的范围、性质或者条件;下位法增设或者限缩违反上位法规定的适用条件;下位法扩大或者限缩上位法规定的给予行政处罚的行为、种类和幅度的范围;下位法改变上位法已规定的违法行为的性质;下位法超出上位法规定的强制措施的适用范围、种类和方式,以及增设或者限缩其适用条件;法规、规章或者其他规范文件设定不符合行政许可法规定的行政许可,或者增设违反上位法的行政许可条件;其他相抵触的情形。"①当然,抽象行政行为是否存在抵触应当以制定时有效的法律、法规、规章和上级行政规范性文

① 最高法院《关于审理行政案件适用法律规范问题的座谈会纪要》,2004年5月18日法[2004]96号发布。

件为认定标准。抽象行政行为在制定后，如果与新的法律、法规、规章和上级行政规范性文件相抵触的，则可以废止。乙公司案［最参民建第5号］判决认为："地方政府建委下发的（1994）建1号文件是建筑业从计划经济向市场经济过渡阶段的产物。是当时当地建筑市场内对外资企业工程结算普遍适用的规范性文件，对此，应当尊重历史、实事求是。……（1994）建1号文在这里是作为工程结算的一种价格标准存在的，对双方当事人当然具有约束力。"

2. 内容上没有不适当的情形。这里的不适当，应当包括以下情形。

（1）制定目的不适当，即行政主体制定行政法规、规章和行政规范性文件，不符合公共利益和授权目的。抽象行政行为不符合法定目的，也属于滥用权力，两者往往竞合。《立法法》等未专门规定滥用权力，因而需要纳入内容不适当中加以讨论。安远稻种案［最典民1986—3］双方签订合同约定，种子公司按议价或兑换的办法收购稻种。但在稻种收购前，种子公司却代安岳县政府起草了《关于今年两杂（杂交水稻、杂交玉米）种子收购有关问题的通知》，强制性规定了稻种收购的较低价格。稻种经营户起诉后，种子公司又以合同违反县政府的通知而无效进行抗辩。该通知实为种子公司谋取不当利益，制定目的不当。法院认为，该通知违反了《经济合同法》①第17条第3项和上级行政规范性文件的规定。刘起山等案［最典刑1994—2］所涉《关于对走私单位按规定投案自首问题的紧急通知》，制定目的却在于通过罚款牟利，因而构成犯罪。南市防治站案［最参行第59号］裁判要旨理由认为，限制竞争、牟取垄断利益的行政规范性文件，侵犯了原告的经营自主权。

---

① 1981年12月13日全国人大常委会委员长令第12号发布，1993年9月2日国家主席令第9号修正，1999年3月15日国家主席令第15号废止。

(2)制定依据不适当。行政法规、规章和行政规范性文件的制定依据不适当的,属于内容上的不适当。某省公安厅在《关于做好 2000 年春运道路交通安全管理工作的通知》规定:“凡客车超员 20% 以上的,对驾驶员一律治安拘留 15 天、罚款 200 元(适用《治安处罚条例》[①] 第十九条第(三)项)。”本来,对超载行为的处罚应当适用的却是《治安管理处罚条例》第 28 条第 1 项。这是为了遏制超载现象而推出的,加大处罚力度举措。它既属于滥用权力,又属于依据错误。这里所说的制定依据,是指法律上的依据而不包括党组织的政策依据。党组织的政策依据,应当纳入调整对象是否适当的范畴。

(3)调整对象不适当。行政法规、规章和行政规范性文件的调整对象,是指相应的社会关系,是一种事实状态。对这种事实状态的社会关系的科学认识,不仅需要以调查研究为基础,而且还需要以法治观念为指导。城市房屋“拆迁”,既是一种行政征收关系又是一种行政强制执行关系。但是,《城市房屋拆迁管理条例》[②]混淆了这两种调整对象,甚至以强制执行关系掩盖了行政征收关系,属于调整对象的严重不当。这既有认识的科学性问题,又有当时法制观念尚未发展到应有程度的问题。调整对象是否适当,原则上应该按照法律规范的规定来判断。但在我国,党组织的政策也是判断调整对象是否正确的依据。我国很多行政规范性文件,就是依据党组织的政策而制定的。

(三)程序和形式要件

1. 程序要件。合法的抽象行政行为不得有违背法定程序的情形。这里的法定程序,不仅仅是指法律、法规和规章所规定的程序,还包括

---

① 1986 年 9 月 5 日全国人大常委会通过,1994 年 5 月 12 日国家主席令第 24 号修正,2005 年 8 月 28 日国家主席令第 38 号废止。

② 1991 年 3 月 22 日国务院令第 78 号发布,2001 年 6 月 13 日国务院令第 305 号废止并重新制定、发布,2011 年 1 月 21 日国务院令第 590 号废止。

行政规范性文件所规定的程序。《立法法》、《行政法规制定程序条例》、[①]《规章制定程序条例》[②]和《党政机关公文处理工作条例》[③]等规定了抽象行政行为的制定程序。违背上述法律规范和有关行政规范性文件规定程序的，都属于违背法定程序。从实践来看，违背法定程序主要有以下情形。

（1）未给予公众和有关机关参与机会。抽象行政行为的制定依法需要公众参与而未给予公众参与机会的，属于违背法定程序。近来铁道部修订《铁路旅客运输规程》[④]和《铁路旅客运输办理细则》[⑤]就未经听证，被指违背法定程序。[⑥] 价格主管部门则往往用所谓的价格联动机制这样的一次性听证，来代替每次定价的听证。[⑦] 抽象行政行为的制定依法需要征求相关机关意见而未征求意见的，也属于违背法定程序。海关总署《关于进境旅客所携行李物品验放标准有关事宜》（2010年第54号公告）规定："进境居民旅客携带超出5000元人民币的个人自用进境物品，经海关审核确属自用的；进境非居民旅客携带拟留在中国境内的个人自用进境物品，超出人民币2000元的，海关仅对超出部

---

① 2001年11月16日国务院令第321号发布。

② 2001年11月16日国务院令第322号发布。

③ 2012年4月16日中共中央办公厅和国务院办公厅联合印发，中办发［2012］14号。

④ 1980年7月1日铁道部发布，1991年4月2日铁道部铁运［1991］57号废止并重新制定，1997年10月5日铁道部铁运［1997］101号第二次废止并重新制定，2007年3月23日铁道部铁运［2007］53号第三次废止并重新制定，2010年10月13日铁道部铁运［2010］190号修订。

⑤ 1997年12月1日铁道部铁运［1997］103号发布，2007年3月23日铁道部铁运［2007］53号修订，2010年10月13日铁道部铁运［2010］190号修订。

⑥ 参见蒋新军：《学者称铁道部车票改签新规未经听证有违民主》，载http://news.cn.yahoo.com/ypen/20101203/110465.html，最后访问日期：2010年12月27日。

⑦ 参见张毅：《兰州天然气热价上调符合同气同价原则》，载http://www.lanzhou.cn/news/lznews/2010/1212/1012122457164914.html，最后访问日期：2010年12月27日。

分的个人自用进境物品征税,对不可分割的单件物品,全额征税。"在此公告引发公众广泛关注后,商务部曾向海关总署发函咨询。[①] 从商务部的咨询函来看,海关总署制定这一行政规范性文件前并未征求商务部意见。应该说,这种未给予公众和有关机关参与机会的现象,在抽象行政行为的制定中还比较普遍。

(2)未经上级机关批准。行政规范性文件在依法需报经上级机关批准才能生效的情况下,未经上级机关批准的,属于违背法定程序。在黑龙江汇丰案[最(1999)行终字第20号]中,哈尔滨市规划局举证1996年《哈尔滨市城市总体规划》,证明汇丰公司的建筑规模、体量、高度违法。最高法院认为,该规划未经国务院批准,根据《城市规划法》[②]第21条第3款"省和自治区人民政府所在地城市、城市人口在一百万以上的城市及国务院指定的其他城市的总体规划由省、自治区人民政府审查同意后,报国务院审批"的规定,不具有法律效力。在司法实践中,法院关注的是行政规范性文件是否履行了批准程序,而并不苛求批准的形式。念泗居民案[最典行2004—11]一审法院对《念泗二村地段控制性详细规划》进行了合法性审查,认为"扬州市政府在执行城市规划法和江苏省实施办法所规定的详细规划的审批程序时,授权规划委员会负责此项工作,这种做法本身并不为法律、法规所禁止"。"由于法律、法规只规定城市详细规划应当由城市人民政府或规划行政主管部门审批,没有规定审批形式,故不能否定扬州市规划委员会会议纪要对批准详细规划发挥的实际作用,应当认定《念泗二村地段控制性详

① 参见杨娟等:《商务部致函海关总署:入境纳税新规有违WTO规则》,载http://money.163.com/10/1114/07/6LECH4S100253B0H.html,最后访问日期:2010年12月27日。

② 1989年12月26日国家主席令第23号发布,2007年10月28日国家主席令第74号废止。

细规划》经过合法有效的批准。”石中跃等案[最(1999)行终字第16号]终审判决中认为:“经湖北省人大常委会批准施行的《武汉市城市客运出租汽车管理条例》第六条规定:‘出租汽车经营权可实行有偿转让,具体办法由市人民政府另行规定。’在武汉市人民政府尚未制定具体办法的情况下,市公用局根据《条例》的规定,拟订的《市公用局关于客运出租汽车和小公共汽车经营权有偿使用期满后重新取得经营权问题的请示》经报请武汉市人民政府审查批准,作为此次出租汽车经营权有偿出让的实施依据是可行的。经核实,市公用局请示的日期与武汉市人民政府领导签字批准的日期同为1998年4月28日,尽管武汉市人民政府对市公用局请示的批复没有文号,但并不因此影响该批复的有效性。”

(3)未对外发布。除法定行政解释性文件外,行政规范性文件对法官没有拘束力。① 但行政法规、规章和法定行政解释性文件却是行政法的渊源,其他行政规范性文件大多也构成具体行政行为需要依据的命令或指示。因此,抽象行政行为都应像法一样对外发布,发布是法得以有效存在的必要条件。② 在行政立法规范化以前,行政法规、规章与行政规范性文件往往难以区分,有的行政法规和规章也被当作内部行政规范性文件而没有对外发布。在当时,未对外发布的行政法规、规章不具有法律效力的制度也没有形成。现在,行政法规和规章都已经对外发布。但是,行政规范性文件仍然被分为内部行政规范性文件和外部行政规范性文件,内部行政规范性文件就没有对外发布。实践中,行政机关对某些涉及公民权利义务的行政规范性文件,仍有意或无意

---

① 参见最高法院《关于审理行政案件适用法律规范问题的座谈会纪要》,2004年5月18日发布,法[2004]96号。

② 参见[奥]埃利希:《法社会学原理》,舒国滢译,中国大百科全书出版社2009年版,第152页。

地作为内部行政规范性文件，在实施具体行政行为时则又将其作为依据。在丰祥公司案[最典行 2003—1]中，盐政[2000]109 号《关于对上海市盐务管理局〈关于请求解释“盐的批发业务由各级盐业公司统一经营”的请示〉函复函》，就未曾对外公布，被终审法院认定为对外不具有法律效力。这种违背法定程序的现象并不少见，必须予以遏制。当然，行政机关在行政过程中的意见并不具有最终性质，对外不具有法律效力，无需对外发布。在厦门博坦案[最典行 2006—6]中，博坦公司申请二审法院调取海关总署政策法规司的政法函[2003]58 号函件，以证明其投入的经营费用应当从违法所得中扣除。二审法院经查，海关总署政策法规司确实制作过政法函[2003]58 号函，这是对国务院法制办工交商事司征询“违法所得”含义时制作的函复意见，从未作为海关总署的正式文件下发各地海关执行。也就是说，该复函是国务院法制办所作行为中海关总署的意见，是否采纳取决于国务院法制办，并不具有最终意义，因而也无需对外发布。二审法院认为，“海关总署政法司的复函，既不是法律、法规和规章，也不是海关总署为具体应用法律、法规和规章作出的解释，仅是海关总署内设机构对相关法律问题表达的一种观点，依法不能作为行政案件的审判依据”。

2. 形式要件。抽象行政行为必须是书面形式的，并应符合名称要求和规定格式。其中，行政法规的名称一般称“条例”，也可以称“规定”、“办法”等。国务院根据全国人民代表大会及其常务委员会的授权决定制定的行政法规，称“暂行条例”或者“暂行规定”。规章的名称一般称“规定”“办法”，但不得称“条例”。《上海市行政机关规范性文件制定程序规定》第 5 条的规定，上海市各级各类行政机关所制定的规范性文件的名称，一般称“规定”“办法”“细则”“决定”“意见”“通告”；规范性文件内容为实施上位法和上级行政机关规范性文件的，其名称前可冠以“实施”两字。另外，《行政法规制定程序条例》和《规章制定程序条例》还规定了行政法规和规章的体例结构,《党政机关公文处理工作条例》等也规定了行政规范性文件的体例结构。

本节小结

从有关经验和我国立法来看,抽象行政行为的合法性要件有权限要件、内容要件、程序和形式要件。权限要件包括主体资格和行为权两方面,要求不超越权限。从实践看来,主体资格方面的超越权限主要有行政机关的内设机构制定行政规范性文件;行为权方面的超越权限主要有规定属于法律规定的事项,规定未授权的事项,规定其他国家机关的法定事项,以及行政规范性文件规定不属于其创制的事项。内容要件包括"下位法"不得违反"上位法",以及内容上没有不适当的情形。内容上的不适当,主要包括制定目的、制定依据和调整对象的不适当。程序要件即抽象行政行为不得有违背法定程序的情形,在实践中的违背法定程序主要有未给予公众和有关机关参与机会,未经上级机关批准,以及未对外发布。形式要件要求抽象行政行为必须具有书面形式,并符合名称和格式等要求。

第四章　抽象行政行为的合法性分析

本章思路　在前一章确立抽象行政行为合法性要件的基础上，本章运用其中的职权要件，分别讨论国务院《关于实行分税制财政管理体制的决定》和《上海市公共信息系统突发事件处置办法》的合法性，为合法性要件的运用提供示例。

第一节　“分税制决定”属超越权限*

1993 年 12 月，国务院作出了《关于实行分税制财政管理体制的决定》①（以下简称“分税制决定”）。1994 年，中央财政收入占全国财政总收入比例由上年的 22% 急升至 56%，中央对全国的宏观调控能力空前加强。发展到 2006 年，中央财政收入占全国财政总收入的 70%。②“但从地方的财政支出来看，同期地方财政支出占全国财政支出中的比重并未降低，反而上升了，1996 年达到 72.9%。”③由此，引发了中央

---

* 本节曾作为本项目的阶段性成果，以《经济宪法学研究的尝试：分税制决定权的宪法解释》为题，发表于《上海交通大学学报》（哲社版）2007 年第 6 期。现略有修改。

① 1993 年 12 月 15 日国务院发布，国发[1993]第 85 号。

② 参见杨军：《政府吵架，别让民众买单》，《南风窗》2006 年第 12B 期。

③ 汤洁茵：《财权分配与地方政府的财政地位》，载 http://www.cftl.cn/show.asp?c_id=15&a_id=1845，最后访问日期：2007 年 1 月 1 日。

和地方政府间的诸多矛盾。[①] 对此，经济学界展开了研究，有的支持，有的反对。[②] 法学学者也从各自的角度开展了研究，肯定了中央和地方政府的合理财政分权以及地方政府的财政地位，主张分权适度原则和事权与财权相结合原则。[③] 行政法学自然也应表明自己的态度。“分税制决定”是国务院所作的抽象行政行为。于是，运用抽象行政行为的合法性要件中的权限要件予以检验，就成为本节的选择。

一、国务院是否具有权限依据

国务院的“分税制决定”作为一种行为，可以区分为形式和内容两个方面。其中，“决定”是该行为的形式，“分税制”是该行为的内容。从形式上看，国务院具有宪法上的权限。《宪法》第 89 条第 1 项规定，国务院的权限之一是“根据宪法和法律，规定行政措施，制定行政法规，发布决定和命令”。但形式不决定内容。国务院有权作出“决定”，不等于有权作出“分税制决定”。该项规定也已明确指出，国务院作出

---

① 参见杨军：《政府吵架，别让民众买单》，《南风窗》2006 年第 12B 期；珑铭：《地方官员与中央唱反调的深层次原因》，《上海证券报》2006 年 6 月 12 日，第 A13 版；高聚辉等：《分税制、土地财政与土地新政》，《中国发展观察》2006 年第 11 期，等等。

② 参见张晏：《分税制改革、财政分权与中国经济增长》，《中国经济学（季刊）》2005 年第 5 卷第 1 期；平新乔：《中国地方政府支出规模的膨胀趋势》，《政策性研究简报》（北京大学中国经济研究中心）2006 年第 57 期（总第 619 期）；汤安中：《反省分税制改革》，《中国经济时报》2004 年 9 月 24 日，第 5 版；殷志红：《从财政体制改革角度论中央与地方的关系》，《经济论坛》2006 年第 9 期；张弘力：《继续完善分税制改革》，《人民日报》2004 年 1 月 16 日，第 14 版；王振宇：《分税制财政体制“缺陷性”研究》，《中国经济时报》2006 年 7 月 15 日，第 8 版。

③ 参见张千帆：《宪政、法治与经济发展》，北京大学出版社 2004 年版，第 244—248 页；李龙等：《财政立宪主义：我国宪法时刻的理论基础》，《法学杂志》2004 年第 3 期；李龙等：《财政立宪主义论纲》，《法学家》2003 年第 6 期，第 96 页；王茂庆：《略论财政立宪在我国的可能性》，《人大研究》2005 年第 5 期；汤洁茵：《财权分配与地方政府的财政地位》，载 http://www.cftl.cn/show.asp?c_id=15&a_id=1845，最后访问日期：2007 年 1 月 1 日。

决定必须“根据宪法和法律”。因此，国务院是否在宪法上有权作出“分税制决定”，关键是考察该行为的内容。

依据“分税制决定”，其内容是：“分税制改革的原则和主要内容是：按照中央与地方政府的事权划分，合理确定各级财政的支出范围；根据事权与财权相结合原则，将税种统一划分为中央税、地方税和中央地方共享税，并建立中央税收和地方税收体系，分设中央与地方两套税务机构分别征管；科学核定地方收支数额，逐步实行比较规范的中央财政对地方的税收返还和转移支付制度；建立和健全分级预算制度，硬化各级预算约束。”由此看来，分税制虽然涉及税，但它安排的却不是有关政府与公民关系的征税与纳税，而是对中央和地方财权的划分即中央和地方政府间的权限分工。对此，经济学界、法学界和实务界其实都已经作过论证。①

国务院是否有权作出上述内容的决定呢？《宪法》第 89 条第 4 项规定，国务院“统一领导全国地方各级国家行政机关的工作，规定中央和省、自治区、直辖市的国家行政机关的职权的具体划分”（本节简称为中央和地方政府之间权限的“具体划分”）。根据这一规定，中央和地方政府之间权限的“具体划分”属于国务院的权限，而基本权限的划分则不属于国务院而属于最高国家权力机关的权限。问题是，分税制是否属于中央和地方政府之间权限的“具体划分”，仍是一大困难。于是，问题也就不得不转换为分税制是否属于中央和地方政府之间基本

---

① 参见赵云旗：《中国分税制财政体制研究》，经济科学出版社 2005 年版，第 8、9 章；张千帆：《宪政、法治与经济发展》，北京大学出版社 2004 年版，第 5 章第 4 节；张守文：《税权的定位与分配》，《法商研究（中南政法学院学报）》2000 年第 1 期，第 43 页；肖金林：《论地方税收管理权》，《河北法学》2000 年第 1 期；黄海鹰：《中央和地方事权与财权的法律划分》，《东北财经大学学报》2006 年第 4 期；靳东升主编：《依法治税——中央与地方税权关系研究》，经济科学出版社 2005 年版，第 133、144、283、308 页以下。

权限的划分,不得不考察是否属于最高国家权力机关的专有权限。

根据《宪法》第62条的规定,全国人大共有14项职权,以及"应当由最高国家权力机关行使的其他职权"。要判断分税制决定权是否属于全国人大的权限,就要分析它是否与其中的一项或数项相对应。如果分税制所安排的是有关政府与公民之间的征税与纳税,那么就应当适用《宪法》第56条的规定,即"中华人民共和国公民有依照法律纳税的义务"。对此,已有学者作过论证。① 根据这一规定,征税与纳税必须以法律为依据,有权制定法律的是最高国家权力机关。② 但分税制所安排的是有关中央与地方政府间的权限分工,调整政府与公民之间征税与纳税关系的宪法条款并不一定适用于国务院与地方政府之间的关系。

在《宪法》第62条中,涉及国家机构的是第3项的规定,即有关国家机构的基本法律的制定属于全国人大的职权之一。那么,分税制即中央和地方政府的事权和财权分配,是不是一种需要制定为基本法律的事项呢?首先,税是各种利益的核心,税收关系中的矛盾和对抗是各种社会革命的引擎,在历史上导致了英国宪政的产生,③并在近代后形成了各国的税收法定主义。其次,中央和地方政府间的关系与人民和国家、民族和民族、宗教和宗教关系一样,是事关国家结构形式的重要宪法问题。第三,中央和地方政府的财政收入分配权属于国务院还是全国人大及其常委会,则是事关立法机关与行政机关关系即国家组织形式的重大宪法问题。第四,分税制还涉及纳税人的负担,④涉及宪法

---

① 参见朱孔武:《财政立宪主义研究》,法律出版社2006年版,第161页以下。

② 根据这一规定,"分税制决定"作出后制定的《立法法》第8条第8项作了具体规定:"下列事项只能制定法律:……(八)基本经济制度以及财政、税收、海关、金融和外贸的基本制度;……"

③ 参见吕忠梅等:《税法的宪政之维》,载刘剑文主编:《财税法论丛》第5卷,法律出版社2004年版,第122、140—142页。

④ 参见杨军:《政府吵架,别让民众买单》,《南风窗》2006年第12B期。

上公民的基本权利和义务。因此，从理论上分析，分税制即中央和地方政府的财政收入分配权应该是由基本法律加以规定的事项，应该属于全国人大的权限。

当然，理论上的应然性判断并不能代替实定法上的规定。基于解释主义的立场，在现行宪法和法律规定不明确的情况下，我们有必要考察长期以来的实践以及通过长期实践所形成的惯例。从改革开放以来的实践看，在1993年的“分税制决定”前，有关国务院和地方各级政府，以及其他国家机关的组织及其权限，都属于全国人大制定为法律的事项。① 在1993年“分税制决定”后，全国人大于2000年制定的《立法法》第8条规定：“下列事项只能制定法律：……（二）各级人民代表大会、人民政府、人民法院和人民检察院的产生、组织和职权……”国务院尽管有规定其职能部门以及地方各级政府职能部门组织的实践，如《公安机关组织管理条例》②，但也只是规定了公安机关的设置、人民警察职务、编制和经费、人民警察的管理和人民警察的待遇，而没有规定各级公安机关的权限。国务院只规定过地方政府职能部门的派出机构的组织和权限事项，如《工商行政管理所条例》③第4—6条。更为重要

---

① 参见《国务院组织法》（1982年12月10日全国人大常委会委员长令第14号公布）、《地方各级人民代表大会和地方各级人民政府组织法》（1979年7月1日全国人大通过，1982年12月10日全国人大第一次修正，1986年12月2日全国人大常委会第二次修正，1995年2月28日全国人大常委会第三次修正，2004年10月27日全国人大常委会第四次修正）、《全国人民代表大会组织法》（1982年12月10日全国人大通过，1982年12月10日全国人大公告公布）、《人民法院组织法》（1979年7月1日全国人大通过，1983年9月2日全国人大常委会修正，1986年12月2日全国人大常委会第二次修正，2006年10月31日全国人大常委会第三次修正）和《人民检察院组织法》（1979年7月1日全国人大通过，1983年9月2日全国人大常委会修订）。

② 2006年11月13日国务院令第479号发布。

③ 1991年4月1日国务院批准，1991年4月22日国家工商行政管理局令第6号发布。

的是,1994年的《预算法》①第8条明确规定:“国家实行中央和地方分税制。”这一规定比较清楚地宣示,分税制的建立属于全国人大的权限,分税制属于由基本法律予以规定的事项。因此,由长期以来的实践所形成的惯例是,作为一级政府基本权限的财权,划分中央政府和地方各级政府基本权限的权力,不属于国务院而属于全国人大。

二、国务院是否获得了授权

《宪法》第89条第18项规定:国务院行使“全国人民代表大会和全国人民代表大会常务委员会授予的其他职权”。既然国务院作出“分税制决定”没有宪法上的职权依据,有权作出该决定的是全国人大,那么我们就有必要考察国务院是否得到全国人大的授权。

全国人大常委会对国务院共进行过三次专门授权,即1983年的《关于授权国务院对职工退休退职办法进行部分修改和补充的决定》②,1984年的《关于授权国务院改革工商税制和发布试行有关税收条例(草案)的决定》③,以及1985年的《关于授权国务院在经济体制改革和对外开放方面可以制定暂行的规定或者条例的决定》④。其中,1983年的授权决定与本节主题无关,需要分析的是1984年的授权决定和1985年的授权决定。

全国人大常委会在1984年的授权决定中指出:“第六届全国人民代表大会常务委员会第七次会议根据国务院的建议,决定授权国务院在实施国营企业利改税和改革工商税制的过程中,拟定有关税收条例,以草案形式发布试行,再根据试行的经验加以修订,提请全国人民代表

---

① 1994年3月22日国家主席令第21号公布。
② 1983年9月2日全国人大常委会通过。
③ 1984年9月18日全国人大常委会通过。
④ 1985年4月10日全国人大通过。

大会常务委员会审议。国务院发布试行的以上税收条例草案,不适用于中外合资经营企业和外资企业。”该授权从内容上看,仅限于国营企业利改税和改革工商税制,而不包括中央和地方政府的分税制,并且需以“条例草案”形式发布,需遵循行政立法程序。实际上,国务院也是这么实施的。① 因此,根据该授权显然不能得出国务院具有作出“分税制决定”合法职权的结论。

全国人大常委会在1985年的授权决定中指出:“为了保障经济体制改革和对外开放工作的顺利进行,第六届全国人民代表大会第三次会议决定:授权国务院对于有关经济体制改革和对外开放方面的问题,必要时可以根据宪法,在同有关法律和全国人民代表大会及其常务委员会的有关决定的基本原则不相抵触的前提下,制定暂行的规定或者条例,颁布实施,并报全国人民代表大会常务委员会备案。经过实践检验,条件成熟时由全国人民代表大会或者全国人民代表大会常务委员会制定法律。”该授权的内容为经济体制改革和对外开放。尽管中央和地方政府的分税制似乎也属于经济体制改革,但按该授权的要求,国务院只能制定“暂行的规定或者条例”,即只能进行授权立法。根据当时有效的《行政法规制定程序暂行条例》②第3条的规定,“行政法规的名称为条例、规定和办法”,不能使用“决定”。并且,国务院的“分税制决定”也并非“暂行”的决定。因此,国务院作出“分税制决定”的根据显然并非该授权。

同时,我们还必须指出的是,授权的要求是授权者只能授出本来属

---

① 参见《国营企业所得税条例(草案)》(1984年9月18日国务院发布),《盐税条例(草案)》(1984年9月18日国务院发布),《资源税条例(草案)》(1984年9月18日国务院发布),以及《产品税条例(草案)》(1984年9月18日国务院发布)等。

② 1987年4月21日国务院批准,1987年4月21日国务院办公厅发布,2001年11月16日国务院令第321号废止。

于自己的权力,接受授权的主体不得再授权或者转授权。[①] 我国 2000 年的《立法法》第 10 条就规定:"授权决定应当明确授权的目的、范围。被授权机关应当严格按照授权目的和范围行使该项权力。被授权机关不得将该项权力转授给其他机关。"在我国立法实践中,也没有出现过转授权力的实例。既然分税制属于由全国人大以基本法律形式规定的事项,那么全国人大就不会授权全国人大常委会再授权给国务院,全国人大常委会无权将这种不属于自己的权力授予给国务院或者在接受授权后转授给国务院。因此,即使上述三项授权包含了授予国务院作出"分税制决定"的权力,也属于不合法的授权,不足以作为国务院作出"分税制决定"的合宪性权源依据。

根据上述分析,我们可以认为国务院作出"分税制决定"并未得到全国人大及其常委会的授权,不具有授权法上的依据。不仅如此,"分税制决定"还规定:"中央税、共享税以及地方税的立法权都要集中在中央。"这俨然是国务院对全国人大及其常委会授权。

三、政策不能作为权限依据

国务院的"分税制决定"指出:"根据党的十四届三中全会的决定……国务院决定,从一九九四年一月一日起改革现行的地方财政包干体制,对各省、自治区,直辖市以及计划单列市实行分税制财政管理体制。"由此,我们也就有必要考察党的十四届三中全会的决定是否赋予了以及能否赋予国务院作出"分税制决定"的权力。

"分税制决定"所指称的"党的十四届三中全会的决定",也就是《中共中央关于建立社会主义市场经济体制若干问题的决定》[②]。该决

---

① 参见[英]威廉·韦德:《行政法》,徐炳等译,中国大百科全书出版社 1997 年版,第 591 页。

② 1993 年 11 月 14 日中国共产党第十四届中央委员会第三次全体会议通过。

定有关分税制的内容为:"积极推进财税体制改革。近期改革的重点,一是把现行地方财政包干制改为在合理划分中央与地方事权基础上的分税制,建立中央税收和地方税收体系。维护国家权益和实施宏观调控所必需的税种列为中央税;同经济发展直接相关的主要税种列为共享税;充实地方税税种,增加地方税收收入。通过发展经济,提高效益,扩大财源,逐步提高财政收入在国民生产总值中的比重,合理确定中央财政收入和地方财政收入的比例。实行中央财政对地方的返还和转移支付的制度,以调节分配结构和地区结构,特别是扶持经济不发达地区的发展和老工业基地的改造。二是按照统一税法、公平税负、简化税制和合理分权的原则,改革和完善税收制度。推行以增值税为主体的流转税制度,对少数商品征收消费税,对大部分非商品经营继续征收营业税。在降低国有企业所得税税率,取消能源交通重点建设基金和预算调节基金的基础上,企业依法纳税,理顺国家和国有企业的利润分配关系。统一企业所得税和个人所得税,规范税率,扩大税基。开征和调整某些税种,清理税收减免,严格税收征管,堵塞税收流失。三是改进和规范复式预算制度。建立政府公共预算和国有资产经营预算,并可以根据需要建立社会保障预算和其他预算。要严格控制财政赤字。中央财政赤字不再向银行透支,而靠发行长短期国债解决。统一管理政府的国内外债务。"在这一段文字中,以及在该决定的其他文字中,都没有赋予国务院作出"分税制决定"的权力。国务院的"分税制决定"所指称的"根据党的十四届三中全会的决定……",最多只能是"分税制决定"的内容依据而不是国务院的权源依据。

根据我国现行宪政体制,中共中央是事实上的最高决策机关。我国 1993 年 3 月 29 日通过的《宪法》(修正案)第 3 条规定了党对全国各族人民的领导地位,包括全国人大和国务院在内的一切国家机关都应当坚持党的领导。但是,这并没有改变国家的一切权力来源于人民的宪政原则。也就是说，中共中央本身并没有可赋予国务院的权力，国务院的权力只能来自全国人大及其常委会。既然如此，就“分税制决定”而言，中共中央所能做的，只能是依宪将全国人大的职权调整给国务院。

在“分税制决定”前，我党还没有提出依法执政的理念，但宪法的规定却是明确的，即“本宪法……，是国家的根本法，具有最高的法律效力。……各政党……都必须以宪法为根本的活动准则，并且负有维护宪法尊严、保证宪法实施的职责”。在实践中，无论是修宪建议还是人事安排或有关重大决策，党中央一般都会按照宪法和法律的规定履行法律程序，并已基本形成宪法惯例。① 因此，即使需要把“分税制决定”权调整给国务院，党中央也会向全国人大提出授权建议，或者通过全国人大常委会党组由全国人大常委会等按《全国人民代表大会议事规则》②的规定提出议案。议案经审议通过，全国人大可授予国务院作出分税制决定的权力。也就是说，中共中央事实上的最高决策，最后仍需要完成宪法上的程序，即全国人大的授权决议。可是，我们没有任何证据表明，中共中央曾经把分税制决定权调整给了国务院。

因此，“分税制决定”所依据的党的十四届三中全会的决定，不是国务院作出这一决定的权限依据，而是作出这一决定的调整对象依据。

四、国务院是否具有法外权

前文对国务院是否具有作出“分税制决定”权的考察，是基于法律优位原则进行的。法律优位原则适用于有法可依的情形。在无法可依

---

① 参见沈少阳：《现行宪法四次修改过程的研究》，华东政法学院2005届硕士学位论文，第17页以下；梁卫华：《中国的宪法惯例研究》，《广东广播电视大学学报》2006年第1期；章志远：《宪法惯例的理论及其实践》，《江苏社会科学》2005年第10期。

② 1989年4月4日国家主席令第17号公布。

的情况下,即宪法和法律没有予以规定的情况下,就无法适用法律优位原则来解释,而应当根据法律保留原则来进行解释。① 同时,前文对国务院是否有权作出"分税制决定",是根据该决定作出前后的立法实践来分析第 62 条第 3 项和第 89 条第 4 项的。在国务院作出"分税制决定"前,分税制是否属于基本法律规定的事项,是否属于国务院对中央与地方政府间职权的"具体划分",是属于全国人大的职权还是属于国务院的职权也许仍值得争辩。也就是说,我们也许暂且可以把分税制决定权假设为一个宪法上规定不明确的问题来对待。这就为法律保留原则的适用提供了可能。

源自德国的法律保留原则在我国行政法学界已逐渐得到承认,②在立法和司法上也已经得到运用,③但我国宪法学界却有疑虑。"我国以人民代表大会制度作为根本政治制度,这一制度的核心是由人民代表大会代表人民行使国家权力。根据宪法和法律的规定,……凡属应当由最高国家权力机关行使的职权,它都有权行使。……有鉴于此,法律保留与我国政治体制有着严重的抵触。"④在公民与全国人大的关系上,基于《宪法》第 62 条第 15 项的规定,这种疑虑是负责任的。

但是,在公民与行政机关,行政机关与国家权力机关之间,以及公民与全国人大常委会之间,1982 年《宪法》却有法律保留原则的依据。《宪法》第 2 条第 1 款规定:"中华人民共和国的一切权力属于人民。"这一规定其实是主权在民原则的宣示,也是国家的制度假设即一切制

---

① 参见[德]哈特穆特·毛雷尔:《行政法学总论》,高家伟译,法律出版社 2000 年版,第 104 页。

② 参见周佑勇:《行政法基本原则研究》,武汉大学出版社 2005 年版,第 187 页。

③ 参见《立法法》第 8 条,以及海南凯立案[京(2000)一中行初字第 118 号],等等。

④ 秦前红:《中国宪法领域的法比较——方法与趋势》,《河南省政法管理干部学院学报》2007 年第 1 期。

度设计都以此为前提或逻辑起点。《宪法》接着在第2条第2款规定："人民行使国家权力的机关是全国人民代表大会和地方各级人民代表大会。"在这里,宪法区分了权力的享有者和权力的行使者,权力的享有者是人民,权力的行使者却是人民的代表机关即全国人大和地方各级人大。《宪法》第3条第1、2、3款规定:"中华人民共和国的国家机构实行民主集中制的原则";"全国人民代表大会和地方各级人民代表大会都由民主选举产生,对人民负责,受人民监督";"国家行政机关、审判机关、检察机关都由人民代表大会产生,对它负责,受它监督"。既然一切权力属于人民,代表人民行使权力的是各级人大,国家行政机关"由人民代表大会产生,对它负责,受它监督",那么人大给国家行政机关多少权力就是多少权力,人大没有给国家行政机关的权力自然为人大所保留。也就是说,在国家行政机关与国家权力机关之间,或者说在国家行政机关与人民之间,宪法上存在法律保留原则。

《宪法》第62条规定:"全国人民代表大会行使下列职权:……(十五)应当由最高国家权力机关行使的其他职权。"第67条规定:"全国人民代表大会常务委员会行使下列职权:……(二十一)全国人民代表大会授予的其他职权。"但《宪法》第89条在列举规定了国务院的17项职权后,在第18项规定:国务院行使"全国人民代表大会和全国人民代表大会常务委员会授予的其他职权"。这就在人民主权原则基础上进一步具体地说明,国务院具有哪些、什么职权应当以宪法的明确列举性规定为依据,在没有明确列举性规定的情况下应当以全国人大和全国人大常委会的授权为依据。否则,国务院就没有天然的、固有的职权,即权力为宪法和法律所保留,属于全国人大及其常委会所保留而未授出的权力。因此,最高国家行政机关与最高国家权力机关之间,是存在法律保留原则的。

根据上述分析,从宪法文本来说,即使在作出"分税制决定"时宪法没有规定此项职权,那么根据在最高国家行政机关与最高国家权力机关之间存在的法律保留原则,分税制决定权也不属于国务院,而为宪法和法律所保留,即属于全国人大及其常委会所保留而未授出的职权。也就是说,无论对《宪法》第62条第3项和第89条第4项作何种解释,国务院都不具有作出"分税制决定"的合法职权,分税制决定权属于全国人大。

当然,宪法文本上的规定还有赖于实践中的遵守和贯彻。1954年《宪法》第2条也规定了人民主权原则。1954年《宪法》没有规定国务院和地方各级人民委员会所属工作机构及其派出机构的组织法制定权属于谁。1954年全国人大常委会通过了《公安派出所组织条例》①,就说明了法律保留原则的贯彻。但是,1956年国务院批准《地方各级人民委员会计划委员会暂行组织通则》②和《中华人民共和国劳动部组织简则》③,等等,就没有坚持法律保留原则。对宪法的轻视,导致了人民的悲哀。我们今天讨论分税制决定权的主体,意义就在于贯彻宪法的规定。

五、全国人大的追认是否合适

从司法实践来看,一个没有适用任何法律依据或者没有指明法律规定的具体条款项的行政行为,属于适用法律错误的行为。④ 当然,如果一个行政行为确有法律依据,只是文书中未予以引用具体的条款项,并且不影响相对人合法权益的,司法上也可以认定为不属于适用法律错误。⑤ 但是,国务院作出"分税制决定"既没有宪法上的职权依据也

---

① 1954年12月31日全国人大常委会通过,2009年6月27日国家主席令第16号废止。

② 1956年2月18日国务院常务会议批准。

③ 1956年9月17日国务院常务会议批准,1956年10月18日劳动部发布。

④ 参见路世伟案[最典行2002—3]和任建国案[最典行1993—3]。

⑤ 参见赵立新案[最参行第12号]。

没有授权法上的依据，这种状况如何改变呢？

1994 年的《预算法》第 8 条规定："国家实行中央和地方分税制。"该法第 78 条又授权"国务院根据本法制定实施条例"。国务院的《预算法实施条例》①第 6 条规定："预算法第 8 条所称'中央和地方分税制'，是指在划分中央与地方事权的基础上，确定中央与地方财政支出范围，并按税种划分中央与地方预算收入的财政管理体制。分税制财政管理体制的具体内容和实施办法，按照国务院的有关规定执行。"由于《预算法实施条例》第 6 条所称的规定"分税制财政管理体制的具体内容和实施办法"的"国务院的有关规定"已经先于《预算法》第 8 条的规定及其第 78 条的授权而存在，《预算法》的分税制规定也就只能是对该国务院"分税制决定"的一种追认或确认。对此，财政部长刘仲藜在向全国人大所作的《关于〈中华人民共和国预算法（草案）〉的说明》中说得很明白。他说："根据党的十四届三中全会决定的精神，国务院已经决定，自 1994 财政年度起实行中央和地方分税制。因此，草案第八条规定：'国家实行中央和地方分税制。'"②并且，在这里他还用"因此"来表达国务院的"分税制决定"与《预算法》之间的因果联系。可以认为，《预算法》中的分税制规定是对国务院作出"分税制决定"职权依据瑕疵的一种弥补，而不是授权国务院进行分税制改革。

全国人大对国务院"分税制决定"之所以进行追认或确认，如果说是因为国务院的强势和全国人大的弱势，那似乎是一种非职业的解释。其实，对法律本来就有创造生活和确认生活两种不同的认识和实践。

---

① 1995 年 11 月 2 日国务院令第 186 号发布。

② 刘仲藜：《关于〈中华人民共和国预算法（草案）〉的说明——1994 年 3 月 15 日在第八届全国人民代表大会第二次会议上》，载 http://www. npc. gov. cn/wxzl/gongbao/2001—01/02/content_5003134. htm，最后访问日期：2013 年 10 月 5 日。

前者是指通过立法设计新的制度来推行改革，后者是指通过立法来确认已得到稳定的社会关系。[①] 就法治的一般要求而言，对国家生活应当由法律来创造，对社会生活应当由法律予以确认。也就是，对国家的改革应当通过立法来设计新的制度予以推行，对社会关系的自然发展则可通过立法予以确认。

当然，法律创造国家生活有成功的（如《行政处罚法》《行政许可法》等），也有失败的。失败的例子如《公路法》[②]关于养路费改为燃油税的规定。1997 年的《公路法》第 36 条第 1 款规定："公路养路费用采取征收燃油附加费的办法。……具体实施办法和步骤由国务院规定。"该条授权国务院对养路费进行改革，但到 1999 年为止国务院并没有改革。1999 年，全国人大常委会决定将其修改为"国家采用依法征税的办法筹集公路养护资金，具体实施办法和步骤由国务院规定"。2000 年《国务院批转财政部、国家计委等部门〈交通和车辆税费改革实施方案〉的通知》[③]，并没有燃油税改革措施。直到 2008 年 12 月，国务院才出台《关于实施成品油价格和税费改革的通知》[④]，进行了部分改革。对此，2006 年国务院法制办的解释是，"2000 年时，考虑国际市场原油价格较高、波动较大，为稳定国内油品市场，国务院决定分步实施交通和车辆税费改革。第一步，从 2001 年 1 月 1 日起，先行开征车辆购置税取代车辆购置附加费；第二步，根据国际市场原油价格变动情况，由国务院择机出台燃油税。近年来，国际市场油价持续大

---

① 参加［奥］埃利希：《法社会学原理》，舒国滢译，中国大百科全书出版社 2009 年版，第 199、251、257、484 页。

② 1997 年 7 月 3 日国家主席令第 86 号发布，1999 年 10 月 31 日国家主席令第 25 号修正，2004 年 8 月 28 日国家主席令第 19 号第二次修正。

③ 2000 年 10 月 22 日，国发［2000］34 号。

④ 2008 年 12 月 18 日国务院发布，国发［2008］37 号。

幅度上涨，并一直处于高位运行，燃油价格很不稳定，我国成品油价格也有了大幅度提高。在此情况下，没有推出燃油税改革的具体实施办法”。[①] 不论该解释是否可以得到完全接受，但也在一定程度上说明法律的出台、实施需要客观条件的成就。正是由于客观条件未完全成就，国务院长期未按法律授权进行改革，养路费的继续征收被指违法，甚至路政部门也被诉至法院。[②] 法律创造国家生活的失败，是对法治的损害，只留下了“官僚研磨机发出的嘈杂的咯咯声响”。[③] 这也说明，“只有通过创造法的事实，法条才起作用”。[④]

有时，尤其在革命和改革试点成功之初，法律也确认国家生活，如我国《宪法》“序言”所声明的那样。“法条更多的只是对既成的事实的一种组构，而不是对它的一种根本改造。”“法学根据对法律生活事实的感知及对这种感知结果的一般化来创制法条。”[⑤]但对国家生活而非社会生活来说，还是应当用法律来创造而不应用法律来确认。为了避免类似于《公路法》燃油税改革的失败，对分税制改革可以先由全国人大作出授权国务院改革的决定，由国务院进行改革，必要时再由全国人大通过改革方案或制定为法律。因此，我们可以认为，全国人大对国务院的“分税制决定”进行确认并不完全合适。

---

① 《全国人大常委会法制工作委员会、国务院法制办公室负责人就交通税费改革进展和公路养路费的征收等问题答记者问》，《人民日报》2006 年 11 月 24 日，第 6 版。

② 参见周泽：《养路费：最近六年都是违法征收》，《检察日报》2006 年 8 月 23 日，第 6 版；《法律专家上书全国人大建议问责养路费》，《中国青年报》2006 年 10 月 31 日，第 7 版；阳思齐等：《律师告路政，索要养路费》，《新京报》2006 年 12 月 19 日，第 A13 版。

③ ［奥］埃利希：《法社会学原理》，舒国滢译，中国大百科全书出版社 2009 年版，第 404 页。

④ 同上书，第 257 页。

⑤ 同上书，第 251、396 页。

六、追问分税制决定权的意义

（一）法治理念的现实状况

根据上文的分析，国务院作出"分税制决定"并没有宪法和授权法上的职权依据，全国人大的追认也并不合适。那么，为什么在改革开放之初的20世纪80年代，国务院在没有明确的职权依据时会有全国人大常委会的三次授权，而法制建设推进到1993年时反而不取得授权、进行事后的追认呢？是国家权力机关随着社会的发展比国家行政机关更弱势了吗？

其实，中央与地方的财权分配，在1982年《宪法》之前也是由国务院决定的。1980年《国务院关于实行"划分收支、分级包干"财政管理体制的通知》①指出："为了贯彻落实党的十二届三中全会《关于经济体制改革的决定》，适应逐步实现四个现代化的需要，国务院决定，从一九八五年起，实行'划分税种、核定收支、分级包干'的财政管理体制。"国务院《关于实行"划分税种、核定收支、分级包干"财政管理体制的规定》②，对中央和地方的财权作了具体规定。于是，1993年在改革这种"财政包干"体制、建立分税制时，国务院自然就当仁不让了。按照我们现在的法治认识，这种做法所体现的是一种先有行政后有法律的理念，而先于法律存在的行政只能是一种随意行政并非法律行政。③ 同时，它还体现了政府与公众之间的关系需要由法律来调整，政府内部的关系可以由国务院自行决定的理念，即还固守着德国法上的特别权力关系理念。

---

① 1980年2月1日国务院国发［1980］33号发布，1986年7月25日国务院国发［1986］82号废止。

② 1985年3月21日国务院国发［1985］42号发布，2008年1月15日国务院令第516号废止。

③ 参见［日］藤田宙靖：《行政与法》，李贵连等译，《中外法学》1996年第3期。

全国人大通过制定《预算法》对分税制作出规定，是否只是无奈的追认？如果确实无奈，那么全国人大就完全可以置若罔闻。但这种追认是否可以看作是全国人大对《中共中央关于建立社会主义市场经济体制若干问题的决定》独立自主的贯彻执行或法律化，是否就意味着全国人大依法治国的观念已经强化到了要回自己的职权的程度？实际上，《预算法》本身并非全国人大直接起草，而是由国务院起草后提交全国人大通过的。刘仲藜代表国务院向全国人大所作的《关于〈中华人民共和国预算法（草案）〉的说明》，在阐述了分税制的意义后指出："根据党的十四届三中全会决定的精神，国务院已经决定，自1994财政年度起实行中央和地方分税制。因此，草案第八条规定：'国家实行中央和地方分税制。'草案第三章按照分税制的原则规定了预算收支范围，同时明确：'中央预算与地方预算有关收入和支出项目的划分、地方向中央上解收入、中央对地方返还或者给予补助的具体办法，由国务院规定。'（草案第21条）分税制的具体内容，法律中不宜作详细规定，由国务院根据情况的发展变化进一步加以明确。"①最后通过的法律文本，只是在第21条的"由国务院规定"后，加上了"报全国人民代表大会常务委员会备案"。由此可见，在《预算法》中规定分税制，主要是国务院的意思，但同时也是全国人大的意愿。国务院需要把自己的决定合宪化，最高国家权力机关则挽回了"备案"权这一最起码的尊严。因此，《预算法》对国务院"分税制决定"的确认，也是国务院和全国人大法治理念共同进步和博弈的体现。

（二）地方政府的作用空间

根据现行宪政的安排，国务院对地方政府具有领导权，地方政府对国务院具有服从义务；地方国家权力机关对行政法规具有遵守义务，以

---

① 刘仲藜：《关于〈中华人民共和国预算法（草案）〉的说明》。

及保证行政法规在本行政区域内得到遵守和执行的义务。基于此，在"分税制决定"由国务院作出的情况下，地方政府对如何分税即使具有讨价还价的实力，①在法律上也是没有作用空间的，没有与中央政府进行讨价还价的余地。

如果分税制由全国人大来决定，情况就不同了。除了个别界别代表团外，全国人大的代表团实际上都是按省、自治区和直辖市行政区域来组织的。根据《全国人民代表大会组织法》第10、15—18条的规定，"一个代表团或者三十名以上的代表，可以向全国人民代表大会提出属于全国人民代表大会职权范围内的议案"；全国人大三个以上的代表团或者十分之一以上的代表，可以提出对于全国人大常委会的组成人员，中华人民共和国主席、副主席，国务院等组成人员的罢免案，由主席团提请大会审议；"在全国人民代表大会会议期间，一个代表团或者三十名以上的代表，可以书面提出对国务院和国务院各部、各委员会的质询案，由主席团决定交受质询机关书面答复，或者由受质询机关的领导人在主席团会议上或者有关的专门委员会会议上或者有关的代表团会议上口头答复"；"在全国人民代表大会审议议案的时候，代表可以向有关国家机关提出询问，由有关机关派人在代表小组或者代表团会议上进行说明"；"全国人民代表大会会议进行选举和通过议案，由主席团决定采用无记名投票方式或者举手表决方式或者其它方式"。因此，无论事实上如何，地方在法律上对于全国人大如何分税就具有广泛的作用空间，宪法本身也就成了一种程序和协调机制，②从而避免事后

---

① 参见宋兴义：《分税制改革后我国中央和地方政府间财政分配关系走向分析》，《内蒙古社会科学（汉文版）》2005年第2期。

② 参见季卫东：《宪政新论》，北京大学出版社2002年版，第159页；[美]P. C. 奥德舒克：《立宪原则的比较研究》，程洁译，载刘军宁等：《市场社会与公共秩序》，三联书店1996年版，第98页。

的矛盾和争议。

总之,如果完全按宪法的规定来设计分税制,地方政府的税收和财政主体地位将明显增强。也许,按宪法通过全国人大来设计分税制和规定地方政府的财权,不一定会导致与国务院作出决定不同的结果,但却给了地方一个发挥作用的机会,民主和法治可以得到验证。

(三)改革决策的合宪性论证

我国在中央与地方关系上的改革,在 1993 年国务院"分税制决定"以前,主要是中央向地方放权,具体表现为 1980 年的财税权下放,1982 年的部分立法权下放,以及 1984 年的投资决策权下放。这也是中国改革成功的基础。① 但 1993 年国务院的"分税制决定"改变了这种改革趋势,到目前发展成为垂直风起、督察和直管云涌。② 对上述改革以及经济体制的其他改革,肯定作过必要性和合理性的论证,但是否作过合宪性或合法性论证却值得怀疑。我们在今天来讨论一个已经被追认的国务院决定,目的不在追究责任,而是希望在今后的改革决策前应当有严密的合宪性论证,以避免"决策"失误或违宪。经济改革的合宪性论证,是一种宪法经济学研究。宪法经济分析是"试图对约束经济行为者和政治行为者的选择与活动的不同法律——制度——宪法规则的运转性质作出解释,这些规则界定了某种结构,在这一结构内,经济行为者和政治行为者作出普通的选择"。③ 作者之所以选择国务院的"分税制决定"在宪法上加以分析,最终目的"在于为政策问题的讨论出谋献策"。④ 改革开放是我国的长期国策,经济建设是我国社会主

① 参见甘阳:《地方经济分权奠定中国改革成功基础》,《21 世纪经济报道》2005 年 7 月 4 日,第 34 版。

② 参见何忠洲等:《"垂直管理"进行时》,《中国新闻周刊》2006 年 11 月 27 日。

③ [美]詹姆斯·M. 布坎南:《宪法经济学》,载刘军宁等编:《市场社会与公共秩序》,三联书店 1996 年版,第 334 页。

④ 同上书,第 333 页。

义事业的工作中心。国务院的"分税制决定"只是我们运用法律优位和法律保留原则对宪法进行解释的一个样本,只是宪法关注经济建设的一个初步分析。作者相信,本节中所运用的研究方法对分析其他经济体制改革决策中的同类样本,并逐步形成经济宪法学或宪法经济学,具有一定的理论意义。作者之所以选择这一是否合宪有疑问的"分税制决定"进行宪法分析,是因为宪法经济学的"研究对象是各种规则,因此,宪法经济学家对于那些在已定的规则内行事的政治行为是提不出什么政策建议"的。①

(四)抽象行为合法性的分析方法

本节的研究方法不是一种立法论而是一种解释论,是以现行宪法和法律的规定为前提的。也就是说,本节的研究并非以宪法的修改为诉求,而是运用现行宪法的规定对分税制决定的解释性分析。之所以解释宪法而非建构宪法,是因为如果现行宪法能够释放出解决问题的功能就没有必要建构宪法,建构宪法毕竟需要更大的政治成本和更多的社会动员。解释宪法的方法很多,本节所采用的解释框架则是法律优位原则(或法律支配主义)和法律保留原则。法律优位原则是指法律对行政的绝对支配。它既是一个行政法原则,根据《宪法》"序言"和第5条第2、3、4款的规定,也是一个宪法原则。同样,法律保留原则既是一个行政法原则又是一个宪法原则。② 法律优位和法律保留原则的功能就是解决国家行政的合宪性和合法性。本节在进行这种解释时,对国务院是否具有作出"分税制决定"权,基于法不溯及既往的原则,是以当时有效的宪法和法律为依据的。本节的上述解释性研究以中央

---

① [美]詹姆斯·M.布坎南:《宪法经济学》,载刘军宁等编:《市场社会与公共秩序》,三联书店1996年版,第334页。

② 参见陈新民:《行政法学总论》,台湾三民书局2002年版,第68页;于安:《德国行政法》,清华大学出版社1999年版,第25页。

和地方的财政分权或分税制的必要性为假设，但研究目标不是讨论分配比例的合理性以及确定合理比例的标准，而是讨论国务院是否有权作出“分税制决定”、谁有权作出“分税制决定”，从而提供一种运用合法性要件讨论抽象行政行为合法性的分析方法和框架。

本节小结

在现行宪法框架下，国务院不具有作出“分税制决定”的权限，分税制决定权属于全国人大，全国人大对国务院的“分税制决定”予以事后确认并不合适；在全国人大及其常委会作出分税制决议的情况下，地方政府对于分税制问题具有法律上的作用空间；国务院作出“分税制决定”和全国人大予以追认，说明了我国当时的依法治国现实状况，以及在作出改革决策前进行合宪性和合法性论证的必要性。抽象行政行为的合法性分析，属于法解释学的范畴，应以现行宪法和法律的规定为前提。“分税制决定”属于超越权限的分析，只是运用合法性要件分析抽象行政行为的一个样本。

第二节　部门规则不能规定应急征用补偿*

突发事件频繁以及《突发事件应对法》①的出台，激发了地方政府和有关部门对突发事件应对法制建设的热情。在引发争议的四川省法制办公布《四川省突发事件应对办法（送审稿草案）》②前，上海市经济和信息化委员会发布了《上海市公共信息系统突发事件处置

---

* 本节曾作为阶段性成果，以《规则抄袭或细化的法解释学分析——部门规则规定应急征用补偿研讨》为题，发表于《法学研究》2011年第6期。现略有修改。

① 2007年8月30日国家主席令第69号公布。

② 2010年9月28日四川省法制办发布。

办法》①。该办法第22条(资源调配)第1款规定:"发生重大、特别重大公共信息系统突发事件时,由市经济信息化委紧急调配和征用处置工作所需的网络设备、软件产品等相关资源。"第2款规定:"应急处置结束后,发生公共信息系统突发事件的运营、使用单位应当及时返还上述网络设备、软件产品等相关资源,并向市经济信息化委报送返还物品清单和交割单。"第3款规定:"相关设备被征用或者因征用而毁损、灭失的,市经济信息化委或者相关主管部门应当予以补偿。"第4款规定:"上述网络设备、软件产品等相关资源所属单位和个人应当予以配合,及时满足市经济信息化委的调配、征用要求。"该条条标虽然被定为"资源调配",但在内容上却是对私有财产的应急征用。这些应急征用规则,导致了公众的担忧和不安;②上海市经济和信息化委员会对应急征用的规定,向法学界提出了政府部门能不能制定应急征用规则,以及如何认识普遍存在的抄袭或细化上位规则的问题。为此,有必要运用抽象行政行为的合法性要件予以讨论。

一、政府部门无权创制应急征用规则

《宪法》(修正案)第22条③第3款规定:"国家为了公共利益的需要,可以依照法律规定对公民的私有财产实行征收或者征用并给予补偿。"这里的"法律",对征收来说仅限于狭义的法律,即全国人大或全国人大常委会制定的法律。这是因为,《立法法》第8条明文规定,"对非国有财产的征收""只能制定法律"。该条所规定的所谓"只能制定

---

① 2010年8月25日上海市经济和信息化委员会沪经信法[2010]493号发布。

② 参见叶建平等:《"应急征用"会否沦为"公权滥用"——四川拟规定"突发事件可征用个人财产"引发质疑》,载 http://news.xinhuanet.com/politics/2010—10/13/c_13555516.htm,最后访问日期:2011年6月6日。

③ 2004年3月14日全国人大通过。

法律”，即为全国人大及其常委会的专属立法权，不与任何其他国家机关分享。只有根据该法第9条的规定，即“本法第八条规定的事项尚未制定法律的，全国人民代表大会及其常务委员会有权作出决定，授权国务院可以根据实际需要，对其中的部分事项先制定行政法规，但是有关犯罪和刑罚、对公民政治权利的剥夺和限制人身自由的强制措施和处罚、司法制度等事项除外”，国务院才可以依授权创制有关征收等的行政法规。国务院制定《国有土地上房屋征收与补偿条例》①，正是基于《全国人民代表大会常务委员会关于修改〈中华人民共和国城市房地产管理法〉的决定》②的授权。③ 如果征收制度非由法律创制，或者非经全国人大及其常委会的授权创制，则可构成或被质疑违宪。“北大五学者”质疑《城市房屋拆迁管理条例》违宪并请求全国人大常委会审查，④正是基于上述规定和法理。

征用虽然也是对私人财产的严重干涉，但毕竟不同于征收。⑤ 从《立法法》第8条有关征收必须由法律规定的条款，直接推导出宪法修正案中征用的“法律”也是狭义的法律，⑥尽管似乎略有牵强、稍嫌严谨不足，但结论却是成立的。

---

① 2011年1月21日国务院令第590号发布。

② 2007年8月30日国家主席令第72号公布。

③ 该决定规定：“为了公共利益的需要，国家可以征收国有土地上单位和个人的房屋，并依法给予拆迁补偿，维护被征收人的合法权益；征收个人住宅的，还应当保障被征收人的居住条件。具体办法由国务院规定。”

④ 参见沈岿、王锡锌、陈端洪、钱明星、姜明安：《关于对〈城市房屋拆迁管理条例〉进行审查的建议》，载 http://npc.people.com.cn/GB/14840/10553850.html，最后访问日期：2011年6月9日。

⑤ 参见胡康生主编：《中华人民共和国物权法释义》，法律出版社2007年版，第107页。

⑥ 参见万学忠等：《马怀德：地方立法不宜涉及行政征用》，《法制日报》2010年10月12日，第6版。

对法律、法规和规章中的“法律”是不是狭义的法律,我国有权解释的机关一直坚守着条文本身“最自然、明显、正常和常用的意义”①这一文义解释规则。《行政诉讼法》第12条规定:“人民法院不受理公民、法人或者其他组织对下列事项提起的诉讼:……(四)法律规定由行政机关最终裁决的具体行政行为。”1991年的“最高法院贯彻行政诉讼法意见”第3条第1款就解释称:“行政诉讼法第12条第(四)项规定‘法律规定由行政机关最终裁决的具体行政行为’中的‘法律’,是指全国人民代表大会及其常务委员会依照立法程序制定、通过和颁布的规范性文件。”该条第2款进一步指出:“法规或者规章规定行政机关对某些事项可以作‘最终裁决’,而公民、法人或者其他组织不服行政机关依据这些法规或者规章作出的‘最终裁决’,依法向人民法院提起诉讼的,人民法院应予受理。”上述对法律的解释,并没有违背《行政诉讼法》第12条的目的以及行政诉讼的价值目标,因而不仅为司法所实践,也为立法所肯定。此后制定的法规和规章并没有寻求突破,没有再规定“最终裁决”。必要的“最终裁决”,会通过法律加以规定。也基于此,《行政复议法》第30条第2款、第14条规定了“最终裁决”。上述对法律的解释,在1999年的“行政诉讼法若干问题解释”第5条中得以遵循,即“行政诉讼法第十二条第(四)项规定的‘法律规定由行政机关最终裁决的具体行政行为’中的‘法律’,是指全国人民代表大会及其常务委员会制定、通过的规范性文件”。

在《立法法》生效后,根据该法第42条的规定,法律的解释主体是全国人大常委会。同时,该法第55条规定:“全国人民代表大会常务委员会工作机构可以对有关具体问题的法律询问进行研究予以答复,并

---

① 陈弘毅:《当代西方法律解释学初探》,载梁治平编:《法律解释问题》,法律出版社1999年版,第5页。

报常务委员会备案。”目前，负责此项工作的是全国人大常委会法工委。法律解释并不是可以任意妄为的，而有文义解释、体系解释、历史解释、目的解释和合宪性解释之法律解释方法的约束。① 从已有的询问答复来看，它尽管具有历史解释和目的解释的优势和可能，但仍以文义解释为主。针对地方人大能否根据国务院的《企业劳动争议处理条例》②制定有关劳动争议仲裁的地方性法规，2004 年 10 月 22 日全国人大常委会法工委答复称：“根据《中华人民共和国立法法》第八条的规定，仲裁制度是全国人民代表大会及其常务委员会的专属立法权。因此，地方性法规不能规定仲裁制度。”历史解释和目的解释，在全国人大常委会法工委的答复中最多只作为文义解释的辅助功能。针对《行政许可法》第十五条第一款规定的“尚未制定法律、行政法规的，地方性法规可以设定行政许可”，2004 年 12 月 24 日全国人大常委会法工委答复称：“这一规定应当理解为，在尚未制定法律、行政法规的情况下，也就是无上位法依据时，地方性法规可以设定行政许可。如果某一领域或者某一事项制定了法律、行政法规，但法律、行政法规没有设定行政许可的，或者对该领域内某一事项未设定行政许可的，地方性法规不得设定行政许可。”针对行政处罚的细化规定，2003 年 7 月 14 日全国人大常委会法工委答复称，“地方性法规在对一法律规定的行政处罚予以具体化时，应当在法律规定的行为、种类和幅度内作出规定，不能增加新的行为和种类”。上述两则解释可以从法律条文本身推导而得，但也可以说结合考虑了《行政许可法》限制滥设行政许可，《行政处罚法》限制滥设行政处罚的目的。全国人大常委会法工委的答复在文

① 参见[德]阿图尔·考夫曼、温弗里德·哈斯莫尔主编：《当代法哲学和法律理论导论》，郑永流译，法律出版社 2002 年版，第 283 页。

② 1993 年 7 月 6 日国务院令第 117 号发布，2011 年 1 月 8 日国务院令第 588 号废止。

义解释不可能时，也作过为数不多的体系解释。针对法院是否可以基于《民事诉讼法》①第65条第1款“人民法院有权向有关单位和个人调查取证，有关单位和个人不得拒绝”的规定检查移动通信用户通信资料的问题，2004年4月9日全国人大常委会法工委肯定了湖南省人大常委会法工委的意见，认为通信检查应严格限定在《宪法》第40条所确立的条件范围内，即基于国家安全或者追查刑事犯罪的需要由公安机关或检察机关依照法律规定的程序实施，而不能扩大到法院在民事诉讼中的调查取证。针对《矿产资源法》②第36条，2005年3月25日全国人大常委会法工委答复指出：“对该矿区范围内已依法取得采矿许可证的个体矿山企业应如何处理，该条未作规定”；同时指出应当根据《行政许可法》第8条的规定给予补偿。当文义解释和体系解释都不可及时，全国人大常委会法工委的答复没有尝试历史解释和目的解释来寻求突破条文意义和逻辑体系所包含的意思。2004年8月20日针对《城市房地产管理法》③的答复指出：“关于人民防空工程设施的登记问题，如属不动产产权登记，则涉及民事法律基本制度。此外，这个问题比较复杂，各地情况也不完全一致，尚需中央有关部门统一研究解决，以不在地方性法规中规定为宜。”针对地方组织法，2005年8月23日全国人大常委会法工委答复指出：“关于在街道设立城市区级人大派出机构的问题，还需认真、慎重研究。”也就是说，在文义解释—体系解释—历史解释—目的解释—合宪性解释的法律解释方法序列中，④全国人大常委会法工委只选用了第一、二位的解释方法，严格地

---

① 1991年4月9日全国人大通过，2007年10月29日全国人大常委会第一次修正，2012年8月31日全国人大常委会第二次修正。

② 1986年3月19日全国人大常委会通过，1996年8月29日全国人大常委会修正。

③ 1994年7月5日全国人大常委会通过，2007年8月30日全国人大常委会修正。

④ 参见苏彩霞：《刑法解释方法的位阶与运用》，《中国法学》2008年第5期。

遵循了法律解释规则，并已经成为其答复的一项原则或惯例。当然，由于我国的法律解释还处于起步阶段，全国人大常委会法工委目前没有运用历史解释和目的解释进行答复，并不构成像英国法官进行法律解释那样的“排他性规则”。① 我们也并不否认文义解释和体系解释的缺陷。② 我们只是要表明，如果目前要向全国人大常委会法工委询问《宪法》（修正案）中有关征用的“法律”外延，那么可以肯定它也会严格地限定在不会被称为法规、规章的全国人大及其常委会所制定的法律上。

基于上述分析，从法律解释学上说，宪法修正案中有关征用的“法律”，被解释为狭义法律的概率大大超过包括法规和规章的广义法律，可被解释为广义法律的概率几乎可以忽略不计。甚至在“依据立法原意”的释义者看来，③该“法律”作为狭义的法律根本不致引发争议，因而无需作出解释。④

根据《立法法》的规定，政府部门无权制定法律。即使是国务院的各主管部门，也仅具有制定规章的权力。既然征用需要由法律加以规定，那么上至国务院下至县级政府的所属各职能部门，都没有创制应急征用制度的权力。上海市经济和信息化委员会不具有法律的制定权，所制定的《上海市公共信息系统突发事件处置办法》并非法律，因而不具有征用私人财产的制度创设权。否则，就违反了《宪法》（修正案）第22条第3款的规定。

---

① 参见［比］R. C. 范·卡内冈：《法官、立法者与法学教授》，薛张敏敏译，北京大学出版社2006年版，第17页。

② 参见苏力：《解释的难题：对几种法律文本解释方法的追问》，《中国社会科学》1997年第4期。

③ 李飞主编：《〈中华人民共和国突发事件应对法〉释义及实用指南》，中国民主法制出版社2007年版，“前言”。

④ 同上书，第87页。

二、政府部门无权细化应急征用条款

《上海市公共信息系统突发事件处置办法》其实并非创设,而是对《突发事件应对法》规定的应急征用条款的细化。《突发事件应对法》针对突发事件的应对,根据《宪法》(修正案)和《物权法》①第44条的规定,②创设了应急征用制度。该法第52条第1款规定:"履行统一领导职责或者组织处置突发事件的人民政府,必要时可以向单位和个人征用应急救援所需设备、设施、场地、交通工具和其他物资,请求其他地方人民政府提供人力、物力、财力或者技术支援,要求生产、供应生活必需品和应急救援物资的企业组织生产、保证供给,要求提供医疗、交通等公共服务的组织提供相应的服务。"征用与补偿是"唇齿条款",③即有征用必有补偿。否则,构成违宪。为此,该法第12条规定:"……财产被征用或者征用后毁损、灭失的,应当给予补偿。"第61条第2款进一步规定:"受突发事件影响地区的人民政府应当根据本地区遭受损失的情况,制定救助、补偿、抚慰、抚恤、安置等善后工作计划并组织实施,妥善解决因处置突发事件引发的矛盾和纠纷。"那么,上海市经济和信息化委员会是不是有权对《突发事件应对法》中的应急征用条款予以细化呢?

职权法定是国家公权力必须遵循的原则。我国《行政处罚法》第9—14、15条,《行政许可法》第4条等规定体现了这个原则。全国人大

---

① 2007年3月16日国家主席令第62号发布。

② 参见李飞主编:《〈中华人民共和国突发事件应对法〉释义及实用指南》,中国民主法制出版社2007年版,第87页。

③ 参见李震山:《论行政损失补偿责任》,载台湾行政法学会主编:《损失补偿、行政程序法》,台湾元照出版有限公司2005年版,第137页。

常委会法工委2007年1月26日关于“如何执行《中华人民共和国道路交通安全法》第一百零三条的规定”，2006年12月29日关于“上级人大或政府是否有权将下级行政机关的职权上收”，2005年1月17日关于“上路行驶的机动车排气污染超标能否设定行政处罚”，2004年8月4日关于“《中华人民共和国渔业法》第三十八条应如何适用”和2004年10月22日关于“地方能否就人事争议仲裁进行立法”等一系列答复，也都坚持了这个原则。基于这一原则，上海市经济和信息化委员会要细化《突发事件应对法》中的应急征用条款，就必须具有细化的权限。上海市经济和信息化委员会作为上海市政府的职能部门，对法律所规定的应急征用条款是否具有细化的权限，不仅仅要看“三定方案”等组织规则上有关主管信息化工作的依据，还要看行为法上是否具有细化应急征用条款的权限。对此，本文拟把突发事件中的征用行为，分解为征用行为和突发事件应对行为两方面来分析。

在有关突发事件应对行为上，《突发事件应对法》第17条第2款规定：“地方各级人民政府和县级以上地方各级人民政府有关部门根据有关法律、法规、规章、上级人民政府及其有关部门的应急预案以及本地区的实际情况，制定相应的突发事件应急预案。”根据这一规定，地方政府的职能部门可以制定突发事件应对预案。应对预案的内容，当然可以包括征用私人财产，如在什么条件下征用私人财产，如何征用私人财产，由谁来征用私人财产，事后如何归还财产和补偿，对财产损害的赔偿，以及对不及时归还被征用财产或对被征用财产不按规定给予补偿的责任人员的责任追究等。但是，突发事件应对预案和征用制度是两回事。《突发事件应对法》赋予地方政府职能部门具有制定应对预案的权限，并不意味着也赋予其对应急征用条款予以细化的权限。

在有关征用行为上，《突发事件应对法》第52条没有设置委任性规则，[①]即没有授权地方政府的职能部门制定，甚至没有授权地方政府制定应急征用条款的具体实施办法。

在《突发事件应对法》没有授权地方政府的职能部门制定或细化应急征用条款的情况下，地方政府的职能部门能否依据该法的应急征用条款制定细化规则呢？我们在此暂且不按有争议的法律保留原理，[②]无法律即无行政作讨论。地方政府职能部门要细化对法律的规定，必须针对自己所具有的权限加以规范。也就是说，公安机关有权实施行政拘留，才能制定规范行政拘留实施的规则。它不具有吊销企业营业执照的职权，就不能制定规范吊销企业营业执照的规则，否则就缺乏调整对象或构成越权。

《突发事件应对法》第 12 条规定："有关人民政府及其部门为应对突发事件，可以征用单位和个人的财产。被征用的财产在使用完毕或者突发事件应急处置工作结束后，应当及时返还。财产被征用或者征用后毁损、灭失的，应当给予补偿。"根据这一规定，上海市经济和信息化委员会等政府部门似乎具有征用权。但该法第 52 条第 1 款却规定："履行统一领导职责或者组织处置突发事件的人民政府，必要时可以向单位和个人征用应急救援所需设备、设施、场地、交通工具和其他物资……"该规定把突发事件中的征用权赋予"人民政府"，并且必须是"履行统一领导职责或者组织处置突发事件的"人民政府，而没有把征用权赋予政府部门。政府部门最多具有按应急预案向所在政府提出征用的请求权，以及为实施政府所作应急征用决定而进行"组

① 参见沈宗灵主编：《法理学》，高等教育出版社 1994 年版，第 39 页；[奥]凯尔森：《纯粹法理论》，张书友译，中国法制出版社 2008 年版，第 98 页。

② 参见叶必丰：《经济宪法学研究的尝试：分税制决定权的宪法解释》，《上海交通大学学报》(哲社版)2007 年第 6 期。

织、指挥、协调、监管，确保整个应急处置过程的有序进行”。[①] 就上海市而言，征用权在上海市政府而不在上海市经济和信息化委员会等职能部门。

在上述两个条款存在不一致的情况下，如何确定政府职能部门是否具有应急征用权呢？从《突发事件应对法》的结构上看，第 12 条属于第一章总则中的条款，第 52 条属于第四章应急处置与救援中的条款，是一般规则与特殊规则之间的关系。基于特别规则优先于一般规则的法律适用原则，我们自然应当适用第 52 条的规定，即政府部门不具有应急征用权。有的学者不分析这两个条文之间的关系，就得出政府部门也具有应急征用权的结论，[②]等于为政府部门细化应急征用条款提供了伪证。

突发事件包括突发的传染病、地震、洪水、火灾和国防动员等事件。在《突发事件应对法》之前我国已经专门制定了《传染病防治法》[③]《防洪法》[④]《消防法》[⑤]和《防震减灾法》[⑥]等法律，之后我国又制定了《国防动员法》[⑦]、修订了《消防法》等。《突发事件应对法》是关于突发事件应对的一般法、普通法，《传染病防治法》《防震减灾法》《防洪法》《国防动员法》和《消防法》等法律则是突发事件应对的特别法。尽管

---

① 李飞主编：《〈中华人民共和国突发事件应对法〉释义及实用指南》，中国民主法制出版社 2007 年版，第 207 页。

② 参见党雷：《突发事件应对中的行政征用补偿制度研究》，《法治研究》2010 年第 2 期。

③ 1989 年 2 月 21 日全国人大常委会通过，2004 年 8 月 28 日全国人大常委会修订。

④ 1997 年 8 月 29 日全国人大常委会通过，2008 年 10 月 28 日全国人大常委会修订。

⑤ 1998 年 4 月 29 日全国人大常委会通过，2008 年 10 月 28 日全国人大常委会修订。

⑥ 1997 年 12 月 29 日国家主席令第 94 号公布。

⑦ 2010 年 2 月 26 日国家主席令第 25 号公布。

特别法优先于普通法是一项法律适用原则，但为了明确起见，普通法仍需要设置准予单行法作为特别法优先适用的规则，[1]即设置准用性规则。所谓“准用性规则，即并未规定具体行为规则，而规定参照、援用其他法律条文或法规的规则”。[2] 它所指向的规则，可以是同一部法律、法规或规章中的另一条款，也可以是其他法律、法规或规章的条款。也就是说，我们不能仅仅根据第12条这一准用性规范而且还要结合被援用规则，不能仅仅根据《突发事件应对法》这一普通法而且还要根据有关特别法，来确定政府部门是否具有应急征用权。如果特别法对应急征用权主体有规定，则从其规定。只有特别法对应急征用权主体没有规定时，才可按第12条认定政府部门有应急征用权。

《传染病防治法》第45条第1款规定：“传染病暴发、流行时，根据传染病疫情控制的需要，国务院有权在全国范围或者跨省、自治区、直辖市范围内，县级以上地方人民政府有权在本行政区域内紧急调集人员或者调用储备物资，临时征用房屋、交通工具以及相关设施、设备。”《防震减灾法》第32条规定：“严重破坏性地震发生后，为了抢险救灾并维护社会秩序，国务院或者地震灾区的省、自治区、直辖市人民政府，可以在地震灾区实行下列紧急应急措施：……（三）临时征用房屋、运输工具和通信设备等；……”《国防动员法》第54条第1款规定：“国家决定实施国防动员后，储备物资无法及时满足动员需要的，县级以上人民政府可以依法对民用资源进行征用。”修订前的《消防法》第33条第2款规定：“扑救特大火灾时，有关地方人民政府应当组织有关人员、调集所需物资支援灭火。”经修订的《消防法》第45条第3款规定：“根据

---

① 参见叶必丰：《从行政许可法与单行法的关系看法制建设的路径选择》，《法制日报》2005年11月17日。

② 沈宗灵主编：《法理学》，高等教育出版社1994年版，第39页。

扑救火灾的紧急需要,有关地方人民政府应当组织人员、调集所需物资支援灭火。"新旧《消防法》中的"调集"属于应急征用。这四部单行法所规定的征用主体,都是县级以上地方政府。《防洪法》第45条第1款规定:"在紧急防汛期,防汛指挥机构根据防汛抗洪的需要,有权在其管辖范围内调用物资、设备、交通运输工具和人力,决定采取取土占地、砍伐林木、清除阻水障碍物和其他必要的紧急措施;必要时,公安、交通等有关部门按照防汛指挥机构的决定,依法实施陆地和水面交通管制。"这里的"调用"也属于征用,"防汛指挥机构"则是由政府有关部门、当地驻军、人民武装部负责人等组成的机构。防汛指挥机构的负责人,一般是政府行政首长。该条款所规定的征用主体,在法律上仍为政府即设立该防汛机构的政府。也就是说,从现行有关特别法规定及修订前的《消防法》第33条第2款规定这些被援用规则看,征用主体都是政府而非政府部门。

"依据立法原意"的释义针对《突发事件应对法》第12条规定的应急征用主体指出:"从具体实践看,《防震减灾法》《传染病防治法》等单行法规定,征用主体包括了有关人民政府、政府有关部门等。"① 作者的上述讨论表明,释义所称的上述法律并没有把政府部门规定为应急征用主体。当然,作者并未对特别法中的应急征用条款作全面统计,不排除有授予政府部门应急征用权的可能。但是,从突发事件应对的复杂性和《突发事件应对法》第4条的要求来看,都不是某个政府部门可以实现的,而需要政府的统一指挥和调度。② 即使存在授予政府部门应急征用权的条款,也应该予以修改,规定政府为应急征

① 李飞主编:《〈中华人民共和国突发事件应对法〉释义及实用指南》,中国民主法制出版社2007年版,第87页。

② 同上书,第63—64页。

用主体。

基于《突发事件应对法》第12条系准用性规则的分析，以及基于被援用规则即该法第52条和现行特别法征用条款并未规定政府部门为征用主体，包括上海市经济和信息化委员会在内的上至国务院下到县级政府的各职能部门都非应急征用主体，不具有应急征用权，因而也就无权细化应急征用条款。

三、政府部门无权应急征用不为补偿条款推翻

《突发事件应对法》第12条规定了应急征用的补偿，即“被征用的财产在使用完毕或者突发事件应急处置工作结束后，应当及时返还。财产被征用或者征用后毁损、灭失的，应当给予补偿”。根据这一规定，财产被征用的，除了事后的返还，以及毁损、灭失的补偿外，还应当给予所有权人无法正常使用其财产的补偿。“财产被征用的，虽未造成财产本身的直接损害，但基于利用财产使用价值的事实，也应当给予补偿。”①这一规定，既落实了《宪法》(修正案)第22条第3款和《物权法》第44条的规定，又吸取了2004年《传染病防治法》第45条第2款规定的经验。② 该款规定：“紧急调集人员的，应当按照规定给予合理报酬。临时征用房屋、交通工具以及相关设施、设备的，应当依法给予补偿；能返还的，应当及时返还。”该规定则是对1989年《传染病防治法》的完善，是对“非典”期间征用补偿经验的总结。在“非典”期间，有关地方政府征用了医院、宾馆。③ 其中，北京市政府征用的宾馆、饭店、

---

① 李飞主编：《〈中华人民共和国突发事件应对法〉释义及实用指南》，中国民主法制出版社2007年版，第89页。

② 同上书，第88页。

③ 参见崔红：《北京首次征用三级甲等医院及周边宾馆防非典》，《北京晨报》2003年4月28日。

度假村和培训中心就达74家之多。[①] 被征用医院、宾馆在被征用期间以及征用结束后的一段时间内，无法正常营业，从而遭受了相应的损失。[②] 对此，实施征用的地方政府给予了多种形式的补偿。[③]

《突发事件应对法》第12条与第52条之间的关系，如前所述，属于一般规则与特殊规则之间的关系。第52条只规定了应急征用而没有规定补偿，也就是说没有作特殊规定，因而应当适用第12条所规定的补偿。《德国民法典》中的"总则"，系"非专属于某一特定法律制度（如买卖契约或劳务契约）的所有规则"，具有"普遍的适用性"。[④] 我国学者也认为，"总则在法的整体中居于统领地位，从整体上说它是整个法的纲领和事关法的全局的内容的整合"。[⑤]《突发事件应对法》第12条具有同样的性质。但是，《上海市公共信息系统突发事件处置办法》第22条第3款只规定了被征用之物的返还和损坏、灭失补偿，而没有规定财物被征用期间所有权人无法使用的补偿，显然与上位法相抵触。经正式发布的《四川省突发事件应对办法》[⑥]第41条第3款关于补偿的规定，也存在同样的问题。该款规定："被征用的财产使用完毕或者突发事件应急处置工作结束后，应当及时返还。财产被征用或者征用

---

① 参见CCTV.com综合消息：《北京防治非典工作小组第四次新闻发布会实录》，载http://www.cctv.com/news/china/20030506/100395.shtml，最后访问日期：2011年6月10日；《唐山市人民政府关于临时征用房屋用于控制和预防非典型肺炎的通知》（唐政发[2003]8号）。

② 参见王尧：《一酒店经理非典时期的非常经历：酒店被征用后》，《中国青年报》2003年6月13日；丰雷等：《被征用后酒店不敢复业 政府事后补偿令各方苦恼》，《南方都市报》2003年5月20日。

③ 参见《北京市财政局转发财政部、国家税务总局关于调整部分行业在"非典"疫情期间税收政策的紧急通知》（京财税[2003]914）。

④ [德]罗伯特·霍恩、海因·科茨、汉斯·G.莱塞：《德国民商法导论》，楚建译，中国大百科全书出版社1996年版，第70页。

⑤ 周旺生：《立法论》，北京大学出版社1994年版，第593页。

⑥ 2012年5月23日四川省政府令第257号发布。

后毁损、灭失的,应当按征用时的市场价格给予补偿。”

《上海市公共信息系统突发事件处置办法》第1条所指出的制定依据,除了《突发事件应对法》外,还有“有关法律、法规”。《突发事件应对法》前的法律,确有如同《上海市公共信息系统突发事件处置办法》第22条第3款和《四川省突发事件应对办法》第41条第3款的补偿规定。1997年的《防洪法》第45条第2款规定:“依照前款规定调用的物资、设备、交通运输工具等,在汛期结束后应当及时归还;造成损坏或者无法归还的,按照国务院有关规定给予适当补偿或者作其他处理。取土占地、砍伐林木的,在汛期结束后依法向有关部门补办手续;有关地方人民政府对取土后的土地组织复垦,对砍伐的林木组织补种。”《防震减灾法》第38条规定:“因救灾需要,临时征用的房屋、运输工具、通信设备等,事后应当及时归还;造成损坏或者无法归还的,按照国务院有关规定给予适当补偿或者作其他处理。”它们都没有规定“财产被征用……的,应当给予补偿”这一内容。这些法律所规定的突发事件具有特定性即地震和洪水,不能扩大到除地震或洪水以外的其他突发事件。那么,针对地震和洪水而应急征用的补偿,是否可以按照特别法优先于普通法的原则适用《防洪法》第45条第2款和《防震减灾法》第38条的补偿规定呢?

如果我们采用前文有关应急征用主体那样的体系解释,则必将得出应优先适用《防洪法》第45条第2款和《防震减灾法》第38条的结论,从而导致公民得不到应有补偿的结果。如果我们采用另一种体系解释,即作为总则的《突发事件应对法》第12条,如同《德国民法典》的总则“不仅适用于《民法典》五编,而且适用于《民法典》之外的其他法律”①,那么

① [德]罗伯特·霍恩、海因·科茨、汉斯·G.莱塞:《德国民商法导论》,楚建译,中国大百科全书出版社1996年版,第71页。

就不应当适用《防洪法》第 45 条第 2 款和《防震减灾法》第 38 条而应当适用《突发事件应对法》第 12 条来处理补偿问题。这就发生了法律规范的“多解”或“意志与其表达之冲突”。① 这一冲突如何解决，既关系到公民是否有权得到应有的补偿，又关系到前文有关征用主体的结论能否成立。这是因为，既然《突发事件应对法》第 12 条有关补偿的规定可以作为总则而普遍适用于其他法律，那么它关于征用主体的规定也可以作为总则而普遍适用于其他法律，从而政府部门应作为应急征用的主体。

对上述冲突的解决，文义解释和体系解释已经无能为力，而必须借助于目的解释，因为目的解释的效力高于其他法律解释方法。② 拉德布鲁赫则指出：“不是法律制度的实质，而是法律制度的目的才是唯一的原则。法律的具体规则可以溯源于这种原则，……如今的情况是，以构造而加以表述的具体法律制度的目的，是作为较高和更高目的的手段及所有法律的一种最高目的的最后终结而予以理解和描绘的。”③

《突发事件应对法》之前的单行法对补偿虽有不同规定，但之后制定、修订的法律对补偿的规定却都与《突发事件应对法》第 12 条所规定的补偿保持了一致。《国防动员法》第 58 条规定：“被征用的民用资源使用完毕，县级以上地方人民政府应当及时组织返还；经过改造的，应当恢复原使用功能后返还；不能修复或者灭失的，以及因征用造成直接经济损失的，按照国家有关规定给予补偿。”《消防法》第 49 条第 2 款规定：“单位专职消防队、志愿消防队参加扑救外单位火灾所损耗的燃料、灭火剂和器材、装备等，由火灾发生地的人民政府给予补偿。”

① ［奥］凯尔森：《纯粹法理论》，张书友译，中国法制出版社 2008 年版，第 100 页。

② 参见苏彩霞：《刑法解释方法的位阶与运用》，《中国法学》2008 年第 5 期。

③ ［德］拉德布鲁赫：《法学导论》，米健等译，中国大百科全书出版社 1997 年版，第 172 页。

《突发事件应对法》前后单行法对补偿规定的变化，反映了我国法制建设的进路。“我国的法制建设往往是先制定单行法，在问题积累或经验成熟到一定程度后才进行整合，才着手制定统一法典的。统一法典的制定，使得原先已经存在的单行法成为特别法，新制定的统一法典本身就成了普通法。也就是说，原先已经存在的单行法与统一法典不一致的规定，并非有意识的特殊规定。其中，有的仍然有合理之处，在统一法典制定以后可以作为特别法继续存在，但有的却并不合理，是统一法典改革和整合的对象。”①我国《行政处罚法》《行政许可法》和《行政复议法》的制定，都体现了对单行法中行政处罚、行政许可和行政复议规定的改革和整合。也就是说，《突发事件应对法》第 12 条有关补偿的规定，正是对以往单行法中有关补偿规定不足的改革和弥补。与《突发事件应对法》第 12 条有关补偿规定不一致的单行法规定，并不构成可以优先适用的特别法。相反，《突发事件应对法》第 12 条有关补偿规定，与以往单行法中的补偿规定不一致的，应按新法优于旧法的原则适用《突发事件应对法》第 12 条的补偿规定。从上述角度出发，《上海市公共信息系统突发事件处置办法》第 22 条第 3 款等有关补偿的规定，就不应当以“有关法律、法规”为依据。

对有关征用主体的规定，不能采用目的解释。即使采用目的解释，也不能消除《突发事件应对法》第 12 条与第 52 条和单行法规定上的矛盾。并且，如果通过目的解释或其他法律解释，得出政府部门也是征用主体的结论，那么显然与行政法的权力控制价值以及突发事件应对的集中指挥价值相抵触。因此，《突发事件应对法》以及有关单行法中的补偿条款，并不能推翻政府部门并非征用主体、不具有征用权的结论。

---

① 叶必丰：《从行政许可法与单行法的关系看法制建设的路径选择》，《法制日报》2005 年 11 月 17 日。

基于职权与职责相一致的原则,政府部门既然没有征用权也就没有补偿义务。与没有职权就不能规定该职权行使的规则一样,没有该义务也就不应该规定补偿规则。《上海市公共信息系统突发事件处置办法》第22条第3款对补偿的规定,亦缺乏权限依据。

四、规则抄袭或细化于法治有害无益

(一)规则抄袭或细化并无必要和意义

上海市经济和信息化委员会《上海市公共信息系统突发事件处置办法》第22条(资源调配)的规定,只要作简单的比较就可以发现是对《突发事件应对法》第52条的抄袭,是第52条的简化版。这只是在众多规则抄袭中的一个例子,类似情况比比皆是。《湖南省实施〈中华人民共和国突发事件应对法〉办法》①第36条第1款关于征用的规定,第2款关于补偿的规定,②甚至比《突发事件应对法》第12、52条的规定还要粗放,几乎只是设定了一条准用性规则而已。

自依法治国被确立为治国方略以来,各级各类国家机关对制度建设表现出了充分的重视。在制度建设中,基于宪法和《立法法》有关法制统一或者不得与上位法相抵触的规定,下位规则的建设空间被大大限缩,尤其是有关行政机关本来就有很大冲动的行政许可和行政处罚领域进行规则建设的空间几乎不再存在。同时,下位规则本来所承载的一项主要功能,是细化上位规则。在《立法法》《行政法规制定程序条例》和《规章制定程序条例》制定前,我国法律、法规和规章的具体

---

① 2009年11月27日湖南省人大常委会通过。

② 该条第1款规定:"负责组织处置突发事件的人民政府必要时可以向单位和个人征用应急救援所需的设备、设施、场地和其他物资。"第2款规定:"有关人民政府及其部门应当及时返还在突发事件应对工作中征用单位和个人的财产,并按照有关规定给予补偿。"

化，就往往需要由下位法或者行政规范性文件来实施。但是，上述法律和行政法规规定了法律解释制度，对法律、法规和规章本身含义的解释权分别属于法律、行政法规和规章的制定主体。这些制定主体的法制部门也加强了对法律适用问题询问的答复工作。也就是说，细化规则是规则制定主体及其法制部门的职权。这样，需要由下位法和行政规范性文件加以具体化的空间越来越小。于是，在细化上位规则名义下的规则抄袭也就不难理解了。

无论是抄袭还是细化，所建立的规则都没有太大的必要和意义。徐向华教授的课题组对《上海市消费者权益保护条例》①《上海市实施〈中华人民共和国土地管理法〉办法》②《上海市音像制品管理条例》③和《上海市图书报刊市场管理条例》④四部地方性法规，在2003年上海市和上海市徐汇区两级主管部门的实施情况进行了调查。调查发现，市级主管部门仅适用过《上海市图书报刊市场管理条例》2次，与适用上位法相比仅占0.83%，而对其他三部地方性法规根本未予适用过；徐汇区主管部门适用过《上海市消费者权益保护条例》2次，适用过《上海市图书报刊市场管理条例》1次，与上位法的适用比例分别是11.11%和5.0%，对其他地方性法规未予适用。⑤ 其中的原因，课题组

① 1988年12月22日上海市人大常委会通过，2002年10月28日上海市人大常委会公告废止并重新通过。

② 1994年2月4日上海市人大常委会通过，1997年5月27日上海市人大常委会第一次修正，2000年11月17日上海市人大常委会第二次修正，2010年9月17日上海市人大常委会第三次修正。

③ 1997年5月28日上海市人大常委会通过，2003年6月26日上海市人大常委会第一次修正，2010年9月17日上海市人大常委会第二次修正。

④ 1991年3月14日上海市人大常委会通过，1997年7月10日上海市人大常委会修正，2002年10月28日上海市人大常委会公告废止。

⑤ 参见徐向华主编：《地方性法规法律责任的设定——上海市地方性法规的解析》，法律出版社2007年版，第424—426页。

总结为被调查地方性法规“并不具有比上位法更易识别和判断的优势”，上位法“更为重视违法行为与法律责任之间的‘一一对应’性”，以及上位法对罚款的设计“更为恰当和‘细腻’”。[①] 也就是说，地方性法规的规定要么与上位法基本相同，要么比上位法还要粗放。基于在诉讼中可能得到法院支持的考虑，主管部门自然愿意适用上位法而不会适用下位法。

（二）规则抄袭或细化的取舍祸害法治

正如前文有关政府部门无权细化应急征用条款所作的讨论，任何国家机关抄袭或细化上位规则需要相应的权限。但是，这往往为时下所流行的规则抄袭或细化者所忽视。引发广泛争议的《四川省突发事件应对办法（送审稿草案）》第 47 条共分三款。除了第 3 款补偿规定外，第 1 款规定：“县级以上人民政府为应对突发事件，必要时可依法征用单位和个人的财产。财产征用人员不得少于 2 人，并署名备查，征收组应当有公证人员参加。”[②]第 2 款规定：“征用时应当向被征用的单位或者个人出具应急处置征用手续并登记造册。被征用的单位或者个人拒不接受应急征用的，征用执行人员在情况紧迫并且没有其他替代方式时可以强制征用。”[③]公众的质疑不可能是专业的分析。如果把上述条款与《突发事件应对法》作专业性对比，则我们可以发现其中的问题。第 47 条第 1 款增加了“财产征用人员不得少于 2 人，并署名备查，

---

① 徐向华主编：《地方性法规法律责任的设定——上海市地方性法规的解析》，法律出版社 2007 年版，第 430—431 页。

② 该款经征求意见，正式通过后为《四川省突发事件应对办法》第 41 条第 1 款，内容如下：“有关人民政府及其部门为应对突发事件，必要时可依法征用单位和个人的财产”。

③ 该款经征求意见，正式通过后为《四川省突发事件应对办法》第 41 条第 2 款，内容如下：“征用时应当向被征用的单位或者个人出具应急征用手续并登记造册，载明被征用财产的相关信息。紧急情况下，可以先征用并及时补充完善相应手续”。

征收组应当有公证人员参加”;第 2 款中增加了“征用时应当向被征用的单位或者个人出具应急处置征用手续并登记造册”。基于四川省政府依法享有应急征用权,以及上述增加规则系对其行使应急征用权的自我限制,并无不妥。但是,第 47 条第 1 款所规定的应急征用主体前省去了“履行统一领导职责或者组织处置突发事件的”这一定语,扩大了应急征用主体。基于前文有关《宪法》(修正案)第 22 条的“法律”系狭义法律的分析,该扩大应急征用主体的规定缺乏充分的权限依据。在第 2 款的规定中,则增加了“被征用的单位或者个人拒不接受应急征用的,征用执行人员在情况紧迫并且没有其他替代方式时可以强制征用”。这一规定尽管系征用的应有意思,实属对征用强制性的法律解释。四川省政府并非法律的解释主体,该法律解释缺乏充分的权限依据。四川省政府法制办公室认为,第 47 条系“严格遵循国家大法和上位法”,①言谈中对公众的质疑似感委屈。其实,它在有意的“严格”规则抄袭或细化中,却无意地超越了自己的职权,或进行了自我授权。这是规则抄袭或细化中的普遍现象,从而严重破坏了法治。

同时,有关机关往往是根据自己的需求,对上位规则有选择、有取舍地进行抄袭或细化的。正如本文所讨论的《上海市公共信息系统突发事件处置办法》第 22 条和《四川省突发事件应对办法(送审稿草案)》第 47 条第 3 款等补偿条款那样,上位规则无论是法律还是法规或规章都是一个体系,法律解释有着各种各样的规则。规则抄袭或细化中的取舍和顾此失彼,很容易破坏上位规则的整体性或“法律秩序的统一体”,②歪曲上位规则的意义,进而导致与上位规则的抵触。

---

① 熊德壮:《四川法制办:应对突发事件政府有权征用个人财产》,《成都晚报》2010 年 10 月 14 日。

② [奥]凯尔森:《法语国家的一般理论》,沈宗灵译,中国大百科全书出版社 1996 年版,第 141 页。

《突发事件应对法》已经创设了征用制度，包括征用的财物即“应急救援所需设备、设施、场地、交通工具和其他物资”。《上海市公共信息系统突发事件处置办法》所规定的需征用财物，已经包括在《突发事件应对法》所规定的需征用财物范围之中，无需解释和细化。并且，上海市经济和信息化委员会基于其职权范围的限制，在《上海市公共信息系统突发事件处置办法》中对征用的细化规定，比《突发事件应对法》中所规定的需征用财物范围要小得多。但这就既限缩了需征用的财物范围，不利于突发事件的应对，又与上位规则不一致。

有关规则抄袭或细化中的越权、可应急征用财物范围的限缩和补偿规定的违法，主要是围绕《上海市公共信息系统突发事件处置办法》第 22 条的讨论。其实，规则的简单抄袭或者形式主义的细化，很难把体系化的上位规则、“非有意不确定”①的上位规则（如实为征用的《消防法》第 45 条第 3 款规定的“调集”和《防洪法》第 45 条第 1 款规定的“调用”等）做符合法治要求的推进，反而浪费规则建设资源甚至引发公众不安。依法治国是正确的，但机械甚或“严格”地套用而高喊的“依法治省”“依法治市”“依法治县”“依法治乡”“依法治村”“依法治校”“依法治水”“依法治路”和“依法治林”等就与法治差之千里了。这是因为，依法治国的国，不是指地理意义上的国，而是政治意义上的国即国家权力；省、市、县、乡却仅仅是地理意义上的，村、校、水、路和林等更不具有政治意义，依法治“×”把对公权力的规范变成了对私权利的管制。规则的简单抄袭或者形式主义的细化，结果与此无异，只能祸害法治。

当然，规则抄袭或细化于法治有害无益，并不意味着各级各部门国家机关绝无制度建设的空间，而是说各级各部门国家机关的制度建设

---

①　［奥］凯尔森：《纯粹法理论》，张书友译，中国法制出版社 2008 年版，第 98 页。

必须基于上位规则的授权或允许，地方国家机关的制度建设还有赖于在我国宪政框架中对地方自主权范围的确定。同时，法律、法规或规章如果允许或需要有关国家机关作出细化规定的，则应当设置委任性条款。委任性条款的设置，是为了加强“上位规范规制下位规范之创制”。“上位规范不仅确定其所创下位规范之创制程序，且可能确定其内容。”①法律、法规或规章如果不允许、不需要有关国家机关作出细化规定的，则法律解释主体及其法制部门应加强法律解释工作以满足细化的现实需求。从长远来看，最高法院目前正在推行的案例指导，②才是我国特色的规则细化的正途。另外，法律、法规和规章中的“总则”，也已经成为我国立法的一种结构模式。但是，我们有必要牢记德国学者针对《德国民法典》所做的提醒：把共同性规则安排在总则“这一原则在（德国）《民法典》中贯彻得如此彻底，以致给人们带来了很多不便，因为有些实质关系很密切的问题在法典中却相隔甚远。对于现在的人们来说，这种极度的抽象似乎已无必要，因为他们更愿意从具体的制度中归纳概括有关的规则”。③ 过分抽象的规则，会引发细化的冲动。

本节小结

《宪法》（修正案）第 22 条第 3 款有关“可以依照法律规定对公民的私有财产实行征收或者征用并给予补偿”中的“法律”，基于全国人大常委会法工委和最高法院的法解释立场考察，属于狭义的法律。政

---

① ［奥］凯尔森：《纯粹法理论》，张书友译，中国法制出版社 2008 年版，第 97 页。

② 参见《关于案例指导工作的规定》，法发［2010］51 号，最高人民法院 2010 年 11 月 26 日颁布并施行。

③ ［德］罗伯特・霍恩、海因・科茨、汉斯・G. 莱塞：《德国民商法导论》，楚建译，中国大百科全书出版社 1996 年版，第 70 页。

府部门无权制定法律，因而无权依据上述修正案创制征用补偿制度。否则，构成违宪。根据《突发事件应对法》第 12 条的规定，政府部门可以成为应急征用主体。但该法第 52 条和现行有关传染病、地震、洪水、火灾、国防动员等突发事件应对的单行法并没有规定政府部门可作为应急征用主体。《突发事件应对法》第 52 条和前述现行单行法相对于《突发事件应对法》第 12 条而言，属于特别法。基于特别法优于普通法的体系解释，政府部门并非应急征用主体。政府部门既然没有应急征用权，也就不能对《突发事件应对法》中的应急征用条款予以细化。《突发事件应对法》第 52 条没有规定补偿，应适用第 12 条有关补偿的规定。前述单行法对补偿作出了与《突发事件应对法》第 12 条不同的规定，《突发事件应对法》第 12 条规定的补偿对权利人的保护更为有效。如果继续坚持特别法优于普通法的规则，则无法有效保护权利人的权益。为此，必须放弃特别法优于普通法的体系解释而运用目的解释，排除前述单行法有关补偿规定的适用。但有关补偿应适用《突发事件应对法》第 12 条的见解，并不能推翻政府部门不能细化应急征用补偿条款的结论，因为无征用权即无补偿义务，没有补偿义务也就没有细化补偿条款之权。无权细化应急征用补偿条款但却予以细化的现象，甚至规则抄袭现象，当前已非常普遍。这既无必要和意义，又容易导致规则建设资源的浪费和对法律意思的肢解或误解从而祸害法治。规则细化或地方规则建设，应基于法律的授权或地方自主权。对不允许或无需细化的规则，应加强法律解释和案例指导。法律、法规或规章的总则应科学。

第五章　具体行政行为的构成要件

本章思路　具体行政行为的构成理论即具体行政行为的构成要件或成立要件理论。这在理论上已多有论述但仍存在矛盾，在实践中也频频发生是否具有行政权能、是否运用了行政权或是否具有法律效果，从而是否属于复议或诉讼受案范围、是否属于行政纠纷的争议。为此，专设本章，并以司法实践所积累的判例为基础，对各要件分别予以讨论。

第一节　行政权能要件

一、主体资格要件的改造

具体行政行为即行政决定是指具有行政权能的组织运用行政权，针对特定相对人直接设定、变更或消灭权利义务所作的单方行政行为。一个行为要构成具体行政行为，必须具备相应的要件，但这并非我国行政法学一开始就有的认识。在初期，具体行政行为的成立要件实为合法要件，①与构成要件相关的内容是在具体行政行为的特征中作简单讨论的。②究其

---

① 参见姜明安：《行政法学》，山西人民出版社1985年版，第301—303页；罗豪才主编：《行政法论》，光明日报出版社1988年版，第151—152页。

② 参见姜明安：《行政法学》，山西人民出版社1985年版，第295页；应松年等：《行政法总论》，工人出版社1985年版，第286页；应松年主编：《行政法学教程》，中国政法大学出版社1988年版，第247—248页。

原因,在于当时缺乏行政诉讼的检验和可观察素材。《行政诉讼法》的制定和实施,改变了这种状况。20世纪90年代初的行政法学著作,虽然还没有明确使用具体行政行为的构成要件一说,但其内容在特征、界定或构成要素的名义下逐渐发展了起来,包括行政主体、行政权、法律效果和对外表示四个方面。① 20世纪90年代中期开始,学界在具体行政行为的特征中融入了实际上属于构成要件的内容,并概括为行政行为、具体行政行为的"构成要素""成立要件"。② 作者在1998年的《假行政行为》一文中,把具体行政行为的构成要件概括为:行政权能的存在、行政权的实际运用、法律效果的存在和意思表示于外部,③并坚持至今。

不少学者甚至权威学者,往往把行政主体作为具体行政行为的首要构成要件。所谓行政主体,尽管表述略有不同,但都包含有三个要素:以独立的名义行使行政权、实施行政行为、独立承担责任或参加行政诉讼。④ 这就存在三个问题:第一,在个案中,有没有、是否行使了行政权是一个待定问题,因而行为的实施者是不是行政主体也是不确定的。因此,用行政主体来认定一个行为的性质,就成了以一个不明概念认定另一个不明概念。第二,一个合法的具体行政行为,必然是行政主体实施的。但是,有瑕疵的具体行政行为,可能是由不具有主体资格的

① 参见张尚鷟主编:《行政法学》,北京大学出版社1990年版,第165—169页;张树义主编:《行政法学新论》,时事出版社1991年版,第95—99页。

② 参见王连昌主编:《行政法学》,中国政法大学出版社1994年版,第115—117页;罗豪才主编:《行政法学》,北京大学出版社1996年版,第124—126页;叶必丰:《行政法学》,武汉大学出版社1996年版,第99—100页,等等。

③ 叶必丰:《假行政行为》,《判例与研究》1998年第1期。

④ 参见罗豪才主编:《行政法学》,北京大学出版社1996年版,第48、125页;姜明安主编:《行政法学》,法律出版社1998年版,第26、72页;应松年主编:《行政法学新论》,中国方正出版社1999年版,第90、233页;胡建淼:《行政法学》,法律出版社2003年版,第69、210页。

行政机构实施的，并且正是需要通过行政诉讼来救济的。按照主体要件，由于实施的主体并非行政主体，该瑕疵具体行政行为就被排除出了具体行政行为范围，剥夺了当事人的救济机会。[①] 第三，从理论上来说，存在着用行政行为（具体行政行为）来界定行政主体，又用行政主体来界定具体行政行为的循环论证。

基于以上认识，作者在1998年的《假行政行为》一文中，借鉴我国台湾学者的研究，把具体行政行为的主体要件改造成为权能要件。权能不同于权限。权能指的是权利能力或资格，往往与组织的成立同时产生，是组织法意义上的权力。行政机关从一成立，就具有行政权能，具有主体资格。行政机关的派出机构、内设机构或临时机构以及公务员，作为行政机关的组成部分或组成分子，同样具有行政权能。权限则是指行为能力，既可以随组织的成立而产生也可以在组织成立后而赋予，是行为法意义上的权力。权能只能说明权力（利）的性质，如是国家权力还是公民权利，是行政权还是立法权或司法权；权限说明权力（利）的限度或范围。权能说明行为的性质，权限则说明行为的合法性。行政权能是实施法律，作具体行政行为的一种资格。只有具备行政权能的组织才能实施法律、作具体行政行为，也只有具备行政权能的组织所作的行为才有可能是具体行政行为，不具备行政权能的组织或个人所作的行为就不是具体行政行为。

作者在参加撰写姜明安教授主编的《行政法与行政诉讼法》（北京大学出版社、高等教育出版社1999年版）时重申了这一观点，并作

---

① 在张公瑾诉宿鸭湖水库管理局渔政监督管理站行政不作为案中，汝南县法院认定该渔政站在根据驻马店水利局1997年下发的《驻马店地区水利局关于成立宿鸭湖水库渔政监督管理站的通知》成立后，未按规定履行备案手续，属于非法机构，不具有被告即行政主体资格，裁定驳回原告起诉（参见沈辉等：《民告官竟告出个已执法4年的“非法机构”》，《记者观察》2001年第7期）。

了以下说明：

> 行政权能是一种主体资格，是决定一个组织是否具有行政主体的实质性资格。因此，行政权能可以称为行政行为成立的主体要件或资格要件。然而，行政权能与行政主体并不能完全等同，具备行政权能的组织或者个人（如行政机构和公务员）如果并不具备行政主体的其他资格就不是行政主体，但其所作的行为却是一个行政行为。这样的行政行为，为了确定其法律上的主体或责任的承担者，可以视为或推定为所在行政主体的行为。正因为如此，一般我们在法律上仍然可以说行政行为是行政主体所作的行为。但只有在一个行为已经按行政权能要件可以认定为行政行为或职务行为的条件下才能作这样的推定。在一个行为是否能够认定为行政行为本身尚未确定的条件下就不能作这样的推定。如果用一个性质不明的行为去推定一个不确定的主体，则会导致严重的法律错误。因此，作为行政行为的主体性构成要件，只能表述为"行政权能的存在"，而不能表述为"实施行为的主体是行政主体"。否则，在实践中就有可能导致把属于具体行政行为范畴的行为排除在具体行政行为之外的结果。①

此后，作者在 2003 年武汉大学出版社出版的《行政法学》，在 2003 年、2007 年中国人民大学出版社出版的《行政法与行政诉讼法》，以及在 2007 年高等教育出版社出版的《行政法与行政诉讼法》等作品中，都坚持了这一观点。现在，司法实践不断证明了行政权能要件。李传

① 参见姜明安主编：《行政法与行政诉讼法》，北京大学出版社、高等教育出版社 1999 年版，第 150 页。

镒案[最(2004)行终字第1号]终审法院指出:“行政职权是行政机关依法行政的前提和基础,是行政机关依法拥有实施国家行政管理的资格和权能。”张广武案[京(1996)高行审初字第7号]终审法院认为:“因中国人民解放军总政治部、海军政治部属军事机关”,故不属于行政诉讼的受案范围。陈嘉能案[最(1997)行终字第12号]终审法院认为:“中共四川省委组织部不是一级行政机关,也不是由法律、法规授权行使行政职权的组织”,系争行为不构成具体行政行为。蔡俊杰案[最参行第40号]判决认为,被告价格认证中心系事业单位,未获授权或委托,所作行为不构成具体行政行为。

有人曾问作者,具体行政行为的构成是否有必要以行政权能为要件?这一问题曾让作者纠结。确实,只要一个行为系运用行政权所作,并直接产生法律效果就属于具体行政行为。这样,具体行政行为的构成要件似乎只需要运用行政权要件和直接产生法律效果要件两个即可。但问题是,运用行政权是以行政权能的存在为前提的。我们首先需要分析社会组织是否获得授权、是否具有行政权能,然后才能进一步讨论它是否运用了行政权。也正因为此,法院在裁判文书中首先指出的就是被告是否具有执法主体资格问题。因此,行政权能要件与运用行政权要件合二为一是可以的,但分析仍然是两个步骤。既然如此,并为了便于分析,行政权能要件还是必要的。

二、行政权能的取得

行政权能的取得,所要讨论的是有没有以某种方式取得行政权的问题。只有取得了行政权,所作行为才有可能构成具体行政行为。

(一)随组织的成立取得

行政机关随组织的成立即具有行政权能,无需通过行政权能要件来分析行政机关的行为是否构成具体行政行为。行政机构包括内设机构、临时机构和派出机构，由行政机关设立，也随组织的设立而具有行政权能。陈莉案［最典行 2003—1］二审判决认为："因综合整治指挥部是城市管理局的内设协调机构，且 2002 年 8 月 21 日晚暂扣原告陈莉物品行为是城市管理局工作人员实施的，该局是依法成立具有行政主体资格的行政组织，故本案中城市管理局应作为适格的被告，暂扣陈莉物品行为的法律后果，应由城市管理局承担。"深圳亿亨案［最（2001）行终字第 12 号］被诉行为，系由被告的所属行政机构即郑州市企业破产工作领导小组办公室作出的。对该行政机构具备行政权能，双方当事人都无异议，最高法院也予确认。行政机构的行政权能是行政机关权能分解的结果，不能独立对外，只能代表行政机关行使权力。但是否独立对外系合法性问题，而不是具体行政行为的构成问题。行政机构既然具有行政权能，则与行政机关所作行为一样，可以构成具体行政行为。

（二）依授权取得

授权既有对行政机构的授权（如《工商行政管理所组织条例》第 8 条的规定），又有对社会组织的授权。基于具体行政行为的构成要件是讨论具体行政行为的构成而不是合法性，也基于行政机构本身就具有行政权能，我们需要重点关注的是对社会组织的授权。吴建敏案［最参行第 41 号］中的残疾人联合会等社会组织，已取得授权即具有行政权能，且也只有基于授权才具有行政权能。如果社会组织未取得授权，就不具有行政权能，所作行为不可能构成具体行政行为。李传镒案［最（2004）行终字第 1 号］终审法院认为，根据《青海省实施〈中华人民共和国残疾人保障法〉办法》①第 2 条的规定，"在青海是依法拥有核

① 1993 年 5 月 25 日青海省人大常委会通过，2011 年 9 月 29 日青海省人大常委会公告废止。

发《残疾人证》行政职权的市县级残疾人联合会,而法律、法规未授权青海省残疾人联合会行使核发《残疾人证》的行政职权”,所诉青海省残疾人联合会的有关行为未构成具体行政行为。

1. 所授的行政权类型。从已有的实践来看,所授行政权有两类。

(1)行为法上的行政权。通常所说的授权,是法律、法规或规章对已经存在的社会组织授予行政权。这类授权主要是行为法意义上的授权,组织的设立自有相关法律规范规定。例如,高等学校依据《高等教育法》[①]设立,颁发学位只需要获得行为法意义上的权力,由《学位条例》[②]授权即可。但这类行为法意义上的权力不仅仅意味着行为的权限范围即颁发何种学位,并兼具行政权能即学位颁发资格,二者合而为一。这类授权主要适用于比较单一的行政执法。

(2)组织法上的行政权。这些社会组织与行政机关一样在成立时即被赋予行政职责,只不过其性质为事业单位。例如,中国证监会虽然是事业单位,但其成立就是“为了建立健全证券监管工作制度”。[③] 它也像行政机关一样有“三定方案”,即《中国证券监督管理委员会职能配置、内设机构和人员编制规定》[④]。该“三定方案”规定:“中国证券监督管理委员会为国务院直属事业单位,是全国证券期货市场的主管部门”,并具体规定了它的行政管理职责。在刑法上,这已经构成授权,将该组织及其人员按国家机关及公务员对待。[⑤] 在行政法上,这些

---

① 1998 年 8 月 29 日国家主席令第 7 号公布。

② 1980 年 2 月 12 日全国人大常委会通过,2004 年 8 月 28 日全国人大常委会修正。

③ 《国务院办公厅关于成立国务院证券委员会的通知》,1992 年 10 月 12 日国务院办公厅国办发[1992]54 号发布。

④ 国务院办公厅 1998 年 9 月 28 日发布,国办发[1998]131 号。

⑤ 参见《最高人民检察院对〈关于中国证监会主体认定的请示〉的答复函》,2000 年 4 月 30 日高检发法字[2000]7 号,及附件《关于中国证券监督管理委员会机构性质问题的复函》,2000 年 4 月 14 日中编办函[2000]84 号。

成立决定及其“三定方案”已经授予所成立的组织行政权能，也已经构成授权。这种组织法意义上的授权，足以说明行政权能的存在，足以说明有资格行使行为法意义上的行政权。《证券法》①第 7 条第 1 款规定：“国务院证券监督管理机构依法对全国证券市场实行集中统一监督管理。”中国证监会正因为获得了“全国证券期货市场的主管部门”这一资格授权，才能作为“国务院证券监督管理机构”行使行为法上的权力。

需要指出的是，组织法上的授权并没有以法律、法规或规章的形式进行。尽管中国证监会的成立系基于国务院的决定，职权也系由国务院确定，尽管《中国证券监督管理委员会职能配置、内设机构和人员编制规定》实际上系由国务院通过，但却都是由国务院办公厅行文、发布的。即使可以按实质意义把它们看作是国务院的文件，也只是一种行政规范性文件而并非行政法规，因为并未按行政法规制定程序进行。这是今后需要进一步完善的。

2. 授权的合法性要件。授权的合法存在，是认定社会组织具有行政权的前提。授权不能合法存在的，要么需认定为委托从而构成具体行政行为，要么属于无权能从而不构成具体行政行为。

(1)授权的形式要件。根据《行政诉讼法》第 25 条第 4 款“由法律、法规授权的组织所作的具体行政行为，该组织是被告”推断，授权应当以法律、法规的形式进行。《行政处罚法》第 17 条和《行政复议法》第 15 条第 1 款第 3 项也规定，授权应当以法律、法规的形式进行。《行政复议法》之前的《行政复议条例》②第 28 条第 3 款曾规定，规章也

---

① 1998 年 12 月 29 日全国人大常委会通过，2004 年 8 月 28 日全国人大常委会第一次修正，2005 年 10 月 27 日全国人大常委会第二次修订。

② 1990 年 12 月 24 日国务院令第 166 号发布，1994 年 10 月 9 日国务院令第 166 号修正，1999 年 4 月 29 日国家主席令第 16 号废止。

可以进行授权。基于规章的参照地位,“行政诉讼法若干问题解释”第20条第3款和第21条规定,规章可以进行授权,并在陈炯杰案[最参行第21号]和王颂康案[(2009)沪二中行终字第29号]等司法实践中得以坚持。

溆浦中医院案[最典行2000—1]判决进一步发展了授权形式。判决指出:“长期以来,我国对邮电部门实行政企合一的管理模式。邮电部门既具有邮电行政主管机关的职权,又参与邮电市场经营。经过改革,目前虽然邮政和电信初步分离,一些电信部门逐渐成为企业法人,但是由于电信行业的特殊性,我国电信市场并未全面放开,国有电信企业仍然是有线通信市场的单一主体,国家对电信方面的行政管理工作,仍然要通过国有电信企业实施。这些国有电信企业沿袭过去的做法行使行政管理职权时,应视为《中华人民共和国行政诉讼法》第二十五条第四款所指的‘由法律、法规授权的组织’。”根据这一判决,自行政机关改革而来的国有公益企业,如果仍然行使管理性职能的,不论是否有法律规范的规定,则都构成授权。

(2)授权的对象要件。《行政处罚法》第17条规定:“法律、法规授权的具有公共事务职能的组织可以在法定授权范围内实施行政处罚。”这一规定具有一定的普遍意义,那就是授权的对象应当是公共事务职能的组织。这是因为,行政主体相对于不同利益的公民、法人或其他组织而言,应当具有中立性。只有这样,才能保证具体行政行为实施中的公平。如果被授权组织是一个营利性组织或企业,那么就有可能利用授权为它自身的竞争提供机会或条件。在以往的授权中,还没有确立起这一条件,因而存在对企业组织进行授权的现象。例如,《铁路法》[①]第3条第2款规定:“国家铁路运输企业行使法律、行政法规授予

① 1990年9月7日国家主席令第32号公布。

的行政管理职能。"这种现象在自来水、电、煤气和通信等领域曾经非常普遍,现已基本改变。在以往,也往往对技术检验检测单位进行授权,但现在正在逐渐改变。① 目前,法律规范的授权对象主要是行政机构(派出机构和内设机构)、事业单位(证监会等)和社会团体(注册会计师协会和残疾人联合会等)。

同时,被授权组织应当具备相应的责任能力。授权行政主体是以自己的名义实施具体行政行为,并承担由此所发生的法律后果的,因而在对其进行授权时就应当考虑它的责任能力。一般说来,法律、法规和规章在对其进行授权的同时,应当依法建立它的执法经费预算或经费拨款制度,坚决杜绝坐收坐支现象。根据我国现行制度,被授权组织多为行政机构、社会团体或事业单位,其经费本来就来源于国家财政,具备责任能力,因而在授权时往往不必考虑经费问题。如果发生国家赔偿责任,则可按《国家赔偿费用管理条例》②申请财政部门核拨。法律、法规和规章在规定授权对象时,应尽可能选择这些有责任能力的组织。根据全国人大常委会法工委答复,对其他社会组织,如群众性自治组织和行业协会,由于其活动经费并非来源于国家财政,一般不宜作为授权的对象。③ 如果授予群众性自治组织或行业协会等行政权,就应在财政上拨付相应的执法经费,使其具备责任能力。

---

① 例如,《食品卫生法(试行)》(1982 年 11 月 19 日第五届全国人大常委会第 25 次会议通过)第 31 条规定:"卫生行政部门所属县以上卫生防疫站或者食品卫生监督检验所为食品卫生监督机构,负责管辖范围内的食品卫生监督工作";"铁道、交通、厂(场)矿卫生防疫站在管辖范围内执行食品卫生监督机构的职责,接受地方食品卫生监督机构的业务指导"。但新的《食品卫生法》(1995 年 10 月 30 日第八届全国人大常委会第 16 次会议通过)却不再对上述技术单位进行授权,改由卫生行政机关行使。

② 2011 年 1 月 17 日国务院令第 589 号发布。

③ 1989 年 11 月 15 日全国人大常委会法工委询问答复("地方性法规能否授予职工物价监督站行使罚款权?")。

(3)授权的内容要件。第一,不得把行政机关的法定职权授出。全国人大常委会法工委答复指出:“矿产资源法规定由市、县人民政府行使的行政处罚权,市、县人民政府不能再授权给有关主管部门。”①这一解释不仅仅说明市、县政府不得自行将其所具有的行政权授出,而且法律、法规和规章也不得将此项行政权授予给其他行政组织或社会组织行使。如果不遵守上述规则予以授出,则只能是委托而非授权。《森林法实施细则》②第 24 条第 1 款规定:“对违反森林法行为的行政处罚,由县级以上林业主管部门或其授权的单位决定。”这一规定是否授权,在实践中存在争议。③ 全国人大常委会法工委答复称:“由县级以上林业主管部门授权的单位所作的行政处罚决定属于由行政机关委托的组织所作的具体行政行为。”④《学位条例》第 8 条第 1 款,与上述《森林法实施细则》作了类似的规定,即“学士学位,由国务院授权的高等学校授予;硕士学位、博士学位,由国务院授权的高等学校和科学研究机构授予”。但田永案[最典行 1999—4]判决却认定构成授权。这是因为,《学位条例》并没有把学位授予权赋予国务院及其主管部门,而直接授予给了高等院校和科学研究机构。“由国务院授权的”,只是高等院校和科学研究机构的定语。之所以需要这一定语,则是因为高等院校和科学研究机构很多,且办学和研究水平参差不齐,具备什么样水平的哪些高等院校和科学研究机构可以行使法律的授权需要国务院来确定。为此,该条第 2 款规定:“授予学位的高等学校和科学研究机

---

① 1990 年 11 月 13 日全国人大常委会法工委答复(“矿产资源法规定赋予市、县人民政府的行政处罚权,市、县政府能否再授权给有关主管部门?”)。

② 1986 年 4 月 28 日国务院批准,1986 年 5 月 10 日林业部函[1986]57 号发布,2000 年 1 月 29 日国务院令第 278 号废止。

③ 参见《林业部对实施〈森林法〉若干问题的答复》,1988 年 8 月 18 日。

④ 1989 年 9 月 16 日全国人大常委会法工委询问答复(“县级以上林业主管部门授权的单位所作的行政处罚决定是否属于具体行政行为,行政诉讼被告如何确定?”)。

构及其可以授予学位的学科名单，由国务院学位委员会提出，经国务院批准公布。”因此，“国务院授权”并不是国务院把法律赋予自己的权力予以授出，而仅仅是确定可以获得授权的社会组织。在法律规范只是规定一项行政权由某一事务主管部门行使而没有具体确定特定行政主体时，法定行政机关确定辖区内的哪个部门或者法规和规章以及行政规范性文件规定适用范围内的哪个部门是法律规范所规定的事务主管部门，是可以的。① 但是，这既不是授权也不是委托。

第二，不得把限制人身自由权和强制权授出。早在《行政诉讼法》实施之前，全国人大常委会法工委答复就认为，对限制人身自由权的行政权不能授出。② 根据《立法法》的规定，限制人身自由权的行政权只能由法律规定，法规和规章不能规定。因此，法规和规章就不能把限制人身自由权的行政权授权给其他机关或组织来行使。同时，从《行政处罚法》第16条关于限制人身自由的行政处罚权不能授权给其他机关或组织行使的规定来看，法律也不能把限制人身自由权的行政权授权给其他机关或组织。新施行的《行政强制法》，也坚持了《行政处罚法》的原则。同时，法规和规章不得将行政强制权授出。法规和规章不仅不能将限制人身自由权的行政强制权授出，而且也不能把其他行政强制权授出。全国人大常委会法工委答复就指出，规章不能授出行政强制措施。③ 不过，行政法规授出行政强制权的现象，在以往比较普遍。《行政强制法》第17条第1款规定：“行政强制措施由法律、法规规定

---

① 参见《国务院法制办公室对〈国务院关税税则委员会关于请明确反倾销行政复议中有关问题的函〉的复函》，2003年3月4日，国法函[2003]18号。

② 参见1988年7月12日全国人大常委会法工委询问答复（“治安拘留权能否下放到公安派出所？”）；1989年8月19日全国人大常委会法工委询问答复（“食品卫生监督机构能否直接对食品生产经营人员进行健康检查？”）。

③ 参见1990年2月8日全国人大常委会法工委询问答复（“拆迁部门作出的拆迁决定是否可以有事业单位强制执行？”）。

的行政机关在法定职权范围内实施。行政强制措施权不得委托。"第13条第1款规定:"行政强制执行由法律设定。"第2款规定:"法律没有规定行政机关强制执行的,作出行政决定的行政机关应当申请人民法院强制执行。"根据上述规定,除法律外,法规和规章不能授权实施行政强制措施和行政强制执行。

如果符合上述授权要件,则法律规范中即使没有"授权"的表述,也可以构成授权。《工商行政管理所条例》第8条第1款规定:"工商所的具体行政行为是区、县工商局的具体行政行为,但有下列情况之一的,工商所可以以自己的名义作出具体行政行为:(一)对个体工商户违法行为的处罚;(二)对集市贸易中违法行为的处罚;(三)法律、法规和规章规定工商所以自己的名义作出的其他具体行政行为。"该条第2款规定:"前款第(一)、(二)项处罚不包括吊销营业执照。"第18条规定:"本条例由国家工商行政管理局负责解释。"国家工商行政管理局针对第8条是否存在对工商所的授权问题解释称:"《工商行政管理所条例》第八条第一款是对工商行政管理所可以以自己的名义作出具体行政行为的授权。"①这虽然是对行政机构的授权,但所反映的授权要件却是相同的。

三、行政权能的认定

行政权能要件在解决了有没有取得权力的基础上,还要解决所取得的权力是不是行政权。对此,司法实践已经积累了较为丰富的经验。

(一)通过历史解释认定行政权能

溆浦中医院案[最典行2000—1]终审法院认为:"长期以来,我国

① 《国家工商行政管理局对〈关于"工商行政管理所条例"第八条第一款执行问题的请示〉的答复》,1991年8月17日,工商法字[1991]第281号。

对邮电部门实行政企合一的管理模式。邮电部门既具有邮电行政主管机关的职权，又参与邮电市场经营。经过改革，目前虽然邮政和电信初步分离，一些电信部门逐渐成为企业法人，但是由于电信行业的特殊性，我国电信市场并未全面放开，国有电信企业仍然是有线通信市场的单一主体，国家对电信方面的行政管理工作，仍然要通过国有电信企业实施。这些国有电信企业沿袭过去的做法行使行政管理职权时，应视为《中华人民共和国行政诉讼法》第二十五条第四款所指的'由法律、法规授权的组织'。"在此，法院并没有也无法指出哪一条法律授予了溆浦县邮电局行政权，而是通过描述行政机关改制为公益国有企业后，行政职能并未完全消失的历史事实，认定其具有事实上的行政权能。尽管这种具有事实上行政权能的组织是法律、法规授权的组织还是事实上的行政机关可以进一步探讨，但本案所提供的运用历史解释认定组织法上行政权事实的方法是非常重要的。

（二）通过文义解释认定行政权能

刘兵案所引发的争议是，高等学校对学生的处分权是不是行政权。①

在理论上，行政权具有支配性和公益性特征。法律赋予家长对未成年子女的监护权，具有支配性，但不具有公益性，显然不是行政权。学校对学生教室的安排，也不具有公益性，不是一种行政权。但公立学校对学生的录取或开除，不仅仅具有支配性，并且具有公益性，涉及公民对公共利益的享受或利用。在大陆法系国家，对公立学校、公营企业这种具有支配性和公益性的权力是作为公权即行政权来对待的，公立学校和公营企业也被作为与行政机关相同地位的公务法人来对待的，

---

① 参见谭德明：《大学生刘兵状告母校天津轻院引发争论》，《沈阳晚报》2000 年 4 月 29 日。

所作的行为属于公务行为，属于行政诉讼的受案范围。法国行政法院就受理过不少这类案件。[①] 目前，我国行政法学上也有用公共权力取代行政权，用公共行政取代国家行政，从而拓宽行政行为的主张。

然而，就一个案件的处理而言，毕竟只能基于现行法律的规定，必须通过法解释来认定。在我国现行法律上，国有学校的权利即使具有支配性和公益性，也并不当然属于行政权。某权是不是行政权，只能根据法律的规定来确定。在我国立法技术上，对作为国家权力的行政权的文字表述一般用“职权”、“职责”、“权力”、“负责……工作”或者“主管……工作”等。例如，《宪法》第89条规定：“国务院行使下列职权……”。《地方各级人民代表大会和地方各级人民政府组织法》第61条规定：“乡、民族乡、镇的人民政府行使下列职权。”《城乡规划法》[②]第11条第1款规定：“国务院城乡规划主管部门负责全国的城乡规划管理工作。”第2款规定：“县级以上地方人民政府城乡规划主管部门负责本行政区域内的城乡规划管理工作。”《教育法》对教育行政权也作了这样的规定。该法第15条规定：“国务院教育行政部门主管全国教育工作，统筹规划、协调管理全国的教育事业。县级以上地方各级人民政府教育行政部门主管本行政区域内的教育工作。县级以上各级人民政府其他有关部门在各自的职责范围内，负责有关的教育工作。”在法律条文的表述上，对公民、法人或其他组织的权利即不具有或不认为具有支配性和公益性的权利用“权利”，与“权利”相对应的范畴用“义务”。我国《宪法》上使用的就是“公民的基本权利和义务”。但也有法律、法规把法人或其他组织的内部管理权或义务称为“职责”。例如，《安全生产法》[③]第

① 参见胡建淼：《外国行政法规与案例评述》，中国法制出版社1997年版，第737页以下。

② 2007年10月28日国家主席令第74号公布。

③ 2002年6月29日全国人大常委会通过，2009年8月27日全国人大常委会修正。

17 条规定:“生产经营单位的主要负责人对本单位安全生产工作负有下列职责:(一)建立、健全本单位安全生产责任制;(二)组织制定本单位安全生产规章制度和操作规程;……”在这种情况下,就有把法人或其他组织的管理权或义务混淆为行政权的可能。但值得庆幸的是,在现行法律规范中,还没有把行政权称为“权利”的现象。也就是说,被称为“权利”的肯定不会是行政权,因而还不至于把行政权混淆为相对人的“权利”。这样,就可以把“权利”排除在行政权之外。

《教育法》第 28 条规定:“学校及其他教育机构行使下列权利:……(四)对受教育者进行学籍管理,实施奖励或者处分。”与此相适应的,该法使用了“义务”而没有采用“职责”一词。该法第 29 条规定:“学校及其他教育机构应当履行下列义务……。”这就表明,无论学校的处分权在本质上是否应当作为一种行政权,法律是否应当作为行政权来加以规定,但就现行法律规定而言,它并不是一种行政权。

(三)通过行为效力反推行政权能

田永案[最典行 1999—4]得到终审判决支持的一审法院认为:“《中华人民共和国教育法》第二十一条规定:‘国家实行学业证书制度。’‘经国家批准设立或者认可的学校及其他教育机构按照国家规定,颁发学历证书或者其他学业证书。’第二十二条规定:‘国家实行学位制度。’‘学位授予单位依法对达到一定学术水平或者专业技术水平的人员授予相应的学位,颁发学位证书。’《中华人民共和国学位条例》第八条规定:‘学士学位,由国务院授权的高等学校授予。’本案被告北京科技大学是从事高等教育事业的法人,原告田永诉请其颁发毕业证、学位证,正是由于其代表国家行使对受教育者颁发学业证书、学位证书的行政权力时引起的行政争议,可以适用行政诉讼法予以解决。”

我们注意到,在法院所引用的法律条文中,没有任何条文明确指出高等学校所具有的毕业证书和学位证书颁发权是一种行政权。只不过,在法院看来,学位证书的证明力特征是无需证明的;基于这是国家所实行的制度,因而公定力、确定力特征也是存在的;这种法律效力特征只有具体行政行为才具有;能够实施可以使其行为具有上述法律效力特征的权能只能是行政权;法律把这样的权力授予非行政机关的高等学校,属于授权。法院对毕业证书颁发权的认定,也是上述思路。当然,法院的认定是否很严谨可以研究,但给我们所提供的从行为效力特征反推行政权能的认定授权方法却是有价值的。

另外,法院还可以通过体系解释等其他各种方法,认定行政权能。曹明华案[最参行第 127 号]裁判要旨指出:“虽然《企业国有资产监督管理暂行条例》第七条第二款作出了‘国有资产监督管理机构不行使政府的社会公共管理职能’之规定,但该条例第三十条第一款又规定:‘国有资产监督管理机构……负责企业国有资产的产权界定……基础管理工作。’据此,国有资产监督管理委员会具有行政管理职权,可以成为行政诉讼被告。”

本节小结

以行政主体作为具体行政行为的构成要件,在理论上存在循环论证的逻辑错误,在实践中会把主体资格不适格的行为排除在具体行政行为之外,因此必须改造成为行政权能要件,即只有具有行政权能的组织所作的行为才能构成具体行政行为。这一要件主要用于检验或认定是否存在对社会组织的授权。法律规范对社会组织的授权,包括授予行为法和组织法上的权力,但这种授权的成立要符合构成要件。在司法实践中,可以运用历史解释、文义解释认定行政权能,还可以通过行为效力反推行政权能。

第二节　行政权运用要件

具体行政行为必须是行使行政权即运用行政权所作的行为。这是因为,只有运用行政权才能来实施具有单方性和强制性的具体行政行为,只有这样的行为才不具有民事法律行为等其他法律行为的特征,才需要行政法的规范。运用行政权是以享有行政权能为前提的。因此,凡是享有行政权能并实际上运用行政权所作的行为都是具体行政行为;而没有运用行政权所作的行为,即使实施者是享有行政权的组织,也不是具体行政行为。

一、运用行政权的外延界限

行政机关自成立就具有法律赋予的行政权。但是,它在一定条件下还可以成为法人,具有法人应具有的民事权利;其中有的行政机关还具有司法性质的刑事侦查权和仲裁权;公务员除了可以代表所在机关行使行政权外,还可以行使作为公民身份所具有的权利。从外延上说,行政机关运用上述民事权利、司法权力和公民权利并非行政权的运用。

(一)排除行使民事权利

在司法实践中,法院是通过法律关系这一工具来排除行政机关行使民事权利的。

鲁瑞庚案[最典民 2003—1]二审法院认为:“发布悬赏广告是一种民事法律行为……本案中东港市公安局通过东港市电视台发布通告中的部分内容,属于悬赏广告。通告虽然是以东港市公安局的名义发布的,但由于悬赏给付的报酬,是由被害人家属提供的,通告中的悬赏行为,实际上是受被害人家属委托的行为。”在此,法院通过经费(报酬)来源,认定被告与被害人家属之间存在委托关系,所行使的权利来源于被害人家属的委托，是一种民事权利而不是行政权，发布悬赏广告是一种民事法律行为而不是具体行政行为。

东山副业案［最典行2000—1］二审法院认为："上诉人高速公路管理处本身并非行政机关，不具有行政执法的权力，其代为行使的路政管理、规费征收和行政处罚权，必须以委托机关江苏省交通厅的名义实施。由高速公路管理处代为实施的行政行为，只能形成行政管理相对人与江苏省交通厅之间，而不是与高速公路管理处之间的行政关系。高速公路管理处可以以自己的名义对高速公路实施日常经营管理，其基于对高速公路的经营管理向过往车辆收费，只能与交费人之间形成民事权利义务关系，不是行政管理关系。况且国家计委已经在1997年10月31日的计价管(1997)2070号'关于公路、桥梁、隧道收取车辆通行费有关问题的复函'中指出，车辆通行费属于经营性收费，不是行政事业性收费。被上诉人副业公司是以高速公路管理处收费后不尽义务给其造成损失为由，要求赔偿损失的，并非对高速公路管理处代行的某种行政行为有异议而起诉江苏省交通厅，此案显然是民事纠纷。高速公路管理处上诉称'收取车辆通行费，是实施行政管理行为，双方之间由此形成的只能是行政关系，不是合同关系'的理由，不能成立。"在此，法院认定在行政执法上被告与江苏省交通厅之间存在行政委托关系，但对高速公路的经营管理与江苏省交通厅之间不存在任何委托关系，其经营管理权是民事主体本来就具有的民事权利而非行政权。

行政机关作为缔约方单方面解除、变更或终止土地转让合同的行为，泰丰案［最典民2000—4］和西柳土地案［最(2001)民一终字第79号］等认为属于民事合同的履行，稍后的兰州常德案［最典行2000—4］和武汉兴松案［最(2002)行终字第7号］则认为构成运用行政权要件。全国人大常委会法工委答复称："根据《中华人民共和国城市房地产管理法》第七条、第十四条的规定，国有土地使用权出让合同，是国家作为国有土地所有者将国有土地使用权在一定年限内出让给土地使用者，由土地使用者向国家支付土地使用权出让金，并由市、县人民政府土地管理部门代表国家与土地使用者签订的书面合同。根据《中华人民共和国城市房地产管理法》第十五条、第十六条的规定，土地使用者未按照出让合同约定支付土地使用权出让金的，土地管理部门有权解除合同并可以请求违约赔偿；市、县人民政府土地管理部门未按照出让合同约定提供出让土地的，土地使用者有权解除合同，可以请求违约赔偿，并由土地管理部门返还土地使用权出让金。因此，在国有土地使用权出让合同履行过程中，土地管理部门解除出让合同，是代表国家行使国有土地所有权，追究合同另一方的违约责任，不是行使行政管理权，由此产生的争议应属于民事争议。你院2001年印发的《民事案件案由规定（试行）》中也已列明，作为民事案件案由的房地产开发经营合同纠纷，包括土地使用权出让合同纠纷。”“现行法律中没有关于行政合同的规定。在国有土地使用权出让合同履行过程中，因土地管理部门解除国有土地使用权出让合同发生的争议，宜作为民事争议处理。”①根据这一解释，行政机关对土地转让合同的单方面解除、变更或终止，应排除在行政权之外。

（二）排除行使司法权力

刑事侦查权与行政权一样是一种公权力，也受宪法上的法律优先和法律保留原则约束。也就是说，国家机关的刑事侦查权必须具有法律上的明确依据，法律未规定的权力即为法律所保留。基于上述原则，我们可以认定刑事侦查权的存在与否。凡属于刑事侦查权范围的，就不可能是行政权，一种权力不能同时具有两种权力性质。在是否属于

① 2004年9月22日全国人大常委会法工委询问答复（“国土资源部门解除国有土地使用权有偿出让合同属于民事争议还是属于行政争议？”）。

刑事侦查权能更容易得以认定的情况下，我们可以通过对行使侦查权的肯定或否定，来认定行政机关的行为是否属于行政权作用。

有关法律解释确立了排除刑事侦查权的规则。全国人大常委会法工委答复指出："公安机关在刑事侦查中扣押作案工具的措施，不属于行政管理行为，被扣押方不得以此提起行政诉讼。"①最高法院行政审判庭在1991年5月25日根据《刑事诉讼法》②第38条的规定指出："公安机关为了防止被告逃避侦查而作出监视居住决定，限制其活动区域和住所，是刑事侦查措施，不属行政诉讼法受案范围所列行为，公民对此不服坚持起诉，法院应裁定不予受理。""至于公安机关作出监视居住决定，但将监视居住对象关押在派出所、拘留所等场所的做法，这是刑事侦查过程中的违法行为，不属于行政诉讼法受案范围。公民对此不服坚持起诉，法院应裁定不予受理。其可向上级公安部门及有关单位反映。"③最高法院行政审判庭在1991年6月18日又指出："公安机关在侦破刑事案件中，对公民的住宅、人身进行搜查，属于刑事侦查措施。对于刑事侦查措施不服提起诉讼的，不属于行政诉讼调整范围。如果公安机关在采取上述措施时违反法定程序，可以向该公安机关或其上级机关及有关部门反映解决，人民法院不应作为行政案件受理。"④

---

① 1991年6月19日全国人大常委会法工委询问答复（"公安机关在刑事侦查中扣押的作案工具，被扣押方能否因此提起行政诉讼?"）。

② 1979年7月1日全国人大通过，1996年3月17日全国人大第一次修正，2012年3月14日全国人大第二次修正。

③ 《最高人民法院行政审判庭关于对公安机关采取监视居住行为不服提起诉讼法院应否受理问题的电话答复》，1991年5月25日。

④ 《最高人民法院行政审判庭关于公安机关未具法定立案搜查手续对公民进行住宅人身搜查被搜查人提起诉讼人民法院可否按行政案件受理问题的电话答复》，1991年6月18日。

有关判例实践了排除刑事侦查权的规则。张宗信案[最(2004)行终字第5号]终审法院认为:“张宗信请求国家信访局履行对报复杀人和经济犯罪问题做出定性处理决定的所谓‘法定职责’,明显不属于国家信访局在行政法上的职责。”宁大良案[(2008)沪二中受终字第3号]二审法院认为:“起诉人所诉的责令上海市崇明县公安局立案或不予立案决定属于刑事诉讼法调整的范畴。”廖远庆案[(2009)沪二中受终字第10号]一、二审法院都认为,廖远庆诉称的交付不予刑事处罚决定书属于刑事司法行为。

当然,最高法院行政审判庭1991年6月18日的电话答复,是以“公安机关在侦破刑事案件中”为前提的。杜明星案[最参行第121号]裁判要旨认为:“公安机关在刑事侦查行为终结后作出的没收非法所得决定,非刑事司法行为,相对人不服提起行政诉讼的,人民法院应当受理。”同时,如果真如这则请示中所述“公安机关既未依法立案,又未具备合法搜查手续,即对公民的住宅、人身进行搜查”,以至于难以判别是否在“侦破刑事案件”,那就并非行使刑事侦查权,而属于实施行政强制措施权了。黄梅振华案[最典行1996—1]终审法院认为,“上诉人黄石市公安局以张卖席涉嫌诈骗被收容审查,需进行刑事侦查为名,扣押了被上诉人黄梅振华公司所购钢材,其行为无论从事实上或者法律上,均不属于刑事诉讼法所规定的侦查措施。上诉人在对张卖席收容审查的同时,以同一事实和理由扣押被上诉人财产,被上诉人对扣押财产不服依法提起行政诉讼,符合《中华人民共和国行政诉讼法》第十一条第一款第(二)项规定的受案范围”。不过,在公报公布的文字中,我们看不出最高法院认定“不属于刑事诉讼法所规定的侦查措施”的理由。

不属于刑事侦查权的理由,此前的张晓华案[最典行1994—4]一审法院已作了说明,即被告违反了公安部《关于公安机关不得非法越权干预经济纠纷案件处理的通知》①第2条的规定，越权干预本“应由有关企事业及其行政主管部门、仲裁机关和人民法院依法处理”的经济纠纷。也就是说，被告虽然启动了刑事侦查权，但不符合行使刑事侦查权的事实要件，属于以行使刑事侦查权为名、行行使行政权之实，系争行为应定性为行政权作用。香港联华案[（2001）粤高法行终字第4号]判决也确认：“上诉人湛江市公安局扣押行为在先，而刑事立案在后，该扣押行为不属于《最高人民法院关于执行〈中华人民共和国行政诉讼法〉若干问题的解释》第一条第二款第（二）项规定的公安机关依照刑事诉讼法明确授权的行为即刑事侦查行为，应认定为具体行政行为。”

对刑事案件案外人实施强制措施的，根据东方娱乐案[最（1997）行终字第6号]判决，属于行政权的运用。

另外，根据《劳动争议仲裁法》②《公务员法》③《中国人民解放军文职人员条例》④《劳动人事争议仲裁组织规则》⑤和《劳动人事争议仲裁办案规则》⑥等的规定，劳动人事争议仲裁委员会对劳动人事争议具有仲裁权。这类权力已具有民事司法性质，不属于行政权。因此，行使仲裁权并非行政权的运用。

（三）排除行使公民权利

行政权的实际运用是通过公务员的行为来实现的。公务员的行为是否是行使权力的行为或公务行为，有时并不明确，需要按照工作时

---

① 1989年3月15日，[89]公（治）字30号。

② 2007年12月29日国家主席令第80号公布。

③ 2005年4月27日国家主席令第35号公布。

④ 2005年6月23日国务院、中央军事委员会令第438号公布。

⑤ 2010年1月20日人力资源和社会保障部令第5号发布。

⑥ 2009年1月1日人力资源和社会保障部令第2号发布。

间、职责权限、实施行为的名义、行为所体现的意志和行为所追求的利益等标准来加以认定。一般说来，公务员在工作时间和职责权限内、以所在行政主体的名义、体现所在行政主体的意志及追求公共利益的行为，是公务行为。否则，就不属于公务行为，不构成行政权的运用。

赵某案原告赵某系治安联防队队员。原告等联防队员在巡逻时用手铐铐住了有赌博嫌疑的周某，被县公安局认定为使用械具非法限制公民人身自由而处以拘留15天。在审理中，法院内部有三种不同意见：第一种意见认为，赵某当天没有巡逻任务，因而赵某的行为不是公务行为；第二种意见认为，赵某当天本来没有巡逻任务，但由领导安排上勤巡逻，从而所实施的行为属于公务行为，但因违法使用警械限制公民人身自由而应受行政处罚；第三种意见赞同第二种意见关于赵某的行为属于公务行为的观点，但认为公务行为即使违法也只能给予行政处分而不受行政处罚。终审法院按第三种意见作出了撤销处罚决定的判决。①

孙洪飞案的被告工作人员在执行公务前往目的地途中，向原告问路时发生争执，进而互相抓扯、撕打，各自受伤。原告诉请行政赔偿。二审法院认为："被上诉人古蔺县双沙镇人民政府的工作人员刘某等人向上诉人孙洪飞问路的行为，不是行使职权的职务行为，不具备具体行政行为的基本要件，不是具体行政行为。……上诉人孙洪飞与刘某因问路产生的人身损害赔偿纠纷，可以通过民事诉讼解决。"②

即使属于公务行为，如果是以相对人身份实施的，则也不是行政权的运用。长治职责案[最(1995)行终字第6号]和长治注销案[最

① 案情详见姜明安主编：《行政诉讼案例评析》，中国民主法制出版社1994年版，第102页以下。

② 最高法院中国应用法学研究所编：《人民法院案例选》(国家赔偿卷)，中国法制出版社2000年版，第396页。

(1995)行终字第7号]的原告尽管是行政机关,但其向被告提出的申请行为,以及受被告处罚的建设行为,都没有运用行政权,并非具体行政行为。周玉华等案[最参行第47号]裁判要旨指出:"行政机关履行法院协助执行通知的行为不属于行政诉讼受案范围,不具有可诉性。"

但是,公民、法人或其他组织的辅助行为属于行政权的运用。张敏案[最参行第125号]裁判要旨指出:"公民、法人或其它组织依据行政机关的指示,实施辅助行政机关行使国家行政职权的行为,他人不服起诉的,属于行政诉讼受案范围。实施辅助行为造成他人损害的,由作出指示的行政机关承担法律责任。"

二、运用行政权的内涵特征

自孟德斯鸠、洛克、卢梭以来,对行政权内涵的界定林林总总,但概括起来主要有以下几个特征或要素:第一,强制性或支配性,即可以强制拘束、肯定或否定相对人的意志行为,是法治社会所容忍的武力。法国行政法学者莫里斯·奥利乌把这当作行政权的两大要素之一,①可见其对把握行政权的意义。第二,优益性,即行政权的行使具有先行推定有效的特权。② 第三,主动性,即不需要法院等许可就可以直接行动或选择。③ 第四,不可处分性,即行政权不得抛弃或转让。在行政权的实际运用中,也需要把握上述内涵特征来认定。

---

① 参见[法]莫里斯·奥利乌:《行政法与公法精要》(上册),龚觅等译,辽海出版社、春风文艺出版社1999年版,第29页。

② 参见王名扬:《法国行政法》,中国政法大学出版社1989年版,第158页;张尚鷟主编:《走出低谷的中国行政法学》,中国政法大学出版社1991年版,第57页;王学辉等:《行政权研究》,中国检察出版社2002年版,第132页。

③ 参见[法]莫里斯·奥利乌:《行政法与公法精要》(上册),龚觅等译,辽海出版社、春风文艺出版社1999年版,第29—30页。

（一）行政权的效力特征

华源无锡案被告认为，系争行为即其基于生产商的申请所签发的检验合格凭证，实为接受生产商的委托所实施的民事法律行为，并非行使职权的行为。主审法官认为，《进出口商品检验法》[1]及其《实施条例》[2]规定进出口商品的检验有三种，即法定强制检验、抽查和依申请检验，被告对生产商依法申请而进行检验所发生的是行政法律关系，不可能也不应该是民事法律关系，最高法院的司法解释也排除了商检局作民事诉讼当事人的可能性，被告的抗辩实属将"申请"偷换为"委托"，被告的行为属于行使职权的行为。[3] 在这里，法官的认定思路是：经法定强制检验和抽查所签发的凭证具有公定力、确定力和证明力等法律效力，依法海关将据此验放进出口商品，是商检局的职权行为；被告应生产商申请而签发的凭证具有同等的法律效力，具有此类法律效力的行为只能是行政权行为，因而系争行为是被告运用行政权所作的行为。湖南泰和案[最参行第45号]被诉行为的性质也是通过行为效力来反推的。

（二）行政权的强制支配性

行政机关运用强制性、支配性权力的，构成行政权的运用。董永华等案[最参行第4号]终审法院认为："该通知第二条第（一）款规定，对个别超过拆迁公告规定的拆迁期限，并经拆迁动员单位督促后，仍拒不拆、搬的，在给予一定经济惩罚的基础上，依法实施强制拆除。该规定不仅为相对人设定了义务，而且规定一旦相对人未履行义务，将直接承

---

① 1989年2月21日全国人大常委会通过，2002年4月28日全国人大常委会第一次修正，2013年6月29日全国人大常委会第二次修正。

② 1992年10月7日国务院批准，1992年10月23日国家进出口商品检验局令第5号发布，2005年8月31日国务院令第447号废止并重新制定、发布，2013年7月18日国务院令第638号修正。

③ 参见最高人民法院中国应用法学研究所：《人民法院案例选》（行政卷上），中国法制出版社2000年版，第333页。

担被强制拆除的法律后果。”因此，该通知系行政权作用，属于具体行政行为。但行政机关行为并非运用强制性、支配性权力实施的，则不构成行政权的运用要件。

根据单行法的规定，行政机关具有对某些民事争议的调解权。例如，《治安管理处罚法》①第9条规定：“对于因民间纠纷引起的打架斗殴或者损毁他人财物等违反治安管理行为，情节较轻的，公安机关可以调解处理。经公安机关调解，当事人达成协议的，不予处罚。经调解未达成协议或者达成协议后不履行的，公安机关应当依照本法的规定对违反治安管理行为人给予处罚，并告知当事人可以就民事争议依法向人民法院提起民事诉讼。”根据“行政诉讼法若干问题解释”第1条第2款的规定以及罗边槽村案［最典行2000—6］和李晓云案［最参行第58号］判决，行政机关的这种调解权具有居间处理的性质，不具有强制性和支配性，并非具体行政行为。但是，行政主体在调解时对当事人一方或双方的违法行为作出认定的，或者强制、强迫双方达成协议的，则是行政权的运用，可构成具体行政行为。②

根据单行法的规定，行政机关具有对某些民事争议的裁决权。③在1993年前，行政裁决权到底是否是行政权存有争议，各地法院也有不同认定。1993年，最高法院的司法解释确定经行政裁决的民事纠纷仍属于民事案件，④否定行政裁决权的强制性和支配性。1996年最高

---

① 2005年8月28日全国人大常委会通过，2012年10月26日全国人大常委会修正。

② 参见姜明安主编：《行政诉讼案例评析》，中国民主法制出版社1994年版，第29页以下；姜明安主编：《行政诉讼与行政执法的法律适用》，人民法院出版社1995年版，第470页以下。

③ 参见叶必丰等：《行政裁决：地方政府的制度推力》，《上海交通大学学报》（哲社版）2012年第2期。

④ 参见《关于适用〈城市房屋拆迁管理条例〉第十四条有关问题的复函》，最高人民法院1993年11月24日［1993］法民字第9号。

法院的司法解释，①还原了行政裁决权的性质。这是因为，行政裁决并没有实现司法化。

根据单行法的规定，行政机关具有对某些民事争议的"处理"权。目前，规定有"处理"权的法律有《土地管理法》②《森林法》③《草原法》④《渔业法》⑤《环境保护法》⑥和《矿产资源法》等，行政法规有《防汛条例》⑦和《人民调解委员会组织条例》⑧等。另外，还有不少地方性法规和规章规定了行政机关对民事争议的"处理"权。这种"处理"权，既包括调解处理权也包括裁决处理权。根据上述法律制定的《广西壮族自治区土地山林水利权属纠纷调解处理条例》⑨第 3 条规定："本条例适用于调解、处理（以下简称调处）本自治区行政区域内的权属纠纷。"第 29 条第 1 款规定："乡（镇）人民政府或者有关主管部门根据当事人自愿的原则，在事实清楚的基础上，分清是非，对权属纠纷进行调解。"第 4 款规定："调解协议，必须由双方当事人自愿达成，不得强迫。

---

① 参见最高人民法院《关于受理房屋拆迁、补偿、安置等案件问题的批复》，最高人民法院 1996 年 7 月 24 日法复［1996］12 号发布。

② 1986 年 6 月 25 日全国人大常委会通过，1988 年 12 月 29 日全国人大常委会第一次修正，1998 年 8 月 29 日全国人大常委会第二次修正，2004 年 8 月 28 日全国人大常委会第三次修正。

③ 1984 年 9 月 20 日全国人大常委会通过，1998 年 4 月 29 日全国人大常委会修正，2009 年 8 月 27 日国家主席令第 18 号再修正。

④ 1985 年 6 月 18 日全国人大常委会通过，2002 年 12 月 28 日全国人大常委会修订，2009 年 8 月 27 日全国人大常委会第一次修正，2013 年 6 月 29 日全国人大常委会第二次修正。

⑤ 1986 年 1 月 20 日全国人大常委会通过，2000 年 10 月 31 日全国人大常委会第一次修正，2004 年 8 月 28 日全国人大常委会第二次修正。

⑥ 1989 年 12 月 26 日国家主席令第 22 号公布。

⑦ 1991 年 7 月 2 日国务院令第 86 号发布，2005 年 7 月 15 日国务院令第 441 号修正。

⑧ 1989 年 6 月 17 日国务院令第 37 号发布。

⑨ 2002 年 9 月 27 日广西壮族自治区人大常委会通过。

调解协议的内容不得违反有关法律、法规、规章和政策。”第5款规定：“调解达成协议的，应当制作调解协议书和权属界线图。调解协议书和权属界线图由当事人和调解人员签名，并加盖主持调解的乡(镇)人民政府或者有关主管部门印章，送达当事人后生效。”第30条第1款规定：“本条例第十八条第一款第(一)项规定的权属纠纷，经调解达不成协议的，乡(镇)人民政府应当自受理权属纠纷调处申请之日起四个月内作出处理决定。……”第2款规定：“本条例第十八条第一款第(二)、(三)、(四)、(五)项规定的权属纠纷，经调解达不成协议的，有调解管辖权的人民政府或者有关主管部门应当自受理权属纠纷调处申请之日起六个月内提出处理意见，报有处理管辖权的人民政府(含地区行政公署)作出处理决定。……”广西的规定只是目前各地普遍做法的一例。因此，行政机关在行使这项法定“处理”权时，如果仅仅是调解则不属于行政权，如果作出处理决定则属于裁决类行政权。这在司法实践中是认可的。在罗边槽村案[最典行2000—6]中，罗边槽村一、四社间的林权争议曾达成行政调解协议。但此后不久，两社仍生纠纷。法院对此纠纷按民事诉讼程序审理，并确认行政调解协议的合同效力。丰都县政府在继续收到信访后，以丰都府发[1998]157号作出《关于高家镇罗边槽村一、四社林权争议的处理决定》。这一处理决定属于行政裁决，具有强制性和单方性，先后被复议机关、法院受理和审查。

(三)行政权的委托行使

行政机关除了自行行使行政权外，还可以委托其他行政机关或社会组织行使。

1.规范的行政委托。规范的行政委托应当有法律、法规或规章依据，并以书面形式载明委托机关和受委托组织、委托事项、委托权限、委托期限以及法律责任等主要内容，并对外公示。近来，行政委托日益增多,并逐渐规范。例如,吉林省白山市建设局为委托执法,与受委托组之间分别签订了《城市园林绿化行政执法委托协议书》《城市建设工程质量管理行政执法委托协议书》《城市环境卫生管理行政执法委托协议书》《城市建设工程管理行政执法委托协议书》《城市房屋拆迁行政执法委托协议书》《城市市政设施行政执法委托协议书》《城市建设档案管理行政执法委托协议书》《城市建设开发管理行政执法委托协议书》《城市应用散装水泥行政执法委托协议书》《城市应用新型墙体材料行政执法委托协议书》《城市节约用水行政执法委托协议书》《城市客运管理行政执法委托协议书》《城市建设工程安全管理执法委托协议书》和《城市市容市貌管理行政执法委托协议书》,并在网上公示。① 有的规范委托,还是以成立专门组织的形式来实现的。中行江西分行案[最典行 2004—2]判决指出:根据法律规范的规定,"县级以上房产行政管理机关是负责本行政区域房屋产权产籍管理工作的主管部门,办理房屋抵押登记是房产行政主管部门履行房屋产权产籍行政管理的一项法定职责。南昌市房管局是南昌市范围内办理房产抵押登记的行政主管部门,南昌市房交所作为其下属单位,行使房产抵押登记的行政管理职权,应视为是受其委托的行为,南昌市房管局应对此承担行政法律责任"。

2. 行政性工作安排。有时,行政机关要求有关组织实施相应行为,具有强制性和支配性,但又没有正式的委托手续。在这种情况下,司法实践中往往认定为行政委托,系行政权作用。曹龙飞案[(2001)穗中法行终字第 00185 号]一审法院认定:"被告的派出机构松洲街派出所根据上级机关的统一部署,在辖区内开展清查'三无'人员行动。广州

① 参见《行政执法委托协议书》,载 http://jsj.cbs.gov.cn/cmsweb/webportal/W1200/A99416.html,最后访问日期:2011 年 1 月 4 日。

市白云区保安服务公司松洲街中队应该派出所的要求协助清查行动。”一审法院认为:“被告委托广州市白云区保安服务公司的保安人员协助清查和看管‘三无’人员,应视为被告临时委托该公司保安人员行使部分治安管理职权。”本案系争行为是否属于法律行为是值得争议的,但通过行政委托来认定行政权作用的方法,是可行的。海南南庄案[最(2002)行终字第8号]终审法院认为:“海口海滩开发管理公司根据海口市政府海府函[1995]56号《海口市人民政府关于滨海大道西延线海滩管理的批复》中关于‘同意滨海大道西延线海滩由海口中大置业总公司下属的海滩管理公司代市政府负责进行管理’的授权,与南庄公司签订《假日海滩项目合作开发合同书》,属于受委托实施行政管理的行为。”

3. 不合要件的授权。有时,法律没有明确规定某项行政权的行使部门。例如,《野生动物保护法》①第7条第2款规定:“……自治州、县和市政府陆生野生动物管理工作的行政主管部门,由省、自治区、直辖市政府确定。”根据这一规定,省、自治区、直辖市政府确定本辖区内县和市政府陆生野生动物管理工作的行政主管部门,既不是行政法上的授权也不是行政法上的委托。这是法律留给地方政府的机构改革空间,是法律对地方政府行政权配置的授权。但是,在法律明确把某项行政权赋予特定行政机关时,下位法或行政规范性文件不得再将该行政权“授权”给其他行政机关、行政机构或社会组织。如果下位法或行政规范性文件再将该行政权“授权”给其他行政机关、行政机构或社会组织,则应认定为委托。前文所述的《森林法实施细则》第24条第1款所规定的“授权”就是典型一例。它的成立和职权依据都是行政规范性文件,而非法律、法规或规章,不符合授权的形式要件,只能被认定为委托。

---

① 1988年11月8日全国人大常委会通过,2004年8月28日全国人大常委会修正。

本节小结

运用行政权要件,意味着只有运用行政权所作的行为才是具体行政行为。行政权不包括民事权利、司法权力和公民权利。具有行政权能的组织运用上述三种权力(权利)所作的行为,不属于具体行政行为。行政权具有强制性、支配性和优益性等特征。具有具体行政行为的效力体现了行政权特征,两者可以互推。行政机关对民事纠纷不运用强制性、支配性权力进行调解或处理的,不构成行政权的运用。行政机关委托社会组织行使权力的,也属于行政权的运用。

第三节　法律效果要件

从德国和我国台湾的行政法学来看,意思表示于外部是法律效果要件的组成部分,不必作为一个独立的要件。① 本书也作这样的处理。这样,具体行政行为的法律效果要件,是指只有直接产生外部法律效果的行政行为才是具体行政行为,不直接产生外部法律效果的行政行为不构成一个具体行政行为。

一、外部法律效果

(一)法律效果

法律效果是大陆法系的一个概念。作为一种侵权责任法和补救法,英美法系国家没有形成像大陆法系那样的法律行为理论,不讨论法

---

① 参见[德]哈特穆特·毛雷尔:《行政法学总论》,高家伟译,法律出版社 2000 年版,第 192 页;许宗力:《行政处分》,载翁岳生编:《行政法》,中国法制出版社 2002 年版,第 638—639 页。

律效果。一般说来,法律效果是指主体通过意志行为直接设定、变更、消灭或者确认某种权利义务关系,以及所期望取得的法律保护。只有当这种意思表示具备了为相对人设定、变更、消灭或确认了某种权利义务关系,并期望获得法律保护时,才具有法律意义。如果一个行为没有针对行政相对人设定、变更、消灭或者确认某种权利义务,或没有期望获得法律保护,则该行为不具有法律意义、不是法律行为,自然也就没有构成一个具体行政行为。①

我国也重视法律行为理论,讨论法律效果。② 在行政法学上,我国同样以法律效果为具体行政行为的构成要件,③并在司法上得以成功实践。四川蜀威案判决认为:"被告把参加清理检查金堂县审计市场会议的同志发表的意见,加以归纳整理而形成的会议纪要,并非是被告单方面作出的具体行政行为。"④吉德仁等案[最典行 2003—4]终审判决认为,"被上诉人盐城市人民政府《会议纪要》中有关公交车辆在规划区免交规费的规定……是赋予一方当事人权利的行为",构成具体行政行为。关于"所期望获得的法律保护"也就是具体行政行为的法律效力,在司法判决中称为"强制"或"执行"效力。董永华等案[最参行第 4 号]终审判决指出:"该规定不仅为相对人设定了义务,而且规

---

① 参见[德]哈特穆特·毛雷尔:《行政法学总论》,高家伟译,法律出版社 2000 年版,第 183 页;[德]汉斯·J. 沃尔夫等:《行政法》,高家伟译,商务印书馆 2002 年版,第 25 页;王名扬:《法国行政法》,中国政法大学出版社 1989 年版,第 147—149 页;[日]盐野宏:《行政法》,杨建顺译,法律出版社 1999 年版,第 81 页;许宗力:《行政处分》,载翁岳生编:《行政法》,中国法制出版社 2002 年版,第 638—647 页;陈新民:《行政法学总论》,台湾三民书局 1997 年版,第 210—217 页。

② 参见张文显:《法学基本范畴研究》,中国政法大学出版社 1993 年版,第 133 页。

③ 参见张尚鷟主编:《行政法学》,北京大学出版社 1991 年版,第 173—175 页;胡建淼:《行政法学》,法律出版社 2003 年版,第 210、252 页。

④ 参见最高人民法院中国应用法学研究所编:《人民法院案例选》(行政卷上),中国法制出版社 2000 年版,第 720 页。

定一旦相对人未履行义务，将直接承担被强制拆除的法律后果。”吉德仁等案［最典行 2003—4］终审判决指出：“被上诉人盐城市人民政府《会议纪要》中有关公交车辆在规划区免交规费的规定，是明确要求必须执行的。”也正因为在这一意义上，司法实践纷纷把实力强制行为纳入行政强制措施的范畴。马光俊案［最参行第 81 号］裁判要旨认为：“通知是否属于具体行政行为因内容而异。若通知的内容为单纯告知此前作出的行政决定内容，或重复引述行政合同条款，对外不产生实际影响，不属于具体行政行为。若通知同时具有针对特定相对人独立产生实际影响的内容，应属具体行政行为。”

对权利义务是否存在、存在什么权利义务的认定，却并非容易。例如，法律所规定的听证是否构成一种权利，交通事故责任认定行为所认定的责任有无以及大小是否构成一种权利义务？法律本身的规定曾经并不明确。然而，我们无论按照权利的资格说、主张说、自由说、利益说还是法力说、可能说、选择说、手段说来解释法律规定，[1]都难以得出一个充分确定的结论，似乎最终都需要回到法律规范的规定以及根据法律规范所进行的推理。如果权利是可以通过司法获得保护的，那么对这类不能明确是否构成权利义务的规定，有赖于司法的实践和总结。如德国学校对课堂作业的批改、为取得毕业证书进行的单科成绩评定、国家考试的考卷评判都不构成独立的权利，但中学毕业考试或为取得中学毕业证书而进行的单科成绩评定却被视为具有独立的权利。[2] 这既没有法律的明确规定也不是理论的推导结果，而是行政法院的实践总结。

当然，把问题推给法院，并非问题不存在，因为法院也需要理论和

---

① 参见张文显：《法学基本范畴研究》，中国政法大学出版社 1993 年版，第 133 页。

② 参见［德］哈特穆特·毛雷尔：《行政法学总论》，高家伟译，法律出版社 2000 年版，第 184 页。

法律规则。罗伦富案[最典行 2002—5]二审判决认为:“根据罗伦富的诉讼请求,本案的审查对象是交警队作出的道路交通事故责任认定行为,不是交警队的调解行为。”“对道路交通事故进行责任认定,是公安机关根据行政法规的授权实施的一种行政确认行为。该行为直接关系到发生道路交通事故后,当事人是否构成犯罪以及应否被追究刑事责任、是否违法以及应否被行政处罚、是否承担民事赔偿责任或者能否得到民事赔偿的问题,因此它涉及当事人的权利和义务。”其实,刑事和民事责任以及行政处罚并非责任事故认定行为本身设定的义务,而是需要有其他行为来设定的。因此,法院在该案中并没有回答责任事故认定行为中的责任有无以及大小是否构成一种权利义务。但是,法院对问题的解决也可以说是一种试错,错了易改,既可以在以后的裁判中改也可以在实验的基础上通过立法加以改正。基于多年的司法实践,我国《道路交通安全法》第 73 条规定:“公安机关交通管理部门应当根据交通事故现场勘验、检查、调查情况和有关的检验、鉴定结论,及时制作交通事故认定书,作为处理交通事故的证据。……”全国人大常委会法工委答复进一步指出:“交通事故责任认定行为不属于具体行政行为,不能向人民法院提起行政诉讼。如果当事人对交通事故认定书牵连的民事赔偿不服的,可以向人民法院提起民事诉讼。”①

(二)表示于外部

可以肯定的是,法律效果即权利义务的认定应当以表示于外部的意志为准。具体行政行为是行政主体的一种意志,但却应当是一种表现于外部的、客观化了的意志即意思表示。行政主体只有将自己的意志通过语言、文字、符号或行动等行为形式表示出来,并告知行政相对

---

① 2005 年 1 月 5 日全国人大常委会法工委询问答复(“交通事故责任认定行为是否属于具体行政行为,可否纳入行政诉讼受案范围?”)。

人后，才能为外界所识别，才能成为一个具体行政行为。也就是说，只要表示于外部的意志行为具有法律效果，就具备法律效果要件。赖恒安案［最(1998)行终字第10号］终审法院认为："重庆市教育委员会重教函(1999)21号报告从形式上看属于行政机关内部公文，但在抄送赖恒安本人后，即已具有具体行政行为的性质。"

意思表示于外部的标准，不是指意思有没有出行政主体的机关。如果意思只是从行政主体到行政系统的另一机关，则仍没有表示于外部，最多是一个内部行政行为。意思只有出行政系统才能视为已表示于外部，或者说只要出行政系统就意味着表示于外部。延安宏盛案［最参行第1号］裁判要旨等所称的"内部行政行为的外化"，其实就是意思表示于外部。建明食品案［最典行2006—1］裁判要旨认为，"在行政管理过程中，上级以行政命令形式对下级作出的指示，如果产生了直接的、外部的法律效果"，则构成可诉具体行政行为。

意思表示于外部，意味着表示于外部的意思与内部意思不一致的，以表示于外部的意思为准予以认定。至于表示于外部的意思是否合法，是可以争讼的，但不影响具体行政行为的构成。高大庆案［(2006)奉行初字第3号］裁定书认定："被告宁海县人民政府专门就吉山村和铁江村部分村民扣留原告高大庆浙宁采103采沙船一事召开协调会，会后形成了(2005)16号宁海县人民政府办公室会议纪要，事后原告高大庆向宁海县西店镇人民政府查阅该会议纪要，但宁海县西店镇人民政府提供与原件内容不一致的(2005)16号宁海县人民政府办公室会议纪要给原告。"系争行为的意思尽管不完整、不真实，但已表示于外部，已构成具体行政行为。

对一种具有第三方效果的具体行政行为，①作为构成要件的表示于外部并非要求告知第三方，只要告知具体行政行为的领受人即能构

---

① 参见［德］汉斯·J. 沃尔夫等：《行政法》，高家伟译，商务印书馆2002年版，第33页。

成具体行政行为。张忠等案[(2003)粤高法行终字第14号]二审判决认为:“上诉人上诉认为被诉决定的形式属于函件,指向对象为市房产管理公司,是内部行文,不构成具体行政行为。该理由亦不成立。被诉决定发文对象是深圳市房产管理公司,但是,该决定对外发生法律效力,对被上诉人及原审第三人的权利义务产生实际影响,且亦送达原审第三人,因此,属于具体行政行为。”

意思表示于外部的要求,意味着没有表示于外部的具体行政行为应视为不存在。“行政行为通过对外部的表示而成立,因此仅在行政厅的内部意思决定的阶段,尚未具备外部可以认知的形态时,行政行为则尚未成立(在这种情况下,行政行为被称为‘不存在’)。”①四川蜀威案被告的文件即《金堂县审计局关于清理检查我县社会审计市场的会议纪要》,在作出后仅发送给金堂县人大常委会、金堂县委,没有发送给原告,目的是让有关单位知晓,并未要求原告执行。法院认为,这不构成一个具体行政行为。②

行政主体的意思尚未表示于外部与表示不合法也应区别。上海金港案[最典行2006—4]裁判摘要指出:行政处罚决定书应当依法载明必要内容。“如果行政机关没有作出正式的行政处罚决定书,而是仅仅向当事人出具罚款证明,且未向当事人告知前述必要内容,致使当事人无从判断。”这属于违法,而并非意思没有表示于外部。

(三)行政不作为

作为具体行政行为构成要件的法律效果,一般必须是该具体行政行为设定、变更、消灭或者确认的,并期待法律保护的权利义务。但行

① [日]室井力主编:《日本现代行政法》,吴薇译,中国政法大学出版社1995年版,第93页。

② 参见最高人民法院中国应用法学研究所编:《人民法院案例选》(行政卷上),中国法制出版社2000年版,第720页。

政不作为，为什么可以构成具体行政行为，如何看待行政不作为的法律效果呢？

1. 行政不作为的界定。对行政不作为的界定，目前已有多种学说。

（1）主观抑制说。有的法理学者认为，按意思表示的积极或消极为标准，可将法律行为分为作为和不作为两种。不作为，是指主体“对于一定行为的抑制。”①基于这一认识，部分行政法学者认为，行政不作为就是行政主体“对一定行为的抑制，例如，工商行政管理机关对相对人申请营业执照，不予答复，公安机关对相对人请求保护人身权或财产权不予理睬”。②

（2）间接作用说。法理学者张文显认为，对作为和不作为的划分和界定，应以行为对客体发生直接或间接作用为标准。他认为，不作为即“消极行为亦称‘省略行为’，是指行为人以消极的、间接对客体发生作为的方式所进行的活动，往往表现为不作出一定的动作或动作系列”，“是保持客体不变或容许、不阻止客体发生变化”的法律行为。③基于这一法理学认识，也可以推断出对行政不作为的界定。

（3）被动行为说。行政法学上曾普遍认为，以行政主体是否可以依职权主动实施行政行为为标准，可将行政行为分为依职权的行政行为和依申请的行政行为。其中，前者又称为积极行为、主动行为，后者又称为消极行为、被动行为。有的行政法学者认为，主动行为就是行政作为，被动行为就是行政不作为。④

（4）程序行为说。有的行政法学者认为，行政作为和行政不作为不同于其他部门法中的作为或不作为，因为行政法不仅包括实体法而

---

① 《中国大百科全书·法学卷》，中国大百科全书出版社 1984 年版，“法律行为”条。

② 胡建淼主编：《行政法教程》，杭州大学出版社 1992 年版，第 146 页。

③ 张文显：《法学基本范畴研究》，中国政法大学出版社 1993 年版，第 152 页。

④ 杨海坤：《中国行政法基本理论》，南京大学出版社 1992 年版，第 257 页。

且还包括程序法。对行政不作为不应像其他部门法上的不作为那样从实体法上来界定,而应从程序法上来界定。凡行政主体负有行政程序法上作意思表示的义务而不作意思表示的,即为行政不作为。[①] 行政不作为都是违法行为。

(5)维持现状说。该说认为,对行政作为或不作为的划分和界定,应以该行为是否变更现有的法律状态即权利义务关系为标准。行政不作为,就是维持现有法律状态不变的一种行政行为。[②] 在我国台湾地区行政法学区分积极行政行为和消极行政行为的标准,就是该行为是否变更现有的法律状态。[③]

作者原则上赞同维持现状说,但应有所例外。

2. 行政不作为的法律效果。行政不作为的实质,是相对人的请求权、参政权没有获得实现,或其他权益受到损害。它的典型表现形式,就是行政主体对申请、举报、申报或现实的危险保持沉默,或者拖延。在这种情况下,为了保障相对人的权益,也应视为行政权的实际运用,并依法推定其法律效果。[④] 在我国,对这种沉默或不予答复一般推定为对相对人所主张权利义务的否定,只有在行政法规范明确规定的情况下才推定为同意或肯定。如《集会游行示威法》第 9 条第 1 款规定:"主管机关接到集会、游行、示威申请书后,应当在申请举行日期的二

---

① 吴偕林:《关于不作为行政行为与不作为行政案件范围的思考》,《行政法学研究》1995 年第 1 期;周佑勇:《行政不作为判解》,武汉大学出版社 2000 年版,第 18 页;王和雄:《论行政不作为之权利保护》,台湾三民书局 1994 年版,"前言"。

② 参见杨小君主编:《行政法》,中国经济出版社 1989 年版,第 166 页;黄杰主编:《行政诉讼法贯彻意见析解》,中国人民公安大学出版社 1992 年版,第 10 页。

③ 参见林纪东:《行政法》,台湾三民书局 1988 年版,第 311 页;管欧:《中国行政法总论》,台湾蓝星打字排版有限公司 1981 年版,第 433 页;张载宇:《行政法要论》,台湾汉林出版社 1977 年版,第 333 页。

④ 参见许宗力:《行政处分》,载翁岳生编:《行政法》,中国法制出版社 2002 年版,第 639 页。

日前,将许可或者不许可的决定书面通知其负责人。不许可的,应当说明理由。逾期不通知的,视为许可。”《上海市户外广告设施管理办法》[①]第12条第4款规定:“规划、工商、市容环卫部门逾期不提出审查意见或者不作出审批决定的,视为同意。”但在法国,正好与我国相反。“这种沉默并非一个拒绝的决定,相反却是行政机构根据当事人的要求而并不反对作出表示,当事人并不必受这种状态的左右。”[②]因此,相对人在申请中对自己的权利义务最好有比较具体明确的描述。在推定为同意的情况下,即构成新的法律效果,实现了相对人的权利,属于作为式的行政行为。相对人如有需要,可依法要求行政主体颁发相应证明文书。在推定为不同意或拒绝的情况下,虽然并没有产生新的法律效果,但却是行政主体拒绝设定权利或保护权益的意思,也是一种法律效果。这样,相对人就有了获得法律救济的机会。

与上述有关的一种形式,是明示拒绝。这作为一种行政主体拒绝设定权利或保护权益的意思,构成具体行政行为,并没有争议。理论上有争议,实践中有困难的是,到底属于作为式的行政行为还是属于行政不作为。郭长城案[最参行第54号]原告在被告明示拒绝的情况下诉请履行法定职责,获得法院的支持。裁判要旨认为:“当事人因民事纠纷采取不当私力救济,侵犯他人合法权益,公安机关不能以纠纷应由法院处理为由拒绝履行维护社会治安秩序,保障公共安全,保护公民、法人和其他组织合法权益法人法定职责。”也就是说,明示拒绝构成行政不作为。但吕贵国案[最参行第65号]原告却对明示拒绝诉请撤销并责令履行法定职责,也获法院支持。从这些判例看来,明示拒绝既是作

① 2004年12月15日上海市人民政府令第43号发布,2010年12月30日上海市人民政府令第56号废止并重新制定发布。

② [法]莫里斯·奥利乌:《行政法与公法精要》(上册),龚觅等译,辽海出版社、春风文艺出版社1999年版,第478页。

为式行政行为又是行政不作为。不同的认定,所体现的是原告有没有主张行政不作为而要求履行法定职责。只要相对人认为行政主体履行法定职责仍有必要并提出履行职责诉请,即可构成行政不作为。

二、"直接产生"

作为具体行政行为法律效果要件的"直接产生",包含有两个方面。

(一)针对特定相对人或事件

作为具体行政行为法律效果要件的"直接产生",是指权利义务的设定、变更、消灭或确定必须针对特定相对人或事件。之所以只有直接针对特定相对人或事件才能构成直接产生法律效果,是因为抽象行政行为尽管也涉及权利义务,但却只是一种客观法。要使客观法成为主观权利,必须有针对特定人或事件的行为,因而抽象行政行为并非直接产生法律效果的行为。特定或不特定相对人或事件的区分标准,我们已经在第三章做了探讨,那就是适用范围兼适用时间标准。最高法院对此也有成功实践。董永华等案[最参行第4号]被诉行为重庆市垫江县政府的(1998)2号文件《关于认真做好北苑小区旧城改造房屋拆迁补偿安置工作的通知》,并没有以"决定"等具体行政行为的形式实施,被复议机关重庆市政府和一审法院重庆市高级法院认定为抽象行政行为。最高法院认为,垫江县政府文件"内容针对的对象是特定的,即北苑小区的全部被拆迁单位和被拆迁户。上述内容的效力只适用于北苑小区旧城改造范围的被拆迁单位和被拆迁户,其效力不及于其他对象,不能反复使用,一旦北苑小区的拆迁工作完成,该通知即失去其效力"。吉德仁等案[最典行2003—4]终审判决指出:"该项免交规费的规定,是针对公交总公司这一特定的主体并就特定的事项即公交总公司在规划区内开通的线路是否要缴纳交通规费所作出的决定,《会议纪要》的上述内容实际上已直接给予了公交总公司在规划区内免交交通规费的利益，不应认定为抽象行政行为。”

（二）行为本身的法律效果

作为具体行政行为构成要件的法律效果，必须是行为本身所具有的法律效果，而不是借助于其他行为才发生的法律效果。行为本身没有法律效果的，属于行政事实行为。行政事实行为，是指行政主体运用行政权实现行政目的，但并没有产生相应法律效果的实力行政作用。学界对行政事实行为已有不少研究，并进行了类型化探索。[①] 行政事实行为如行政救助和行政调查等，构成行政强制措施或行政强制执行的，或者侵犯相对人合法权益的，根据陈宁案［最参行第19号］等判例，属于具体行政行为。需要借助于其他行为才能说明权利义务的，主要有行政预备行为、监督执行行为、重复处置行为、多阶段行为和行政指导，需要重点讨论。

1. 行政预备行为。这是指为设定、变更、消灭或确认权利义务做准备的行为。我国学者所称的程序性行政行为，基本上属于这类行为。“程序行政行为系指，为实现行政行为的实体内容所采取的步骤和形式等行为，旨在解决该行政行为采取什么步骤、遵循什么时限、采用什么形式等问题。”[②]它区别于实体行政行为的本质特征，就在于其本身并没有法律效果。[③] 但是，“行政预备行为”比“程序性行政行为”更能

---

① 参见陈晋胜：《行政事实行为研究》，知识产权出版社2010年版，第171—235页；闫尔宝：《行政行为的性质界定与实务》，法律出版社2010年版，第59—65页；马生安：《行政行为研究》，山东人民出版社2008年版，第345—362页。

② 胡建淼：《行政法学》，法律出版社2003年版，第209页。

③ 我国学者为了使程序行政行为理论能够成立，又创造了程序权利义务的概念（参见朱维究、闫尔宝：《程序行政行为初论》，《政法论坛》1997年第3期）。但是，程序权利义务的成立，也必须回答我们在前文所提出的什么是权利义务、如何认定权利义务问题。我国台湾学者有有限承认程序行政决定的，但这是以“行政程序法”上程序权的确立为前提的（参见许宗力：《行政处分》，载翁岳生编：《行政法》，中国法制出版社2002年版，第644页）。

说明其性质和地位。从实践来看，已模式化的行政预备行为主要有行政调查、程序处置和行政允诺。预备行为一般没有法律效果，即使涉及相对人的权利义务也处于不确定状态，不构成具体行政行为。但是，如果预备行为影响相对人的权利义务并最终确定的，可构成具体行政行为，①因而有必要专门分析。

(1)行政调查。这是指行政主体为实现行政目的，掌握实际情况、发现真实，对相对人及其处所或物品实施询问、观察或检验等资料收集活动。② 行政调查是一个学理概念，在法律、法规和规章的规定和行政实践中有各种不同名称，如调查、视察、监察、隔离观察、传唤、检查、检验、检测、勘察、勘验、鉴定、询问和盘查等。

行政调查只是对将作具体行政行为事实要件的查明，不具有直接法律效果，仅为行政预备行为。③ 李国飞等案[最参行第43号]裁判要旨指出："事故调查结论不同于处理决定，因其不属最终处理而不具有可诉性。"封丘电业局案[最参行第84号]裁判要旨认为："行政机关执法检查当中制作的现场检查笔录属于记录客观事实的证据，没有确定当事人的权利义务，不具有可诉性。"罗伦富案[最典行2002—5]判决，认定交通事故责任认定行为属于具体行政行为，理由是将成为其他法律行为确定法律责任的依据。现在，这已被《道路交通安全法》第73条以及全国人大常委会法工委答复所否定。④

---

① 参见[德]汉斯·J.沃尔夫等：《行政法》，高家伟译，商务印书馆2002年版，第28页。

② 参见洪文玲：《论行政调查》，载台湾行政法学会主编：《行政法争议问题研究》(下)，台湾五南图书出版公司1990年版，第721页。

③ 参见[德]哈特穆特·毛雷尔：《行政法学总论》，高家伟译，法律出版社2000年版，第184页。

④ 参见2005年1月5日全国人大常委会法工委询问答复("交通事故责任认定行为是否属于具体行政行为，可否纳入行政诉讼受案范围?")。

但伊尔库案[最典行2006—3]裁判摘要指出，行政调查中的查封、扣押等行政强制措施是独立的具体行政行为而非行政预备行为。也就是说，行政调查中的强制传唤、强制盘查、强制检测、扣押和查封等行政强制措施可独立的构成具体行政行为。根据陈莉案[最典行2003—1]判决，查封、扣押等即使是实力行为，事后得到法律上追认的，视为法律行为。同时，根据延安宏盛案[最参行第1号]裁判，行政调查报告含有处理建议并被执行的，即为法律效果，构成具体行政行为。再次，李国飞等案[最参行第43号]裁判要旨指出："行政机关依法具有对该类事故进行查处的法定职责时，如该调查结论依据不足或没有明确结论，则可能对行政相对人的权利义务产生影响，此时该调查结论具有可诉性。"并且，该案裁判要旨也意味着，行政主体终止调查而未作实体处理时，也将构成行政不作为。梅泰克诺案[最参行第82号]裁判要旨指出："在行政调查程序终结后作出的撤案决定对当事人的权利义务产生实际影响，属于行政诉讼受案范围。"

(2)程序处置。这是指行政主体在作出决定前的受理、要求补充材料、听证和告知等程序处置行为。行政主体在作出决定后的重复处置或撤销、改变，不是这里的程序处置行为。程序处置行为系行政预备行为，不具有法律效果。"最高法院行政许可案件规定"第3条规定："公民、法人或者其他组织仅就行政许可过程中的告知补正申请材料、听证等通知行为提起行政诉讼的，人民法院不予受理。"袁裕来案[(2006)甬行初字第3号]判决认为，原告申请政府信息公开，"但被告依据《暂行规定》的相关规定，要求原告首先提交书面申请，经被告同意后方能查阅"。这"属于程序意义上的制度设置，故并未对当事人及其委托人查档的实体权利进行否定"，不属于具体行政行为。如果该程序处置行为违法，则可就实体行政行为违反法定程序寻求救济。张洪德等案[最参行第85号]裁判要旨认为："政府信息公开申请人对行政机关因认为申请内容不明确,而作出的更改、补充告知行为不服提起行政诉讼的,人民法院不予受理,但是对申请人权利义务产生实质影响的除外。”

但是,行政程序因程序处置行为而终结,影响相对人权利义务的,相对人可就行政不作为而提起诉讼。董用权案[最参行第50号]裁判要旨指出:“当事人对于不予受理决定提起行政诉讼的,人民法院应当受理。”对不予受理决定,既可以是撤销之诉也可以是履行法定职责之诉。同时,潘冬明等案[最参行第53号]判决认为,程序处置行为导致行政程序终结的,也可以构成行政不作为。再次,尹琛琰案[最典行2003—2]判决认为,程序处置系实力行为,并损害相对人合法权益的,可提起行政赔偿诉讼。

(3)行政允诺。这是指行政主体承诺在相对人完成某种行为后给予奖励或利益的行为。行政允诺的法律效果,学说上有不同主张。有德国学者认为,“许诺本身不是行政行为,而是行政前行为”。尽管它具有重要的行政法意义,但“许诺并非一定要定位为行政行为”。① 我国台湾地区则有学者主张承认其具体行政行为地位。② 与学说相适应,我国实务上也有不同认定。黄银友等案[最参行第22号]裁判要旨理由认为,行政允诺构成具体行政行为。但张炽脉等案[最参行第56号]和郭伟明案[最参行第78号]判决认为,行政允诺类似于民法上的要约,可构成行政职责而不构成具体行政行为。作者认为,黄银友等案[最参行第22号]裁判要旨理由有关行政允诺构成具体行政行为的主张,仅仅阐明了行政允诺与行政合同的区别,没有关注

① [德]汉斯·J.沃尔夫等:《行政法》(第二卷),高家伟译,商务印书馆2002年版,第143页。

② 参见许宗力:《行政处分》,载翁岳生编:《行政法》,中国法制出版社2002年版,第645页。

行政预备行为与具体行政行为的区别。作者赞同张炽脉等案[最参行第56号]的判决,即把行政允诺作为行政职责来对待,然后按行政允诺的履行行为是属于行政奖励还是行政给付来认定行为性质。也就是说,行政允诺系行政预备行为,对行政允诺的不履行可构成行政不作为。

2. 监督执行行为。这是行政主体监督相对人遵守法律规范,履行具体行政行为所设义务,以及配合相对人履行义务的行为。监督执行行为与行政预备行为不同,不是为了作出一个行政决定而实施的。通过监督,发现不符合法律规范或具体行政行为的要求的,或者遭相对人抗拒的,行政主体应像上海远洋案[最典行1992—3]一样,在启动新的行政程序后才能作出行政处罚等具体行政行为。实践中已经模式化的监督执行行为,有行政检查和行政监督。此外,行政主体接受相对人缴纳罚款等,也属于不具有法律效果的执行行为。检查、监督和执行三者之间,有时很难加以区分。企业年检,到底是检查还是监督?相对人自行履行义务时,行政主体派员到场观察,到底是监督还是执行?但这并不影响是否具有法律效果的分析和讨论。

行政检查,如查验相对人的身份证件、企业年检和设施检验等,都没有法律效果。《行政许可法》第62条第2款规定:“行政机关根据法律、行政法规的规定,对直接关系公共安全、人身健康、生命财产安全的重要设备、设施进行定期检验。对检验合格的,行政机关应当发给相应的证明文件。”这种证明也并非对权利义务的确认,不构成行政确认。全国人大常委会法工委答复根据上述规定指出:“企业年度检验应当是对企业实施监管的一种手段,不是行政许可。……行政机关只能对重要设备、设施进行定期检验,不能利用年检确认企业继续经营的资格,变成二次许可。因此,企业年检应当按照《中华人民共和国行政许可法》的规定予以规范。”①

行政监督，如交通违章记分、医疗机构不良执业行为记分和餐饮服务单位食品安全状况动态等级评定等，与企业年检和设施的定期检验一样属于行政许可后的监督，司法上也不认为具有法律效果。张斌慧案［（2009）沪二中行终字第2号］终审判决认为：“上诉人因违章行为被扣6分，不是被诉行政处罚决定的内容，不属本案审查范围。”

但检查监督行为与属于行政许可的检验、检测和检疫不能混淆。夏善荣案［最典行2006—9］裁判摘要指出：“建设行政主管部门对在集体土地上建造的住宅小区组织竣工综合验收并颁发验收合格证”，属于具体行政行为。

与行政预备行为一样，监督检查中采取行政强制措施或实施行政强制执行的，在我国依法属于具体行政行为；监督检查执行中，以实力行为侵害相对人合法权益的，也可提起行政赔偿诉讼。不过，这类事实侵权行为在我国司法实践中也常常称为行政强制措施。李翠凤案［（2003）东行终字第33号］二审判决，一方面认定殴打行为“是一种事实行政行为”，另一方面又认为是对相对人人身采取的行政强制措施，即强制性行政事实行为属于行政强制措施。

行政主体不履行监督检查职责，导致相对人无法行使其合法权益的，则可以构成行政不作为。俞国华案［最指行第51号］原告企业因被告不予年检，而依规定未进行年检的企业不得承担施工任务，遂依法向法院起诉行政不作为。再审判决以逾期起诉为由予以驳回，但并未否认属于行政不作为。

3.重复处置行为。这是指同一行政主体针对同一当事人的同一事

---

①　2004年7月2日全国人大常委会法工委询问答复（“企业年度检验是否属于行政许可？”）。

项,在已有具体行政行为基础上再次处理的行为。如果重复处置行为只是对前一次具体行政行为的重申、告知或指示,而没有改变前一次具体行政行为或与前一次具体行政行为在内容上并无不同,则不具有新的法律效果,并未构成一个新的具体行政行为。[①] 正因为如此,"行政诉讼法若干问题解释"第2条第2款第5目规定:法院不受理行政主体"驳回当事人对已经作出的行政行为及相应的不作为提起申诉的重复处置行为"。糖烟酒公司案原告先后提出过三次申请,被告也先后作出了三次拒绝。[②] 被告的后两次拒绝,都是对第一次拒绝行为的重申,并未设定新的法律效果,并未构成一个新的具体行政行为。杨一民案[最典行2007—10]裁判摘要指出:"行政机关驳回当事人申诉的信访答复,属于行政机关针对当事人不服行政行为的申诉作出的重复处理行为,并未对当事人的权利义务产生新的法律效果,不是行政复议法所规定的可以申请行政复议的行政行为。"

但是,下列重复处置构成新的具体行政行为:第一,如果重复处置行为改变了前一次具体行政行为或与前一次具体行政行为有不同的内容,则具有新的法律效果,构成一个新的具体行政行为。焦志刚案[最典行2006—10]和夏鸣案[最参行第42号]判决都认为,被告对前一具体行政行为的撤销和改变,构成一个新的具体行政行为。第二,两个不同的行政主体,对同一法律事实所作的两个行为,不属于重复处置行为。罗边槽村案[最典行2000—6]一审判决认为,"罗边槽村一、四社

① 在我国台湾地区,有学说主张只要行政主体作了实质性审查,即使所作决定与第一次行政决定并无二致,那么也构成一个新的行政决定。但在实务中,只要决定结果不变,不论是否作过实质性审查,都一律认定为不具有法律效果的行为,不构成行政决定(参见许宗力:《行政处分》,载翁岳生编:《行政法》,中国法制出版社2002年版,第646页)。

② 案情详见姜明安主编:《行政诉讼与行政执法的法律适用》,人民法院出版社1995年版,第480页。

为相邻的林木林地发生争议后，丰都县林业局、高家镇人民政府、高家镇林业站、罗边槽村村民委员会在调查了解的基础上，主持双方进行调解，并达成了‘林地林木权属争议调解协议’，该协议系双方当事人真实意思的表示，且符合《林木林地权属争议处理办法》第十八条的规定，具有法律效力。丰都县人民政府明知罗边槽村一、四社双方达成的‘林地林木权属争议调解协议书’具有法律效力，其又对同一争议地作出处理决定，系重复处置行为，无法律依据”。罗边槽村一社上诉称，原调解协议并非有效，一审法院认定丰都县政府所作处理决定系重复处置行为并据此作出判决错误，请求撤销一审判决。二审判决认为，“在罗边槽村一、四社已经达成调解协议，并被人民法院的生效判决认定为具有法律效力的情况下，重庆市丰都县人民政府又作出丰都府发(1998)157 号《关于高家镇罗边槽村一、四社林权争议的处理决定》，否定该调解协议具有法律效力，与人民法院的生效判决相抵触，属于超越职权”。二审判决之所以没有认定丰都县政府的处理决定为重复处置行为，就是因为它与调解协议的当事人以及主持调解协议的主体并非同一个主体。

4. 多阶段行为。当一个行政主体的具体行政行为需要另一行政主体合作或补充时，就形成了多阶段具体行政行为。[①] 这在我国因行政审批极为复杂而普遍存在，其中建设工程项目的审批尤为典型。[②] 它与预备行为的主要区别在于，多阶段行为是两个以上的行政主体所作的行为，而预备行为则是由具体行政行为的实施主体作出的。多阶段行为有三类。

---

① 参见[德]汉斯・J. 沃尔夫等：《行政法》，高家伟译，商务印书馆 2002 年版，第 31 页。

② 参见杨利敏：《行政行为跨程序拘束力在行政过程中的适用性——厦门市普达房地产建设发展有限公司诉厦门市规划局不复行政批复一案的法律分析》，载罗豪才主编：《行政法论丛》第 7 卷，法律出版社 2004 年版。

（1）多个行政主体分别针对相对人所作的多个有联系的行为。其中，前一行为构成后一具体行政行为实施要件的，则该前一行为系后一具体行政行为的基础行为。根据范元运等案［最参行第29号］判决，这类多阶段行为中的各个行为是独立的，是否构成具体行政行为需要按照行政主体的行为有没有设定、变更、消灭或确认权利义务来分别认定。根据成和平等案［最（1998）行终字第3号］判决，这类多阶段行为中各阶段行为之间的逻辑联系是否符合法律规范的要求，不影响具体行政行为的成立，但会影响具体行政行为的合法性。

（2）某一行政主体对特定相对人实施具体行政行为，其他行政主体为此对该行政主体所作的合作行为。这主要有备案行为，上级的解释、指示或批准行为，以及同级机关提供的意见等参与行为。这些参与行为本身并没有直接针对相对人设定、变更、消灭或者确认权利义务，原则上不构成一个具体行政行为。即使“比较强的参与方式即附和或者同意，司法界也倾向于否定其行政行为的属性”。① 贵州康乐案［最典行1994—3］和佛山永发案［（2002）佛中法行初字第12号］等判决，都没有把这类参与行为认定为具体行政行为。参与行为可以分为应要求提供意见、作出指示等事前参与，以及予以备案、批准等事后参与两类。在需要其他行政主体参与的情况下，行政主体所作的行为未经事前参与的，构成违法，但法律效果已经确定；未经事后参与的，则法律效果尚未确定。赖恒安案［最（1998）行终字第10号］终审判决认为：“重庆市教育委员会重教函（1999）21号报告从形式上看属于行政机关内部公文，但在抄送赖恒安本人后，即已具有具体行政行为的性质；由于该报告需待上级主管部门审批，其内容尚未最终确定，对赖恒安的权利义务并未产生实际影响，故该行为属不成熟的行政行为。”但是，当上

---

① ［德］汉斯·J. 沃尔夫等：《行政法》，高家伟译，商务印书馆2002年版，第32页。

级的指示或批准被直接实施时,根据"行政诉讼法若干问题解释"第 19 条的规定和延安宏盛案[最参行第 1 号]裁判要旨,构成直接法律效果,属于具体行政行为。根据李传镒案[最(2004)行终字第 1 号]判决,上级对法律规范的解释并非指示或审批,该上级的解释被直接作为下级机关具体行政行为的依据,并非"直接实施",仍没有直接产生法律效果,并非具体行政行为。

(3)下级行政主体初审或实施、上级行政主体决定的行为。有很多法律规范有关于下级受理或初审而由上级决定的规定。例如,《长江河道采砂管理条例》①第 10 条第 2 款规定:"市、县人民政府水行政主管部门应当自收到申请之日起 10 日内签署意见后,报送沿江省、直辖市人民政府水行政主管部门审批;……"在这种情况下,只要下级行政主体向上级报送,行政程序得以继续,则无论所签署意见如何,其行为都属于受理和初审行为。下级行政主体的受理或初审行为与行政预备行为一样,不具有法律效果。但是,下级行政主体不签署意见或签署意见后不予报送,从而导致行政程序终结的,权利义务最终确定,构成具体行政行为。并且,根据裕友赔偿案[最(1996)行终字第 1 号]终审裁定,下级行政主体在具有告知上级批准结果的情况下,尽管办理了上报手续,但因未告知没有获得上级批准,致使被误认为行政程序终结的,仍属于行政不作为。同时,还有延安宏盛案[最参行第 1 号]那样的上级机关决定、下级机关实施的行政行为。下级机关的这类实施行为,只是将上级机关意思外部化的表示行为,本身并没有构成具体行政行为。上级机关的决定通过下级机关的实施,构成具体行政行为。

5. 行政指导。吉德仁等案[最典行 2003—4]终审判决指出:"所谓行政指导行为,是指行政机关在进行行政管理的过程中,所作出的具有

---

① 2001 年 10 月 25 日国务院令第 320 号发布。

咨询、建议、训导等性质的行为,不具有行政强制执行力。”

行政指导最显著的特征之一,是不具有强制性或拘束力。行政主体或法院都不能强制执行或强制实施该行政指导,而只能依赖于公民、法人或者其他组织的接受或自觉遵守。海龙王案[最典行 2002—6]终审裁定认为:“筹委会的纪要只具有行政指导性质,不具有强制力”。如果行政主体所实施的行为虽然具有行政指导的形式或名称,但却事实上或法律上给予其强制性或拘束力的,则不属于行政指导。吉德仁等案[最典行 2003—4]终审判决指出:“被上诉人盐城市人民政府《会议纪要》中有关公交车辆在规划区免交规费的规定,是明确要求必须执行的,因此,盐城市人民政府认为该行为属行政指导行为没有法律依据。”点头隆胜案[最典行 2001—6]判决指出:“被告福鼎市人民政府以鼎政办(2001)14 号文件,批准下发了《工业领导小组办公室关于 2001 年玄武岩石板材加工企业扶优扶强的意见》。该文件虽未给原告点头隆胜石材厂确定权利与义务,但却通过强制干预福建玄武石材有限公司的销售办法,直接影响到点头隆胜石材厂的经营权利。……福鼎市人民政府认为鼎政办(2001)14 号文件是行政指导性文件,没有强制性,不是具体行政行为,不是行政诉讼可诉对象的理由,不能成立。”并且,“行政诉讼法若干问题解释”第 1 条也明确规定:“公民、法人或者其他组织对具有国家行政职权的机关和组织及其工作人员的行政行为不服,依法提起诉讼的,属于人民法院行政诉讼的受案范围”;“公民、法人或者其他组织对下列行为不服提起诉讼的,不属于人民法院行政诉讼的受案范围:……(四)不具有强制力的行政指导行为。”这一规定不是说行政指导可以分为具有强制力的行政指导和不具有强制力的行政指导,而是说行政指导不具有强制力,不属于行政诉讼受案范围,否则仍属于行政诉讼的受案范围。

行政指导并不为不特定相对人创设权利义务,也没有为特定相对人设定、变更或消灭某种权利义务关系。它在内容上主要表现为一种倡导、号召、建议和设想等，所体现的只是行政主体在当前或今后一个阶段对某些事务所持的一种态度、所具有的一种倾向、所执行的一种政策、所倡导的一种模式选择。如果公民、法人或者其他组织自愿接受了行政指导，应享受的权益则需要用通过行政奖励或行政给付等具体行政行为来实现，而不是行政指导本身的法律效果。

行政指导的非强制性和非法律性是相辅相成的。一方面，行政指导正因为没有设定、变更或消灭相对人的权利义务。另一方面，它没有强制性即不能获得法律保护。这样，行政指导即使貌似涉及权利义务，也不能构成具体行政行为。海龙王案[最典行 2002—6]终审裁定认为："筹委会的纪要只具有行政指导性质，不具有强制力，该纪要中关于'同意海龙王公司参加珠江侨都项目的投资'的内容，不能改变珠江侨都公司各方的法律地位。海龙王公司只有通过与珠江侨都公司各方谈判，并经过主管机关依照法定程序予以审批，成为珠江侨都公司的股东，方可拥有对珠江侨都项目的投资开发权。上诉人海龙王公司认为筹委会纪要使 233 号通知与其形成法律上的利害关系的上诉主张不能成立。"与该案被诉行为相反，吉德仁等案[最典行 2003—4]终审判决认为，被诉行为既为特定人设定了权益，又必须执行，因而不属于行政指导而属于具体行政行为。

本节小结

具体行政行为的法律效果要件，要从权利义务的设定、变更、消灭或确认及其法律保护期待上把握。并且，法律效果应当是表示于外部的、针对特定人或事件的法律效果，是具体行政行为本身具有的、无需借助于其他行政行为的法律效果。行政不作为的法律效果，则是一种法律推定。

第六章　依申请行政行为的实践

本章思路　依申请行政行为制度体现了服务与合作理念，是公众有序参与的常态化机制，是相对于依职权行政行为的一个重要领域。它在当前的实践问题，主要是受欺诈行政行为和应申请公开政府信息行为。本章试图通过判例对上述问题展开讨论，从而深化对应申请行政行为理论的认识。

第一节　受欺诈行政行为的法律责任*

近年来，在房地产登记和工商登记等依申请行政行为领域，以及某些根据申报实施的职权行政行为领域，受欺诈行政行为频繁发生。对受欺诈行政行为，法院几乎都认为属于违法行政行为，并判决撤销或确认违法，甚至判决行政主体履行行政赔偿责任。行政监督部门则往往根据法院的判决追究行政执法责任。但问题是，行政主体却认为对相对人的申请或申报依法已经尽到审查职责，并非行政违法而是相对人的欺诈行为违法，更不应履行行政赔偿责任或承担行政执法责任。作者认为，在授益行政领域，受欺诈行政行为似不可避免，并将随着我国

---

* 本节曾作为本项目的阶段性成果形式，以《受欺诈行政行为的违法性和法律责任——以行政机关为视角》为题发表于《中国法学》2006 年第 5 期，编入本书稿时替换和增补了典型判例，有少量修改。

福利行政的发展和行政审批程序的简化而有日益增多之势，因而有认真研究的必要。对上述问题的解决，将有利于分清责任，有利于社会诚信建设，有利于巩固行政审批制度关于简化手续、提高效率的改革成果，有利于我国授益行政或福利行政的顺利发展。

一、法院对受欺诈行政行为的审查

在个案中，法院的判决就是法。并且，“一个制定法只有在法院解释之后才成为真正的法律”。① 也就是说，明确法院关于受欺诈行政行为的态度，对我们的研究至关重要。

（一）法院认定受欺诈行政行为违法的理由

在实践中，受欺诈行政行为往往因利害关系人权益受损而被诉至法院。法院对受欺诈行政行为，几乎都认为属于违法行政行为。法院认定一个行政行为违法都须说明理由，即必须说明行政行为是否存在《行政诉讼法》第 54 条第 2 项所规定的下列情形：主要证据不足、适用法律、法规错误、违反法定程序、超越职权或滥用职权。那么，法院认定受欺诈行政行为违法的理由是什么呢？

由于受欺诈行政行为是相对人伪造申请材料、故意提供虚假材料或故意作不实陈述而骗取行政主体审批或者许可的，即行政行为仅符合相对人所提供的事实材料而并不符合客观事实，法院往往以“主要证据不足”作为认定受欺诈行政行为违法的法定理由。中行江西分行案[最典行 2004—2]一审判决认为，“南昌市房管局的工作人员在履行房屋抵押贷款登记行政职权过程中，未认真审查颜桂龙提交的作为贷款抵押物的南昌市西湖区船山路 29 号第二层非住宅房屋产权证与该

① [美]本杰明·卡多佐：《司法过程的性质》，苏力译，商务印书馆 2000 年版，第 78 页。

房屋所有权证存根以及档案记录内容是否相符,也未认真查对权证与印章真伪,即错误认定天龙公司对该房屋拥有产权,并作出《房屋抵押贷款通知书》,确认信托公司与天龙公司的房屋抵押法律关系有效。该具体行政行为认定事实错误"。吴幼定案[(2005)沪二中行终字第123号]一审法院认为:"市房地局在未对同住成年人同意以孙才娣的名义购买该公有住房的意思表示的真实性予以充分审查的情况下,向孙才娣核发了上海市普陀区黄陵路200弄25号601室房屋的房地产权证,属认定事实不清,主要证据不足。"二审法院维持了该案一审判决中的认定。

但同时,作者也发现存在法院以适用法律错误、滥用职权或违反法定程序作为认定受欺诈行政行为违法理由的个别案例。根据夏善荣案[最典行2006—9]判决,适用法律错误是与主要证据不足同时作为理由的,原因在于主要证据不足导致了法律适用的错误。法院认定滥用职权,则主要是因为行政主体在收取费用的同时并没有认真审查相对人所提供材料的真实性。① 这就意味着,法院认为行政主体没有认真审查相对人所提供材料导致受欺诈行政行为发生的,在符合适用法律、法规错误、违反法定程序、超越职权或滥用职权的相关特征时,也会以"主要证据不足"以外的法定理由来认定受欺诈行政行为违法。李玉巧案[最参行第156号]裁判要旨认为:"以虚假身份证明办理的结婚登记,属于结婚登记程序严重违法。"

(二)法院对受欺诈行政行为的裁判

在国外,对受欺诈行政行为往往适用确认无效或宣告无效判决。但我国《行政诉讼法》未规定确认无效或宣告无效判决,"行政诉讼法

① 参见侯中华案,载最高法院中国应用法学研究所编:《人民法院案例选》(国家赔偿卷),中国法制出版社2000年版,第361页以下。

若干问题解释”第57条第2款尽管规定了确认无效判决却并不适用于包括受欺诈行政行为在内的无效行政行为。其实,《行政诉讼法》及其司法解释在制定时,所考虑的主要是如何保障公民、法人或其他组织的合法权益,而并没有考虑到受欺诈行政行为。

在现行法律框架内,法院对夏善荣案[最典行2006—9]等中的受欺诈行政行为主要适用撤销判决。对受欺诈行政行为效力的消灭而言,撤销判决与确认无效或宣告无效判决是相同的,即受欺诈行政行为不是从撤销之日而是视为从作出之日起始终没有法律效力。但有时,也会出现受欺诈行政行为无法被撤销的情形。长江船舶案[(1996)武行终字第65号]原告方职工韩国涛以欺诈手段骗取被告颁发了因私护照,并已持照出境。法院如果判决撤销该因私护照,则意味着韩国涛在国外不再受中华人民共和国的保护。在“行政诉讼法若干问题解释”生效前,法院对此主要是通过促使双方当事人庭外和解,并裁定准予原告撤诉的形式解决的。在上述最高法院的司法解释生效后,则法院也可根据该司法解释第58条的规定勉强适用确认受欺诈行政行为违法并责令被诉行政主体采取相应补救措施的判决。

受欺诈行政行为几乎都是授益行政行为,一般不会导致相对人的损害。即使相对人因受欺诈行政行为而遭受损害,法院一般也不会判决行政主体履行行政赔偿义务。当然,当行政主体的审查不严与相对人的欺诈行为构成损害结果的共同原因时,行政主体也应承担相应的赔偿义务。作者经查阅《最高人民法院公报》和《人民法院案例选》并没有发现判决行政主体向相对人履行行政赔偿义务的案例,也未在作者所收集的案例汇编文献中发现有此类判决案例。法院不判决行政主体向相对人履行行政赔偿义务,是因为相对人遭受损害系基于其自己所作的欺诈行为,属于《国家赔偿法》第5条所规定的国家不承担赔偿责任的情形。根据绿谷案[最典民2004—7]裁定,受欺诈行政行为侵害善意第三人合法权益的，善意第三人可对欺诈行为人向法院提起民事诉讼，并持胜诉民事裁判文书向行政主体请求变更或撤销受欺诈行政行为。善意第三人也可对受欺诈行政行为向法院提起行政诉讼，同时对欺诈（侵权）行为人向法院提起民事诉讼，由法院一并审理。法院可在判决撤销受欺诈行政行为的同时，依法判决欺诈（侵权）行为人向善意第三人承担民事赔偿责任。① 但是，在欺诈行为人逃逸或者无法赔偿的情况下，根据中行江西分行案［最典行 2004—2］判决，法院也可以判决行政主体履行行政赔偿义务，或者像长江船舶案［（1996）武行终字第 65 号］，经双方当事人庭外和解、达成赔偿协议后法院裁定准予原告撤诉。

总之，法院一般都认为受欺诈行政行为属于违法行政行为，并往往以主要证据不足为由判决撤销，甚至在特殊情况下将判决行政主体履行行政赔偿义务。

二、违法与过错的不对应性

（一）受欺诈行政行为是违法行政行为

受欺诈行政行为在许多国家都属于违法行政行为，并且可以不受信赖保护原则的限制予以撤销。例如，《联邦德国行政程序法》（1998年）第 48 条（违法行政行为的撤销）第 2 款规定："……下列情况下受益人不得以信赖为其依据：（1）受益人以欺诈、胁迫或行贿取得一行政行为的；（2）受益人以严重不正确或不完整的陈述取得一行政行为的；（3）明知或因重大过失而不知行政行为的违法性。"但在我国行政实践中，行政主体对法院认定受欺诈行政行为违法并判决撤销，甚至判决履行行政赔偿义务普遍感到不满，认为自己对相对人提供的材料依法已

---

① 参见黄玉和案［最参行第 159 号］裁判要旨。

尽到审查责任，不是行政违法而是欺诈行为违法。对此，我们有必要予以说明。

受欺诈行政行为是一种具体行政行为，是行政主体的单方行为。在传统行政法上，具体行政行为是主权者对臣民在具体事件中宣告何者为法的单方面意思表示，是纯粹的行政意志。“行政行为的典范是一个单方面的意志宣告。”①在现代行政法上，公众的行政参与日益增多、增强，行政行为也逐渐演变为在公众参与下的公共服务行为。“例如，在营业许可中，私人方面的申请先行，然后，针对该申请，才作出许可的行为。”②作为申请的“个人意志不仅是国家行为的动因（例如刑事司法上的告发），并且相应国家职能的整个运转过程，直到终止都持续性地受到个人意志的左右”。③ 在这种情况下，行政行为似乎具有双方性。“不过，即使在这种场合，法律关系的成立也不是基于私人的意思（申请）和行政厅的意思（行政行为）的一致，而是基于被称为许可的行政行为，申请只是其前提要件”，④主要对程序的启动和结束起作用。也就是说，对相对人申请这一参与行为或意思表示，行政主体可以接受也可以拒绝，行政主体在接受相对人的意思表示后就视为是行政主体的意思表示或行政行为。这样，在现代行政法上，具体行政行为仍然是一种单方行为。

形成行政法上权利义务关系的行为不是两个即行政主体的行为和相对人的行为，而是一个即具体行政行为。具体行政行为不是行政主

---

① ［奥］凯尔森：《法与国家的一般理论》，沈宗灵译，中国大百科全书出版社 1996 年版，第 306 页。

② ［日］盐野宏：《行政法》，杨建顺译，法律出版社 1999 年版，第 80 页。

③ ［德］耶利内克：《主观公法权利体系》，曾韬等译，中国政法大学出版社 2012 年版，第 72 页。

④ ［日］盐野宏：《行政法》，杨建顺译，法律出版社 1999 年版，第 81 页。

体和相对人的双方行为,而是行政主体的单方意思表示。这样,当形成权利义务关系的行为违法时,就必然是具体行政行为违法。这正像相对人的意志为行政主体的意志所吸收而转化为行政意志一样,相对人行为或意思的瑕疵也已转化为具体行政行为的瑕疵。“私人的行为具有无效瑕疵的情况下,以该行为为前提而作出的行政行为当然也具有瑕疵。”“关于附带在私人行为上的瑕疵,不是无效原因而属于撤销原因的情况,当存在该撤销的意思表示时,以此为前提作出的行政行为便带有瑕疵。”①

相对人以欺诈手段所提出的申请,是一种重大违法即无效瑕疵的相对人行政法行为。② 行政主体受相对人的欺诈所作的具体行政行为,或者说以此为前提条件所作的具体行政行为,当然也是违法行政行为。因此,从理论上说,法院认定受欺诈行政行为属于违法行政行为是没有任何问题的。

(二)受欺诈行政行为不全是一方的过错

具体行政行为违法的原因是行为人的过错。受欺诈行政行为是违法的,并应被确认无效或撤销。但这是谁的过错造成的呢?

多数行政主体认为,受欺诈行政行为违法都是相对人的过错,理由是该行为的违法是因为相对人的欺诈。作者在多年前也持这一观点。③ 与行政主体的观点相反,有的学者认为受欺诈行政行为都是行政主体的过错。“对于行政机关基于欺诈、胁迫或贿赂而实施的行政行为,仍属意思表示真实的范围,因为它有能力识别欺诈、拒受胁迫或贿赂。如走私嫌疑人通过伪造文书和证件骗取海关放行,该放行行为

① [日]盐野宏:《行政法》,杨建顺译,法律出版社 1999 年版,第 248 页。
② 同上。
③ 参见叶必丰:《应申请行政行为判解》,武汉大学出版社 2000 年版,第 218—219 页。

可推定为意思表示真实，海关予以放行的行为则构成行政违法。"①从中行江西分行案[最典行 2004—2]等判例来看，法院也几乎都认为是行政主体的过错。主张行政主体过错的理由是，行政主体对相对人的意思瑕疵或欺诈行为具有识别能力但未尽注意义务，与相对人的瑕疵意思已转化为行政行为的违法一样，相对人的过错也一并转化为行政主体的过错。

其实，受欺诈行政行为是相对人还是行政主体的过错，既不能以相对人主观上的不诚实、欺诈来确定，也不能以行政主体事实上的识别能力来确定。对于前者，是因为相对人的诚实或欺诈与否不能阻却行政主体的审查义务。对于后者，是因为行政主体的识别能力即审查、证明能力，我们不仅仅要看行政主体事实上的可能性，还要看法律上的可能性。从事实上说，行政主体只要想查，几乎没有查不清的事实。即使存在类似于夏善荣案[最典行 2006—9]中伪造国家公文、涉嫌犯罪行为，行政主体也是可以借助于有关职能部门予以查证的。但是，当法律对行政主体的审查进行限制时，行政主体就不能突破制度框架，因而其"识别能力"在法律上是有限度的。行政主体基于法律的限制而无法发现和查明的欺诈行为，不应当被视为过错。受欺诈行政行为是相对人还是行政主体的过错，应当以法律上相对人和行政主体的义务配置为标准来确定。没有履行法定义务的一方，即为过错方；双方都存在不履行法定义务的，双方均为过错方。

那么，我们需要什么样的法律制度来确定相对人和行政主体的义务呢？受欺诈行政行为的违法，主要涉及基本事实是否清楚、主要证据是否充分的问题。与诉讼中存在着证明责任的分配规则一样，在行政

① 参见应松年、杨解君：《论行政违法的主客观构成》，《江苏社会科学》2000 年第 2 期。

程序中，对事实的认定也有相应的证明责任的分配原则，即“有关的法律规范对谁有利，有待查明的事实属于谁的支配和责任范围（责任理论），以及根据实体法规定，在案件事实不能查明时应当由谁承担行政决定的风险”。①

负担行政不利于相对人，因而法律要求行政主体承担对事实的证明责任。尽管相对人也有配合行政主体查明事实等义务，但这种义务并不能排除行政主体依职权查明事实的义务或职责。如果相对人作不实陈述，行政主体以此为基础作出负担行政行为，则仍然是行政主体的过错。也就是说，负担行政行为违法的，无论相对人是否具有过错，行政主体都有过错。

授益行政有利于相对人，但因具体情形并不完全相同，法律对事实真实性的证明义务设计了两种不同的制度。第一种制度与负担行政一样，由行政主体负完全的证明义务，即所谓实质性审查义务。《葡萄牙行政程序法典》第 87 条第 1 款规定：“知悉某些事实有助于对程序作出公正及迅速的决定，则有权限的机关应设法调查所有有关事实；为调查该等事实，可使用法律容许的一切证据方法。”第 88 条第 1 款规定：“利害关系人负证明其陈述的事实的责任，但不影响依据上条第 1 款的规定课予有权限的机关的义务。”第二种制度即所谓形式性审查义务，即行政主体只负责审查相对人所提供的材料是否符合规定要求以及透过形式是否暴露出实质内容上明显的缺陷，至于证明所提供材料的实质真实性却是相对人的义务。《西班牙公共行政机关及共同的行政程序法》第 70 条第 1 项规定：“所提出的请求必须包括：……4. 申请者的罢免或对通过任何媒介所表达意愿的真实性的证明。”根据形式

---

① ［德］汉斯・J. 沃尔夫等：《行政法》（第二卷），高家伟译，商务印书馆 2002 年版，第 226 页。

性审查制度，行政主体只有在具有合理理由即欺诈嫌疑的情况下，才能启动调查程序即实质性审查程序，查明相对人所提供材料的真实性。《奥地利普通行政程序法》第13条第4款规定："……官署对于是否真正出自提出书面本人之签名有疑义时，得限期命提出书面之人提出本人亲自签名及在原本上签名之证明，如逾所定期限未提出证明，得不为处理。以口头提出，须以书面证明者亦同。"我国也有此类判例。桦懋国贸案[京(2006)一中行初字第267号]判决认为，"国家商标局在核准商标转让的过程中应当对注册商标转让合同、转让人的主体资格证明等文件进行审查，在存有疑问时应当与商标权转让人核实以保护商标注册人的权益，避免注册商标被非法转让"。行政主体如果没有合理的"疑义"即欺诈嫌疑，则不能要求相对人提供真实性证明。我国《行政许可法》第31条明文规定："申请人申请行政许可，应当如实向行政机关提交有关材料和反映真实情况，并对其申请材料实质内容的真实性负责。行政机关不得要求申请人提交与其申请的行政许可事项无关的技术资料和其他材料。"也就是说，行政主体没有合理理由而要求相对人证明的，相对人可以以与申请的行政许可无关为由予以拒绝，事后也可以指控行政主体违反法定程序或滥用职权。如果对这种违反法定程序或滥用职权的行为不予禁止，则形式性审查制度将不复存在，简化行政审批程序的改革成果将无从谈起，进而将难以推进福利行政或社会保障制度建设。因此，在形式性审查的制度框架内，"实质内容的真实性"即通过形式审查难以发现的实质内容的真实性，已经不属于行政主体的控制范围之内。

综上所述，基于实质性审查制度，受欺诈行政行为的发生，表明相对人未履行诚实义务，行政主体未完全履行审查义务，双方均有过错。基于形式性审查制度，行政主体应当发现而未发现欺诈嫌疑导致受欺诈行政行为发生的，同样表明相对人和行政主体均未完全履行法定义务，双方均有过错。基于形式性审查制度，行政主体没有发现且不应当发现欺诈嫌疑，但受欺诈行政行为发生的，则只是相对人的过错，行政主体没有过错。也就是说，尽管相对人的瑕疵意思已转化为具体行政行为的违法，但相对人的过错并没有转化为行政主体的过错。至于是否应当发现欺诈嫌疑，则应当以正常人判断为标准，即书面材料中的表现是否明显、足够生疑。因此，法院认定受欺诈行政行为属于违法行政行为，并不意味着完全是行政主体的过错。

三、受欺诈行政行为的责任

（一）确认无效、违法或撤销并不是法律责任

受欺诈行政行为作为一种违法行政行为，也应予以撤销或确认无效、违法。在我国学者看来，撤销或确认无效、违法也是一种行政法律责任，因为行政法律责任是主体违反行政法律规范所应承担的一种不利法律后果。[①] 撤销或确认无效、违法被视为一种法律责任，也是导致行政主体反对受欺诈行政行为具有违法性的原因之一。

其实，在民法上不利后果并非都是民事法律责任的形式。我国《民法通则》[②]将撤销和确认无效规定在"民事法律行为"一章，并没有规定在"民事责任"一章，在"民事责任"一章中并没有撤销和确认无效这样的责任形式。我国《合同法》[③]也将无效和撤销规定在"合同的效力"部分，并规定基于欺诈而缔结的民事合同无效（第 52 条），合同无效并非民事法律责任，因合同无效所产生的民事法律责任是返还财产、折价补偿和赔偿损失（第 58 条）。在行政法上，大陆法系国家也将行

---

① 参见朱新力：《行政违法研究》，杭州大学出版社 1999 年版，第 282—283 页。
② 1986 年 4 月 12 日国家主席令第 37 号公布。
③ 1999 年 3 月 15 日国家主席令第 15 号公布。

政行为的撤销和无效规定在行政程序法典的行政行为效力部分，学者们并未认为这是一种行政法律责任。

本着与民法规则、各国立法惯例相一致的精神，具体行政行为的撤销和确认无效、违法在我国也不宜作为行政法律责任的形式。将撤销和确认无效、违法作为行政法律责任来对待并无实际意义，反而影响了行政主体对违法行政行为的纠正。如果上述观念能得以确立，那么法院对受欺诈行政行为予以撤销或确认无效、违法，也就并不意味着行政主体在承担行政法律责任。

（二）过错决定着法律责任的承担

根据我国《合同法》第 58 条的规定："合同无效或者被撤销后，因该合同取得的财产，应当予以返还；不能返还或者没有必要返还的，应当折价补偿。有过错的一方应当赔偿对方因此所受到的损失，双方都有过错的，应当各自承担相应的责任。"也就是说，过错是承担民事法律责任的先决条件。

在行政法上，其实也是如此。第一，对受欺诈行政行为，受益人不得主张信赖保护，此为各国立法所认同。这里的受益人，不仅仅指通过欺诈手段取得授益行政行为的相对人，还包括受益的第三人。我国台湾地区也有学说和制度坚持对受欺诈行政行为不必顾及无过错第三人的存在，不必坚持无过错第三人的信赖利益，都应予以撤销。[1] 我国《行政许可法》第 69 条第 2 款明文规定："被许可人以欺骗、贿赂等不正当手段取得行政许可的，应当予以撤销。"第二，对相对人因欺诈而取得一行政行为所导致的损失国家不负赔偿责任。如前文所述，相对人作为欺诈行为人和受益人起诉受欺诈行政行为并请求赔偿的情形基

① 参见许宗力：《行政处分》，载翁岳生编：《行政法》（上册），中国法制出版社 2002 年版，第 673 页。

本不存在;即使相对人因欺诈行政行为而导致损失,国家也不负赔偿责任。但是,在行政主体的审查不严与相对人的欺诈行为构成损害结果的共同原因时,国家需承担相应的行政赔偿责任。在德国、法国、美国和我国台湾地区,则实行行政赔偿的过错责任原则,对行政主体无过错的损害不承担行政赔偿责任。① 第三,受益人因受欺诈行政行为而取得的利益,属于不当得利,应当返还。根据《行政许可法》第 69 条第 4 款的规定,被许可人以欺骗、贿赂等不正当手段取得的行政许可被撤销的,“被许可人基于行政许可取得的利益不受保护”。这也就意味着,被许可人基于受欺诈行政许可取得的利益可被依法认定为不当得利而被收回。但该条规定对第三人基于受欺诈行政许可取得的利益是否可被依法认定为不当得利而被收回问题,未作出规定。对此,我国台湾地区“行政程序法”第 127 条的规定是明确的:“授予利益之行政处分,其内容系提供一次或连续之金钱或可分物之给付者,经撤销、废止或条件成就而有溯及既往失效之情形时,受益人应返还因该处分所受领之给付。其行政处分经确认无效者,亦同”;“前项返还范围准用民法有关不当得利之规定”。该条所规定受益人,可以是行政行为的申请人,也可以是第三人。第四,对实施欺诈行为的相对人,应依法追究法律责任。对此,《行政许可法》第 78、79 条作了明文规定。

在此需要特别说明的是,因某些受欺诈行政行为的存在或撤销而导致无过错第三人受损是否需要行政赔偿?对这一问题,在实行行政赔偿过错责任原则的国家(地区),因行政主体没有过错而不承担赔偿责任。同时,在行政赔偿以直接损失为构成要件的国家,认为受欺诈行

① 参见[德]哈特穆特·毛雷尔:《行政法学总论》,高家伟译,法律出版社 2000 年版,第 631 页;王名扬:《法国行政法》,中国政法大学出版社 1989 年版,第 698 页;王名扬:《美国行政法》(下),中国法制出版社 1995 年版,第 760 页;我国台湾地区“国家赔偿法”第 2 条第 2 项。

政行为所导致的第三人损失是间接损失,因而不予赔偿。“行政机关的行为通过第三者的介入才产生损害时,这种损害对行政主体而言是间接损害,行政机关对它不负赔偿责任。”①在某些实行无过错赔偿责任的国家,无过错赔偿责任只适用于无法归咎于他人的、基于高度危险或公平负担的职务行为,而不适用于受欺诈行政行为,因而对第三人所受的损失也不予赔偿。② 学说上也认为,某些受欺诈行政行为的前提本身是一个受欺诈合同,在受欺诈行政行为被确认无效或者撤销后,民法已经设置了对受欺诈民事法律行为的解决机制,行政法不必强行介入。③

但在我国,在受欺诈行政行为发生时往往认定行政主体具有过错,并且行政赔偿实行违法赔偿原则而不实行过错赔偿原则,在司法实践中对欺诈行为人无法承担赔偿责任时善意第三人的损失也被认定为直接损失,在《国家赔偿法》所规定的行政赔偿免责范围中也没有规定因他人行为导致的损失不予赔偿的规定。于是,国家往往要承担实施受欺诈行政行为导致无过错第三人损害的赔偿责任。也就是说,在欺诈行为人能够承担赔偿责任时由其承担赔偿责任。否则,即使行政主体没有过错,国家也要承担赔偿责任。国家与欺诈行为人成了连带责任关系。中行江西分行案[最典行 2004—2]终审判决认为:“南昌市房产管理局对其违法办理抵押登记而酿成信托公司财产损失的后果,在天龙公司无法偿还的情况下,应承担相应的过失赔偿责任。一审判决认定南昌市房产管理局承担补充赔偿责任不当,应予纠正。南昌市房产管理局承担行政赔偿责任后,有权就其承担的数额向天龙公司行使追偿权。”

① 王名扬:《法国行政法》,中国政法大学出版社 1989 年版,第 696 页。
② 参见王名扬:《法国行政法》,中国政法大学出版社 1989 年版,第 702 页。
③ 参见许宗力:《行政处分》,载翁岳生编:《行政法》(上册),中国法制出版社 2002 年版,第 673 页。

总之，国家对受欺诈行政行为所造成的损失原则上不应承担赔偿责任，只有在行政主体有过错时才应承担相应的赔偿责任。否则，对受欺诈行政行为司法审查的阻力就难免存在。我们有必要借鉴他国的经验予以完善。

四、我国相关法制的改革

由受欺诈行政行为引起的法制改革，至少应包括以下四个方面。

（一）无效行政行为制度的确立

在我国，虽然在个别法律上使用了行政行为"无效"或"无效"行政行为，在最高法院的司法解释上也规定了无效行政行为的强制执行力、公定力等，并已有不少涉及无效行政行为的判例，但立法上并没有建立起无效行政行为制度。建立无效行政行为制度，对受欺诈行政行为至少具有两个方面的意义：第一，对于构成无效的受欺诈行政行为，可以不受起诉期限和诉讼时效的限制，当事人可以在任何时候提起行政诉讼。第二，当事人不仅可以通过行政诉讼来解除因欺诈而引起的无效行政行为，而且还可以通过民事诉讼要求法院确认该行政行为无效，并由法院判令欺诈行为人承担民事责任。在没有无效行政行为制度的情况下，上述两方面都无法得以实现。

确立无效行政行为制度的重要内容之一，还包括增加确认或宣告无效的判决种类。现在，我国正在酝酿《行政诉讼法》的修改。在修改《行政诉讼法》时，应增加确认或宣告无效的判决种类，并规定适用于受欺诈行政行为等无效行政行为，与无效行政行为之诉相呼应，并区别于撤销之诉和撤销判决。

（二）行政赔偿构成要件的改革

对国家赔偿责任，有的国家以行政主体的过错为构成要件，但我国却不以过错为构成要件。在这一点上并没有坚持"中国特色"的必要性和充分理由，有必要予以改革。这种改革可以有两种方案：第一，在《国家赔偿法》中明确规定以过错为构成要件。对此，我们可以在第2条第1款“国家机关和国家机关工作人员行使职权，有本法规定的侵犯公民、法人和其他组织合法权益的情形，造成损害的，受害人有依照本法取得国家赔偿的权利”的“侵犯”之前，加上“故意或者过失”的限定。同时，对有关条款作相应的修改。第二，在修改《国家赔偿法》时，规定排除非因行政主体过错而引起的损害赔偿。对此，我们可以将第5条“属于下列情形之一的，国家不承担赔偿责任：……（二）因公民、法人和其他组织自己的行为致使损害发生的”，修改为“属于下列情形之一的，国家不承担赔偿责任：……（二）非因行政机关和行政机关工作人员的过错而发生的损害”。

对国家赔偿责任，我国与有关国家一样，都以直接损失的存在为构成要件。但在实践中，对受欺诈行政行为所导致善意第三人的损失是否属于直接损失的认定，如前所述，却存在差异。为此，作者建议在《国家赔偿法》有关直接损失的条款中，可作出明确规定，至少可以规定对因受欺诈行政行为所导致的第三人的损失不属于直接损失。

其实，国家赔偿构成要件的改革思路已经体现在单行法中。《物权法》①第21条第1款规定：“当事人提供虚假材料申请登记，给他人造成损害的，应当承担赔偿责任。”第2款规定：“因登记错误，给他人造成损害的，登记机构应当承担赔偿责任。登记机构赔偿后，可以向造成登记错误的人追偿。”根据这一改革思路，国家仅对行政主体的过错行为承担赔偿责任；对非因行政主体的过错，不要说是受欺诈行政行为，即使是申请人因过失提供虚假证明而取得的行政行为，都不由国家而由申请人负赔偿责任。

---

① 2007年3月16日国家主席令第62号公布。

（三）行政执法责任制的改革

现在，我国各级各类行政机关都推行了行政执法责任制，对违法执法有过错的行政主体和公务员追究责任。行政主体对法院认定受欺诈行政行为为违法行为表示不满的重要原因之一，是行政执法的责任追究与撤销判决、确认违法判决相链接。作者查阅了16个有关行政执法责任制的法规、规章和规范性文件，①发现：

有些行政执法责任制规定虽然原则上以故意和过失为追究责任的条件，但在具体规定中却并没有以故意和过失为条件。例如，《北京市财政局行政执法过错责任追究办法（试行）》第3条规定："本办法所称行政执法过错行为，是指执法机构及其工作人员在执法过程中，因主观上的故意或者过失，滥用职权、超越职权，违反法律、行政法规、规章和其他规范性文件的行为。"这就意味着过错行为有两个条件，即主观上具有故意或过失、客观上实施了违法行为。但该办法在第9条所规定

① 《广东省行政执法责任制条例》（1999年11月27日广东省人大常委会通过，2009年7月30日广东省人大常委会修订）、《湖北省实施行政执法责任制规定》（2001年6月15日湖北省政府令第214号发布）、《黑龙江省行政执法责任制试行办法》（2001年9月24日黑龙江省政府令第10号发布）、《成都市行政执法责任制条例》（2001年12月13日成都市人大常委会通过，2002年1月18日四川省人大常委会批准；2012年6月29日成都市人大常委会修正，2012年9月21日四川省人大常委会批准修正）、《陕西省行政执法责任制办法》（2007年1月17日陕西省政府令第118号发布）、《江西省行政执法责任制办法》（2003年9月17日江西省政府令第124号发布）、《甘肃省行政执法责任制实施办法》（2001年1月30日甘肃省政府令第15号发布）、《大同市行政执法责任制条例》（2004年2月27日大同市人大常委会通过，2004年4月1日山西省人大常委会批准）、《广西壮族自治区行政执法责任制实施办法》（2001年2月15日发布）、《北京市财政局行政执法过错责任追究办法（试行）》（2004年8月1日发布）、《成都市统计行政执法责任制》（2003年2月15日发布）、《梅州市行政执法责任制监督规定》（2004年7月27日梅市府[2004]27号发布）、《江苏省卫生行政执法错案责任追究办法（试行）》（2008年3月24日发布）、《南京市交通行政执法过错责任追究实施办法》（2005年4月20日施行）、《北京市通州区行政执法监督考核办法》（2005年2月22日通政发[2005]25号发布）、《河北省水利厅实施水行政执法责任制若干规定》（2005年4月18日发布）。

的责任豁免中，并未列举行政主体和公务员没有主观过错的情形，过错成了纯粹的客观违法。同样的情况还有《大同市行政执法责任制条例》（第15、22、23、24条）、《江苏省卫生行政执法错案责任追究办法（试行）》（第2、6、7条）和《南京市交通行政执法过错责任追究实施办法》（第2、6条）等。

有的行政执法责任制规定则根本不以主观过错为责任条件。例如，《河北省水利厅实施水行政执法责任制若干规定》第18条规定："水行政执法人员在执法活动中有下列情形之一的，应当追究责任：（一）超越法定权限的；（二）所办案件认定事实不清的；（三）适用法律错误的；（四）违反法定程序和期限的；（五）处理结果显失公正的；（六）依法应当作为而不作为的；（七）滥用职权、贪赃枉法的；（八）未依法及时受理群众举报或对正在进行的水事违法行为不予制止而造成严重后果的；（九）超范围、超幅度、超权限进行罚没款物的；（十）其他违法行为。"对这种客观违法，如经过复议或诉讼的，则是以复议中被撤销、改变或诉讼中行政主体败诉为标准来认定的，几乎成了"客观归罪"。例如，《陕西省行政执法责任制办法》第19条规定："行政执法机关及其行政执法人员在行政执法活动中有下列情形之一的，应当追究行政执法责任：……（十二）行政执法决定在生效的行政复议决定或行政诉讼判决中被认定违法或变更、撤销以及引起行政赔偿的；……"又如，《北京市通州区行政执法监督考核办法》第10条规定："行政执法机关全年无行政复议或行政诉讼案件被纠正的，记30分。（一）有一起行政复议案件被纠正，扣6分，并取消其年终评优资格。（二）有一起行政诉讼案件被纠正，扣10分，并取消其年终评优资格。"

在16个行政责任制规定中，只有《广西壮族自治区行政执法责任制实施办法》真正坚持了过错责任追究制。该办法第36条规定："有下列情形之一，致使行政执法出现错误的，可以不予追究有关责任人的责任:……(二)定案后出现新的证据,使原认定的案件事实和案件性质发生变化的,但故意隐瞒或者因过失遗漏证据的除外;(三)因客观原因或者行政管理相对人的过错使行政执法过程中事实认定出现偏差的;……"

在行政执法中追究行政主体和公务员的责任,应当坚持主观上有故意或过失的过错、客观上实施了违法行为为条件。即使在实行无过错赔偿责任的情况下,当存在不可抗力和受害人过错时,行政主体也仍然可以全部或部分地免除赔偿责任。① 因此,我们必须改革现行与上述原则不一致的行政执法责任制,将行政主体没有过错的受欺诈行政行为,无论是否被撤销或确认违法,都排除在追究责任的范围和执法考核的内容之外。

(四)授益行政制度的完善

受欺诈行政行为发生在授益行政领域。无论是为了预防受欺诈行政行为的发生还是为了确定行政主体的过错,我们都有必要建立和健全授益行政行为的事前和事后程序制度。

就事前程序制度而言,各国行政程序法上基于诚信原则都要求授益行政行为的申请人履行对所提供申请材料真实性的证明义务,并规定了提供虚假材料的法律后果。《德国行政程序法》甚至借鉴民法上的规定,建立起担保代宣誓制度,要求相对人以宣誓作为保证。② 根据

---

① 参见王名扬:《法国行政法》,中国政法大学出版社 1989 年版,第 704 页。

② 代宣誓保证制度本为《德国民事诉讼法》第 807 条所规定的私人债权债务的一种清偿制度。后亦可适用于公法上金钱之债的偿还。其基本运作程序为:如果执行机关扣押的财产不足以清偿全部债务,债权人可以依照法定程序向执行法院提出代宣誓的保证,债务人本人有义务到执行法院作出代宣誓的保证。代宣誓的内容是提出债务人财产目录以及一定时期(通常是 1 年或 2 年)内其财产的处分情况,而且要将其保证作成笔录,并宣誓保证他已经按自己的良心和良知作出对他要求的正确而完全的报告,如果隐瞒或欺骗将受到法律制裁(参见李国光主编:《民事诉讼程序改革报告》,法律出版社 2003 年版,第 351—353 页)。

《德国行政程序法》第 27 条第 1 款的规定,这一制度的适用或者说要求相对人履行宣誓义务,必须同时具备两个条件:第一,特别法的明文规定,即“行政机关仅在法律或法规就所涉及的标的和程序可采用担保代宣誓有规定,法规宣布行政机关对此有管辖权时,方允许在调查事实中要求和采用以担保代宣誓”。第二,查清事实的方法已经穷尽,即“采用担保代宣誓时,应属于无其他可取得真相的方法,其他方法已经证实不能获得结果,或造成极不合理的花费的情况”。该法还进一步规定了这一制度的实施。“担保要求担保人对作为声明对象的正确性进行证实,声明:‘我以担保代宣誓,依良知声明所言确实无讳’”(第 3 款)。“在接受担保代宣誓之前,应向代宣誓的担保人解释担保代宣誓的意义,做出不正确及不完全的担保代宣誓所应承担的刑事后果”(第 4 款)。这是值得我们借鉴的。

就事后程序制度而言,需要建立起授益行政行为的公示、异议和举报制度。对此,我国《物权法》已经提供了范本。该法第 19 条第 1 款规定:“权利人、利害关系人认为不动产登记簿记载的事项错误的,可以申请更正登记。不动产登记簿记载的权利人书面同意更正或者有证据证明登记确有错误的,登记机构应当予以更正。”第 2 款规定:“不动产登记簿记载的权利人不同意更正的,利害关系人可以申请异议登记。登记机构予以异议登记的,申请人在异议登记之日起十五日内不起诉,异议登记失效。异议登记不当,造成权利人损害的,权利人可以向申请人请求损害赔偿。”该法第 20 条还规定了预告登记制度。这类制度有推广到其他授益行政领域的必要,甚至还可以建立非利害关系人的举报制度。

当然,即使法制再完善,即使全部实行实质性审查标准,受欺诈行政行为的发生仍会在所难免。西方国家的法制积累了几百年,但受欺诈行政行为并未彻底消除。在这种情况下,我们所需要的是分清责任。

基于过错责任原则，确立认定行政主体具有过错的标准就显得非常重要。我们认为，在上述证明责任分担、异议和举报制度能得以健全和完善的情况下，如果行政主体在实质性审查和形式性审查中没有故意或过失对欺诈行为视而不见的情形，只要异议或举报期限届满没有异议或举报，那么就应视为行政主体尽到了职责，即使受欺诈行政行为发生，行政主体也不具有过错。

除了以上四个方面以外，应申请行政行为的事实中证明责任（义务）的配置也有待进一步完善，因为《行政许可法》第 31 条虽然作了规定，但应申请行政行为却不限于行政许可行为。

本节小结

本节通过以上分析，得出的基本结论是：基于相对人欺诈而实施的行政行为具有违法性，但判断导致这种违法性的过错标准应当是法律上对义务的配置，因而行政行为的违法与行政主体的过错并不完全一致。受欺诈行政行为引发的法律责任的确定，必须以主观过错和客观违法为要件而不能仅仅以客观违法为要件。为此，我们必须确立无效行政行为制度，改革仅以违法为构成要件的行政赔偿制度和不以主观过错为要件的行政执法责任制，完善实施授益行政行为的事前和事后程序制度。当然，本节是以受欺诈行政行为的存在为前提来讨论责任的确定以及制度的改革和完善的，并没有讨论什么是受欺诈行政行为，因为这在目前还没有被认为是一个“问题”。什么是受欺诈行政行为也许在以后会成为一个“问题”，因为申请人提供虚假材料并非都属于欺诈，行政主体基于虚假材料所作的行政行为也并非都属于受欺诈行政行为。这将是我们今后所要研究的课题。

第二节 依申请公开政府信息的行为*

《政府信息公开条例》①第33条第2款规定:“公民、法人或者其他组织认为行政机关在政府信息公开工作中的具体行政行为侵犯其合法权益的,可以依法申请行政复议或者提起行政诉讼。”这一规定,被视为政府信息公开的终极法律保障。② 本节拟围绕已经发生的政府信息公开案件的争点,在依申请行政行为的框架内展开探讨。

一、可诉的政府信息公开行为

从最广义的行政行为即行政权作用这一意义上说,政府信息公开活动都属于行政行为。但它们是否都属于具体行政行为,却是值得讨论的。之所以要进行这一讨论,是因为具体行政行为有它特殊的意义。“就诉讼意义而言,行政行为(具体行政行为——本书作者)仍然是诉讼法律保护适法性的核心概念。行政行为具有开放诉讼法律保护的功能,有助于解决‘是否’提供法律保护的问题。一旦某个行政活动认定为行政行为,是否提供行政法律救济的问题随之解决;同时,行政行为对随后‘如何’提供法律保护的问题也具有意义,即有助于确定诉权、诉讼类型、诉讼期限以及前置程序的必要性。”③

---

* 本节系作者在阶段性成果《具体行政行为框架下的政府信息公开》(《中国法学》2009年第5期)和《行政法与行政诉讼法》(高等教育出版社2012年版)第二章第二节的基础上编写。

① 2007年4月5日国务院令第492号发布。

② 参见傅达林:《政府信息公开不能止于诉讼瓶颈》,《法制日报》2008年6月26日。

③ [德]汉斯·J. 沃尔夫等:《行政法》,高家伟译,商务印书馆2002年版,第13页。

（一）作为政府信息的具体行政行为

有的需公开政府信息只是一种事实。周如倩案［最参行第76号］被要求公开的是高级职称评定委员会组成人员，赵树金案［最参行第25号］被要求公开的是道路改建工程中银行出具的拆迁人拆迁补偿安置资金证明。有的需公开政府信息是一种抽象行政行为。康联绵等案［（2007）穗中法行初字第19号］被要求公开的，就是《关于除名职工重新参加工作后的工龄计算问题的复函有关问题的请示》（穗劳函字［1995］第023号）。还有的需公开政府信息，则是一种具体行政行为。徐建华案［最参行第23号］被要求公开的“是政府对通暖厂处置债权债务请示的批复”，系对特定人所做的具体行政行为。

但是，在政府信息公开制度上来讨论作为政府信息的具体行政行为的可诉性，并没有实际意义。徐建华案［最参行第23号］中的批复如果存在违法情形，相对人或者利害关系人不必借助于《政府信息公开条例》第33条第2款的规定来获得复议申请权和诉权，而可直接根据《行政复议法》《行政诉讼法》的规定申请复议、提起诉讼。

有时，行政主体并没有把具体行政行为告知相对人，相对人通过申请政府信息公开才获知该具体行政行为。高大庆案［（2006）奉行初字第3号］被告专门就辖区内吉山村和铁江村部分村民扣留原告浙宁采103采沙船一事召开协调会，会后形成了（2005）16号宁海县政府办公室会议纪要。事后，原告向宁海县西店镇政府查阅该会议纪要，但宁海县西店镇政府向原告提供的却是与原件内容不一致的（2005）16号会议纪要。并且，宁海县西店镇政府与其他部门一起，将原告被扣的浙宁采103采沙船从铁江村拖离至峡山码头，后浙宁采103采沙船倾覆沉没，倾覆原因不明。（2005）16号会议纪要实属具体行政行为，但因没有告知原告，应视为该具体行政行为不存在；[1]原件与所告知内容不一致的，应以所告知内容发生法律效力。[2] 对这类具体行政行为的起诉期限，适用“行政诉讼法若干问题解释”第41、42条的规定。此类应告知而未告知的情形，属于具体行政行为本身的瑕疵，也不需要借助于《政府信息公开条例》第33条第2款的规定来获得复议申请权和诉权。也就是说，不通过政府信息公开制度，具体行政行为制度和行政诉讼制度本身就能解决这一问题。

（二）构成具体行政行为的公开行为

根据《政府信息公开条例》的规定，政府信息公开可以分为主动公开和依申请公开两类。

1. 主动公开行为。《政府信息公开条例》第9—12条规定了主动公开即依职权公开的政府信息范围，但并没有规定哪些政府信息应当向不特定相对人公开、哪些政府信息应当向特定相对人公开。从理论上说，有四种情形：第一，将公共信息向不特定相对人公开，如行政规范性文件的公开；第二，将公共信息向特定相对人公开，如向特定范围的人寄送政府公报、发送手机短信和发送电子邮件等；第三，将特定相对人的信息向不特定相对人公开，如宁波市镇海区国家税务局《关于对宁波市镇海区骆驼三林机械厂虚开的增值税专用发票的处罚公告》（[2004]镇国税告字第18号）；第四，将特定相对人的信息向特定相对人公开，如将行政许可信息告知利害关系人。

实际上，对主动公开行为没有必要讨论是否可以构成具体行政行为。这是因为，主动公开行为除了被公开的政府信息可以构成一个具体行政行为以外，其本身并没有设定特定相对人的权利义务。在被公

① 参见叶必丰：《行政法与行政诉讼法》，高等教育出版社2012年版，第133页。

② 参见叶必丰：《行政行为的效力研究》，中国人民大学出版社2002年版，第152—153页。

开的政府信息构成一个具体行政行为的情况下，则主动公开行为本身不过是该具体行政行为的表示形式或实施程序而已，因而主动公开行为的违法实为被公开具体行政行为的违法。相对人或利害关系人可以对该被公开的具体行政行为申请复议或提起诉讼，而不必借助于主动公开行为来寻求法律补救。否则，难以获得法院的支持。夏国芳等案［(2006)甬镇行初字第22号］中的征地公告，系征地行为的表示形式。征地公告违法，起诉标的应为征地行为。原告没有起诉征地行为而起诉征地公告，没有起诉作为政府信息的具体行政行为而起诉政府信息公开法上的主动公开行为，实为两者的混淆，当然无法取得法院的支持。法院在判决中指出："虽然被告未能依照有关规定张贴征用土地公告，存在程序上的瑕疵，但现在原告明知征用土地公告中所涉及的具体内容，再要求被告履行征用土地公告的义务已无实际意义，也没有必要。为此原告要求被告履行征用土地公告义务的诉讼请求，本院不予支持。"同样，徐尧芳等案［(2008)慈行初字第25号］判决也未支持原告的诉讼请求。事后，原告转而向被告申请政府信息公开，被拒绝后申请复议，获得了复议机关的支持。① 但复议案中的公开行为已是依申请公开行为而不是主动公开行为。

如果行政主体将特定相对人的商业秘密或个人隐私等违法地主动公开，侵犯特定相对人合法权益的，则构成行政侵权行为。这种行政侵权行为可以按《国家赔偿法》的规定处理，并进入行政复议或行政诉讼途径。

也许，有的会认为按《国家赔偿法》处理行政侵权行为过于复杂，不如将其纳入行政诉讼的受案范围。其实，在德国和我国台湾地区，对行政侵权行为的救济更为复杂，需要区分正在加害的行政侵权行为和

---

① 参见宁波市政府甬政复决字［2008］128号行政复议决定书。

已经造成侵害后果的行政侵权行为。对前者,可导出受害人对行政主体的请求权和行政诉讼诉权。对后者,则需要通过普通法院按照民法规定来救济。[①] 这种复杂的安排,很好地解决了行政程序与司法程序、行政诉讼与民事诉讼、国家赔偿与民事赔偿的关系。如果要作简单化的处理,则必须通过法律解释机制使具体行政行为成为一个涵盖法律效果行为和事实效果行为的概念,或者通过立法程序修改法律。但简单化的处理方案也有它的弊病,即消灭了相对人对行政侵权行为的请求权,抛弃了行政穷尽原则。即便对行政侵权行为按《国家赔偿法》来处理,也仍然存在《国家赔偿法》与《民法通则》的冲突,行政侵权行为和行政主体的民事侵权行为的分野,从而会陷于某一行为是否属于运用职权所作行为的分不清、理还乱的泥潭之中。

2. 依申请公开行为。依申请行政行为(又称应申请行政行为),构成具体行政行为。[②] 但是,依申请公开行为是否属于依申请行政行为、具体行政行为,则不能想当然,而应分析依申请公开行为是否具有法律效果,即所公开的政府信息是否构成一种权利。

早在100多年前,德国著名公法学者耶利内克就认为,政府信息公开和公众参与并不是个人的主观权利,而只是政府的职责,系政府履行职责而对个人的反射利益。[③] 公民对反射利益的得失,不具有请求权即法律保护请求权、利益满足和关照请求权,因而依申请公开行为并非具体行政行为。

但耶利内克同时又指出:"主观权利是由法制所承认和保护的针

---

① 参见[德]汉斯·J.沃尔夫等:《行政法》,高家伟译,商务印书馆2002年版,第195页;陈敏:《行政法总论》,新学林出版有限公司2007年版,第625页。

② 参见叶必丰:《应申请行政行为判解》,武汉大学出版社2000年版,第34页。

③ 参见[德]耶利内克:《主观公法权利体系》,曾涛等译,中国政法大学出版社2012年版,第67页。

对益或利益的人的意志权力。只有当某个针对益或利益的意志权力被法律承认时,相应的权利才能被个人化,这一权利才能与特定的人发生关联。这种关联构成了认定主观权利的根本标准。""个人通过其直接的行为所实现的,国家则要通过制定法律,通过实质性立法完成。服从者的主观公法权利被客观法创设和保护,并被客观法实现。国家授予的请求权只能通过国家实现。"①也就是说,判断一项利益是共同利益还是个人利益,是主观权利还是政府职责或反射利益的根本标准在于其是否与特定人相关联,形式标准在于立法是否规定为一种权利。并且,规定实体权益的法律规范,必须是具体的而不是原则性宣示。"一般而言,主观权利不是由包含着制定将来法或解释现行法的原则的法律规范所创设的。所以那些宣誓公民法律平等、禁止例外法院、引入民事婚姻法或教学法、表述诉讼程序的辩论原则和公开原则的诸多规范中,只存在客观法,不存在主观权利。"②也就是说,如果立法规定政府信息公开和公众参与构成个人的权利,则公民个人具有请求权,因而依申请公开行为可以构成具体行政行为。

在我国《政府信息公开条例》施行前,依申请公开行为是否可诉存在争议。任俊杰案原告对被告拒绝公开"咪表公司的停车位规划许可证文号及相关材料"的行为提起诉讼。被告认为,原告与所请求公开的政府信息之间没有利害关系,因而无权起诉该拒绝行为。法院以"没有证据证明其诉讼请求涉及行政机关侵犯其人身权、财产权"为由,驳回了原告的起诉。③ 相反,夏楚辉资费案[(2007)穗中法行终字第632号]一审判决认为依申请公开行为可诉。"本案中原告基于与

---

① [德]耶利内克:《主观公法权利体系》,曾涛等译,中国政法大学出版社2012年版,第41、62页。

② 同上书,第65—66页。

③ 参见曲昌荣:《为讨知情权市民打官司》,《人民日报》2006年6月19日,第10版。

广东移动通信有限责任公司揭阳分公司就该公司推出的全球通'12593 优惠新干线'活动期间所收取的电话话费产生纠纷而引起民事诉讼，故被告就全球通'12593 优惠新干线'资费方案所公开的信息与原告具有法律上的利害关系，原告具备本案的诉讼主体资格。"这一争议的实质，就是依申请公开行为是否具有法律效果，即政府信息是否构成一种权利。

根据我国《行政诉讼法》的规定，具体行政行为的法律效果即权利、利益及其法律保护范围为财产权和人身权以及"法律、法规规定"的权益。政府信息本身不属于财产权和人身权，各地有关政府信息的规定不一。任俊杰案所涉的《郑州市政府信息公开规定》①第 1 条，将申请政府信息规定为"民主权利"。夏楚辉资费案[（2007）穗中法行终字第 632 号]所涉的《广东省政务公开条例》②第 1 条，则将其规定为"知情权"③。《上海市政府信息公开规定》④第 1 条也将其规定为"知情权"。也就是说，《政府信息公开条例》之前的依申请公开行为是具有法律效果的，构成具体行政行为。

但是，具体行政行为与可诉行为并不完全等同。具体行政行为的法律效果在符合《行政诉讼法》所保护的权益范围时，该具体行政行为才属于可诉行为。《广东省政务公开条例》虽系地方性法规，但未规定

---

①　2005 年 7 月 26 日郑州市政府令第 143 号发布。

②　2005 年 7 月 29 日广东省人大常委会通过。

③　"知情权"即"了解权"的意义，作者在 20 多年前曾做过探讨（参见叶必丰：《论公民的"了解权"》，《法学评论》1987 第 6 期），但这一术语至今并未见诸我国的法律。基于地方性法规和规章的规定，它在裁判文书中曾频繁出现（参见徐尧芳等案[（2008）慈行初字第 25 号]、康联绵等案[（2007）穗中法行初字第 19 号]、吴试矛案[（2006）迎行初字第 20 号]和夏楚辉资费案[（2007）穗中法行终字第 632 号]等判决）。

④　2004 年上海市政府令第 19 号发布，2008 年 4 月 28 日上海市政府令第 2 号废止并重新制定发布，2010 年 12 月 20 日上海市政府令第 52 号修正。

“知情权”属于《行政诉讼法》保护范围。《郑州市政府信息公开规定》虽系规章，在行政诉讼中可以参照，但也未规定“民主权利”属于《行政诉讼法》保护范围。在上述情况下，依申请公开行为是否可诉取决于该行为是否涉及申请人的相关财产权和人身权。任俊杰案未涉及相关人身权和财产权，因而不可诉。夏楚辉资费案[(2007)穗中法行终字第632号]政府信息关涉原告的电话资费即财产权，因而可诉。《上海市政府信息公开规定》第32条第2款规定：“公民、法人和其他组织认为政府机关违反本规定的具体行政行为，侵犯其合法权益的，可以依法申请行政复议，对行政复议决定不服的，可以依法提起行政诉讼；公民、法人和其他组织也可以依法直接向人民法院提起行政诉讼。”第33条规定：“政府机关违反本规定的具体行政行为造成申请人或者第三方经济损失的，申请人或者第三方可以依法请求赔偿。”在这种情况下，依申请公开行为无需借助于申请人的相关人身权和财产权，即属于可诉行为。

约耶利内克后50年即20世纪中叶，英国的丹宁勋爵对诉权制度进行了一系列改革。他认为，司法保护请求权即诉权不必基于公民实体法上的权益，不必基于公民实体法上独立的权益，而应基于公共当局的职责。“当出现对公共权力机构的控告时，现在人们头脑中‘起诉权’这个概念的应用范围比以前广得多了，它可以适用于任何一个不是由于好事，而是代表一般公众利益来法院起诉的人。”①通过这项改革所建立起来的诉权，其实是一种举报和公益诉讼制度。但它并没有提供具体行政行为新的构成要件，英国也并没有类似与德国那样的具体行政行为理论和制度。

基于上述理论和实践，《政府信息公开条例》第1条规定“保障公

---

① ［英］丹宁：《法律的训诫》，杨百揆等译，法律出版社1999年版，第128页。

民、法人和其他组织依法获取政府信息”。它没有把“获取政府信息”直接定性为“民主权利”或“知情权”,甚至并未明确定性为权利。但是,“个人对某些东西或做某些事情的要求、愿望或需要”,“在法律科学中,从耶林以来”“称为利益”。[①] 这种法律规范所保护的做或不做就是权益,可以构成具体行政行为的法律效果要件。当然,至于依申请公开行为的可诉性,基于我国尚未建立公益诉讼制度,则要满足耶利内克关于主观权利的可支配性。为此,《政府信息公开条例》第13条规定:除主动公开外,“公民、法人或者其他组织还可以根据自身生产、生活、科研等特殊需要,向国务院部门、地方各级人民政府及县级以上地方人民政府部门申请获取相关政府信息”。第33条第2款规定:“公民、法人或者其他组织认为行政机关在政府信息公开工作中的具体行政行为侵犯其合法权益的,可以依法申请行政复议或者提起行政诉讼。”

当然,在个案中,依申请公开行为的法律效果是否存在,仍需要予以认定。袁裕来海关案[(2006)甬行初字第3号]原告“作为鼎升公司的听证代理人,向被告中华人民共和国北仑海关提交了授权委托书、律师职业证书、介绍信等材料,要求查阅、复制被告拟对鼎升公司实施行政处罚的案件材料,但被告依据《暂行规定》的相关规定,要求原告首先提交书面申请,经被告同意后方能查阅。因原告未提供书面申请,被告至今未能进行审查并作出是否同意原告查阅、复制材料的决定”。在此,被告的要求只是一种预备行为,并不具有最终决定意义,而是原告的拒绝行为导致程序无法进行。因此,法院认为:“被告不同意原告查阅、复制材料”只是被告依据“程序意义上的制度设置”所作的未成

① [美]庞德:《通过法律的社会控制·法律的任务》,沈宗灵译,商务印书馆1984年版,第35页。

熟行政行为，“故并未对当事人及其委托人查档的实体权利进行否定”。

二、拒绝公开政府信息的理由

“就其实体法意义而言，行政行为（指具体行政行为——本书作者）是行政相对人行使其自由权的条件和保障，例如社会给付、发放许可等。就其程序意义而言，行政行为是‘通过程序的基本权利保护’这一要求的具体落实。”①从已经发生的争议来看，尽管政府信息公开也有有关程序性、形式性问题的争议，但主要还是有关政府信息公开范围即拒绝理由上的争议。法院通过对争议的裁判，丰富和发展了拒绝的理由。

（一）拒绝理由的发展

行政主体作出不利于相对人的具体行政行为，理应说明理由。行政主体拒绝公开政府信息的法定理由，根据《政府信息公开条例》第 14 条第 4 款的规定，应当是政府信息“涉及国家秘密、商业秘密、个人隐私”。此前，各地方、各部门所规定的政府信息公开制度，也基本如此。这就意味着，行政主体不能以其他理由拒绝相对人关于政府信息公开的申请。但是，有关判例却发展出了下列拒绝理由。

1. 内部信息。在《政府信息公开条例》施行前，《广州市政府信息公开规定》②第 12 条和《广东省政府信息公开规定》第 17 条第 5 项规定内部信息应在内部公开，《上海市政府信息公开规定》却未作此规定。但 2004 年的舒某案却判决“内部工资制度改革文件”不属于公开

---

① ［德］汉斯·J. 沃尔夫等：《行政法》，高家伟译，商务印书馆 2002 年版，第 11—12 页。

② 2002 年 11 月 6 日广州市政府令第 8 号发布。

范围。[1] 练育强案[(2005)沪二中行终字第165号]判决认为,"内部工作资料本身不属政府信息,被上诉人不具有公开内部工作资料的法定职责及义务"。此后,康联绵等案[(2007)穗中法行初字第19号]和吴试矛案[(2006)迎行初字第20号]等都有相同判决。在《政府信息公开条例》施行后,未见再以内部信息为拒绝理由的判例。

2. 危及国家安全、公共安全、经济安全和社会稳定的政府信息。《政府信息公开条例》第8条规定:"行政机关公开政府信息,不得危及国家安全、公共安全、经济安全和社会稳定。"这本来是作为一项原则加以规定的,经主管部门的解释成了行政主体的拒绝理由。[2] 这项理由虽然未获"最高法院政府信息公开案件规定"的明确确认,但周如倩案[最参行第76号]裁判要旨指出:"行政机关以危及社会稳定为由作出不予公开政府信息决定,其理由应当具有充分的说服力。人民法院应当对行政机关所持理由是否合理、充分进行审查,防止行政裁量权的滥用。"该裁判要旨认可了以上述原则为拒绝理由,只是进行了正当性限定。

3. 与申请人自身生产、生活、科研等特殊需要无关。袁裕来合肥案[(2008)合行初字第12号]判决认为,律师取证应根据《律师法》[3]进行,不属于《政府信息公开条例》第14条规定的特殊需要。赵正军案[(2009)郑行终字第135号]判决认为,"特殊需要"是具体的,而不是笼统的学习、研究需要。上述裁判内容后为"最高法院政府信息公开

① 参见张璇:《舒某要求人事管理机关公开政府信息上诉案》,载 http://www.shezfy.com/spyj/alpx_view.aspx? id=2905,最后访问日期:2008年7月5日。

② 《国务院办公厅关于施行〈中华人民共和国政府信息公开条例〉若干问题的意见》,国办发[2008]36号;《国务院办公厅关于做好政府信息依申请公开工作的意见》,国办发[2010]5号。

③ 1996年5月15日全国人大常委会通过,2001年12月29日全国人大常委会修正,2007年10月28日全国人大常委会修订。

案件规定”第 2 条第 1、4 项所确认。根据耶利内克的理论，举报等监督并非主观权利，生产、生活、科研等特殊需要既可以是合法权益也可以是国家需要关照的事实利益而构成请求权。① 李鑫案[（2009）商行初字第 2 号]判决认为，原告的申请“是基于监督国家关于棉花良种推广补贴政策落实的需要，而非根据自身生产、生活、科研等特殊需要。原告李鑫与被告虞城县人民政府的政府信息公开行为没有法律上的利害关系”。徐建华案[最参行第 23 号]判决虽然支持了原告的公开请求，但另一方面也肯定了“与特殊需要无关”这一拒绝理由。这一拒绝理由获得了“最高法院政府信息公开案件规定”第 5 条第 6 款的确认。

4. 非政府信息。夏楚辉电话簿案[（2008）揭中法行初字第 1 号]、林鸣案[（2008）黄行初字第 246 号]和王珠兰案[（2008）沪二中行终字第 325 号]等判决认为，非政府信息不属于公开范围，行政主体拒绝并无不当。这也为“最高法院政府信息公开案件规定”第 12 条第 1 项所确认。

（二）不确定法律概念的解释

拒绝的法定理由和发展出的理由，大多系不确定法律概念，行政主体具有很大裁量权。为此，法院在裁判中进行了解释，从而限缩了行政裁量权，也回应了媒体对《政府信息公开条例》规定过于抽象、缺乏可操作性的指责。

商业秘密和个人隐私都是拒绝公开的法定理由，但在我国行政法上并没有明确的法律界定。从上海思迪案[（2006）静行初字第 28 号]和蒋根荣案[（2009）徐行初字第 54 号]等观察，行政主体对于商业秘密的界定比较随意，曾把第三人获取行政奖励、国有土地使用权缴税凭

---

① 参见[德]耶利内克：《主观公法权利体系》，中国政法大学出版社 2012 年版，第 66、118 页。

证视为商业秘密而不予公开。在曹建强案[(2007)静行初字第59号]等中,甚至政府信息只要涉及第三方公司就被认定为涉及商业秘密。为此,徐建华案[最参行第23号]判决解释认为,商业秘密系不为公众所知悉、能为权利人带来经济利益、具有实用性并经权利人采取保密措施的技术信息和经营信息。它具有三性:秘密性,即不为公众所知悉;价值性,商业秘密能够为权利所有者带来现实的或者潜在的经济利益或者竞争优势;保密性,权利人要对商业秘密采取了合理的保密措施。该案的裁判要旨的理由还认为,企业资产的处分"并非某一个人的个人事务、个人领域的隐秘信息",不属于法定的个人隐私范畴。

《政府信息公开条例》虽然对政府信息作出了规定,但仍不足以适应纷繁复杂的信息现实。为此,判例逐渐形成了政府信息的主体、职责和存在三项构成要件。林鸣案[(2008)黄行初字第246号]判决认为,行政主体作为行政法律关系的相对人或民事诉讼的当事人所实施的行为,并非履行职责,因而所制作和获取的信息也并非政府信息。沈领案[(2006)黄行初字第169号]判决认为,行政主体"在正常的工作流程中产生的,在政府决策前作出的尚未确定的或者可能产生变化的政府信息",属于过程性信息。秦家案[(2005)虹行初字第116号]判决认为,"为完成行政行为或作出行政决策而进行调查、讨论、处理的过程中信息,而不论政府行为是否已经完成、政府决策是否已经作出",都属于过程性信息。也就是说,政府信息应当是履行职责的结果性信息而非过程性信息。王珠兰案[(2008)沪二中行终字第325号]二审判决认为,"政府信息必须是一定载体所反映的内容,申请人所申请公开的信息内容应当是确定的,属于已经生成的信息,而不是对某一事项所进行的咨询。……上诉人申请的事项系咨询性质,其申请获取的内容不属于政府信息的范畴。"也就是说,制作的信息已经完成并有记录,无需加工、汇总、整理或向其他单位搜集,否则就属于政府信息不存在。

这得到了“最高法院政府信息公开案件规定”第 2 条的确认。徐建华案[最参行第 23 号]判决则进一步指出，对信息的存在与否，行政主体有穷尽检索的义务；对不存在的信息，行政主体没有公开义务。

但政府信息的制作和记录要件，不应当成为权力滥用的窗口。美国希尔斯曼针对美国的政府信息公开制度指出：“获得情况自由法修改后，某些滥用权力的情况将来可能会减少。那时，那些在这个或那个机构中‘有记录在案’的公民可以获知他们的档案里写了些什么。新闻界可以解除过去不能看到的文件。但是，也可能产生意想不到的效果，例如，在做出决策性决定之前进行的辩论和艰巨的讨价还价可能‘并不记录在案’，如同参议院利用‘一致同意’的手段，使真正的决策过程由公开转入秘密进行。威廉·麦克切斯内·马丁担任联邦储备委员会主席时，得克萨斯州的赖特·帕特曼极力要求他向国会公布公开市场委员的记录。马丁回答说，如果他同意帕特曼的请求，委员会的成员就会修订记录，这样他们可以无顾忌地辩论，或者把他们的讨论进行一番修订，这样记录就可以随便散发。但帕特曼只能选择其一，不能二者得兼。宪法制定者对他们的讨论保密。马丁这样做的理由和宪法制定者的理由是一样的。”①如果我们的情况也发展到希尔斯曼所说的那样，那么《政府信息公开条例》将变得毫无意义。

《政府信息公开条例》第 22 条规定：“申请公开的政府信息中含有不应当公开的内容，但是能够作区分处理的，行政机关应当向申请人提供可以公开的信息内容。”那么，应当如何区分处理呢？赵树金案[最参行第 25 号]裁判要旨的理由认为，“首先，‘区分’是指涉及不应当公开的信息内容可以区别于其他部分的信息内容。但在两种情形下，信

① [美]希尔斯曼：《美国是如何治理的》，曹大鹏译，商务印书馆 1986 年版，第 220—221 页。

息可认定无法‘区分’：一是删除不得公开的信息之后，行政文件中所剩余的只是无意义的文字、数字或已被公开了的信息；二是提供任何一部分都有可能使当事人推测出其他部分的内容而获知整个信息的内容。其次，‘处理’是指在技术上两种信息可以互相分离。分割的方式包括整体与整体的分割及部分与整体的分离。如果两种信息独立成体的，可以进行整体与整体的分割，这时从形式上讲选择公开的只是部分文件；如果两种信息不能独立成体，但可以通过遮盖等方式实现免予公开信息部分与整体的剥离，这时尽管从形式上讲公开的是整个文件，但内容本身存在残缺”。根据该案的裁判要旨，行政主体不作区分处理的，法院有权判决其重作。

（三）拒绝理由的正当性

1. 缝合法律间的缝隙。《政府信息公开条例》施行前的《广东省政府信息公开规定》，对“内部信息”有严格的限定，即必须基于“法律、法规、规章”的规定。这里的“法律、法规、规章”包括《档案法》①。该法第 20 条第 2 款的规定：“利用未开放档案的办法，由国家档案行政管理部门和有关主管部门规定。”第 21 条规定：“向档案馆移交、捐赠、寄存档案的单位和个人，对其档案享有优先利用权，并可对其档案中不宜向社会开放的部分提出限制利用的意见……。”向档案馆移交、寄存档案最多的应该是行政主体。限制档案向社会开放的“意见”，行政主体也可以制定为行政规范性文件。根据上述规定，行政主体取得了制定“利用未开放档案”和限制利用向社会开放档案的行政规范性文件的权力。应当指出的是，这种权力仅仅是行政主体制定行政规范性文件的资格权和权力范围，而不包括权力内容。行政主体在行政规范性文件中，可以做或不得做什么样的规定，仍然应根据有效法律、法规、规章

① 1987 年 9 月 5 日全国人大常委会通过，1996 年 7 月 5 日全国人大常委会修正。

或上级行政规范性文件的规定加以确定。在政府信息公开规定或《政府信息公开条例》生效后，行政规范性文件的内容就应该根据政府信息公开规定或《政府信息公开条例》来确定。否则，就属于违法。在此前发生的争议中，无论政府信息公开规定中有没有规定“内部信息”为拒绝公开的法定理由，却都以“内部信息”为由拒绝公开，原因就在于没有区分资格权、权力范围和权力内容，没有把行政规范性文件的内容与政府信息公开规定相对接。

《政府信息公开条例》没有规定“内部信息”。但我们之所以仍对它加以讨论，是因为《政府信息公开条例》作为行政法规无法整合《档案法》等计划经济时代制定、目前仍然有效的上位法的规定，类似的政府信息公开障碍仍将存在。对此，至少在《政府信息公开条例》刚开始实施阶段，我们不必匆匆忙忙地将该条例上升为法律，或者大动干戈地修改《档案法》等法律的规定，因为问题的关键在于行政主体制定什么样的行政规范性文件。只要使行政规范性文件与《政府信息公开条例》保持一致，政府信息公开的障碍就能得到尽可能的消除。同时，《政府信息公开条例》出台后，各地方、各部门正在热热闹闹地制定各种各样的包括本地方、本部门政府信息“公开范围”等在内的实施性规定，然而不少规定却在走着当初《行政复议条例》制定后纷纷出台实施规定而实则限制行政复议范围的老路，很少真正去推动法律制度间的无缝对接。其实，《政府信息公开条例》的这些实施准备工作，也应按照解决“内部信息”的思路进行。同理，《保守国家秘密法》①与《政府信息公开条例》的关系也应按上述原理处理，从而准确地界定国家秘密。

2. 具有充分的说服力。拒绝的理由大多系不确定法律概念。行政

---

① 1988 年 9 月 5 日全国人大常委会通过，2010 年 4 月 29 日全国人大常委会修订。

主体对它的解释及对申请事项的涵摄,在我国也成为行政裁量。这种裁量必须正当,即具有充分的说服力,而不能滥用。[①] 周如倩案[最参行第76号]裁判要旨指出:“行政机关以危及社会稳定为由作出不予公开政府信息决定,其理由应当具有充分的说服力。人民法院应当对行政机关所持理由是否合理、充分进行审查,防止行政裁量权的滥用。”谷山龙川案[最参行第97号]裁判要旨认为:“人民法院针对涉及国家秘密的政府信息进行司法审查时,应当依据各相关领域的密级规定对政府信息是否涉密进行形式审查。经过评阅的高考试卷属于政府信息,行政机关主张政府信息涉及国家秘密且有确实充分的证据以及法律规范依据的,人民法院应予支持。”

充分的说服力也要求行政主体不得任意以具有不应当公开内容为由拒绝公开,而应当做区分处理。倪文华案[(2008)黄行初字第76号]判决认为,原告所申请公开的图纸系保密图纸,“但被告根据原告的实际需要将原图局部的复印件提供给原告,亦无不当”。如果不应当公开的理由系国家秘密,则应当接受法院对定密的主体、依据、程序和方式是否合法的审查。对定密主体和依据不合法的不应认定为国家秘密,定密依据应当是法院审查时而不是定密时有效的法律规范;[②]对定密程序和方式有瑕疵的,可以允许定密主体补正。如果申请事项确应定为国家秘密而未定,陈晓兰案[(2010)静行初字第114号]判决认为,可由定密主体依法进行补充审查和定密,否则不能作为拒绝理由。

如果获取政府信息的权利系参政权,不应当公开的内容系商业秘

---

① 倪文华案[(2008)黄行初字第76号]被告起初的拒绝理由是图纸太大,但后来却改为属于国家秘密(参见焦红艳:《政府信息公开遭遇“国家秘密瓶颈”》,《法制日报》2008年6月29日)。法院支持了被告的主张,仅仅认为是今后工作中需要改进的瑕疵(参见上海市黄浦区人民法院(2008)黄行初字第76号行政判决书)。

② 参见郑洪案[(2009)沪二中行终字第72号]。

密和个人隐私,则获取政府信息的权利应当服从作为公民基本权利的个人自由权,①不予公开,但权利人同意的应予公开。这也就意味着,行政主体应当履行征求权利人意见程序,向权利人发出意见征询单,确认权利人是否收到意见征询单。行政主体为权利人设定的答复期限应当合理,而不能为了不予公开,故意限缩答复期限,致权利人丧失答复的机会。权利人对是否同意公开的意见征询未向行政主体作答复的,可视为不同意公开。权利人答复不同意公开或被视为不同意公开的,不予公开。徐建华案[最参行第 23 号]把权利人的同意权称为反信息公开权。但是,行政主体有职责审查权利人不公开意见的理由,对不公开意见缺乏充分理由的,应决定公开政府信息。徐建华案[最参行第 23 号]判决认为:"法院依法保护第三人的反信息公开权,但反信息公开权的行使须有事实和法律依据支撑。……149 号文件的内容不具备商业秘密的特征",被告"应在本判决生效后十五日内"向原告公开信息。

根据《政府信息公开条例》第 23 条的规定,即使权利人的不同意意见理由充分,行政主体也可以基于公共利益的需要决定公开政府信息。当然,这又必须兼顾到权利人的权益保护。"最高法院政府信息公开案件规定"第 5 条第 2 款规定:"因公共利益决定公开涉及商业秘密、个人隐私的政府信息的,被告应当对认定公共利益以及不公开可能对公共利益造成重大影响的理由进行举证和说明。"

三、同意公开政府信息的内容

具体行政行为"为行政相对人确定了'应有权利'的具体内容"。②

① 参见刘飞宇:《行政信息公开与个人资料保护的衔接——以我国行政公开第一案为视角》,《法学》2005 年第 4 期。

② [德]汉斯·J. 沃尔夫等:《行政法》,高家伟译,商务印书馆 2002 年版,第 11 页。

反过来说，也只有设定、变更、消灭或确认特定相对人权利义务的行政行为，才能构成具体行政行为。行政主体根据申请人的请求公开政府信息的，为申请人设定了获取政府信息的权利。行政主体设定这一权利的具体内容，可以做与请求内容相同的认定，即完全同意申请人的请求。[①] 行政主体也可以依法做出与请求内容不同的认定，但这往往会引发争议。

（一）公开范围的设定

在公开范围的设定上，黄由俭等案原告请求被告“通过县电视台或县政府网站”等方式，向社会公开“调查报告”等政府信息。被告在《政府信息公开告知书》称：“经审查，你们要求获取的政府信息不属于《中华人民共和国政府信息公开条例》规定的主动公开范围，但可以对特定的申请人依申请的内容以适当的方式公开，可以安排职工查阅、也可以提供复制件。”[②]但原告表示不能接受。此前的吴试矛案[（2006）迎行初字第20号]原告，也要求在网上公开所申请政府信息。

被告不采纳原告所请求的在全县范围公开而依职权设定公开范围为5名原告，从《政府信息公开条例》的规定来看并无不当。根据该条例第15条的规定，原告所请求的公开范围适用于主动公开。依申请公开的范围，在该条例中除了一般性表述即“公开”外，具体的表述都是“提供”（第22、25、26条）。“提供”的对象范围，当然只能是申请人而不是申请人以外的人。从理论上讲，具体行政行为只能拘束特定相对人，被告只能为作为申请人的原告设定权利即为原告提供查询或复制

---

① 参见俞佳：《法院首次引用〈政府信息公开条例〉审案》，《宁波日报》2008年6月2日，第B3版；吴狄：《北京市交通委等回应北大教授：机场高速近四年收费18亿》，《新京报》2008年6月25日。

② 参见赵文明：《政府信息公开第一案最新进展：汝城县政府欲公开“调查报告”》，《法制日报》2008年6月13日。

件等,而不能为申请人以外的人设定权利,除非作为申请人的原告能证明其系全县公众推举的代表。也就是说,当申请人所请求的公开范围不符合《政府信息公开条例》规定时,行政主体不宜直接拒绝,但有权不采纳请求而依法设定公开范围。如果申请人要求向全社会公开而行政主体变更为向申请人公开,申请人不同意、不接受的,则也可拒绝申请。吴试矛案[(2006)迎行初字第 20 号]判决认为,"并无在报刊、网站上公布(2004)314 号文件的法定义务"。黄由俭等如果非要行政主体在辖区内公布"调查报告"不可,则应该根据该条例第 33 条第 1 款等的规定,向被告上级行政机关、监察机关或者政府信息公开工作主管部门举报并请求查处,但这却是一种举报监督了。

新近的关和瑜案[最参行第 101 号]裁判要旨明确指出:"当事人申请行政机关向社会公众主动公开政府信息,行政机关答复拒绝向社会公众公开该政府信息,当事人不服而起诉的,应当裁定不予受理;已经受理的,裁定驳回起诉。"

(二)信息内容的设定

行政主体设定与申请人请求不一致的获取政府信息权利,还表现在政府信息内容的设定上,并且为法院所支持。倪文华案[(2008)黄行初字第 76 号]判决认为:"被告市规划局在收到原告倪文华的政府信息公开申请后进行审查,依照有关城市电力工程的整体规划、现状图及管线的综合图文资料属保密资料的规定,查明 220kV 杨元变电站进线工程建设用地规划许可附图全图系保密图纸,认为对附图全图免予公开。但被告根据原告的实际需要将原图局部的复印件提供给原告,亦无不当。但被告在作出政府信息公开告知时,并未将相关情况予以全面说明,存有瑕疵,被告应在今后的工作中予以改进。"

行政主体对信息内容的设定,应当兼顾到公开信息的可能性与申请人获取政府信息权之间的平衡。周宪曾案[(2009)沪二中行终字第

100号]二审判决就认为:"上诉人周宪曾因相邻纠纷向被上诉人申请公开有关建造于上世纪八十年代建筑物的建设工程规划许可证(当时称建筑工程执照),而该建筑工程执照系原由上海市虹口区人民政府核发给建设单位。被上诉人受理上诉人要求公开该建筑工程执照申请后,在相关档案中进行查找,并未发现有该执照存根联。被上诉人从档案中查到的核定意见稿及总平面图反映了政府部门曾核发过建筑工程执照以及相关核定内容。被上诉人从便民角度考虑,将上述信息材料提供给上诉人,并无不当,且有利于保护上诉人的合法权益。上诉人坚持认为被上诉人未履行信息公开的法定职责,本院不予支持。"

但高大庆案[(2006)奉行初字第3号]中,宁海县西店镇政府提供给原告的会议纪要与原件内容不一致,值得认真探讨。根据当时有效的《宁波市政府信息公开规定》①第24条关于"申请人要求提供的政府信息含有免予公开的内容,但能够作区分处理的,政府机关应当提供可以公开部分的内容"的规定,宁海县西店镇政府有权对政府信息进行处理,设定与请求不一致的权利。但是,行政主体的这种设定即提供部分政府信息或对政府信息的加工,应该受到严格的限制。第一,不公开的部分政府信息,仅限于法定不得公开的政府信息。行政主体只有当申请公开的政府信息含有不应公开的内容,并且能作区分处理时,才能设定公开部分政府信息,并说明部分公开的理由。第二,部分不公开等处理,不得影响申请人对政府信息的准确理解。《政府信息公开条例》第6、7条规定行政主体公开政府信息应当遵循"准确"的原则。要坚持准确性原则,就必须贯彻政府信息的完整性原则。政府信息的不完整,就难以谈准确。行政主体不能在公开前进行影响政府信息准确性

---

① 2004年10月8日市政府令第124号发布,2008年4月16日宁波市政府令第155号修订。

的加工处理。如果没有上述两项限制，任意加工政府信息，则会使得政府信息公开制度没有任何意义。当时有效的《宁波市政府信息公开规定》第4条第2款，也作了与《政府信息公开条例》相类似的规定，即公开政府信息应当遵循真实的原则。应该说，高大庆所请求的是直接设定其权利义务的文件，即扣留其浙宁采103采沙船一事的(2005)16号宁海县政府办公室会议纪要，至少对其本人并不存在“含有免于公开的内容”。宁海县西店镇政府对获取政府信息权的设定，实为权力的滥用。

(三)公开形式的设定

行政主体设定与申请人请求不一致的获取政府信息权，也表现在公开形式的设定上。

夏楚辉资费案[(2007)穗中法行终字第632号]原告，请求被告“依法书面答复告知”“关于中国移动通信集团广东有限公司(原广东移动通信有限责任公司)12593优惠新干线资费方案的具体资费方案和批复内容”。被告按时向原告书面复函称：“2006年12月中国移动通信集团广东有限公司拟定了全球通品牌‘12593优惠新干线’资费方案，并报我局备案，资费方案主要是对广东移动公司全球通客户省内加拨12593可享受台港澳、国际长途优惠。欢迎你提前预约，前来我局查阅”。

原告的请求包含着两项内容：公开形式须为书面，以及公开的政府信息须全面完整。这就意味着，所请求的公开形式应当是“12593优惠新干线资费方案的具体资费方案和批复内容”的复制件。被告在答复中所设定的公开方式有两种：以书面的形式告知原告所请求事项的简要、概括性政府信息，以及查阅。就第一种公开形式而言，被告对政府信息内容作了与请求不同的设定，所告知的政府信息内容不完整。被告设定的第二种公开形式，则非原告所请求。

当时有效的《广东省政务公开条例》第12条第1款规定："政务公开人可以通过以下形式公开政务：政府公报、政务公开栏、政府网站、电子触摸屏及显示屏、政府服务及监督热线电话、政务听证会、咨询会、评议会、新闻发布会、新闻传媒、宣传资料、各级国家档案馆查阅室的政务文件、其他便于公众知晓的公开形式。"第2款规定："法律、法规对政务公开形式另有规定的，从其规定。"第15条规定："政务公开权利人申请公开政务事项的，可以采用信函、电报、传真、电子邮件等形式向政务公开义务人提出申请。政务公开义务人应当在收到申请之日起十个工作日内依照法律、法规的规定予以答复。"根据上述规定，公开形式的设定，纯属被告的行政裁量权。也正因为如此，一审判决驳回了原告的诉讼请求，二审判决支持了一审法院的判决，认为"上诉人要求被上诉人直接向其公开上述政府信息没有法律依据"。

然而，行政裁量须受行政目的和行政手段的双重拘束。该案中的行政目的，是设定公开方式。根据《广东省政务公开条例》第12条第1款的规定，被告应设定"便于公众知晓的公开形式"。什么样的公开形式便于原告知晓，就应该按原告的请求认定，即提供复制件。该案中的行政手段，有复制、查阅、概括性答复和电子邮件等。在复制有可能，或者说复制不需要花费过高的代价，或者说原告愿意支付复制所花的成本的情况下，设定公开形式的裁量就缩减为零，即应当以复制为公开方式。在复制没有可能，原告不愿意查阅，所请求政府信息不存在电子文本等情况下，公开形式的设定也缩减为零，即给予概括性但又尽可能保持政府信息完整的答复。只有结合目的和手段的双重考量和反复排选，设定公开形式的行政裁量才能被认为正当。因此，在该案中，被告尽管有权裁量设定与请求不一致的公开形式，但却应遵循行政裁量规则。遗憾的是，法院应该回答而没有回答被告是否遵循了裁量规则。

现行《政府信息公开条例》第26条规定："行政机关依申请公开政

府信息,应当按照申请人要求的形式予以提供;无法按照申请人要求的形式提供的,可以通过安排申请人查阅相关资料、提供复制件或者其他适当形式提供。"这一规定为公开形式的设定确立了一个基本原则,那就是充分尊重申请人的请求,大大限缩了行政裁量权。但是,行政主体仍然存在行政裁量的空间,仍需遵循该条例第5、6条所规定的公正、公平、便民、及时和准确的原则,结合目的和手段来设定公开形式。

对行政主体符合规定的公开形式设定,申请人不服的,不能获得法院的支持。王炳庭案[(2009)沪二中行终字第126号]原告的申请,被告知按《上海市房地产登记资料查阅暂行规定》①(以下简称《查阅暂行规定》)处理,不服后诉请法院支持。终审判决认为:"上诉人申请公开的'虹口区78号街坊土地出让合同'虽属《信息公开规定》调整范围,但又系房地产登记资料的组成部分。《信息公开规定》第十四条第四款明确,'法律、法规、规章对政府信息公开的职责权限范围另有规定的,从其规定',鉴于《查阅暂行规定》对房地产登记资料查阅的程序、范围等已作规定,所以对于属于房地产登记资料的政府信息,其公开方式应当根据《查阅暂行规定》执行。故本案中被上诉人对上诉人所作的《政府信息告知书》符合法律规定,原审判决维持被上诉人的具体行政行为并无不当。上诉人的上诉请求及理由缺乏法律依据,本院不予支持。"

(四)附款的设定

行政主体还可以设定具体行政行为的附款来限制政府信息的公开。这些附款,包括负担,如缴纳因检索、复制等而发生的费用;条件,如所请求的政府信息是否可以公开经有关主管部门或者同级保密工作部门确定,或经权利人同意等特定事实的成就;期限,即设定查阅、复制

① 1998年7月29日上海市政府发布。

的时间等。

已经引发的争议是关于负担的设定。沈世娟案原告在向常州市房产管理局产权监理处查询政府信息后，对该处收取7元的查询费不服而申请被告复议。被告不予受理。法院审理后认为，产权监理处系事业法人，具有独立收取特定费用的江苏省物价局印制的《收费许可证》，本案的收费项目在收费许可证所列范围之内，收费行为亦是在向原告提供特定服务过程中收取的，是法定收费，并非受市房管局委托收费。①

基于本文的主题，我们假设常州市房产管理局产权监理处是受常州市房产管理局委托的组织。② 这样，产权监理处允许原告查询的行为，也就是产权监理处受常州市房产管理局委托所实施的政府信息公开行为，查询费仅为该行为的附款即负担。从理论上来说，具体行政行为附款有瑕疵的，相对人可以仅就附款申请复议、提起诉讼。但是，在没有附款行政主体就不可能作出该具体行政行为的情况下，附款的瑕疵就应视为整个行政行为的瑕疵。行政相对人不能仅就附款申请复议、提起诉讼，而应针对该具体行政行为申请复议、提起诉讼。③ 在该

---

① 参见朱中顺:《女教授状告市政府陷入认知误区?》,《江南时报》2007年4月13日,第4版。

② 其实,这一假设也是可以成立的。《城市房屋权属登记管理办法》第3条第1款规定:“本办法所称房屋权属登记,是指房地产行政主管部门代表政府对房屋所有权以及由上述权利产生的抵押权、典权等房屋他项权利进行登记,并依法确认房屋产权归属关系的行为。”第4条第1款规定:“国家实行房屋所有权登记发证制度。”第2款规定:“申请人应当按照国家规定到房屋所在地的人民政府房地产行政主管部门(以下简称登记机关)申请房屋权属登记,领取房屋权属证书。”在常州市房产产权监理处的官方网站上的介绍称其“是代表政府行使房产行政管理职能的事业单位”,其职责有:“具体负责对全市各类房屋产权的转移登记;私有房屋申请翻、改建的产权审核;房屋产权的初始登记、变更登记及他项权证登记;各类房地产权属登记的核准登记;房屋租赁的备案登记;……”(http://www.czcjc.gov.cn/jj.asp,最后访问日期:2008年7月1日)。

③ 参见[日]盐野宏:《行政法》,杨建顺译,法律出版社1999年版,第133页。

案中,常州市房产管理局产权监理处在原告不缴纳查询费的情况下,显然不会允许其查询。因此,原告复议申请和起诉均系标的及请求错误。

行政行为的附款理论在我国虽有研究或有过引入的呼吁,①但除了行政行为的分类即附款行政行为与无附款行政行为外,并未进入我们的教科书,即并未成为学说共识。但就本案来看,缺乏行政行为附款理论,尚无进行合理解释的工具。因此,讨论本案的潜在意义还在于,通过总结我国已有实践探讨引入行政行为附款理论的必要性。

本节小结

依申请政府信息公开行为可构成具体行政行为,是否可诉则取决于行政诉讼的受案范围。行政主体拒绝申请人公开政府信息的法定理由应当是政府信息“涉及国家秘密、商业秘密、个人隐私”。目前众多的判例,又发展出危及国家安全、公共安全、经济安全和社会稳定,与申请人自身生产、生活、科研等特殊需要无关,以及非政府信息等多种。但判例对拒绝理由中的不确定法律概念进行了解释,对行政裁量权进行了限缩,并要求具有充分的说服力。《政府信息公开条例》与有关法律规范之间的缝隙,需要正当缝合。依申请公开政府信息的行为,可以设定与请求不一致的公开范围、政府信息内容和公开形式,甚至可以单方面设定附款。

---

① 从中国期刊网搜索,已有的研究文献有喻少茹:《论行政行为的附款》(武汉大学硕士学位论文);喻少茹:《论行政行为的附款》,《郧阳师范高等专科学校学报》2001 年第 2 期;吉雅、贾志敏:《附款行政行为探略》,《行政法学研究》2003 年第 4 期;王春波:《论行政行为的附款》,《法学杂志》2004 年第 4 期;钟头朱:《行政行为之附款问题研究》,《盐城工学院学报》(社会科学版)2006 年第 2 期;刘建军:《论禁止不当联结原则行政法领域之适用性》,《西安电子科技大学学报》(社会科学版)2006 年第 5 期;喻少茹:《论行政行为的附款》,《理论界》2007 年第 11 期。

第七章　需合作行政行为制度的考察*

本章思路　为了解决政府职能交叉、政出多门、多头管理问题，当前改革方案是大部制；为了解决权力过分集中问题，当前的改革动议又有决策、执行和监督职能相分离的三分制。上述改革都属于组织法上的重新设计。但无论是大部制还是三分制，仍需要行为法上的需合作行政行为制度。为此，本章专门予以考察。

第一节　需合作行政行为的类型和责任

一、需合作行政行为制度的类型

需合作行政行为，是多个行政机关①之间就相对人的同一事项，基于职能上的分工，而合作实施的行政行为，属于多阶段行政行为。② 根据法律、法规和规章的规定，需合作行政行为既有上下级行政机关之间的合作关系，又有同级行政机关之间的合作关系，具体类型如下图所示。

---

* 本章系在阶段性成果《需补充行政行为：基于监督的制度分析》（《行政法学研究》2008 年第 3 期）和《需上级指示行政行为的责任——兼论需合作行政行为的责任》（《法商研究》2008 年第 5 期）的基础上，撰写而成。

① 本章主要考察行政组织的内部关系，很少涉及与相对人之间的外部关系，因而使用“行政机关”而不使用“行政主体”。

② 参见［德］汉斯・J. 沃尔夫等：《行政法》，高家伟译，商务印书馆 2002 年版，第 31 页。

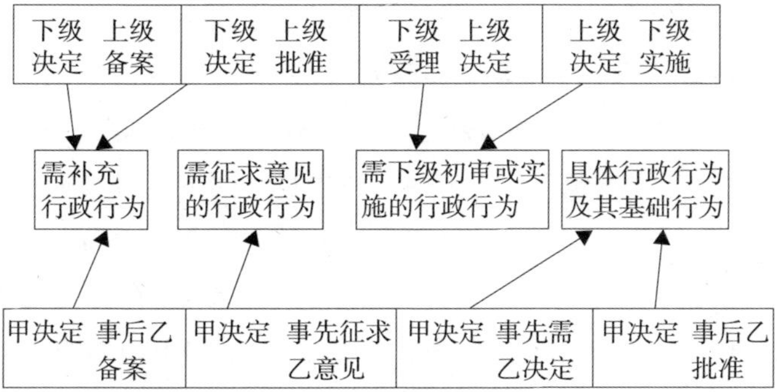

（一）需补充行政行为

图中下级机关决定后需报上级机关备案的行为，如《海洋环境保护法》[①]第58条的规定："……对经确认不宜继续使用的倾倒区，国家海洋行政主管部门应当予以封闭，终止在该倾倒区的一切倾倒活动，并报国务院备案。"图中下级机关决定后需上级机关审批的行为，如《土地管理法》[②]第58条第1款的规定："有下列情形之一的，由有关人民政府土地行政主管部门报经原批准用地的人民政府或者有批准权的人民政府批准，可以收回国有土地使用权：……"图中甲机关决定后需报同级乙机关备案的行为，如《海洋环境保护法》第57条第2款规定："临时性海洋倾倒区由国家海洋行政主管部门批准，并报国务院环境保护行政主管部门备案。"在上述三类行为中，批准或备案并非直接针对相对人，而系针对具体行政行为，因而批准或备案并没有构成一个具体行政行为。我们把这三类需合作行政行为称为需补充行政行为。

下级机关没有实质决定权的多阶段行为，并非需补充行政行为。

---

① 1982年8月23日全国人大常委会通过，1999年12月25日全国人大常委会修订。

② 1986年6月25日全国人大常委会通过，2004年8月28日全国人大常委会第二次修正。

下级机关虽然具有实质性决定权，但不认为属于单方面决定的，也不属于需补充行政行为。兰州常德案［最典行 2000—4］判决认定：“原告常德开发部经过申请立项、提交拆迁安置报告，与兰州市城市规划土地管理局草签《兰州市城镇国有土地使用权出让合同书》，并按照合同的约定交纳了土地使用权出让定金 9 万元、庆阳路改建费 42400 元后，得到被告市政府以兰政地字（1995）36 号文作出的《关于向兰州常德物资开发部出让国有土地使用权的批复》。”但泰丰案［最典民 2000—4］判决认为，缔结国有土地出让合同并非行使行政权。因此，兰州常德案［最典行 2000—4］中的上述行为并非需补充行政行为。[①] 在罗边槽村案［最典行 2000—6］中，丰都县林业局与有关机关、组织一道主持林权争议双方当事人达成了“林地林木权属争议调解协议”，并向丰都县政府呈报。基于行政调解并非单方行政决定，上述行为也非需补充行政行为。

需补充行政行为是一种不独立的具体行政行为。不独立的具体行政行为，“是指与其他行政行为或者私法行为有必要关联，其效力因此取决于其他行为的行政行为（所谓的附属性行政行为）”。独立的行政行为，“是指其作出和效力不取决于其他行政行为或者私法行为的行政行为”。[②]

（二）需下级初审或实施的行政行为

图中下级机关受理后由上级机关决定的行为，如《长江河道采砂管理条例》[③]第 10 条第 2 款规定：“市、县人民政府水行政主管部门应当自收到申请之日起 10 日内签署意见后，报送沿江省、直辖市人民政

---

① 其实，当时有效的《城市房地产管理法》（1994 年 7 月 5 日 全国人大常委会通过，后 2007 年 8 月 30 日全国人大常委会修正）和《城镇国有土地使用权出让和转让暂行条例》（1990 年 5 月 19 日国务院令第 55 号发布），都没有规定须经本级政府批准。

② ［德］汉斯·J. 沃尔夫等：《行政法》，高家伟译，商务印书馆 2002 年版，第 45 页。

③ 2001 年 10 月 25 日国务院令第 320 号发布。

府水行政主管部门审批；……”此类具体行政行为，属于需下级初审的行政行为。就相对人来说，此类行为系上级机关的具体行政行为。

图中上级机关决定，交由下级机关实施的行为，如《土地管理法》第46条规定：“国家征用土地的，依照法定程序批准后，由县级以上地方人民政府予以公告并组织实施。……”这里的实施，并非行政强制执行，而只是具体行政行为构成要件中的表示于外部。也正是通过下级机关的实施，才使上级机关在内部行政程序中的决定得以外化。这类行政行为可称为需下级实施的行政行为。就相对人类来说，此类行为系上级机关的具体行政行为，下级机关的实施行为只是上级机关决定的表示行为。

需下级初审或实施的行政行为可以由行为法规范设定，也可以基于组织法上的领导关系和法定职权而另行确定。根据1988年的《土地管理法》①第13条的规定，土地所有权和使用权争议，由政府处理。1991年的《土地管理法实施条例》②第8条也作了这样的规定。《国家土地管理局关于对土地权属争议处理问题答复的函》③对此解释指出：“土地所有权和使用权争议，由人民政府处理。土地管理部门作为人民政府的职能部门，负责土地权属争议的调查，提出处理意见报人民政府，处理决定由人民政府下达或者由人民政府授权，加盖人民政府土地权属专用章，由土地管理部门行文。”延安宏盛案［最参行第1号］下级机关对被告调查报告的实施，以及建明食品案［最典行2006—1］下级机关对被告电话指示的实施，都是由作为上级机关的被告确定的。

下级机关的初审行为，在法律规范中往往表述为“受理”“向……

① 1986年6月25日全国人大常委会通过，1988年12月29日全国人大常委会修正通过，后1998年8月29日、2004年8月28日全国人大常委会修订。

② 1991年1月4日国务院令第73号发布，后1998年12月27日国务院令第256号废止。

③ 1991年12月12日国家土地管理局发布。

申请”“审查”“审核”“签署意见”等。但无论如何，根据范元运等案[最参行第29号]判决，下级机关的初审行为都没有实质性决定权，不构成具体行政行为。否则，就不属于需下级初审的行政行为而属于需补充的行政行为了。但是，下级机关不签署意见或签署意见后不予报送，从而导致行政程序终结的，权利义务无法最终确定，可构成行政不作为。

下级机关的实施行为，构成组织法上对上级指示的执行。上级的指示在实践中非常普遍，不一定都会构成具体行政行为，而只是一种内部行政行为。这些作为内部行政行为的指示，如果涉及相对人的合法权益，通过下级机关的实施实现了表示于外部，即构成具体行政行为。下级机关的实施，则并非具体行政行为，而只是上级机关指示即对相对人权利义务决定的表示行为。

（三）需征求意见的行政行为

图中甲机关作出决定前需征求同级乙机关意见的行为，如《海洋环境保护法》第30条第2款规定：“环境保护行政主管部门在批准设置入海排污口之前，必须征求海洋、海事、渔业行政主管部门和军队环境保护部门的意见。”第43条第2款规定：“环境保护行政主管部门在批准环境影响报告书之前，必须征求海事、渔业行政主管部门和军队环境保护部门的意见。”第57条第2款规定：“海洋行政主管部门在核准海洋环境影响报告书之前，必须征求海事、渔业行政主管部门和军队环境保护部门的意见。”在上述规定中，海洋、海事、渔业行政主管部门和军队环境保护部门，与环境保护行政主管部门之间并不存在领导与被领导关系，只有基于事务管辖权的分工合作关系即分权制约关系。这种征求不相隶属的行政机关的意见后才能实施的具体行政行为，可以称为需征求意见的行政行为；按要求提供意见的行为，本书暂且称为应征意见。应征意见并非直接针对相对人实施，并没有构成具体行政行为。

应征意见对征求机关没有拘束力。如果应征意见具有拘束有关具体行政行为的法律效力,则不是这里的应征意见,而属于相关具体行政行为的基础行为。《文物保护法》①第 17 条规定:“……因特殊情况需要在文物保护单位的保护范围内进行其他建设工程或者爆破、钻探、挖掘等作业的,必须保证文物保护单位的安全,并经核定公布该文物保护单位的人民政府批准,在批准前应当征得上一级人民政府文物行政部门同意;在全国重点文物保护单位的保护范围内进行其他建设工程或者爆破、钻探、挖掘等作业的,必须经省、自治区、直辖市人民政府批准,在批准前应当征得国务院文物行政部门同意。”上述规定中的文物部门的“同意”,意味着一种实质性决定权,可以阻却政府的批准。在这种情况下,就不应将文物部门的“同意”视为应征意见。这是因为,应征意见属于内部行政行为,因而不可诉。同时,基于权责相一致原则,只要政府履行了征求文物部门“同意”的职责,就不能起诉受文物部门“同意”阻却的政府批准行为,或者说即使起诉了也难以得到法院的支持。这样,相对人就无法获得救济,不符合法治的要求。只有将该“同意”作为文物部门针对相对人的决定,并作为政府批准的基础行为,才能解决上述问题。

(四)具体行政行为及其基础行为

图中甲机关决定前需经同级乙机关决定的行为,如《草原法》②第 38 条规定:“……确需征用或者使用草原的,必须经省级以上人民政府草原行政主管部门审核同意后,依照有关土地管理的法律、行政法规办理建设用地审批手续。”该规定中的“审核同意”和“审批”都是一种实质性决定,分别都可以构成具体行政行为。此类行政行为意味着一个具体行政行为的实施,需要以另一具体行政行为为基础或实施要件。

---

① 2002 年 10 月 28 日全国人大常委会通过。

② 1985 年 6 月 18 日全国人大常委会通过,2002 年 12 月 28 日全国人大常委会修订。

甲机关决定后还需要由乙机关决定，如《药品管理法》①第23条第1款规定："医疗机构配制制剂，须经所在地省、自治区、直辖市人民政府卫生行政部门审核同意，由省、自治区、直辖市人民政府药品监督管理部门批准，发给《医疗机构制剂许可证》。……"该规定中的"审核同意"和"批准"也都可以构成具体行政行为，但甲机关的决定系同级乙机关决定的基础行为或实施要件。

甲机关决定前需经同级乙机关决定的行为，以及甲机关决定后还需要由同级乙机关决定，属于同一类具体行政行为。作为同级行政机关的甲机关与乙机关之间，不存在组织法上的领导与被领导关系，因而也不存在行为法上的批准与报批关系。法律规范中不同部门的"审核同意"、"批准"都是针对相对人，而不是针对另一行政机关的。相对人取得乙机关的同意这一具体行政行为，只是甲机关作出具体行政行为的实施要件。② 因此，不同部门之间的两项实质性决定，并非批准与被批准关系，而是具体行政行为与其实施要件即基础行为之间的关系。

最高法院在民事诉讼中，很早就开始了具体行政行为构成民事诉讼基础行为的探索，现在已逐渐形成了如下判断标准：实质性行政行为、对案件事实和法律效果的涵摄、法律规范的强制性规定或当事人的约定（参见本书第八章）。这一判断标准，除实质性行政行为要件与行政诉讼实践有冲突，③以及当事人的约定在具体行政行为及其基础行为领域基本不存在外，也是可以用来判断具体行政行为及其基础行为关系的。

---

① 1984年9月20日全国人大常委会通过，2001年2月28日全国人大常委会修订。

② 参见朱芒：《"行政行为违法性继承"的表现及其范围——从个案判决与成文法规范关系角度的探讨》，《中国法学》2010年第3期。

③ 参见最高法院《关于审理房屋登记案件若干问题的规定》，最高法院审判委员会第1491次会议通过，2010年8月2日法释[2010]15号发布；赵大光等：《〈关于审理房屋登记案件若干问题的规定〉的理解与适用》，《人民司法》（应用）2010年第23期。

二、需合作行政行为的责任

只有在制度设计上分清责任，分工、合作和制约才能得以实现，需合作行政行为制度才能真正发挥出功能。对需补充行政行为及其责任，我们将在本章分两节加以讨论，在这部分仅讨论其他需合作行政行为的责任。

（一）需下级初审或实施行政行为的瑕疵责任

1. 下级机关的责任。下级机关对相对人的申请和申报不予受理、初审后不予上报、拖延上报的，行政程序终止，其行为构成具体行政行为。对这类瑕疵行为，下级机关应承担责任。俞国华案［最参行第51号］原告所承包企业向莆田市建设局申报年检。该局以申报企业未交足上级管理费为由，不予签署意见，不予报送。再审判决认为，"本案被诉具体行政行为是莆田市建设局不予办理企业资质年检的行为"。

如果下级机关负有告知结果的职责而不履行该职责的，可构成行政不作为。裕友赔偿案［最（1996）行终字第1号］终审判决认为，"根据天津市开发区管委会的有关规定，被上诉人管委会……对申请事项是否被准许负有转告申请人的义务。被上诉人管委会在接受了上诉人裕友公司申领桐木拼板出口许可证的申请后，虽然作了一定的疏通、申领工作，但并未针对申领桐木拼板出口许可证是否获准转告申领人，其行为属于不履行法定职责的违法行为。上诉人裕友公司因无出口许可证致使桐木拼板出口受阻并导致遭受经济损失的事实发生在其向被上诉人管委会申领出口许可证之前，该损失与被上诉人管委会不履行法定职责的行为没有因果联系"，不承担赔偿责任。

如果下级机关与相对人恶意串通，骗取上级机关作出具体行政行为，导致他人损害的，则该具体行政行为无效，且下级机关应作为行政赔偿诉讼第三人承担责任。

2. 上级机关的责任。需下级初审或实施行为系上级机关的具体行政行为，如存在瑕疵，则由上级机关承担责任。需下级初审行为制度是下级机关对把握事实和组织相对人参与的优势，与上级机关对适用法律优势的结合，但法律上并没有赋予下级机关所认定事实对上级机关的拘束力。上级机关发现基本事实不清，可以要求下级机关重新审查、认定，也可以自行审查、认定或纠正。需下级实施行为制度则是下级机关对具体落实的优势与上级机关适用法律优势的结合，但依法下级必须服从上级，下级机关对上级指示没有拒绝或否定的权力。因此，上级机关所作具体行政行为存在瑕疵的，应承担由此所应负的责任。范元运等案［最参行第29号］判决认为，"被告魏桥镇政府依据《建制镇规划建设管理办法》第十六条之规定，在规划行政许可过程中只起到一个审查、上呈的中间环节作用，最终的许可决定权在县级规划行政主管部门即邹平县建设局，涉案一书一证也不是以魏桥镇政府的名义作出，不应对规划行政许可承担责任。原告起诉魏桥镇政府许可违法属错列被告"。延安宏盛案［最参行第1号］和建明食品案［最典行2006—1］判决都认为，具体实施的下级机关并非适格被告，被告应该是作出影响原告权利义务决定（指示）的上级机关。建明食品案［最典行2006—1］裁判摘要指出："审查行政机关内部上级对下级作出的指示是否属于人民法院行政诉讼受案范围内的可诉行政行为，应当从指示内容是否对公民、法人或者其他组织权利义务产生了实际影响着手。在行政管理过程中，上级以行政命令形式对下级作出的指示，如果产生了直接的、外部的法律效果，当事人不服提起行政诉讼的，人民法院应当受理。"

（二）需征求意见行政行为的瑕疵责任

行政机关实施具体行政行为依法有义务征求有关机关意见，不予征询，径行作出的，系对法定分工、合作、制约关系的破坏，构成违反法定程序，应依法承担相应责任。行政机关征求意见的，其征询函系行政预备行为，而非具体行政行为。[①] 但是，该征询函存在所设定回复期限不合理、征询内容不当等瑕疵的，构成需征求意见行政行为的程序瑕疵。行政机关经征询，参与机关没有提供意见的，不影响需征求意见行政行为的实施。

征求机关可以采纳也可以不采纳应征意见。征求机关不采纳应征意见的，并不构成程序瑕疵。但征求机关因此违反实体法规则的，系具体行政行为本身的瑕疵。甘露饺子馆案[最参行第27号]拆除标的系“中华老字号”。根据《商务部、国家文物局关于加强老字号文化遗产保护工作的通知》[②]，决定拆迁前应“征求商务主管部门意见”。但被告并未采纳辽宁省商业厅和沈阳市商业局提供的意见，强制拆除了不应拆除的标的物，拆迁决定和强制拆除行为构成实体违法，被判决承担赔偿责任。同样，征求机关采纳应征意见作出具体行政行为的，除参与机关与相对人恶意串通提供意见外，无论应征意见是否存在瑕疵，都应承担全部责任。

应征意见并非直接针对相对人实施，纯属内部行政行为。厦门博坦案[最典行2006—6]判决认为，应国务院法制办的征询，海关总署内部机构的回复函不具有对外效力。应征意见即使存在瑕疵并为公民、法人或其他组织所获悉，仍属不可诉行为。也就是说，提供意见的机关不对需征求意见行政行为的相对人承担责任。但是，如果参与机关与相对人恶意串通提供意见，需征求意见行政行为无效；造成他人损害的，在行政赔偿诉讼中参与机关应作为第三人承担责任。

（三）具体行政行为及其基础行为的瑕疵责任

具体行政行为及其基础行为，构成两个不同的具体行政行为，[③]各

---

① 参见张万高案[（2002）庆行终字第48号]。

② 2006年10月26日商改发[2006]554号发布。

③ 参见北方矿业处罚案[最（1999）行终字第11号]。

具独立的法律效果。它们存在瑕疵的，两个行政机关各自承担责任。范元运等案[最参行第29号]法院判决认为，案件所涉规划许可，需要以省级经贸部门的预审批行为为基础行为，又是建设许可的基础行为。被告在缺乏基础行为的情况下所颁发的规划许可构成违法，应被撤销；原告在取得规划许可但未取得建设许可的情况下即行建设所导致的损失，由被告和原告各承担相应的法律责任。如果具体行政行为系基于违法的基础行为而实施，则该具体行政行为也构成违法。沈希贤等案[最典行2004—3]判决认为，被诉建设许可证系以计划部门的批准行为为基础行为，该基础行为缺乏实施要件即环境部门批准的环境影响报告书而存在瑕疵。周口益民案[最典行2005—8]判决也认为，具体行政行为可因基础行为的瑕疵而存在瑕疵，并进一步指出两机关仍应对各自的行为瑕疵负责，按直接因果联系承担各自的赔偿责任。

(四)需合作行政行为的执法责任

在分清需合作行政行为瑕疵责任的基础上，依法还应追究行政机关的执法过错责任。对此，我国有的法律规范作了明确规定。《浙江省海洋环境保护条例》第48条规定："行使海洋环境监督管理权的部门和其他行政主管部门有下列情形之一的，对直接责任人员和直接负责的主管人员，由其所在单位或者行政监察部门给予行政或者纪律处分；给当事人造成损害的，依法予以赔偿；构成犯罪的，依法追究刑事责任：……(四)……海岸、海洋工程环境影响报告书核准、批准前未依法征求有关部门意见的；……"执法责任更多的规定则是有关执法过错责任追究制的法规、规章和行政规范性文件。《厦门市行政机关工作人员行政过错责任追究暂行办法》①第5条规定："行政机关及其工作

① 2005年1月19日厦门市政府令第115号发布。

人员在实施行政许可过程中,有下列情形之一的,追究行政许可责任人的行政过错责任:……(十二)行政许可依法由政府两个以上部门分别实施,政府确定一个部门受理行政许可申请并转告有关部门分别提出意见后统一办理或者组织有关部门联合办理或者集中办理,而相关部门不及时主动协调、相互推诿或者拖延不办的;……"第7条规定:"第7条 行政机关工作人员在处理行政内部事务过程中,有下列情形之一并造成严重后果的,追究有关责任人的行政过错责任:……(三)对涉及其他部门职责的事项,不与有关部门协商或者协商不能取得一致,未报请上级领导而擅自决定的;……"

本节小结

需合作行政行为有需补充行政行为、需下级初审或实施的行政行为、需征求意见的行政行为和具体行政行为及其基础行为。具体行政行为及其参与行为存在瑕疵的,应由具体行政行为的实施机关和参与机关分别承担瑕疵责任和执法责任。

第二节　需补充行政行为制度及改革

需补充行政行为这一概念性工具的背后,蕴含着集权和自治、领导和监督、分权和合作的法律机理。本节拟以此为思路,以法律文本为基础,探讨需补充行政行为和补充性行政行为制度及其完善。

一、需补充行政行为的制度设计

补充性行政行为是行政机关依法针对特定行政行为所实施的一种行为。需补充行政行为和补充性行政行为所针对的是相对人的同一权利义务,只不过是两个或多个行政机关之间的一种内部程序。在这一内部程序中，实施需补充行政行为的行政机关对相对人的权利义务具有实质上的决定权，而实施补充性行政行为的行政机关依法具有审批或监督权。需补充行政行为制度也存在于抽象行政行为领域，[①]但本章主要讨论具体行政行为领域的需补充行政行为制度。

（一）上级监控和同级制约

从现行法律规范的规定来看，补充性行为的实施主体可以分为上级机关和同级机关。

有的具体行政行为在作出后依法应报上级机关审批或者备案。这种由上级机关审批或备案的制度，早在新中国建国初期就有，并一直得以延续，[②]现在仍然存在且比较普遍。[③] 这种审批权和备案权发展到今天，客观上具有监督的功能即一种层级监控权。也就是说，如果下级机关能够按照法律规范的规定和上级的指示实施具体行政行为，上级机关原则上就会予以尊重即批准或备案。如果下级机关没有按照法律规

---

① 参见《土地管理法》第21条，以及《水法》第17条等。

② 参见《社会团体登记暂行办法》（1950年10月19日政务院发布，1989年10月25日国务院令第43号废止）第10、12条，《劳动保险条例实施细则修正草案》（1953年1月26日劳动部发布，1994年11月22日劳动部劳部发[1994]464号废止）第77条，《治安管理处罚条例》（1957年10月22日全国人大常委会通过，1986年9月5日全国人大常委会通过的《治安管理处罚条例》规定废止）第31条，《户口登记条例》（1958年1月9日全国人大常委会通过）第14条，《关于高等学校教师职务名称及其确定与提升办法的暂行规定》（1960年2月16日国务院全体会议通过，1989年1月1日国务院废止）第11条第4款，《卫生技术人员职称及晋升条例（试行）》（1979年2月23日卫生部发布，1998年4月13日卫生部废止）第12条第1、2款，《高等学校教师职务试行条例》（1986年3月3日中央职称改革工作领导小组批转，职改字国科发[1986]第11号）第15条第4、5款，等。

③ 参见《消防法》第17条第1款，《大气污染防治法》（2000年4月29日全国人大常委会修订通过）第18条，《矿产资源法》第16条第5款，《森林法》（1984年9月20日全国人大常委会通过，1998年4月29日全国人大常委会修正）第29条，《水法》（2002年8月29日全国人大常委会修订通过）第32条、第40条第2款、第45条，《浙江省实施〈中华人民共和国土地管理法〉办法》（2009年12月30日浙江省人大常委会修正通过）第17条第1款，等。

范和上级指示运作，上级机关就会依法不予批准或启动撤销、改变程序。但是，法律上下级机关所作的具体行政行为应由上级机关审批或备案作为补充才能生效的制度，并不是下级机关对上级机关的制度性分权。相反，它意味着上级机关在制度上分得了下级机关的部分决定权。它基本上是集权的延续，现在仍是《宪法》第89条第4项和地方组织法第59条第3项所规定的上级对下级领导权的实现机制，旨在强化"单一法律秩序"。[①] 因此，作为补充性行政行为的上级机关审批或备案，主要是一种实现层级领导关系，客观上具有层级监控功能的机制。

有的具体行政行为依法应报经同级行政机关备案。例如，根据《海洋环境保护法》第47条第1款的规定，海洋行政主管部门在核准海洋环境影响报告书后，应"报环境保护行政主管部门备案，接受环境保护行政主管部门监督"。这种报同级机关备案的制度，是同级部门间的相互合作、分权制约机制，其前提是备案机关的事务管理权。"分权观念一般是同这样一种机关的观念联系着的，每个机关都处于其职权所伸及的那一地区。"[②]《海洋环境保护法》第5条第1款作了明确规定："国务院环境保护行政主管部门作为对全国环境保护工作统一监督管理的部门，对全国海洋环境保护工作实施指导、协调和监督，并负责全国防治陆源污染物和海岸工程建设项目对海洋污染损害的环境保护工作。"同级机关的备案制度，可以说起源于很早就发展起来的行政机关对当事人的繁杂、多头审批制度[③]的改革。20世纪70、80年代，机

---

① ［奥］凯尔森：《法与国家的一般理论》，沈宗灵译，中国大百科全书出版社1996年版，第338页。

② 同上书，第341页。

③ 参见《爆炸物品管理规则》(1957年11月29日国务院批准，1957年12月9日公安部发布，2006年5月10日国务院令第466号废止)第6条第2项、第9条第2、3项，《关于爆炸物品管理规则的补充规定(草稿)》(1959年9月7日农业部、化工部、卫生部、一机部、商业部、铁道部、公安部通知试行)(一)(8)之规定，等。

构臃肿、部门林立,多头审批日益严重,一度发展成为一个项目要盖几十个图章甚至上百个图章的地步。改革开放初期,又形成了部门利益,审批不减反增,严重束缚了生产力的发展。于是,在行政改革中,对当事人的多头审批制度逐渐改革为行政机关审批前征求相关部门意见,以及审批后报相关部门备案的制度。它们是一种分工合作、相互制约的制度,其中后者就属于需补充行政行为制度。

(二)审批制和备案制

审批在法律上意味着审批机关可以肯定、否定或改变报批的具体行政行为。① 有的法律规范规定它是一个内部行政行为或一项内部行政程序,而把经批准的下级决定作为外部具体行政行为。② 有的法律规范虽然没有作上述规定,但依判例审批行为系内部行为,经批准的下级决定才作为外部具体行政行为。《土地管理法》第58条第1款规定:"有下列情形之一的,由有关人民政府土地行政主管部门报经原批准用地的人民政府或者有批准权的人民政府批准,可以收回国有土地使用权:……"佛山永发案[(2002)佛中法行初字第12号]判决解释为:"由于佛山市人民政府办公室的佛府办函[2002]96号文是针对佛山市国土资源局收回国有土地使用权请示而作出的批复,属于行政机关之间的内部批准文件,对原告的权利义务不产生直接影响,原告的国有土地使用权被收回是因佛山市国土资源局作出的佛国土资字[2002]113号《关于收回国有土地使用权的决定》直接导致,故……佛山市人民政

---

① 参见《上海市实施〈中华人民共和国土地管理法〉办法》(2000年11月17日上海市人大常委会修订通过)第36条第2款,以及高久兴案[(2005)北行初字第7号]。

② 参见《浙江省实施〈中华人民共和国土地管理法〉办法》第8条,以及《公安机关办理行政案件程序规定》(2006年8月24日公安部令第88号发布,2012年12月19日公安部令第125号废止)第192条。

府办公室的佛府办函[2002]96号文不属于行政诉讼受案范围。”有的法律规范则规定审批行为为外部具体行政行为，下级决定为内部行为或内部程序。如《文物保护法》第13条第1款规定：“国务院文物行政部门在省级、市、县级文物保护单位中，选择具有重大历史、艺术、科学价值的确定为全国重点文物保护单位，或者直接确定为全国重点文物保护单位，报国务院核定公布。”

审批制是行为法明确规定的上级对下级的领导制度。如果没有行为法上的明确规定，而仅仅基于组织法上的领导关系，则只能构成上级对下级的指示和法律解释，并非对报批行为的肯定或否定。李传镒案[最(2004)行终字第1号]终审裁定认为，中国残疾人联合会针对青海省残疾人联合会有关《残疾人保障法》①第2条第2款“其他残疾的人”如何评残发证的请示作出的答复，“既不是行使核发《残疾人证》行使职权的行为，亦不是上诉人李传镒上诉中所称的‘批准’行为，而仅是对核发《残疾人证》有关问题的内部说明，并未对上诉人李传镒设定权利义务，同样不属于具体行政行为”。

审批行为多为非要式行政行为。它有时采用正式的批准文书，有时只是在报批行为文书上签名或圈阅。② 司法上也承认各种审批形式的有效性。念泗居民案[最典行2004—11]终审判决指出：“会议纪要是不是一种通常所见的批准形式，由于法律、法规只规定城市详细规划

---

① 1990年12月28日全国人大常委会通过，2008年4月24日全国人大常委会有修订。

② 《党政机关公文处理工作条例》(2012年4月16日中共中央办公厅、国务院办公厅中办发[2012]14号发布)第22条规定：“公文应当经本机关负责人审批签发。重要公文和上行文由机关主要负责人签发。党委、政府的办公厅(室)根据党委、政府授权制发的公文，由受权机关主要负责人签发或者按照有关规定签发。签发人签发公文，应当签署意见、姓名和完整日期；圈阅或者签名的，视为同意。联合发文由所有联署机关的负责人会签。”

应当由城市人民政府或规划行政主管部门审批，没有规定审批形式，故不能否定扬州市规划委员会会议纪要对批准详细规划发挥的实际作用，应当认定《念泗二村地段控制性详细规划》经过合法有效的批准。”但是，不针对报批行为的肯定、否定或改变，而针对法律适用问题的请示，上级机关所作的行为并非审批。

法律上能够实施审批行为作为具体行政行为补充的，只能是具有领导权的上级机关。但这样一种实为领导方式的强效监督，存在显而易见的副作用，那就是影响下级机关的行政自主权。为了实现必要的层级领导和层级监督，又不影响下级机关的行政自主权，必须考虑审批监督制的设定边界。在实行地方自治的情况下，对属于地方自治范围内的具体行政行为不得设定审批监督制。我国不存在一般意义上的地方自治，目前只有特别行政区的地方自治和民族地方自治。对特别行政区地方自治范围内的具体行政行为，特别行政区基本法并未设置中央政府对特别行政区政府所作具体行政行为的审批监督制，①有关设定中央政府对地方政府所作具体行政行为审批监督制的法律也并不适用于特别行政区，②体现了对特别行政区自治权的充分尊重。但对民族自治地方行政机关的具体行政行为，现行法律设定了与其他地方行政机关所作具体行政行为相同的审批监督制，对民族自治地方自治权的尊重似乎不够充分。

行政机关可以对相对人的申请等行为依法作出肯定或否定的行政行为，除无效行政行为外，却无权对同级机关的具体行政行为予以肯定、否定或者改变，因而不能审批同级机关的具体行政行为。同级行政

① 参见《香港特别行政区基本法》(1990年4月4日全国人大通过)第16、22条，《澳门特别区行政区基本法》(1993年3月31日全国人大通过)第12、16条。

② 参见《香港特别行政区基本法》第18条第1—4款，以及《澳门特别行政区基本法》的有关条文。

机关之间的分工、合作或者制约，除需征求意见行政行为和具体行政行为及其基础行为外，还有一种制度是备案监督制。[①] 同时，上级行政机关虽然有权以审批形式来监控下级机关实施具体行政行为，但有时却也以较缓和的监控形式即备案形式，如《海洋环境保护法》第58条规定，来监督下级机关的具体行政行为。较为特殊的情形，则是在消灭或变更一个具体行政行为时，会出现上级机关报下级机关备案的现象。根据《水库降等与报废管理办法（试行）》第11条第1款的规定，[②]以及《水法》第25条第3款规定，[③]当水库修建的批准机关系水库降等审批机关的下级时，就会形成上级机关向下级机关备案的情形。这种备案的监督作用更弱，相当于一项告知。备案机关在备案中并不能直接否定或者肯定应报备的具体行政行为，因而只要应报备的具体行政行为一经备案即具有法律效力。备案机关在备案中发现报备行政行为存在违法情形的，需启动新的程序来撤销已备案的具体行政行为。其中，备案机关系上级机关的，有权在新的程序中依职权撤销已报备具体行政行为。备案机关系同级机关的，则只能向报备机关提出纠正建议，由报备机关依

---

① 参见《海洋环境保护法》第57条第2款，《水库降等与报废管理办法（试行）》（2003年5月26日水利部令第18号发布）第11条第3款，等。

② 该款规定："水行政主管部门及农村集体经济组织管辖的水库降等，由水行政主管部门或者流域机构按照以下规定权限审批，并报水库原审批部门备案：（一）跨省边界或者对大江大河防洪安全起重要作用的大（1）型水库，由国务院水行政主管部门审批；（二）对大江大河防洪安全起重要作用的大（2）型水库和跨省边界的其他水库，由流域机构审批；（三）除第（一）项、第（二）项以外的大型和中型水库由省级水行政主管部门审批；（四）上述规定以外的小（1）型水库由市（地）级水行政主管部门审批，小（2）型水库由县级水行政主管部门审批；（五）在一个省（自治区、直辖市）范围内的跨行政区域的水库降等报共同的上一级水行政主管部门审批。"

③ 该款规定："农村集体经济组织修建水库应当经县级以上地方人民政府水行政主管部门批准。"

法撤销;或者向上级机关提出纠正建议,由上级机关依职权撤销。①

与审批制的个案审批不同,备案制既可以是个别备案也可以是季度、年度备案。季度、年度备案监控比个别备案监控更为缓和,是一种宏观监控。《矿产资源法》第16条第5款规定:"依照第三款、第四款的规定审批和颁发采矿许可证的,由省、自治区、直辖市人民政府地质矿产主管部门汇总向国务院地质矿产主管部门备案。"《长江河道采砂管理条例》第14条第2款规定:"沿江省、直辖市人民政府水行政主管部门应当在每年1月31日前将上一年度的长江采砂审批发证情况和实施情况,报长江水利委员会备案。"上述法律规范规定的备案,都属于宏观监控的备案制度。

审批制在法律上所使用的术语有"审批""批准""同意""审核"或"决定"等。②《安全生产法》③上的批准,根据其第54条的规定,就包括"批准、核准、许可、注册、认证、颁发证照等"。备案制在法律上所使用的术语有"备案""抄送""报告"等。④ 在立法上,审批制与备案制也常常被结合运用。例如,《浙江省实施〈中华人民共和国土地管理法〉办法》第17条第1款规定:"在土地利用总体规划确定的土地开垦区内,一次性开发未确定土地使用权的国有荒山、荒地、荒滩从事种植业、林业、畜牧业、渔业生产的,应当向县级以上人民政府土地行政主管部

---

① 详细规定备案制度的法规有《法规规章备案条例》(2001年12月14日国务院令第337号发布)。它所规定的并不是具体行政行为,但为理解具体行政行为的备案制度提供了参照。

② 参见《长江河道采砂管理条例》第7条第3款,《土地管理法》(1986年6月25日全国人大常委会通过,2004年8月28日全国人大常委会第二次修正)第45条第2款,《浙江省实施〈中华人民共和国土地管理法〉办法》第8条第2款,等。

③ 2002年6月29日全国人大常委会通过。

④ 参见《浙江省海洋环境保护条例》(2004年1月16日浙江省人大常委会通过)第12条第2款规定,《贵阳市水库管理办法》(2004年8月31日贵阳市人大常委会通过,2004年11月27日贵州省人大常委会批准)第19条第1款,等。

门提出申请,并按照下列程序报批:(一)四十公顷以下的,由县级人民政府土地行政主管部门审核,报县级人民政府批准,并报设区的市和省人民政府土地行政主管部门备案;……”县级政府土地行政主管部门的审核已经是一个具体行政行为,但在报经县级政府批准后,还要报设区的市和省政府土地行政主管部门备案。在法律上规定报上级机关“备案”的情况下,如果实际上系审批的,则应认定为审批。同样,在法律上规定报同级机关“审核”的情况下,由于同级机关并没有审批权,应认定为备案。

总之,需补充和补充行政行为制度可以分为审批制和备案制。客观上具有监控功能的审批制不是放权的成果而是集权的延续和实现层级领导的方式,今后应以尊重地方自主权为限。上级机关的备案制,与审批制相比,是一种缓和的层级监控机制;同级机关的备案制,则是一种改革多头审批制发展起来的相互合作、分权制约机制。

二、需补充行政行为的改革建议

(一)矛盾:复议和诉讼之间

在现行有关需补充行政行为的法律、法规和规章中,由于需备案行政行为是最终决定权利义务的行为,因而以实施该行为的机关为复议被申请人和诉讼被告,应无异议。

对需审批行政行为,最终决定权利义务的是审批机关,诉讼中担任被告的却是在对外发生法律效力的文书上署名的机关。“行政诉讼法若干问题解释”第19条规定:“当事人不服经上级行政机关批准的具体行政行为,向人民法院提起诉讼的,应当以在对外发生法律效力的文书上署名的机关为被告。”相反,《行政复议法实施条例》①第13条规

① 2007年5月29日国务院令第499号发布。

定："下级行政机关依照法律、法规、规章规定，经上级行政机关批准作出具体行政行为的，批准机关为被申请人。"这一行政复议规则早在2003年国务院法制办的解释中，就已得到明确。[①]

行政法规和司法解释的不同规定，导致了诉讼和复议中责任主体的不一致。对同类案件，如果有的按诉讼规则办，有的按复议规则办，则会出现同类案件被告即责任主体并不一致的现象。尤其是在需审批行政行为系诉讼上的同样行政行为时，有的当事人申请复议，有的当事人提起诉讼的，就会出现同类案件的责任主体并不相同，甚至可能出现同类案件而判决结果并不相同的现象。同时，如果需审批行政行为系诉讼上的同一具体行政行为，基于《行政诉讼法》经复议的案件向法院起诉的期限为15日的规定，以及直接向法院起诉的期限为3个月的规定，当事人就审批行为经复议未获得支持，起诉期限已过，是否可以就需审批行为向法院起诉？也许，个案中的矛盾还远不止这些。

（二）改革：艰难的选择

行政法规和司法解释之间的不一致应当予以协调，从而避免个案中的矛盾。协调一致的指导原则，应该是权责统一，监督者应受监督。本着这一原则，可以有以下几个改革方案：

1. 从实体法上取消审批制度。有冲突和矛盾的是法规、解释和个案，但根子却是需审批行政行为制度的设计。这种制度设计的基本假设是：上级机关比下级机关正确。然而，上文的分析已经指出，需审批行政行为制度的设计更多的是上级对下级的集权而不是下级对上级的

---

① 参见《国务院法制办公室关于不服行政机关根据上级行政机关认定审批行为作出的具体行政行为申请行政复议有关问题的复函》，2003年6月18日国法函[2003]193号。

分权，尽管能达到单一法律秩序的目的，但不一定能实现对社会规制和依法行政的监督目的。推进依法行政需要其他制度的保障。土地审批的失控也表明，必须改革和完善我国的财税监控体系、中央和地方的权限分工和官员政绩晋升机制等。① 在这些制度逐渐完善的前提下，需审批行政行为就可以逐渐淡出。也就是说，在有些场合不得设定审批制度而属于下级机关自主权范围，在有些场合不必设定审批制度而可以通过备案制度等来监督，让对外承担责任的行政机关充分行使职权。在有些场合，可以设定事前指示来实施具体行政行为，由下级机关及其公务员按照《公务员法》②第 54 条的规定执行。③ 如果该权利义务的决定权确属于上级机关，那么就取消下级机关的实质决定权，仅赋予下级机关初审权，让上级机关完整地行使其职权。我国改革开放的成功，重要的一点是不断放权的结果。对审批制度的改革，我们仍应坚持这一原则，让下级机关独立行使其职权。也就是说，我们只应保留少量的需审批行政行为制度。

上述改革设想已有成功实例。2006 年的《公安机关办理行政案件程序规定》第 192 条规定："对外国人的拘留审查、监视居住或者遣送

---

① 参见珑铭：《地方官员与中央唱反调的深层次原因》，《上海证券报》2006 年 6 月 12 日，第 A13 版；高聚辉等：《分税制、土地财政与土地新政》，《中国发展观察》2006 年第 11 期，第 25 页；平新乔：《中国地方政府支出规模的膨胀趋势》，《政策性研究简报》（北京大学中国经济研究中心）2006 年第 57 期，第 6 页；汤安中：《反省分税制改革》，《中国经济时报》2004 年 9 月 24 日，第 5 版；殷志红：《从财政体制改革角度论中央与地方的关系》，《经济论坛》2006 年第 9 期，第 6 页；周黎安：《晋升博弈中政府官员的激励与合作——兼论我国地方保护主义和重复建设问题长期存在的原因》，《新华文摘》2004 年第 17 期。

② 2005 年 4 月 27 日全国人大常委会通过。

③ 该条规定："公务员执行公务时，认为上级的决定或者命令有错误的，可以向上级提出改正或者撤销该决定或者命令的意见；上级不改变该决定或者命令，或者要求立即执行的，公务员应当执行该决定或者命令，执行的后果由上级负责，公务员不承担责任；但是，公务员执行明显违法的决定或者命令的，应当依法承担相应的责任。"

出境由县级以上公安机关决定。但县级公安机关在作出决定前,应当报上一级公安机关批准。”这一审批制度就已为 2012 年的《公安机关办理行政案件程序规定》①第 228 条所修改:“对外国人作出行政拘留、拘留审查或者其他限制人身自由以及限制活动范围的决定后,决定机关应当在四十八小时内将外国人的姓名、性别、入境时间、护照或者其他身份证件号码,案件发生的时间、地点及有关情况,违法的主要事实,已采取的措施及其法律依据等情况报告省级公安机关;省级公安机关应当在规定期限内,将有关情况通知该外国人所属国家的驻华使馆、领馆,并通报同级人民政府外事部门。当事人要求不通知使馆、领馆,且我国与当事人国籍国未签署双边协议规定必须通知的,可以不通知,但应当由其本人提出书面请求。”

2. 从程序法上化解审批制度。对确有必要或者暂时无法取消的需审批行政行为制度,从权责相一致的角度讲,就应该修改司法解释的规定,采用《行政复议实施条例》的规定,即以批准机关为承担责任的主体。这样,不仅可以克服前文所述诉讼和复议间的矛盾,更在于落实执法责任制。

之所以要做这样的程序制度改革,是因为在实行审批制的情况下,已生效具体行政行为的违法,可能是报批行为违法,也可能是审批行为违法,还可能是两者都存在违法情形。如果署名机关系下级机关即报批机关,②系争具体行政行为的违法由报批行为和批准行为共同造成,或者仅仅由批准行为造成,作为署名机关的报批机关在对外承担责任后,从制度上说也应追究批准机关及其公务员的责任,但事实上却几乎没有可能性。也就是说,对监督者缺乏监督。缺乏对监督者的监督,尽

① 2012 年 12 月 19 日公安部令第 125 号发布。

② 参见《浙江省实施〈中华人民共和国土地管理法〉办法》第 8 条第 2、3 款。

管不影响相对人的权益,但却会挫伤下级机关及其公务员的积极性,也是对法治的破坏。在以审批机关为责任主体的情况下,该机关在对外承担责任后,如果因报批行为违法,则一般都可以按照行政执法责任制追究报批机关及其公务员的责任;如果因审批行为违法,则也可以按照行政执法责任制追究本机关公务员的责任。

既然以批准机关为责任主体,那么就必须改革具体行政行为文书的署名制度。第一,以审批机关为署名机关,实现名实相符,有利于当事人申请复议时确定被申请人或者起诉时确定被告。在这种情况下,需审批行政行为已不复存在。这一意义上的审批行为,也就是延安宏盛案[最参行第1号]所谓的内部行政行为的外化。该案裁判要旨指出:"按照《行政诉讼法》的规定,作为内部行政行为的批复不可诉,但内部行政行为通过行政机关的职权行为外化后,则可以纳入行政诉讼的受案范围。"第二,以报批机关为署名机关,在具体行政行为文书中载明批准机关,并告知当事人以批准机关为责任主体。这样,报批机关就仅仅是一个告知机关,从而化解需审批行政行为制度。

3. 实现行政公开。如果我们不能选择前两项改革方案,而需审批行政行为制度仍然存在,那么我们有必要引入行政公开制度。这是因为,既然下级机关监督上级机关事实上是不可能的,试图建立让下级机关向上级机关的上级或专门监督机关举报来追究上级机关的责任也是不现实的。同时,既然报批和审批是一种内部程序,那么外界也就无法观察和批评。既然相对人已经从署名机关那里取得完全的赔偿,那么也不会继续追踪审批行为的合法性及其责任。但是,行使审批权的机关或公务员终究需要承担相应的责任。因此,在设定报批与审批制度时还应设定:第一,应报批行政行为一经作出就应告知相对人,同时在该报批行为文书或告知书中载明,本具体行政行为已经于某年某月某日报某某机关审批。这样,可以让相对人分清自己的权益将受哪个机关的影响，对审批机关没有按时作出审批决定的，也可以以行政不作为为由申请复议或提起诉讼。这一点也适用于备案制，以便让相对人和外界明白该行为已完全生效，并监督报备机关及时报备。第二，审批决定作出后，报批机关或审批机关应及时告知相对人批准、不批准或改变的审批结果。这样，尽管相对人复议或诉讼中仍应以对外署名的下级机关为被申请人或被告，但可以明白责任到底是在署名的报批机关还是未署名的审批机关。尽管这一设计仍然无法直接对审批机关及其公务员追究责任，但可以通过媒体和社会舆论对审批机关形成监督压力，对审批工作人员进行谴责，从而自我纠错。同时，这也有利于审批机关的上级机关掌握信息，追究审批机关的责任。第三，与具体行政行为的附款[①]制度相结合，即在应报批行政行为或告知书中载明：本行为经审批机关批准的，自告知批准之日起生效；本行为未被审批机关批准的，撤回本行为；本行为经审批机关改变的，以经改变的行政行为为限自告知审批结果之日起生效。需补充行政行为制度的上述设计，便于外界观察和判断审批程序，可以实现对监督者的监督，还可以监督报批机关及时报批、杜绝逃避报批现象，更重要的是在具体行政行为违法的情况下可以分清到底是报批机关的违法还是审批机关的违法或者共同违法，最终落实责任。

总之，现有的矛盾和问题应当按权责一致的原则通过改革来解决，即通过实体法的修改或程序制度的改革取消审批制，要么由上级机关要么由下级机关独立实施具体行政行为。即使保留审批制，也应通过引入行政公开制度，让审批机关接受监督，分清报批机关和审批机关的责任并各自承担。

---

① 参见[德]汉斯·J. 沃尔夫等：《行政法》，高家伟译，商务印书馆2002年版，第53页以下。

本节小结

需补充行政行为制度可以分为审批制和备案制。客观上具有监控功能的审批制不是放权的成果而是集权的延续和实现层级领导的方式,并影响了对地方自主权的尊重。为此,必须按权责相一致的原则,通过实体法的修改或者程序制度的改革取消审批制度。即使保留审批制也应通过引入行政公开制度等使审批机关接受监督,从而分清报批机关和审批机关的责任,避免复议和诉讼间的矛盾,落实执法责任制。需补充和补充行政行为制度的典型形式,应当是备案制。其中,上级机关的备案制,与审批制相比,是一种缓和的层级监控机制;同级机关的备案制,则是一种改革多头审批制并基于事务管理权而发展起来的分权制约机制。备案制监督虽然不能在备案时制止违法具体行政行为的实施,但可以启动新的监督程序来纠正违法行政。通过讨论所提出的潜在意义是,监督不一定是由专门监督机构进行的监督,还可以是设计具体制度来实现监督。独立行政行为与需补充行政行为作为一种概念性工具,在集权和分权、领导和监督、分工和制约意义上进行讨论,也就有了丰富的内涵。

第三节 需补充行政行为的责任

法律规范设置需补充行政行为制度,是为了实现行政机关之间的相互合作和监督,促进依法行政。这种合作、监督制度是通过需补充行政行为的瑕疵责任和执法责任制度来落实的。本节将对此做专门的讨论。

一、未经补充的瑕疵责任

（一）行政行为的成熟性

应报批、报备的行政行为即需补充行政行为未经补充的，如果尚未告知相对人，则视为该具体行政行为不存在，无需纠正，也未发生瑕疵责任。

但是，如果应报批行为仍在审批程序中，需补充行政行为的实施机关即告知相对人的，则已经具备具体行政行为的各构成要件，[①]已经构成一个具体行政行为。赖恒安案［最（1998）行终字第10号］终审判决认为："重庆市教育委员会重教函（1999）21号报告从形式上看属于行政机关内部公文，但在抄送赖恒安本人后，即已具有具体行政行为的性质。"当然，由于在形式上行政程序没有穷尽，在实质上权利义务没有最终确定，这种行政行为只是一种未成熟行政行为。[②] 未成熟行政行为并非直接基于法律的明文规定，而是基于法院的认定或判例所确立的规则。赖恒安案［最（1998）行终字第10号］终审判决认为："由于该报告需待上级主管部门审批，其内容尚未最终确定，对赖恒安的权利义务并未产生实际影响，故该行为属不成熟的行政行为。"它对相对人来说既没有法律拘束力也不可诉，对行政主体来说也无法通过该行为实现规制目的。海南凯立案［京（2000）一中行初字第118号］一审判决试图将未经上级审批的39号文纳入行政诉讼，但为终审判决所遏制。

依法应报备行为仍在报备程序中而告知相对人的，同样存在没有走完应走完的行政程序，形式上看也是一个未成熟行政行为。但如前

---

① 参见叶必丰：《行政法与行政诉讼法》，高等教育出版社2007年版，第162—168页。

② see Stephen G. Breyer, Richard B. Stewart, Cass R. Sunstein, Matthew L. Spitzer, *Administrative Law and Regulatory Policy*, Citic Publishing House, 2003, at 1116.

所述,备案机关对具体行政行为进行备案本身,并不能肯定、否定或者改变报备行为。也就是说,从实质上看,需报备行政行为所设定的权利义务已经最终确定,行政救济已经穷尽。在形式和实质发生矛盾的时候,形式应服从于实质,因此依法应报备而未报备的行政行为不应认定为未成熟行政行为。

(二)违反法定程序

如果应报批行为未经审批而实施的,该具体行政行为构成违反法定程序。周口益民案[最典行 2005—8]终审判决认为:邀请招标"必须经省发展计划委员会核准后报省人民政府批准"。在"没有依法办理批准手续的情况下,径行采用邀请招标方式,属于违反法定程序。被上诉人市政府认为市计委采用邀请招标方式的违法仅仅体现在没有完成法律规定的报批程序而已,其对违法性的认识不够全面"。

法律规范明文规定违反法定报批程序不具有法律效力的,则应依法认定。《土地管理法》第 78 条规定:"……违反法律规定的程序批准占用、征收土地的,其批准文件无效,……"法律规范对违反法定报批程序的具体行政行为效力未作规定的,也可依法认定。《城市规划法》第 21 条第 3 款规定:"省和自治区人民政府所在地城市、城市人口在一百万以上的城市及国务院指定的其他城市的总体规划,由省、自治区人民政府审查同意后,报国务院审批。"这一规定并未指出未报经国务院审批时行政行为的法律效力问题。黑龙江汇丰案[最(1999)行终字第 20 号]终审判决认为:"规划局提供的 1996 年 10 月修编后的哈尔滨市总体规划,有对中央大街建筑物的体量、高度的具体规定,但该规划尚未经国务院批准,根据《中华人民共和国城市规划法》第二十一条第三款的规定,不具有法律效力。"城市总体规划虽非具体行政行为,但在应报批和批准问题上,与具体行政行为相同。

为了公共利益,是否可以确认违反报批程序的具体行政行为有效?

周口益民案[最典行2005—8]判决认为,邀请招标方式未经审批,以此为基础所发出的《中标通知书》属于违反法定程序,但为了公共利益,应当确认该《中标通知书》违法,同时责令被上诉人市政府和市计委对上诉人所受损失采取相应的补救措施。在此,决定邀请招标方式系预备行为,判决所针对的系《中标通知书》,因而还无法得出明确的结论。"行政诉讼法若干问题解释" 第58条规定:"被诉具体行政行为违法,但撤销该具体行政行为将会给国家利益或者公共利益造成重大损失的,人民法院应当作出确认被诉具体行政行为违法的判决,并责令被诉行政机关采取相应的补救措施;造成损害的,依法判决承担赔偿责任。"从应然上看,为了公共利益可以确认违反报批程序的具体行政行为有效。

具体行政行为违反报备程序的,基于前述备案的性质,应属于明显轻微瑕疵,其效力不受影响。《水利工程水费核订、计收和管理办法》① 第18条规定:"……各省、自治区、直辖市水利部门可根据本办法并结合本地区的实际情况,会同同级物价、财政及其他有关部门,拟定水费标准和水费管理办法,报省、自治区、直辖市人民政府批准后执行,同时抄报水利电力部备案。"清河征收案[(2004)沈行终字第252号]判决认为,辽宁省政府批准的规定即使未经备案也仍然有效。辽宁省政府批准的规定尽管不是具体行政行为,但原理相同。

(三)可补正行政行为

未成熟行政行为原理只能解决还没有实施的行政行为的认定。相反,具体行政行为在告知相对人以后已经实施的,即使未报批也属于已经成熟,即行政程序事实上已经穷尽、权利义务客观上已最终确定。尽

① 1985年7月22日国务院国发[1985]94号,2003年5月2日国函[2003]57号废止。

管这种具体行政行为存在未报批的瑕疵，但到底是属于无效的瑕疵还是可补正的瑕疵？

依法应报批行政行为而未报批的，损害了批准机关的法定批准权。这种损害批准机关法定批准权的行为，是否构成超越法定级别管辖权的行为？超越法定级别管辖权的行为，在德国、葡萄牙、西班牙和我国台湾地区、澳门特别行政区都属于无效行政行为。① 但超越法定级别管辖权，应该是指无权决定的下级机关行使了只有上级机关才能行使的决定权。应报批行政行为未报批的情况，与上述不同，即下级机关与上级机关一样具有决定权，甚至是上级机关分享了下级机关的决定权，只是下级机关没给上级机关机会行使决定权。它不属于这种典型形态，因而该瑕疵是否重大就取决于明显性特征。② "确定明显瑕疵的标准既不是相对人的主观想象，也不是受过训练的法学家的认识能力，而是一个典型的、理智的公民的认识。""可以直截了当地认识并且没有疑义。"③虽然需上级审批的行政行为是由法律、法规和规章规定的，但行政机关不会在该行为文书中载明"本行政行为未经上级指示"，外界也无法观察和判别该行为是否经上级指示后所作。因此，此类瑕疵缺乏明显性，不属于重大明显瑕疵。其实，这种未报批瑕疵属于《联邦德国行政程序法》(1997 年)第 44 条第 3 款第 4 项"根据法规，需要另一行政机关参与，而其未参与的"行为。这种瑕疵，根据该法第 45 条第 1

---

① 参见《联邦德国行政程序法》(1997 年)第 44 条第 2 款第 3 项、第 3 款第 1 项，《葡萄牙行政程序法典》(1996 年)第 133 条第 1 款第 1 项，《西班牙公共行政机关及共同的行政程序法》(1992 年)第 62 条第 1 款，台湾地区"行政程序法"第 110 条第 6 项，以及《澳门行政程序法》第 114 条第 2 款第 1 项。

② 参见[德] 汉斯・J. 沃尔夫等：《行政法》(第二卷)，高家伟译，商务印书馆 2002 年版，第 87 页。

③ [德]哈特穆特・毛雷尔：《行政法学总论》，高家伟译，法律出版社 2000 年版，第 251、258 页。

款第5项的规定,属于可补正的瑕疵,即明显轻微的瑕疵。[①] 因此,它不是构成无效的超越级别管辖权行为,而是可补正的行政行为。这有利于法的安定性和效率的保证。

无效行政行为在我国还在探索之中。我们还无法从实定法规定上,对具体行政行为的未报批瑕疵加以定位,无法归类于行政行为的无效、可撤销或补正。在土地审批中,由于"越权批地不仅屡禁不止,而且形式和手段多样化。有的是政府直接发文越权批地;有的是政府领导集体决定,主管领导签发,由部门发文越权批地;有的是部门在其政府领导默许或口头同意下越权批地;有的将一个项目的用地'化整为零'多次审批,使非法行为'合法化'",国家土地管理局不得不宣布"凡是越权批地的文件一律无效"。[②] 可是,这里的"无效"并不是指无效行政行为。[③]

周口益民案[最典行2005—8]判决认为:"被诉的行政行为虽然存在违法之处,但尚不属于《招标投标法》规定的中标结果当然无效的情形。只有无效的行政行为才有撤销的必要,而违法的行政行为并不当然无效。本案中,被诉行政行为虽然存在一些违法的情况,但是否导致行政行为无效或被撤销,应结合本案其他情况认定。"该判决较为清晰地表达了无效行政行为的见解,可以明确未报批行为不足以导致《中标通知书》的无效。但因被诉行为并非邀请招标决定,且邀请招标决定系预备行为,因而无法得出未报批行为是否属于无效。该案判决还认为,两行政机关应采取补救措施。但是,所指的补救措施并非行政行

---

① 参见叶必丰等:《论行政行为的补正》,《法制与社会发展》1998年第1期。

② 国家土地管理局《关于部分地方政府越权批地情况的报告》,国务院1990年1月19日批转。

③ 参见叶必丰:《行政行为的效力研究》,中国人民大学出版社2002年版,第185页;金伟峰:《无效行政行为研究》,法律出版社2005年版,第43页。

为的补正，而是对所造成损失的补救。从理论上说，行政行为未报批瑕疵属于一种没有影响相对人实体权益的程序瑕疵，可予补正即补充报批。从立法上说，我国也已有"补办报批手续"的规定；①从惯例上看，在被发现后也会补办报批手续。也就是说，对仅存在未报批瑕疵的行政行为不宜予以撤销。但没有补正的，也可在行政复议或行政诉讼中予以撤销，并责令重作。

当然，如果应报批行政行为本身存在影响相对人实体权益的严重瑕疵，以致不可能获得批准，则另当别论。周口益民案[最典行2005—8]被上诉人如果无法证明其邀请招标方式确属《河南省实施招标投标法办法》第13条规定的情形，依法无法获得批准。但这类情形并非属于未报批瑕疵。

应报备而未报备，显然仅仅是程序上的明显轻微瑕疵，该行为并非无效行政行为，可予依法补正，即可补报备案。备案和补正都仅具有程序意义，因此在通过新的程序撤销应报备行为之前，实际已发生的法律效力不受影响。

（四）瑕疵责任的情形

具体行政行为的瑕疵，并不一定都会引发行政赔偿责任。其中，未报批行为构成未成熟行政行为的，其本身的权利义务并未实际形成，规制目的并未实现。也就是说，它不可能发生损害结果，没有引发行政赔偿责任。但是，该未成熟行政行为导致其他权益损害的，按行政侵权认定，由该行为实施机关承担。

未报批行为已经实施的，属于违反法定程序。该未报批行为无论是否因公共利益而被认定为有效，无论是否补正，都已经达成具体行政

---

① 参见《文物保护法》(1982年11月19日全国人大常委会通过，2007年12月29日全国人大常委会第二次修正)第18条第2款，等。

行为的规制目的。该未报批行为只要导致相对人的损害，就应由实施机关承担行政赔偿责任。

未报备行为属于可补正行政行为，即使未补正也无需按未成熟行政行为、违反法定程序而不具有法律效力的行为认定，所设定的权利义务关系实质上已经形成，实现了规制目的。因此，未报备行为引发行政赔偿责任的，应由实施该行为的机关承担。

二、经审批的执法责任

需备案行政行为经备案的，由具体行政行为的实施机关而不由备案机关承担瑕疵责任；需审批行政行为经审批的，在行政诉讼中由署名机关对外承担瑕疵责任。也就是说，需补充行政行为经补充后，对外的瑕疵责任是清晰的，无需讨论。同时，应补充而未经补充的执法责任，应审批而拖延或不予审批的执法责任，以及经备案的执法责任，都属明确。我们需要讨论的是需审批行政行为经审批，存在瑕疵后的执法责任。本章所说的执法责任，既指对公务员个人的纪律责任，也指在瑕疵责任主体承担赔偿责任后的内部追偿责任。之所以需要区分内部追偿责任，是因为我国目前实行分级财政、分灶吃饭的财政体制。①

（一）下级机关的执法责任

1. 事实认定的责任。在需要了解相对人情况和事实真相，以及需要相对人参与的场合，下级行政机关具有优势。这样，下级机关在需审批行政行为中一般具有事实问题的实质性认定权。《浙江省实施〈中华人民共和国土地管理法〉办法》第20条第1款第2项规定："有批准权的人民政府的土地行政主管部门对上报的方案进行全面审查，并组

---

① 参见《预算法》（1994年3月22日全国人大通过）第2条，以及《国务院关于实行分税制财政管理体制的决定》（1993年12月15日发布）。

织现场踏勘，提出审查意见，报有批准权的人民政府批准；其中补充耕地方案由批准农用地转用方案的人民政府在批准农用地转用方案时一并批准。”第 2 款规定：“……上报材料的人民政府应当对其上报材料的真实性、合法性负责；负责审查的土地行政主管部门应当对本级人民政府负责。”因此，下级机关对事实认定存在瑕疵的，应承担主要执法责任。

2. 执行指示的责任。需审批与审批在行政内部关系中，就是《公务员法》上的请示与指示的关系。在具体行政行为依法由上级机关署名的情况下，上级指示不需要下级执行。指示的错误，不会导致下级机关的执法责任。如果依法具体行政行为的署名机关为下级机关，意味着需要下级机关执行上级指示。《土地管理法》第 58 条第 1 款规定：“有下列情形之一的，由有关人民政府土地行政主管部门报经原批准用地的人民政府或者有批准权的人民政府批准，可以收回国有土地使用权：……”根据这一规定，收回国有土地使用权决定系需审批行政行为。佛山永发案[（2002）佛中法行初字第 12 号]判决认定：2002 年 7 月 16 日，被告佛山市国土资源局作出了佛国土资市综[2002]38 号《关于收回五峰四路 21 号土地并划拨给佛山科学技术学院的请示》，请求佛山市政府批准被告佛山市国土资源局因公益事业需要而收回国有土地使用权。2002 年 7 月 24 日，佛山市政府办公室作出佛府办函[2002]96 号《关于收回五峰四路 21 号土地并划拨给佛山科学技术学院的复函》，同意了被告佛山市国土资源局的请示。2002 年 8 月 1 日，被告佛山市国土资源局作出佛国土资字[2002]113 号《关于收回国有土地使用权的决定》，决定收回原告佛山市永发贸易有限公司位于五峰四路 21 号 2911.5 平方米国有土地的使用权，并按评估价补偿原告 230.92 万元人民币。

下级机关拒不执行或错误执行上级机关批复的，则下级机关应承担执法责任。根据《公务员法》第53条第4项的规定,"拒绝执行上级依法作出的决定和命令"是违反纪律的行为。该法第55条规定,对违反纪律的公务员,应予以纪律处分。

上级机关的指示错误或有瑕疵,下级机关执行的,则按《公务员法》的规定承担责任。根据该法第54条的规定,应区分该指示的瑕疵到底是一般瑕疵还是明显瑕疵。如果该指示的瑕疵属于一般瑕疵,下级机关的公务员没有发现的,或者下级机关的公务员发现并向上级提出意见后仍被要求执行的,那么下级机关的公务员不承担责任,而由上级机关的公务员承担。如果该指示的瑕疵属于明显瑕疵,下级机关的公务员应该发现而没有发现的,或者发现后经向上级提出意见而上级机关不改变其指示仍要求其执行,下级机关公务员按要求执行的,应当依法承担相应的责任。该条所设计的责任分担原则,体现了下级公务员对上级明显违法指示的抵抗权。①

在实践中,存在具体行政行为依法应当由下级机关署名,但下级机关却没有根据上级机关批复制作具体行政行为文书,而将报批文书和批复文书一并送达相对人的现象。这将导致上级批复成为具体行政行为,下级机关的报批行为成为内部行为。② 如果下级机关发现上级机关的批复或指示具有重大明显瑕疵,又不便拒绝执行,故意把上级机关的批复送达相对人,导致上级机关事实上成为具体行政行为的署名机关的,则下级机关仍应承担上述执法责任。

(二)上级机关的执法责任

上级机关在法律适用的准确性方面具有一定优势。但需审批行政

---

① 参见陈新民:《德国公法学基础理论》(下册),山东人民出版社2001年版,第603、609页。

② 参见深圳亿亨案[最(2001)行终字第12号]。

性行为制度的主要目的,不是为了实现上级对下级的层级监督,因为层级监督的良好设计应该在行政程序结束之后设定的监督程序。这一制度的主要目的,应该是为了实现上级对下级的领导。并且,这种领导是一种具体的、直接的个案中的领导,而不是间接的组织领导、通过立法和政策进行的宏观领导以及软约束的指导。这种领导即表现为对下级机关认定事实的审核,又表现为对法律适用的决定。

1. 纯系指示瑕疵的执法责任。在下级机关的行为并无瑕疵,纯系上级机关的审批行为即指示存在瑕疵从而导致所作具体行政行为瑕疵的情况下,具体行政行为的署名机关系下级机关的,除下级机关按《公务员法》的规定承担执法责任外,上级机关也应承担执法责任。具体行政行为的署名机关为上级机关的,下级机关不负执法责任,而完全由上级机关承担执法责任。《上海市行政执法过错责任追究办法》①第11条规定:“上级行政机关改变、撤销下级行政机关作出的行政行为,导致行政执法过错的,上级行政机关的承办人、审核人、批准人分别承担相应的责任。”

2. 因事实认定瑕疵的执法责任。在法律规范明文规定下级机关对事实负责的情况下,下级机关对事实的认定存在重大明显瑕疵,上级机关没有发现的,除下级机关应承担执法责任外,上级机关也应承担相应责任即组织法上的领导责任。如果事实瑕疵并非重大明显,则上级机关不应承担责任。

如果法律规范没有规定下级机关对事实负责的,则意味着上级机关对事实认定负有审核职责。在这种情况下,下级机关认定的事实存在瑕疵,上级机关没有发现,没有作不同认定,导致具体行政行为存在瑕疵的,除下级机关承担相应执法责任外,上级机关也应承担执法责任。

---

① 2007年1月20日上海市政府令第68号发布。

如果上级机关改变下级机关的事实认定，导致具体行政行为瑕疵的，则下级机关除应承担执行指示的执法责任外，应由上级机关承担执法责任。

3. 因下级法律适用瑕疵的执法责任。在需审批行政行为的实施中，上级机关对法律适用比下级机关负有更大的职责，因而也应负更多的执法责任。如果下级机关的法律适用建议，上级机关批复同意的，则上级机关应负主要执法责任。路世伟案[最典行 2002—3]终审判决认为，根据有关法律规范的规定，“有权负责集体企业破产财产的保管、清理、估价、处理和分配工作的，是人民法院依职权组织的清算组织”。“本案的破产财产处理方案经靖远县人民法院裁定认可后，清算组不去立即执行，反而再向不负责此项工作的被上诉人县政府请示，不符合法定程序。县政府接到清算组的违法请示后，没有以不属自己职权范围为理由拒绝受理，却以靖政发(1997)134 号文件批复同意，超越了职权。”该案的执法责任，应按上述过错分担。

(三)上级执法责任的追究

在上级指示具有过错，上级机关应当分担赔偿责任和上级机关公务员应当承担纪律责任的情况下，如何追究却是一个难题。行政执法责任制是按行政层级制度建立和运作的。在审批机关的上级机关考核审批机关的执法情况时，一般不会越级征求审批机关的下级机关的意见。有关征求意见的规定，多为征求上级机关的意见，而基本上没有规定征求下级机关的意见。《黑龙江省行政执法责任制试行办法》①第 16 条第 1 款规定：“各级人民政府对本级行政执法部门和下级人民政府落实行政执法责任制的情况进行检查考核后，应当作出优秀、达标或者未达标的评价，并在本行政区域内公布。其中，对本级行政执法部门

① 2001 年 9 月 24 日黑龙江省政府令第 10 号发布。

作出评价前，应当征求其上级行政执法部门的意见。”第2款规定：“各级行政执法部门对有关内设机构和所属执法机构以及下级行政执法部门落实行政执法责任制的情况进行检查考核后，应当作出优秀、达标或者未达标的评价，并在本系统内公布。其中，对下级行政执法部门作出评价前，应当征求其同级人民政府的意见。”但该办法并未规定征求下级机关意见。在下级机关的对外瑕疵责任系通过诉讼确定的情况下，法院只对被告作出判决而并不确定、更不追究审批机关及其公务员的责任，审批机关及审批机关的上级机关也不会有有关过错责任和纪律责任的记录。另外，下级机关一般也不会告发审批机关。无论是复议还是诉讼，追究责任的第一启动者相对人只要请求得到了满足，即使可以举报和投诉①，一般也不会纠缠于行政机关内部的过错责任和纪律责任追究。

当然，在具体行政行为的瑕疵责任系由行政复议确定的情况下，审批机关的执法责任就有得到确定的可能。《行政复议法实施条例》第13条规定：“下级行政机关依照法律、法规、规章规定，经上级行政机关批准作出具体行政行为的，批准机关为被申请人。”《行政复议法》第12、13、14条规定，行政复议机关原则上为被申请人的上一级行政机关。基于上述规定，作为审批机关上一级机关的复议机关，有权追究审批机关的执法责任。

但是，上级机关的执法责任仅仅通过行政复议这一通道来确定，是远远不够的，有必要进行改革，要么取消这种需审批行政行为制度，要么建立配套的追究上级机关过错责任和公务员纪律责任的制度。如果要建立配套的制度，则其中之一的选择是行政公开制度，即在行政行为

---

① 参见《厦门市行政机关工作人员行政过错责任追究暂行办法》(2005年1月19日厦门市政府令第115号发布)第23条，等。

文书中详细载明行政机关所报批行为的内容是什么，上级的批复是什么，最后如何决定等，并且不能过于简单而应具体详细，[①]以便让外界观察和评判，为行政执法责任制的落实建立基础。

本节小结

具体行政行为应报批而未报批的，构成未成熟行政行为，其本身的权利义务并未实际形成，规制目的并未实现，没有引发行政赔偿责任。未报批行为已经实施的，属于违反法定程序，导致相对人损害的应由实施机关承担行政赔偿责任。未报备行为属于可补正行政行为，所设定的权利义务关系实质上已经形成，实现了规制目的。未报备行为引发行政赔偿责任的，应由实施该行为的机关承担。需审批行政行为经审批的，下级机关存在事实认定和执行指示的执法责任，上级机关存在指示瑕疵的执法责任以及因事实认定和法律适用瑕疵的执法责任。审批机关的执法责任追究存在困难，还有待制度上的完善。

① 参见周口益民案[最典行 2005—8]。

第八章　具体行政行为的错误和瑕疵

本章思路　具体行政行为的错误和瑕疵，以及相对应的更正、补正和无效制度在我国尚未建立。为此，本章侧重于对有关司法实践的归纳、概括和整理，确立具体行政行为错误和瑕疵的区别标准，错误和瑕疵的类型，更正和补正的方式和程序，以及无效行政行为的重要发展，以便为我国的统一立法和司法实践的进一步探索提供支持。

第一节　具体行政行为的错误和更正

一、具体行政行为的错误及其类型

刘立公案[最参行第153号]被诉处罚决定书把“鞍山市产品质量监督检验所”误写为“锦州市产品质量监督检验所”。该案裁判要旨认为：“具体行政行为的瑕疵（错误——本书作者）如与其违法性并无关联，瑕疵（错误——本书作者）可破坏具体行政行为应具有的完美性，但并不必然导致该具体行政行为被撤销的法律后果。”这种误写或裁判要旨所称的“瑕疵”，在大陆法系行政程序法典及其学说上，称为具体行政行为的错误。

（一）具体行政行为错误的构成要件

1. 行政主体的内心意思与所表达意思不一致。“‘如果行政机关所想表达的与行政行为实际表达的内容之间存在着显而易见的矛盾',行政行为即具有明显失误。"[①]也就是说,行政主体所表达于外的意思,并非行政主体的真实意思。行政主体的真实意思,在表达过程中发生错误,指向另一意思。这种不一致仅仅与意思的真实性有关,而与意思瑕疵或违法无关。[②] 意思瑕疵或违法,是在意思真实性得以确定后的法律评价。具体行政行为的违法在立法上具体表现为适用法律、法规错误,主要事实不清或证据不足,超越职权,滥用职权,不履行法定职责,违反法定程序和显失公正。意思表示错误并不属于上述情形之一。

但是,具体行政行为因存在错误而影响相对人权利的,在错误没有得到更正前,也可以构成违法。[③] 北方矿业处罚案[最(1999)行终字第11号]判决认为:"上诉人省经贸委虽然提出晋经贸能字(1998)90号《批复》第二条中'吊销'二字是用词不规范,不是对北方公司的行政处罚,但其作出该批复后一直未予纠正,一审审理中,法庭允许省经贸委对其'用词不规范'的行为予以纠正,而省经贸委却未予纠正,故该辩解理由不能成立",应按字面意义认定为违法。

2. 行政主体的表示错误极为明显。学说上对这种"明显错误"的解释是:实施一个行政行为的行政主体之预期目的与该行为所表明的目的之间,存在着无需任何别的方式就可以被发现的明显矛盾,[④]"也就是说对每一个客观的中等的观察人员来说这种事情绝不能再发生,

---

① [德]哈特穆特·毛雷尔:《行政法学总论》,高家伟译,法律出版社2000年版,第231页。

② 参见刘立公案[最参行第153号]裁判要旨,以及[德]格尔诺特·多尔:《德国行政程序》,孙瑜译,《法学译丛》1992年第6期。

③ 参见[德]哈特穆特·毛雷尔:《行政法学总论》,高家伟译,法律出版社2000年版,第231页。

④ 参见[印]赛夫:《德国行政法》,周伟译,台湾五南图书出版有限公司1991年版,第107—108页。

如果他具有一个参与人的真正的信息水平的话”。①

对“明显错误”的判断依据,仅限于具体行政行为文书还是包括全部案卷材料? 宜昌妇幼案[最典行 2001—4]一审判决认定:“被告工商局出具的《检查通知书》上开列的被检单位是‘宜昌市妇幼保健医院’,与原告保健院的单位名称相差一个字。工商局要调查和处罚的事实,确实发生在保健院。对工商局调查并处罚的事实,保健院除在没有证据的情况下主张已经给安琪生物制药公司经营部退还 7864.39 元外,并不否认其他事实与自己有关。因此,不存在调查对象错误的问题。《检查通知书》上开列的被检单位名称,实属笔误。”由此看来,对“明显错误”的判断依据不限于具体行政行为文书,还包括全案卷宗。

对“明显错误”的判断依据,是否还包括具体行政行为文书和案卷材料以外需搜集的证据? 赵立新案[最(1999)行终字第 15 号]一审判决认为:“宁国资发(1997)46 号批复认定部分事实存在瑕疵,事实不清,证据不足。被告举证的‘商业企业开业申请登记表’证明,1987 年 6 月 13 日,总公司为经营服务部支付注册费,工本费 283 元,7 月 7 日拨款 1 万元。但其所举的另一证据‘经营服务部向科技总公司挂账明细表’却证明,截至 1988 年 10 月经营部曾数次向总公司还款,尚有 8783.85 元挂账处理。两个证据相互矛盾,宁国资发(1997)46 号批复认定实业总公司投资 1.0238 万元事实不清、证据不足……”,应予撤销。两个意思虽然明显矛盾,但哪个意思系真实意思依据具体行政行为文书和案卷材料无法做出判断,而需要新的证据。在这种情况下,并非具体行政行为的错误而属于违法即事实不清、证据不足。也就是说,对“明显错误”的判断依据仅限于具体行政行为文书和案卷材料;如果还取决于需搜集的证据,则不属于具体行政行为的错误而属于具体行

① [德]格尔诺特·多尔:《德国行政程序》,孙瑜译,《法学译丛》1992 年第 6 期。

政行为违法。

3. 行政主体的表示错误系因疏忽大意。“这种错误不是行政机关意志上的瑕疵，而只是意思表达中的过失。”①如果所表示的意思系行政主体故意为之，则不构成具体行政行为的错误。某税务所对应缴税费 152.74 元而逾期缴纳 3 日的某印刷厂综合经营部处滞纳金 100 元，而依法只应处滞纳金 2.18 元（计算公式为：滞纳税款 145.9 元×5‰×滞纳天数 3 = 2.18 元）。然而，该税务所专管员认为，依法收滞纳金 2.18元不过瘾，对企业起不到教育作用，遂作出了处滞纳金 100 元的决定。② 显然，这 100 元滞纳金是该税务所故意实施的行为，而不是因疏忽大意而发生的误写和误算。

在没有证据判别是否属于疏忽大意时，不能认定为具体行政行为的错误。具体行政行为表示错误中的疏忽大意，是依据行政行为文书和案卷材料，运用常识就能识别的，不必通过复杂的调查、鉴定或审理来发现。赵立新案[最(1999)行终字第 15 号]被诉行为之所以构成认定事实错误，就在于所存在的矛盾依据被诉行为文书和案卷材料无法做出判断，而需要通过调查和审理来认定。张会修案[最(2001)行提字第 2 号]提审判决认定，1991 年 4 月 15 日晚，被告以一审第三人“金红军寻衅滋事为由，决定对其处以 15 日治安拘留。送达被处罚人载有申诉权利的处罚裁决书上的签收人是金红军的妹妹金丽萍，没有金红军本人的签名。原白城市公安局 1991 年 4 月 15 日晚 20 时 15 分至 20 时 21 分的宣布裁决笔录中，告知了金红军的复议权利，所记录的金红军对裁决的意见是：‘不同意，保留个人意见。’原白城市公安局 1991

① [德]格尔诺特·多尔：《德国行政程序》，孙瑜译，《法学译丛》1992 年第 6 期。

② 参见刘楚汉等主编：《税务行政复议、诉讼案 100 例评点》，湖北科学技术出版社 1994 年版，第 61—63 页。

年4月15日20时18分至20时35分的询问笔录亦告知了金红军申诉的权利和期限，金红军表示‘我现在不告，等拘留出去以后告’，原白城市公安局工作人员告知金红军：‘可以，那是你的权利’”。“一审庭审时，原白城市公安局的工作人员承认该笔录时间记载有误，但表明确是拘留金红军之前所作。”提审判决认为：“两份告知金红军复议权利的笔录时间发生重叠，属于程序违法。”该判决之所以认定笔录时间发生重叠属于程序违法，正是基于从文书和案卷材料无法判断过失或故意。

（二）具体行政行为错误的类型

具体行政行为的错误，《联邦德国行政程序法》（1997年）第42条规定有“书面错误，计算错误及类似错误”，《韩国行政程序法》（1996年）第25条规定有“误记、误算或其他类似之显然错误”，《奥地利普通行政程序法》（1991年）第62条第4项规定有“书写或计算致错误，或其他显因疏忽所致之类似错误，或自动化资料整理设备显因单纯之技术缺失所致之错误”，《葡萄牙行政程序法典》（1996年）第148条规定有“计算错误或行政机关表达意思时的错误，如属明显”，我国台湾地区“行政程序法”规定有“误写、误算或其他类似之显然错误”以及第98条第1款规定的救济期间告知错误，等。

1. 误写。误写即书写错误，是一种明显的、经常性、普遍性错误。《湖南省行政程序规定》第164条第1款第2项、《辽宁省行政执法程序规定》①第65条、《山东省行政程序规定》第129条第3项、《汕头市行政程序规定》②第167条第1款第2项、《常州市行政执法程序暂行规定》③第158条第2项和《西安市行政程序规定》④第29条第1款第

---

① 2011年1月20日辽宁省政府令第253号发布。
② 2011年4月1日汕头市政府令第124号发布。
③ 2012年8月28日常州市政府常政规[2012]9号发布。
④ 2013年3月25日西安市政府令第101号发布。

2 项等,都规定了这一错误。这种书面错误主要表现为:

(1)错别字。如把"串通"写成"窜通",①等。这种错别字,在手写文书中存在,在电脑时代同样存在。它会导致对文义理解上的困难,甚至会导致不必要的纠纷。

(2)笔误。吴永成案公社民政干事,将原告的出生时间 1975 年误写成 1973 年,就属于笔误。② 宜昌妇幼案[最典行 2001—4]一审判决认定:"被告工商局出具的《检查通知书》上开列的被检单位是'宜昌市妇幼保健医院',与原告保健院的单位名称相差一个字。工商局要调查和处罚的"确实是"宜昌市妇幼保健院","实属笔误"。刘立公案[最参行第 153 号]的误写,也属于这类笔误。

(3)疏漏。田某行政复议案中被复议行为的正确表述应当是"应补税款和应缴罚款共计 25197 元",但该行为却遗漏了"和应缴罚款共计",成了"应补税款 25197 元"。③

(4)术语误用。太平光明案被告向原告颁发的营业执照中核定:"主营:五金交电(不含国家专控商品)。"④被告在这里所表示意思的本意是指五金交电不包括"国家专营的重要生产资料"。然而,国家专控商品却是指国家对社会集团控制购买的商品。被告使用"国家专控商品"并没有体现其真实意思。

2. 误算。《湖南省行政程序规定》第 164 条第 1 款第 2 项、《辽宁省

---

① 参见刘楚汉等主编:《税务行政复议、诉讼案 100 例评点》,湖北科学技术出版社 1994 年版,第 51 页。

② 参见最高人民法院中国应用法学研究所编:《人民法院案例选》(行政卷),人民法院出版社 1997 年版,第 66 页。

③ 参见刘楚汉等主编:《税务行政复议、诉讼案 100 例评点》,湖北科学技术出版社 1994 年版,第 155—157 页。

④ 参见最高人民法院中国应用法学研究所编:《人民法院案例选》(行政卷),人民法院出版社 1997 年版,第 151 页以下。

行政执法程序规定》第65条、《山东省行政程序规定》第129条第3项、《汕头市行政程序规定》第167条第1款第2项、《常州市行政执法程序暂行规定》第158条第2项和《西安市行政程序规定》第29条第1款第2项等,都规定了这一错误。作为书面错误的误算,主要表现为成数、倍数及合计等方面的错误,属于明显错误。饶某行政复议案中安阳税务所的行政行为是:"除补交65.26元税款外,对偷税257.65元处以一倍的罚款,计525.30元;对利用发票漏税96.72元,补交后处以20元罚款,计116.72元;对抗拒交税、殴打税务专管员处以50元以下罚款。限饶某于1990年7月15日前交清税款、罚款合计758.28元。"①该行为存在明显的计算错误。其中,257.65元的一倍应当是515.30元,而不是525.30元;总计应当是747.28元,而不是758.28元。

误算除了书面错误外还有事实错误和法律错误。问题是,作为事实错误和法律错误的误算,是否属于明显错误?对此,多数国家的行政程序法未作规定,只有《西班牙公共行政机关及共同的行政程序法》(1992年)第105条第2项规定"事实上"的错误可予更正。我们认为,事实上的误算不属于明显的表示错误,而属于行政行为对事实认定的错误。

3. 机械故障。在国外立法上,机械故障也属于表示错误。例如,交通指示灯在应发出停止行使的红灯信号时,却发出了通行的绿灯信号。此类现象在我国也是存在的。对此,在场的交通警察可立即用手势信号更正交通指示灯的错误。电子政务的推行,此类错误也会发生。

4. 其他错误。具体行政行为的错误必须是疏忽大意所导致的错误。除了误写、误算、机械故障以外,其他基于疏忽大意而发生的明显

---

①　刘楚汉等主编:《税务行政复议、诉讼案100例评点》,湖北科学技术出版社1994年版,第179—180页。

表示错误也属于具体行政行为的错误。

二、具体行政行为更正的含义和效力

(一)具体行政行为更正的含义

在民法上,法律行为的表示错误是通过解释来消除的。“解释一个法律行为指弄清一项或多项意思宣示或表示所蕴含的法律上的含义。……它是指在一项表意的多种可能或合理的含义中找出那个被法律视为决定性的含义。”①“依照法律规定的原则和方式,阐明并确定意思表示内容的活动称为意思表示的解释。”②民法上的法律行为实行意思自治的原则,法律行为的解释则是意思自治的一种补充制度。在学说上产生过两种极端的原则,即主观主义原则和客观主义原则。主观主义原则又称意思主义原则,强调法律行为的实质在于行为人的内心意思,意思表示解释的目的仅在于发现或探求行为人的真实意思,对这种真实意思的探求应当从行为人的主观世界或内心世界去推定;在表示与意思不一致时,法律行为应当依对行为人真实意思的解释而成立,而不应依其表示内容的字面含义成立。客观主义原则又称表示主义原则,强调法律行为的实质是行为人所表示的意思,意思表示的解释应当以表示意思为准,以相对人足以合理客观地了解表示内容为准,甚至试图建立起所谓的标准意思。③ 现代学者通常认为,法律行为的解释应当坚持以客观主义为主、以主观主义为补充的原则。内心意思或者主观意思如果“不见诸文本(在意思表示见诸文本的情形中),那么就不

---

① [葡]安娜·维列纳:《法律行为解释中的意思与含义》,《澳门法律学刊》1997 年卷,第 79 页。

② 董安生:《民事法律行为》,中国人民大学出版社 1994 年版,第 236 页。

③ 参见董安生:《民事法律行为》,中国人民大学出版社 1994 年版,第 237 页;[葡]安娜·维列纳:《法律行为解释中的意思与含义》,《澳门法律学刊》1997 年卷,第 79 页。

可能查明表意者的真正意思，这种意思是内在的、纯属心理范畴的内容”。但“法律行为在任何情况下都是一种意志化的形式”，“纯粹的表示论则罔顾双方理解的具体可能性”。因此“在今天，单纯的宣示方式（极而言之即文本）理论已经不敷运用”。[①]

但在实行法定主义的情况下，就不需要解释。具体行政行为是一种法定主义行为。它所具有的错误不是通过解释，而是通过更正来解决的。《联邦德国行政程序法》（1997 年）第 42 条，《葡萄牙行政程序法典》（1996 年）第 148 条，《奥地利普通行政程序法》（1991 年）第 62 条第 4 项，《澳门行政程序法》（1994 年）第 127 条，都规定了对错误的更正。尽管有的行政程序法称为“修正”，如 1958 年的《西班牙行政程序法》第 111 条；有的则将其称为“订正”，如《西班牙公共行政机关及共同的行政程序法》（1992 年）第 105 条第 2 项，《韩国行政程序法》（1996 年）第 25 条，但实质上都是更正，只是翻译时所使用语言的不同。

在我国，具体行政行为错误的消除方式，还在探索之中。《辽宁省行政执法程序规定》第 65 条、《渭南市行政执法程序规定》[②]第 104 条借鉴国外立法，将具体行政行为的错误规定为更正。但《湖南省行政程序规定》第 164 条第 1 款、《山东省行政程序规定》第 129 条、《凉山州行政程序规定》（试行）[③]第 126 条，都把具体行政行为的错误与瑕疵合并规定在一个条文中，并规定应当“补正或者更正”。具体行政行为的错误到底是对应于更正还是补正，并不明确。《西安市行政程序规定》第 29 条第 1 款、《海北藏族自治州行政程序规定》（试行）[④]第 41 条

---

① ［葡］安娜·维列纳：《法律行为解释中的意思与含义》，《澳门法律学刊》1997 年卷，第 79 页。

② 2011 年 5 月 16 日渭南市政府令第 29 号发布。

③ 2009 年 12 月 3 日凉山彝族自治州政府令第 25 号发布。

④ 2012 年 1 月 1 日至 2013 年 12 月 31 日有效。

把具体行政行为的错误与瑕疵规定在一个条文之中，并规定为补正。

对具体行政行为的错误，无论是什么样的错误，是否都必须更正？毛雷尔认为："如果行政机关出于错误，将应缴税款称为'规费'而没有称为'税款'，就无需修正，因为其法律依据没有疑义，而且这种无关紧要的修正也没有什么意义。"①按照这一观点，只有在具体行政行为的错误引发外界尤其是相对人疑义或歧义时，才需要更正。对相对人所缴纳金钱不变的，偷税写成偷漏税，"串通"写成"窜通"等，且未引发疑义，都不需要更正。

具体行政行为的更正，是更正行政主体的意思表示，而不是更正相对人的意思表示。相对人在行政法上也能作相应的、具有法律意义的行为（如申请等），也会存在表示错误，也需要有相应的更正。② 这种更正既包括相对人主动更正，又包括相对人应行政主体的要求更正。《行政许可法》第 32 条规定："行政机关对申请人提出的行政许可申请，应当根据下列情况分别作出处理：……（四）申请材料不齐全或者不符合法定形式的，应当当场或者在五日内一次告知申请人需要补正的全部内容，逾期不告知的，自收到申请材料之日起即为受理。"《行政复议法实施条例》第 29 条规定："行政复议申请材料不齐全或者表述不清楚的，行政复议机构可以自收到该行政复议申请之日起 5 日内书面通知申请人补正。补正通知应当载明需要补正的事项和合理的补正期限。无正当理由逾期不补正的，视为申请人放弃行政复议申请。补正申请材料所用时间不计入行政复议审理期限。"相对人对申请行为等的更正，并不是具体行政行为的更正。行政主体尽管对相对人的表

---

① ［德］哈特穆特·毛雷尔：《行政法学总论》，高家伟译，法律出版社 2000 年版，第 231 页。

② 参见张成银案［最典行 2005—3］。

示错误及其解释具有认定权,①但不能越俎代庖做更正相对人意思表示的错误。

具体行政行为的更正不同于具体行政行为的变更。如果对合法的具体行政行为加以变更,则变更行为是违法的。② 如果变更行为是合法的,则原具体行政行为存在着违法性。具体行政行为的更正本身并不涉及具体行政行为的合法或违法问题,而只是为了消除行政主体在意思表示上的错误。但更正可以为认定具体行政行为的合法性提供基础,即认定具体行政行为是否合法要以行政主体的真实意思表示为基础。《常州市行政执法程序暂行规定》第 158 条和《汕头市行政程序规定》第 167 条规定对具体行政行为的错误"责令改正或者变更",不符合行政法原理。

尽管有的行政程序法将具体行政行为的更正置于具体行政行为的撤销这一条目之下,③但它与具体行政行为的补正、撤销等补救也是有区别的。具体行政行为的更正是为了消除行政主体的表示错误,"这种错误不是行政机关意志上的瑕疵,而只是意思表达中的过失",④即并非意思本身违法而是表示与意思不一致,与违法没有必然联系。更正表示错误也不是为了消除具体行政行为的违法性,而是为了使表示行为与真实意思相一致。具体行政行为的补救,在立法上往往具体称为补正、宣告无效、撤销、变更、确认违法和赔偿等。它是在具体行政行为存在违法情形时的一种纠正,是为了消除它的违法性及违法性所造成的损害。

具体行政行为的错误适用更正而不适用救济。但具体行政行为的

---

① 参见《西班牙公共行政机关及共同的行政程序法》(1992 年)第 110 条第 2 项。

② 参见焦志刚案[最典行 2006—10]。

③ 参见《西班牙公共行政机关及共同的行政程序法》(1992 年)第 105 条第 2 项。

④ [德]格尔诺特·多尔:《德国行政程序》,孙瑜译,《法学译丛》1992 年第 6 期。

错误影响相对人合法权益的,在更正之前是可诉的。北方矿业处罚案[最(1999)行终字第11号]被告决定“吊销原发给北方公司的481号堡子湾煤炭发运站的《煤炭发运许可证》和486号《煤炭经营许可证》”。没有被告的说明、更正,原告就不知道“吊销”系“用词不规范”,当然可以向法院起诉。行政主体未更正或拒绝更正的,也可构成行政不作为之诉。①

(二)具体行政行为更正的效力

具体行政行为更正的直接效果,就是消除了所存在的表示错误,权利义务按经更正的具体行政行为确定,有关争议按经更正的具体行政行为审查、解决。但是,对行政主体的更正行为本身的法律效力问题,我们有必要作进一步的讨论。

《葡萄牙行政程序法典》(1996年)第148条第2项明确规定:“更正具有追溯效力。”该法典第128条第1项第1目又规定,“仅用以限制对先前行为的解释的行政行为”具有追溯效力。上述规定不仅为葡萄牙认定具体行政行为更正的效力提供了依据,而且也为行政法学提供了一个重要的理论或原理,即行政更正行为具有追溯力。这也就意味着,行政主体与相对人之间的权利义务关系不是发生于具体行政行为的更正作出之时,而发生于原具体行政行为生效之时。刘陈宝案[(2009)沪二中行终字第22号]所涉存在笔误的行政复议决定书制作时间是2008年9月28日,更正时间是2008年11月。这一更正的效力不仅发生于更正之日以后,而且可以追溯到2008年9月28日。这是因为,通过更正所确定的意思视为具体行政行为本来就具有的意思,更正行为并不构成一个独立的具体行政行为而只是原具体行

① 参见吴永成诉盐城市公安局城区分局更正户籍年龄案,载最高人民法院中国应用法学研究所编:《人民法院案例选》(行政卷),人民法院出版社1997年版,第65页以下。

政行为的组成部分,并没有新设权利义务,因而其本身并不具有独立的法律效力。

既然行政更正行为并不是一个具体行政行为,那么以具体行政行为为标的的行政复议和行政诉讼也就不能将行政更正行为作为标的。相对人如果对更正不服,只能对经更正的原具体行政行为提起诉讼。但是,相对人申请行政主体更正,行政主体拒不更正的,则可构成行政不作为。相对人可就拒不更正行为向法院起诉。①

三、具体行政行为更正的时间、方式和主体

(一)具体行政行为更正的时间

从有关国家和地区行政程序法的规定来看,行政主体可依职权或依申请随时更正具体行政行为的错误,也不受时间的限制。"有关的行政机关在任何时候都可以纠正错误的行政行为,而无需遵守任何形式或者任何程序。"②这是因为,具体行政行为的错误内容不能拘束相对人,不具有实质确定力和形式确定力。同样,有错误的具体行政行为增加相对人权利的,相对人也不得主张信赖保护。③

在我国司法实践中,也没有限定具体行政行为的更正时间。吴永成案被诉具体行政行为的生效时间是 1979 年 6 月,而要求更正的时间是在 1992 年 5 月 31 日,相隔 13 年。④ 即使存在错误的具体行政行为

---

① 参见最高人民法院中国应用法学研究所编:《人民法院案例选》(行政卷),人民法院出版社 1997 年版,第 66 页。

② 参见[印]赛夫:《德国行政法》,周伟译,台湾五南图书出版有限公司 1991 年版,第 108 页。

③ 参见[德]哈特穆特・毛雷尔:《行政法学总论》,高家伟译,法律出版社 2000 年版,第 231 页。

④ 参见最高人民法院中国应用法学研究所编:《人民法院案例选》(行政卷),人民法院出版社 1997 年版,第 66 页。

已进入行政诉讼,根据《行政诉讼法》第51条“人民法院对行政案件宣告判决或者裁定前,……被告改变其所作的具体行政行为,原告同意并申请撤诉的,是否准许,由人民法院裁定”之规定,法律也不禁止行政主体改变具体行政行为。由此推断,在行政诉讼期间,经法院允许,行政主体也可以更正错误。北方矿业处罚案[最(1999)行终字第11号]因原告的经营与所在的新荣区煤炭运销公司既得利益发生冲突,省经贸委提出为新荣区煤炭运销公司核发堡子湾发煤站的《煤炭发运许可证》,先收回为北方公司核发的《煤炭发运许可证》。因原告未交回《煤炭发运许可证》,省经贸委以“鉴于堡子湾发煤站建站发煤的历史原因”为由,决定:“从发文之日起,吊销原发给北方公司的481号堡子湾煤炭发运站的《煤炭发运许可证》和486号《煤炭经营许可证》”。收回、废止等与吊销显然不是同一意思。在原告对吊销许可证提起诉讼后,被告辩称其行为并非行政处罚,“吊销”系“用词不规范”。一审法院允许被告对不规范用词予以纠正。基于被告始终没有纠正,法院仍对吊销许可证行为予以审理、判决。

在已有的行政程序立法探索中,《西安市行政程序规定》第29条第2款规定,对具体行政行为错误的“补正应当在当事人提起行政复议或者行政诉讼的期限届满前作出,并及时通知当事人”。这一规定意味着,在具体行政行为已经进入行政救济程序的前提下,未经法院允许,行政主体对其意思是否真实只能作出说明而不能更正,所作说明并非具体行政行为的更正而属于举证。刘立公案[最参行第153号]判决也确实把被告在答辩状中的解释认定为“说明”。这并非法院反对被告在诉讼中更正错误。并且,基于对具体行政行为错误的严格限定,以及经更正的具体行政行为的可诉性,我们也不必担心进入救济渠道后的更正对相对人权益的侵害。何况,案件的审理也需要具体行政行为的成熟即意思的最终确定。

（二）具体行政行为更正的方式

对具体行政行为的更正方式，多数行政程序法并未作明确规定，只有《葡萄牙行政程序法典》（1996 年）第 148 条、《澳门行政程序法》（1994 年）第 127 条，以及我国台湾地区"行政程序法"（1999 年）第 101 条作出了明文规定。其中，以《葡萄牙行政程序法典》（1996 年）第 148 条的规定最为详细。

根据《葡萄牙行政程序法典》（1996 年）第 148 条的规定，行政主体对具体行政行为的更正方式与对具体行政行为的废止方式相同。一般说来，除法律有特别规定外，对要式行政行为的更正应当采用法律对该行为所规定的方式。如果需更正的是非要式行政行为，或者尽管需更正的是要式行政行为，但在作出该行为时所采用的方式比法定方式更为严格的，则更正的方式应当与需更正行为作出时所采用的方式相同。也就是说，除法定方式的更正外，需更正行为原系书面方式的，应当以书面方式更正；需更正行为原系口头方式的，则可以口头方式更正，如警察指挥交通时更正红绿灯故障。但是，以口头方式作出的具体行政行为，法律上并不禁止行政主体以书面方式加以更正。

与上述规定有所不同的是，我国台湾地区"行政程序法"（1999 年）第 101 条所要求的更正方式更为严格，即都应当以书面方式更正。根据该条的规定，如果原系书面具体行政行为的，则在该行为的文书上以附记即附录的方式进行更正；如果系不能以附录方式更正的具体行政行为，如口头、手势方式的具体行政行为（如警察指挥交通的行为）、已引起争议并已进入行政救济途径的书面具体行政行为等，则应当制作专门的更正书。① 也就是说，对具体行政行为的更正不允许采用口

---

① 参见台湾地区"行政程序法草案"（1993 年）第 96 条之说明。

头方式，不能在具体行政行为文书错误处直接修改，也不能像我们曾经所做的那样以答辩书中的说明来代替更正书。① 为此，行政主体可以要求相对人交回已持有的需更正具体行政行为文书。②

在我国大陆，《山东省行政程序规定》第 129 条等规定更正应以书面方式进行。《湖南省行政程序规定》第 164 条第 1 款规定了应予“补正或者更正”的法定情形，第 2 款规定“补正应当以书面决定的方式作出”。它未规定更正的方式。《辽宁省行政执法程序规定》第 65 条、《西安市行政程序规定》第 29 条和《常州市行政执法程序暂行规定》第 158 条，也都没有规定更正的方式。但从这些规定的上下文看，如应及时通知和送达等，更正应当为书面方式。

更正都应当是公开或告知的。葡萄牙和我国澳门特别行政区的行政程序法都规定，具体行政行为的更正应当以公开的方式进行；奥地利、韩国和我国台湾地区的行政程序法规定，应当将更正通知相对人及利害关系人，以便使相对人及利害关系人能充分了解。我国已有的地方行政立法，也有告知或送达方面的规定。

当然，更正方式的严格或宽松、公开或告知，不仅取决于原具体行政行为的方式，还取决于因错误而发生疑义或歧义的权利义务大小。相对于某些具体行政行为来说，不动产登记行为所涉权利义务更大，因而更正就更为严格。我国《土地登记办法》③第 58 条第 1 款规定：“国土资源行政主管部门发现土地登记簿记载的事项确有错误的，应当报经人民政府批准后进行更正登记，并书面通知当事人在规定期限内办

---

① 参见刘楚汉等主编：《税务行政复议、诉讼案 100 例评点》，湖北科学技术出版社 1994 年版，第 286—287 页。

② 《联邦德国行政程序法》(1997 年)第 42 条也规定，行政机关有权要求相对人交回拟更正的行政行为文本。

③ 2007 年 12 月 30 日国土资源部令第 40 号发布。

理更换或者注销原土地权利证书的手续。当事人逾期不办理的,国土资源行政主管部门报经人民政府批准并公告后,原土地权利证书废止。”第 2 款规定:“更正登记涉及土地权利归属的,应当对更正登记结果进行公告。”《上海市房地产登记条例》①第 60 条第 1 款规定:“房地产权利人、利害关系人认为房地产登记簿记载事项有错误的,可以持有关证据申请更正登记。申请更正登记的事项涉及第三人房地产权利的,有关权利人应当共同申请。”第 2 款规定:“房地产登记机构应当自受理更正登记申请之日起二十日内完成审核。经审核,有下列情形之一的,房地产登记机构应当予以更正,并书面通知有关当事人:(一)房地产登记簿记载的权利人书面同意更正,且房地产登记簿记载事项确有错误的;(二)房地产登记簿记载的权利人不同意更正,但有行政机关、人民法院、仲裁机构已经发生法律效力的文件证明房地产登记簿记载的权利归属确有错误的。”第 61 条规定:“房地产登记机构发现房地产登记簿记载与原申请登记文件不一致的,应当书面通知有关的房地产权利人在规定期限内办理更正登记手续。规定期限届满,当事人无正当理由不办理更正手续的,房地产登记机构可以依据原申请登记文件对房地产登记簿的记载予以更正,并书面通知当事人。”当然,上述规定中的更正,不限于本节所说的对错误进行更正,还包括具体行政行为明显轻微瑕疵的补正。

(三)具体行政行为更正的主体

在有关国家(地区)的行政程序法上,都规定行政主体有权更正自己的表示错误。如《联邦德国行政程序法》(1997 年)第 42 条规定:“行政机关可随时更正行政行为中的书面错误、计算错误及类似错误。”这里的“行政机关”,首先是指作出具体行政行为的主体。我国台

① 2008 年 12 月 25 日上海市人大常委会通过。

湾地区“行政程序法”(1999年)第101条第1项就明文规定:“行政处分如有误写、误算或其他类此之显然错误者,处分机关得随时或依申请更正之。”我国大陆《辽宁省行政执法程序规定》第65条和《西安市行政程序规定》第29条第1款,也作了这样的明确规定。有的行政程序法虽然没有作这么明确的规定,但基于法条的上下文意思也能明确具体行政行为的实施主体具有更正权。之所以由作出具体行政行为的行政主体来更正,是因为:“一、行政处分中所具有之误写、误算或其他类似之显然错误,依行政法学之通说,并不构成行政处分之瑕疵,而理智之当事人亦无法主张对其错误具有值得保障之信赖,行政机关自得随时为更正”。“二、显而易见之错误是否更正,原则上系委诸行政机关之裁量,以免徒增行政机关不必要之负担。”①

有监督权的行政主体是否也有权更正?《葡萄牙行政程序法典》(1996年)第148条第1项规定:“计算错误或行政机关表达意思时的错误,如属明显,则有权限废止有关行为的机关可随时更正。”根据该法典第142条的规定,有权限废止行政行为的机关如下:“一、除作出行政行为者外,有关上级也有权限废止行政行为,只要该行为不属其下级之专属权限者,但有特别规定者除外。二、获授权或获转授权而作出的行政行为,授权机关或转授权机关可废止,而在该授权或转授权仍生效期间,获授权者或转授权者也可以将其废止。三、受行政监督的机关所作行政行为,仅在法律明文容许的情况下,才可由监督机关废止。”《澳门行政程序法》第127条作了相同的规定。根据上述规定,具体行政行为的更正主体不限于作出具体行政行为的行政主体,其上级行政机关、授权机关都有权更正,但监督机关只有在法律有明文规定的情况下才能成为具体行政行为的更正主体。我国已有的地方行政程序立法或规

---

① 翁岳生教授主持起草的“行政程序法草案”(1990年)第67条之说明。

定，对此并未加以规定。《湖南省行政程序规定》第159条和《山东省行政程序规定》第128条赋予上级机关等监督机关的职权，只是责令具体行政行为的实施主体更正。我国有关单行法也规定上级机关对更正的监督权。《土地登记办法》第58条规定："国土资源行政主管部门发现土地登记簿记载的事项确有错误的，应当报经人民政府批准后进行更正登记。"第3条第2款规定："申请人应当依照本办法向土地所在地的县级以上人民政府国土资源行政主管部门提出土地登记申请，依法报县级以上人民政府登记造册，核发土地权利证书。但土地抵押权、地役权由县级以上人民政府国土资源行政主管部门登记，核发土地他项权利证明书。"因此，我国的上级机关对具体行政行为的错误并不能直接予以更正。

法院等非行政主体，对具体行政行为的错误并无更正权。法院的职责是对行政主体的更正予以审查，对未经更正的错误加以认定。

还应当指出的是，在早期的行政程序立法上，大陆法系国家的行政主体一般都可随时对自己所作的行为进行更正，并且都是一种依职权所作的更正。①但在最近的行政程序立法上，行政主体既可以依职权，也可以依相对人或利害关系人的申请对所作具体行政行为进行更正。例如，《西班牙公共行政机关及共同的行政程序法》（1992年）第105条第2项改变了1958年的规定："公共行政机关可以在任何时候依据职权或应利害关系人要求修正其行为中存在的事实上或算术上的错误。"《葡萄牙行政程序法典》第108条，《澳门行政程序法》（1994年）第127条，《韩国行政程序法》（1996年）第25条，以及我国的地方行政程序立法或规定都作了类似的规定。相对人和利害关系人申请行

---

① 参见《联邦德国行政程序法标准草案（慕尼黑草案）》（1966年）第32条，《葡萄牙行政程序法典》（1996年）第148条，《西班牙行政程序法》（1958年）第111条，等。

政主体对具体行政行为进行更正，意味着对具体行政行为更正的有效参与。也就是说，随着第二次世界大战以来服务与合作观念的倡导和确立，相对人和利害关系人不仅能参与具体行政行为的实施，而且也能参与具体行政行为的更正。我国已有的地方行政立法也有类似实践。

本节小结

具体行政行为的错误，是一种因疏忽大意而在意思表达中的过失，并非瑕疵。它包括误写、误算和机械故障等。对此，如有必要，行政主体可依职权或依申请随时予以更正。更正错误的形式，原则上应当与原具体行政行为的形式相同，但口头形式的具体行政行为错误不禁止以书面形式更正。更正具有溯及既往的效力，即经更正的具体行政行为被视为从其原生效之日起建立权利义务关系。这种错误的更正主体一般为原具体行政行为的实施主体。

第二节　具体行政行为的瑕疵类型

一、具体行政行为瑕疵的界定

（一）德国行政法上瑕疵的意义

法律行为及其意思表示理论源于大陆法系，具体行政行为理论源于大陆法系的德国。《联邦德国行政程序法》就使用了“瑕疵”这一概念，而并未使用“违法”。“尽管违法的概念具有重大的实践意义，对其作出规定的不是《联邦行政程序法》，而是《社会法典》第10部分第44条第1款：违法是指行政机关作出行政行为时错误适用法律或者以未经正确查明的事实为根据。在一些单行法中也存在有关违法性定义的规定。”[1]正因为此，德国通行的观点是立足于《联邦德国行政程序法》，将违法与瑕疵等义使用。“行政行为符合全部法定要求的，构成合法；不符合现行任何法律规定的，构成违法或者瑕疵（两个术语含义相同）。”[2]并且，基于对瑕疵的这一界定，把具体行政行为的瑕疵区分为明显轻微瑕疵、重大明显瑕疵及介于二者之间的一般瑕疵，从而分别对应具体行政行为的补正、无效和撤销。

与具体行政行为瑕疵相关的，是《联邦德国行政程序法》第42条规定的具体行政行为错误，即书面错误、计算错误及因疏忽大意而导致的其他错误。沃尔夫等学者认为，这也是一种瑕疵。“行政行为的瑕疵在广义上可能表现为：1. 违法即严格意义上的瑕疵；2. 其他比较轻微的瑕疵，即不正确；3. 不合乎目的，即不合目的性。”[3]所谓不正确，就是指具体行政行为的错误；所谓不合乎目的，就是指行政不当。[4] 但毛雷尔教授指出：“应当区别违法性与明显失误。‘如果行政机关所想表达的与行政行为实际表达的内容之间存在着显而易见的矛盾’，行政行为即具有明显失误。”“联邦行政程序法第42条与通行观点一致，规定：作出机关可以随时修正明显失误，有关撤销授益行政行为的信赖保护原则在这里不适用。”[5]也就是说，德国的通说并不认为行政行为的错误属于瑕疵。

---

① ［德］汉斯·J. 沃尔夫等：《行政法》（第二卷），高家伟译，商务印书馆2002年版，第81页。

② ［德］哈特穆特·毛雷尔：《行政法学总论》，高家伟译，法律出版社2000年版，第229页。

③ ［德］汉斯·J. 沃尔夫等：《行政法》（第二卷），高家伟译，商务印书馆2002年版，第80—81页。

④ 同上书，第84—85页。

⑤ ［德］哈特穆特·毛雷尔：《行政法学总论》，高家伟译，法律出版社2000年版，第231页。

（二）我国立法上瑕疵的意义

“瑕疵”这一术语在我国立法中，最近才得以出现或使用。2008 年的《湖南省行政程序规定》第 164 条第 1 款规定：“具有下列情形之一的，行政执法行为应当予以补正或者更正：……（四）程序上存在其他轻微瑕疵或者遗漏，未侵犯公民、法人或者其他组织合法权利的。”2011 年的《山东省行政程序规定》第 129 条规定：“行政决定有下列情形之一的，应当以书面形式补正或者更正：……（二）程序存在轻微瑕疵，但是未侵犯公民、法人和其他组织合法权益的；……”2012 年的《常州市行政执法程序暂行规定》第 158 条规定：“行政执法行为有下列情形之一的，应当责令改正或者变更：……（四）程序上存在其他轻微瑕疵或者遗漏的；……”2013 年的《西安市行政程序规定》第 29 条第 3 款规定：“行政机关对有瑕疵的行政处理作出补正后，应当及时送达补正后的行政处理决定。”“瑕疵”从一个学术概念发展成为一个法律术语。

对于立法上瑕疵的含义，则需要从其所设计的制度中加以理解。《湖南省行政程序规定》第 164 条第 1 款和《山东省行政程序规定》第 129 条的瑕疵，是与具体行政行为的错误并列加以规定的，并规定应补正或者更正。也就是说，具体行政行为的瑕疵既不包括错误也不包括应予撤销的违法情形。但《西安市行政程序规定》第 29 条第 3 款所规定的瑕疵涵盖了第 1 款的全部情形。该条第 1 款规定：“行政处理有下列情形之一的，作出行政处理的行政机关应当主动或者应公民、法人或者其他组织申请予以补正：（一）未说明理由但对当事人的合法权益没有实质性影响的，行政机关可在事后说明理由；（二）行政处理决定文字表述或者计算错误的；（三）行政处理决定已载明处理主体但未盖章的；（四）行政处理决定未载明日期的；（五）具有可撤销情形的行政处理作补正处理对相对人更为有利，且不损害社会公共利益的;(六)需要进行补正的其他情形。"也就是说,《西安市行政程序规定》所规定的具体行政行为瑕疵包括错误,不包括应予撤销的违法情形。

（三）我国司法实践中瑕疵的意义

在我国司法实践中,"瑕疵"术语的使用(参见下文重要判例)早于立法。经北大法宝司法案例库检索,"瑕疵"最早出现于许志彤案[(1991)行上字第15号]法官的解说:"这种做法显失公正,在行政法上被称为有瑕疵的行政行为。"紧随其后的是蚌埠交电案[(1991)行二字第6号]的法官解说:"被告在实施具体行政行为时本应同时适用《中华人民共和国标准化法》、《工业产品质量责任条例》和《安徽省查处经销伪劣商品暂行规定》,但却只适用了后者,而没有引用前两者。这不能不说是行政执法上的瑕疵。""瑕疵"最早出现于裁判文书,则是赵立新案[最(1999)行终字第15号]一审判决书:"宁国资发(1997)46号批复认定的上述部分事实存在瑕疵,应予撤销。""瑕疵"最早出现在最高法院公报案例中的则是宜昌妇幼案[最典行2001—4]二审判决:"被上诉人工商局作为专门的监督检查部门,在对上诉人保健院作出处罚前,进行了立案、调查取证,并送达了处罚告知书,交待了陈述和申辩权,其处罚程序符合法律规定。工商局作出的处罚决定中没有具体载明据以认定保健院违法行为存在的证据名称,使其处罚决定书的内容不完备,是行政行为的轻微瑕疵。工商局的这一行政瑕疵没有达到侵害行政管理相对人合法权益的程度,不影响其处罚决定的有效成立,因此不能认定工商局的行政行为程序违法。"通过这一考察表明,司法实践中的"瑕疵"是独立于立法而发展起来的,并非立法的结果。同时,我国已有的行政程序立法探索,尽管也会考虑司法的经验,但直接的借鉴则是外国的行政程序法。

“瑕疵”在个案中的含义，既指具体行政行为的错误，[①]也指具体行政行为的瑕疵；既指具体行政行为的明显轻微违法情形，又指具体行政行为的可撤销违法情形。[②] 那么，最高法院的态度是什么呢？2013 年 6 月 11 日在北大法宝数据库，选择“行政案例”“最高法院”，并以“瑕疵”为关键词检索，查得 15 条信息。排除司法赔偿和执行案例、诉辩双方虽使用“瑕疵”但最高法院未作回应的案例以及与裁判文书重叠的精选案例，共查得 6 个案例，具体如下：

案例名	裁判表述	瑕疵指向
甘露案[最(2011)行提字第 12 号]	广州市中级人民法院二审判决认为：在《普通高等学校学生管理规定》第五十四条已对开除学籍情形作出规定的情况下，暨南大学在开除学籍决定中没有引用该规定不妥，但该瑕疵不足以影响开除学籍决定的合法性。 最高法院判决认为，并非应引用而未引用，而是该条规定的开除情形并没有本案所认定的情形。即甘露案[最典行 2012—7]	未引用即文书形式瑕疵
梅令湾社案[最(1999)行再字第 1 号]	最高法院判决认为：旗政府在作出 22 号处理决定时，下天义昌社已经分立为下天义昌东社和下天义昌西社，但当地习惯称为下天义昌社。故旗政府针对下天义昌社和梅令湾社作出的 22 号处理决定(称为下天义昌社)虽有瑕疵，但并不影响下天义昌东、西两社的实体权益。	表述不规范即文书形式瑕疵
开封豫东案[最(2002)行终字第 5 号]	最高法院判决认为：9 号《决定》未引用法律条款，形式上存在瑕疵，一审判决以 9 号《决定》适用法律正确，予以维持不当。(判决驳回诉讼请求)	未引用即文书形式瑕疵

① 赵某某案[(2012)沪二中行终字第 211 号]判决认为：“被上诉人向上诉人作出的政府信息公开申请答复书中虽然将上述法律条款笔误为‘第二十三条第一款第(一)项’，但该瑕疵尚不影响该答复的合法性。”

② 参见赵立新案[最(1999)行终字第 15 号]。

续表

陈燕翼案[最(1999)行终字第17号]	湖北省高级法院一审认为:规划部门此后核发的许可证虽未明示临时性质及其有效期限,也未直接表明该证与红线图的联系,其书面形式存在不严谨不规范的瑕疵,…… 最高法院维持原判。	文书形式瑕疵
董永华等案[(2001)行终字第14号]	重庆市高级法院一审判决认为:在适用法律时,只适用了《行政复议法》第九条、第十七条规定,没有适用《行政复议法》第六条即行政复议的受案范围,属于引用法律不全,但该瑕疵不影响其定性。 最高法院判决认为,并非应引用而未引用,而系认定违法。即董永华等案[最参行第4号]	未引用即文书形式瑕疵
赵立新案[最(1999)行终字第15号]	宁夏高级法院一审判决认为:宁国资发(1997)46号批复认定的上述部分事实存在瑕疵,应予撤销。 最高法院维持原判。即赵立新案[最参行第12号]	事实不清即事实瑕疵

从最高法院的上述裁判来看,具体行政行为的瑕疵并不包括错误。同时,最高法院公报公布的第一起正式使用“瑕疵”的宜昌妇幼案[最典行2001—4]一审判决认定:“被告工商局出具的《检查通知书》上开列的被检单位是‘宜昌市妇幼保健医院’,与原告保健院的单位名称相差一个字。……《检查通知书》上开列的被检单位名称,实属笔误。”二审判决认为:“工商局作出的处罚决定中没有具体载明据以认定保健院违法行为存在的证据名称,使其处罚决定书的内容不完备,是行政行为的轻微瑕疵。”该案的公布是经过最高法院审判委员会讨论通过的。也就是说,最高法院是认同一、二审判决把具体行政行为的瑕疵与错误分列的。

但是,最高法院的明晰态度在最近发生了混乱。最高法院行政庭选编的参考案例刘立公案[最参行第153号]裁判要旨认为:“具体行政行为瑕疵如与其违法性并无关联,瑕疵可破坏具体行政行为应具有的完美性,但并不必然导致该具体行政行为被撤销的法律效果。”该案所称瑕疵即为“处罚决定书中将本应是‘鞍山市产品质量监督检验所’误写为‘锦州市产品质量监督检验所’”。该裁判要旨的理由指出:“行政瑕疵行为是行政违法行为与行政不当行为的总和。但也可分不同的情形:一是最广义的,行政瑕疵行为包括行政违法行为与行政不当行为;二是广义的行政瑕疵行为抑或指行政违法行为,抑或指行政不当行为,二者其一;三是狭义的,仅指行政不当行为中的瑕疵部分。”它通过语义学的分析,最终认为“瑕疵”系“行政微小的缺点”,包括我们所说的具体行政行为错误和明显轻微瑕疵,而不包括应予撤销、确认无效的违法情形。该案裁判要旨及其理由的问题有:第一,缺乏法学规范性,把已有的法学概念具体行政行为的错误即真实意思与所表达意思的不一致,称为法学上从不使用的“完美性”;不运用法学上已有的意思表示理论进行推理,而运用词典上的解释即语义学解释推理。第二,“行政瑕疵行为是行政违法行为与行政不当行为的总和”,与最终结论“瑕疵”系“行政微小的缺点”自相矛盾。第三,最严重的问题则是,把具体行政行为的错误纳入瑕疵,模糊了最高法院的一贯态度。

从表格所列最高法院的裁判来看,即使将漏引法律条款归类为法律文书不规范即形式瑕疵,而不归类为适用法律错误,瑕疵也并不限于程序和形式违法,还包括事实不清;不限于明显轻微的违法情形,还包括应予撤销的违法情形。可以说,我国最高法院关于瑕疵的态度,与德国行政法上的瑕疵基本相同,具体行政行为的瑕疵即违法,也就是《行政诉讼法》第 54 条第 2 项所规定的情形。

基于学术的传承及对话的便利,基于我国的瑕疵立法还处于探索阶段,本书承袭德国法使用的瑕疵概念或我国最高法院关于瑕疵的倾向性态度,并按瑕疵的程度将其分为明显轻微的瑕疵、一般瑕疵和重大而明显的瑕疵三类,同时单列具体行政行为的错误。

二、明显轻微瑕疵

(一)明显轻微瑕疵的构成要件

从立法、判例和学说上看,判断明显轻微瑕疵的构成要件即判断标准有三个:

1. 明显轻微的程序和形式瑕疵。明显轻微瑕疵只能是具体行政行为程序或形式上的瑕疵。如果该瑕疵是具体行政行为实体内容上的瑕疵,则不属于明显轻微的瑕疵。前文所述的某税务所有关100元的税款滞纳金决定系故意而为,不属于具体行政行为的错误。它虽然涉及金额很小,但系相对人实体权益,因而也不属于明显轻微瑕疵。它属于滥用职权,属可撤销瑕疵。

如果违反重要的程序,则也不属于明显轻微瑕疵。但是,何谓重要程序,不同国家却有不同规定和实践。根据《联邦德国行政程序法》(1997年)第45条第1项的规定,应经听证而未经听证属于明显轻微的程序瑕疵,不给予诉愿救济机会的瑕疵不属于明显轻微的程序瑕疵。但日本最高法院的判例确认,对不给予相对人诉愿救济机会的瑕疵属于明显轻微的程序瑕疵(日本最高法院1961年7月14日判决),对不举行听证的程序性违法不属于明显轻微的程序瑕疵(日本最高法院1971年1月22日判决)。[①] 我国的判例则把听证机会和救济机会瑕疵,都认定为重要程序;把违反听证制度和救济告知制度的情形,都认定为属于可撤销瑕疵而非明显轻微瑕疵。平山劳动局案[最典行1997—2]、威恒利案[最典行2009—10]和黄泽富等案[最指6号]判决都认为,被诉行为作出前未告知申辩权、听证权属违反法定程序,应予

---

① 参见[日]室井力主编:《日本现代行政法》,吴微译,中国政法大学出版社1995年版,第126页注23。

撤销。上海金港案[最典行2006—4]裁判摘要和南充源艺案[最参行第73号]裁判要旨均指出,具体行政行为未告知救济权的,属于违反法定程序。

明显轻微的瑕疵与具体行政行为的错误,也应加以区别。梅令湾社案[最(1999)行再字第1号]被告所作具体行政行为文书中的“下天义昌社”实为“下天义昌东社”和“下天义昌西社”两社,当地习惯将两社称为下天义昌社。这到底是属于具体行政行为的错误,还是明显轻微的瑕疵?针对当事人错误的争议,最高法院认定其为明显轻微的瑕疵:“故旗政府针对下天义昌社和梅令湾社作出的22号处理决定虽有瑕疵,但并不影响下天义昌东、西两社的实体权益。”

2. 并未损害当事人实体权益。所存在的程序和形式瑕疵,并没有损害当事人实体上的合法权益。瑕疵的明显轻微一般认为不能以所侵害的权益小为判断标准,而只能以不侵害当事人的合法权益为判断标准。“以相对人的实际损害程度小为由而轻易承认治愈的瑕疵,则有可能导致使法律失去规范行政行为的要件和程序的意义。”①如程序和形式上瑕疵的存在,影响到当事人实体上的合法权益,则无论该权益的大小如何,该瑕疵都不属于明显轻微的瑕疵。裕友赔偿案[最(1996)行终字第1号]终审判决认为,“根据天津市开发区管委会的有关规定,被上诉人管委会……对申请事项是否被准许负有转告申请人的义务。被上诉人管委会在接受了上诉人裕友公司申领桐木拼板出口许可证的申请后,虽然作了一定的疏通、申领工作,但并未针对申领桐木拼板出口许可证是否获准转告申领人,其行为属于不履行法定职责的违法行为。上诉人裕友公司因无出口许可证致使桐木拼板出口受阻并导

---

① [日]室井力主编:《日本现代行政法》,吴微译,中国政法大学出版社1995年版,第126页注23。

致遭受经济损失的事实发生在其向被上诉人管委会申领出口许可证之前，该损失与被上诉人管委会不履行法定职责的行为没有因果联系”，不承担赔偿责任。也就是说，具体行政行为结果信息的告知虽系程序规则，但也是行政主体的职责，且影响到了相对人的实体权益，因而不属于明显轻微瑕疵。

3. 同一行为的反复被认为不合理。同一行为的反复，即具体行政行为因程序瑕疵而被撤销或宣告无效后将由行政主体按法定程序重新作出同一内容的行政行为。不合理，即有损行政效率。《行政诉讼法》第 54 条第 2 项规定：“具体行政行为有下列情形之一的，判决撤销或者部分撤销，并可以判决被告重新作出具体行政行为：…… 3.违反法定程序的。”第 55 条规定：“人民法院判决被告重新作出具体行政行为的，被告不得以同一的事实和理由作出与原具体行政行为基本相同的具体行政行为。”“行政诉讼法若干问题解释”第 54 条第 2 款规定：“人民法院以违反法定程序为由，判决撤销被诉具体行政行为的，行政机关重新作出具体行政行为不受行政诉讼法第五十五条规定的限制。”根据上述规定，在我国违反法定程序而责令重作，并非不合理的同一行为反复。这对促进依法行政，增强程序法制意识具有重要意义。

但是，具体行政行为在程序和形式上的某些明显轻微违法，没有破坏依法行政所要求的程序法治，且又没有损害当事人实体上的合法权益。对此，判例发展出的规则是没有必要予以撤销、重做，否则就属于不合理。宜昌妇幼案[最典行 2001—4]二审判决认为：“被上诉人工商局作为专门的监督检查部门，在对上诉人保健院作出处罚前，进行了立案、调查取证，并送达了处罚告知书，交待了陈述和申辩权，其处罚程序符合法律规定。工商局作出的处罚决定中没有具体载明据以认定保健院违法行为存在的证据名称，使其处罚决定书的内容不完备，是行政行为的轻微瑕疵。工商局的这一行政瑕疵没有达到侵害行政管理相对人合法权益的程度，不影响其处罚决定的有效成立，因此不能认定工商局的行政行为程序违法。”

同时符合上述三项标准的瑕疵，即属于明显轻微瑕疵。

（二）明显轻微瑕疵的类型

1. 立法上明显轻微瑕疵的类型。早在 1992 年即行政诉讼开展的初期，《福建省行政执法程序规定》①第 7 条第 1 款就规定：“行政执法活动应遵守本规定。违反本规定，具体行政行为程序上不足的，应予补正；影响相对人合法权益的，应予变更或者撤销。”该规定已经有明显轻微瑕疵的内容，但尚未使用瑕疵的概念，也没有对明显轻微瑕疵进行类型化。我国湖南、辽宁、山东、汕头、常州和西安的有关行政程序立法规定了明显轻微瑕疵的类型。

法　条	明显轻微瑕疵类型
湖南第 164 条第 1 款	（一）未说明理由且事后补充说明理由，当事人、利害关系人没有异议的；……（三）未载明决定作出日期的；（四）程序上存在其他轻微瑕疵或者遗漏，未侵犯公民、法人或者其他组织合法权利的。
辽宁第 67 条第 1 款	违反法定程序无需撤销的情形。
山东第 129 条	（一）未说明理由，但是未对公民、法人和其他组织的合法权益产生不利影响的；（二）程序存在轻微瑕疵，但是未侵犯公民、法人和其他组织合法权益的；……（四）未载明作出日期的；（五）需要补正或者更正的其他情形。
汕头第 167 条	（一）未说明理由且事后补充说明理由，当事人、利害关系人没有异议的；……（三）未载明决定作出日期的；（四）程序上存在其他轻微瑕疵或者遗漏，未侵犯公民、法人或者其他组织合法权利的。

① 1992 年 8 月 29 日福建省人大常委会通过。

续表

常州第158条	(一)未依照有关规定说明作出行政执法决定的理由,当事人、利害关系人有异议的;……(三)未载明决定作出日期的;(四)程序上存在其他轻微瑕疵或者遗漏的;(五)其他应当改正或变更的情形。
西安第29条第1款	(一)未说明理由但对当事人的合法权益没有实质性影响的,行政机关可在事后说明理由;……(三)行政处理决定已载明处理主体但未盖章的;(四)行政处理决定未载明日期的;(五)具有可撤销情形的行政处理作补正处理对相对人更为有利,且不损害社会公共利益的;(六)需要进行补正的其他情形。

基于上表,我们可以梳理出大体相同的类型,如下表所示:

	明显轻微瑕疵类型	法　条
1	未说明理由,但未对相对人的合法权益产生不利影响	湖南第164条第1款第1项、山东第129条第1项、汕头第167条第1款第1项、常州第158条第1项、西安第29条第1款第1项
2	未载明决定作出日期	湖南第164条第1款第4项、山东第129条第4项、汕头第167条第1款第3项、常州第158条第3项、西安第29条第1款第4项
3	程序上存在其他轻微瑕疵或者遗漏,未侵犯相对人合法权利	湖南第164条第1款第1项、辽宁第67条第1款第3项、汕头第167条第1款第4项、常州第158条第1项、西安第29条第1款第1项
4	其他明显轻微瑕疵(概括式条款)	山东第129条第5项、常州第158条第5项、西安第29条第1款第6项

2. 判例中明显轻微瑕疵的概括。从判例来看,明显轻微的瑕疵有以下几类。

(1)行政文书中的要素欠缺或不规范。行政文书不规范除了前文所述的宜昌妇幼案[最典行2001—4]外,还有下列重要判例:张成银案[最典行2005—3]一审判决认为,被告"作出的徐政行决[2004]24号行政复议决定的结论中也有复议审查对象不具体的瑕疵"。陈燕翼案

[最(1999)行终字第 17 号]被告在其发放的许可证上未标注“临时”字样,但可以通过与许可证有关的、已告知原告的红线图,以及该许可证本系被告在处罚原告无证建设后为其补办的临时规划手续这一历史,确定系临时许可证。对此,不属于通过文书自身就可以确定的具体行政行为错误,而属于明显轻微瑕疵。最高法院在终审判决中认为:“尽管上诉人陈燕翼取得的许可证未标注‘临时’字样,且交纳了规划管理费和放线费,但并不足以否定洪山规划分局为其核发的许可证为临时许可证。”石中跃等案[最(1999)行终字第 16 号]终审判决认为:“经核实,市公用局请示的日期与武汉市人民政府领导签字批准的日期同为 1998 年 4 月 28 日,尽管武汉市人民政府对市公用局请示的批复没有文号,但并不因此影响该批复的有效性。”这里的请示和批复,虽然都不属于具体行政行为,但所反映的原理是相同的。另外,在地方法院的判例中,也有行政文书不规范属轻微瑕疵的认定。朱文和案[(2005)沪二中行终字第 183 号]终审法院认为:“虽然送达给上诉人的答复决定上未加盖公章,但双方当事人均予确认,上述人以此为据提起诉讼,被上诉人则确认该答复是其所为,故该瑕疵不影响决定内容的效力,更何况上诉人已依法行使了复议和诉讼的权利。”夏胤斐案[(2005)沪二中行终字第 432 号]判决认为,依法应当制作决定书而未制作,并以复函替代的,构成明显轻微瑕疵。

(2)行政文书中的法条引用不完整。具体行政行为确有法律依据,但文书中未完整、具体指明的,判例认为属于明显轻微瑕疵。伊尔库案[最典行 2006—3]判决认为:“无锡市工商局对伊尔库公司作出的处罚决定,没有适用产品质量法第三十六条规定,而是直接援引第二十七条对生产者的规定进行处罚,虽然适用法律条款不完整,但该瑕疵不影响对伊尔库公司行政处罚行为的合法性。”董永华等案[最参行第 4 号]一审判决认为,被告在实施被诉行为“适用法律时,只适用了《行政复议法》第九条、第十七条规定，没有适用《行政复议法》第六条即行政复议的受案范围，属于引用法律不全，但该瑕疵不影响其定性。”赵立新案［最（1999）行终字第 15 号］终审判决认为，被诉行为未具体引用有关规定的“条、款、项，不影响其行为的合法性”。

但是，具体行政行为缺乏法律依据或不引用应该引用的法律依据，则属于应撤销的法律适用错误而非明显轻微瑕疵。甘露案［最典行 2012—7］二审判决认为：“在《普通高等学校学生管理规定》第五十四条已对开除学籍情形作出规定的情况下，暨南大学在开除学籍决定中没有引用该规定不妥，但该瑕疵不足以影响开除学籍决定的合法性。”再审判决认为，暨南大学开除学籍决定所援引的《暨南大学学生管理暂行规定》第 53 条第 5 项和《暨南大学学生违纪处分实施细则》第 25 条规定，与其制定依据《普通高等学校学生管理规定》第 54 条不一致，不适用《普通高等学校学生管理规定》第 54 条构成适用法律错误。任建国案［最典行 1993—3］判决认为：“对于法律和行政法规中的实体与程序规定，都应当全面、准确无误地适用，才是依法办案。如果仅适用程序而不适用实体规定，或者仅适用实体而不适用程序规定，都不是依法办案。”梁宝富案［最典行 1991—3］判决认为，具体行政行为不引用应该引用的法律依据，属于法律适用错误。罗伦富案［最典行 2002—5］判决认为，具体行政行为适用法律依据未指明具体条款项的，属于法律适用错误。

（3）告知送达不规范。陈介刚案［京（2000）一中行终字第 5 号］终审判决认为：尽管法律规范没有明文规定，尽管相对人存在过错，行政强制措施以口头形式告知的，仍属于程序上的明显轻微瑕疵。上海悦美案［（2005）沪二中行终字第 172 号］终审判决认为：“本案被上诉人网上公告的时间早于登记日，在执法程序上存有瑕疵，但该执法程序上的瑕疵未影响上诉人的合法利益。”告知的正式形式是送达。送达程序中的签收不规范，也多被认定为明显轻微瑕疵。张友谊案[(2004)沪二中行终字292号]终审判决认为："被上诉人鉴于受送达人不在场，而其在场的成年家属又未能在送达回证上签收的情况进行留置送达，并有居委会干部对送达情况进行见证，并无违法。其在送达回证上记载'被送达人拒收'的内容，存在瑕疵，但并未影响上诉人行使复议及诉讼的权利。"陈晓艳案[(2008)沪二中行终字第154号]判决认为："本应由陈晓艳本人填写并签名的《申请结婚登记声明书》，陈晓艳的签名却由孙立代签，而在送达《结婚证》时，也发生了应由孙立本人签名而由陈晓艳代签的情形。对照上述暂行规范，黄浦民政局在进行结婚登记审查过程中存在明显的不规范之处。但纵观黄浦民政局办理陈晓艳和孙立申请结婚登记的整个具体行政行为，黄浦民政局的该不规范之处应系行政程序中的瑕疵。"但是，如前文所述判例指出，不告知导致相对人丧失申辩权、听证权、救济权的，或不告知具体行政行为结果的，并非明显轻微瑕疵。

(4)逾期作出决定。王建海案[(2008)沪二中行终字第202号]判决认为："闸北公安分局因王建海方信函中的协调意愿，未在规定的期限内作出被诉具体行政行为，执法程序存在瑕疵，但该瑕疵不足以撤销被诉具体行政行为。"

当然，作者对判例的上述观察是非常不充分的，因而对明显轻微瑕疵的概括也肯定是不全面的，也许只是冰山一角。为此，作者曾试图从所收集的行政复议决定书中来观察。但是，行政复议决定书中对明显轻微的瑕疵往往不做认定。杨彬行政复议案申请人称，2004年3月10日申请人在土桥工商所交罚款1000元，而被申请人并未出示收款凭据。对此，复议决定却未做认定。① 于是，作者也只能放弃，并以上述

① 参见成都市工商行政管理局成工商复字[2004]4号行政复议决定书。

不全面的概括告结。

(三)明显轻微瑕疵的补正

1. 具体行政行为补正的立法。具体行政行为的补正与更正不同。更正系基于大陆法系国家源远流长的意思表示理论发展而来,补正却是19世纪末以来发展起来的具体行政行为治愈制度。1925年,奥地利国会率先通过了世界上第一部行政程序法典即《奥国行政手续法》。该法规定了具体行政行为的更正,但尚未规定补正这一补救方式。在联邦德国,行政程序法的制定经历了漫长的过程,1963年和1973年行政程序法草案也并没有将补正作为行政行为的补救方式。1976年,国会终于通过了行政程序法,将行政行为的一般法律原理和公法契约这一"实体法性质的内容"、"一般行政程序法的附带素材"①作为该法的重要组成部分,并第一次以专条规定了补正,即第45条的"程序上和方法上错误之更正"。联邦德国的行政程序法对大陆法系国家的行政程序立法,以及受大陆法系影响较大的国家或地区的行政程序立法具有重要影响,有关内容为各国(地区)的立法所普遍借鉴。日本最高法院在1961年7月14日所作的判决中,就确立了补正("治愈")这一补救方式。② 1994年制定的《澳门行政程序法典》第11条和1995年我国台湾地区的"行政程序法草案"第98条中,也采用了补正("纠正")这一补救方式。

在林纪东教授看来,这一制度的社会背景是19世纪末20世纪初资本主义从自由发展阶段进入垄断统治阶段,这一制度的思想渊源是

① [日]盐野宏:《行政程序法典总则规定的几个问题》,《外国法学译丛》1986年第3期。

② 参见[日]室井力主编:《日本现代行政法》,吴微译,中国政法大学出版社1995年版,第126页;[日]南博方:《日本行政法》,杨建顺等译,中国人民大学出版社1988年版,第46页。

“社会连带主义”或“团体主义思想”。他认为,上述社会转型及社会思潮,导致了依法行政原理的发展。“(1)最初谓一切行政行为,均需依据法律,始合于依法行政之本意。(2)其后谓仅系侵害人民权利,或使人民负担义务之行为,必须有法律之根据,其余行为,可听由行政机关自由决定,其解释已较前为广泛。(3)怠于最近,学者谓依法行政一词,仅有消极之界限,即指在不违反法律范围内,允许行政机关自由决定而言,非谓行政机关一举一动,均须有法律根据之意,其解释与前更不相同。”①行政法治理论抛弃了形式主义,从注重法治的形式转向注重法治的目的,即“国法威信之维护,不在形式而在目的,即不应斤斤于其形式之完整,而宜以是否达到国法之目的为归”,②强调行政应从法律下的亦步亦趋中解脱出来,积极地服务于社会。于是,行政行为“由严格之瑕疵理论,至机动之瑕疵理论。盖为顾虑有瑕疵法令及行为,对社会已发生之影响,非万不得已,不轻易使其无效,尽量扩张得撤销行为之范围”;“如不宜于撤销时,宁不将其撤销”,而以“瑕疵行为之治疗”(补正)或“瑕疵行为之转换”(无效)的方式予以补救,“使变有瑕疵为无瑕疵,不可拘泥于形式之观点,机械论断,反有害于社会生活之安定”。③

我国目前尚未制定统一的行政程序法,作为行政补救法主要法典之一的《行政诉讼法》也没有采用补正这一补救方式,补正尚未成为具体行政行为的统一补救方式。《行政复议条例》第 42 条第 2 项曾明确规定补正,即“具体行政行为有程序上不足的,决定被申请人补正”,但后来的《行政复议法》却没有予以坚持。在有关单行立法中,规定了“补正”“重新办理”“补办有关手续”或“改正”等补正方式。如《公务

---

① 林纪东:《行政法》,台湾三民书局 1988 年版,第 49 页。

② 同上书,第 331 页。

③ 同上。

员法》第101条规定:“对有下列违反本法规定情形的,由县级以上领导机关或者公务员主管部门按照管理权限,区别不同情况,分别予以责令纠正或者宣布无效;……”

近年来在我国进行的地方行政程序立法或规定,则借鉴国外的经验,规定了具体行政行为明显轻微瑕疵的补正。根据这些规定,补正的主体是具体行政行为的实施主体。上级机关有权按照监督程序责令具体行政行为的实施主体补正,但不能直接予以补正。关于补正的程序,大多规定上级机关受理利害关系人的投诉,查实后责令具体行政行为的实施主体补正,但《西安市行政程序规定》则明文规定具体行政行为的实施主体应依职权或依申请补正。补正的方式为书面方式。《西安市行政程序规定》第29条第2款明文规定了补正时间:“补正应当在当事人提起行政复议或者行政诉讼的期限届满前作出,并及时通知当事人。”其他行政程序立法对补正的时间并未加以规定。

2. 具体行政行为补正的司法态度。从判例来看,对具有明显轻微瑕疵的具体行政行为,在进入行政救济程序之前,行政主体可以依职权或应申请予以补正。陈介刚案[京(2000)一中行终字第5号]判决认为:“在陈介刚拒不配合工作,致使暂扣证上某些基本项目无法填写的情况下,海淀工商局当时未向陈介刚开具、送达暂扣证明,虽有不符合执法程序之处,但鉴于目前尚无法律、法规和规章对工商机关采取行政强制措施的程序作出具体规定,且海淀工商局当时发放的‘对无照经营者的几点提示’,告知了陈介刚解决问题的时间、地点、方法和途径,并已于事后为陈介刚补开了暂扣证明,弥补了暂扣措施的上述不足。”经补正后,该具体行政行为的瑕疵即为治愈,与合法具体行政行为一样具有法律效力,即其法律效力不受影响。孟织芸案[(2009)沪二中行终字第67号]判决认为:“市社保中心在《养老金核定表》中将孟织芸身份登记为科员,存在错误。鉴于市社保中心及时更正,将孟织芸身份当即调整为普通初级工，且未对孟织芸权益造成实际影响，故该不当之处应属行政瑕疵。”但根据周口益民案［最典行 2005—8］判决，具体行政行为具有补正外瑕疵的，仍可被确认违法或撤销。另外，司法上承认上级机关纠正下级机关错误的权力，但并未明确是否具有直接补正的权力。①

如果明显轻微瑕疵的具体行政行为一旦进入司法程序，基于《行政诉讼法》第 51 条和“行政诉讼法若干问题解释”第 50 条，被告可以改变被诉行为的规定，经法院允许，被告仍可进行补正。经补正，原告坚持诉讼的，法院可以就补正的具体行政行为进行合法性审查；原告申请撤诉的，法院可予以准许。唐某案［（2006）沪一中行终字第 115 号］一审判决认为：“唐某并未在房屋买卖合同及过户申请书等材料上签名，此系房地局在审核上存在的缺陷，未确认唐某是否亲笔签名，房地局应在今后登记工作中杜绝此类瑕疵的发生”，判决驳回唐某的诉讼请求。二审期间，房地局向系争房屋受让方发出《更正登记通知书》。唐某遂申请撤诉，获法院准许。

如果具体行政行为的明显轻微瑕疵未得到补正的，救济机关可予依法认定。马承洁等案［京（2000）西行初字第 8 号］判决认为：“被告在裁决书中多引用法律条款的问题，属被告工作中的瑕疵，被告应当注意今后的工作中避免出现此类问题。鉴于该瑕疵并未对原告的实体合法权益造成侵害，故在本案中可不因此问题而撤销被告作出的具体行政行为。”前述宜昌妇幼案［最典行 2001—4］二审判决，对工商局作出的处罚决定中没有具体载明据以认定保健院违法行为存在的证据名称，也认定为属于“行政行为的轻微瑕疵。工商局的这一行政瑕疵没有达到侵害行政管理相对人合法权益的程度，不影响其处罚决定的有效成立，因此不能认定工商局的行政行为程序违法”。

---

① 参见十堰金港案［最（2000）行终字第 10 号］。

三、重大明显的瑕疵

具体行政行为具有重大明显瑕疵的构成无效，因而重大明显瑕疵也称为无效瑕疵。

（一）重大明显瑕疵的立法例

1. 境外立法例。《联邦德国行政程序法》(1997 年)、《葡萄牙行政程序法典》(1996 年)和我国台湾地区"行政程序法"对重大明显瑕疵既有列举规定，又有概括规定。列举规定的重大明显瑕疵属于法定无效瑕疵。作概括规定的，其实只是对法定无效瑕疵以外重大明显瑕疵的判断标准。

(1)法定无效瑕疵。《联邦德国行政程序法》(1997 年)第 44 条第 2 款列举规定了下列无效瑕疵："1. 虽已书面作出，但作出的行政机关却未表明该行为由谁作出；2. 根据法规，行政行为仅可以交付一定的文书方式作出，而未交付文书的；3. 行政机关在第 3 款第 1 项所列权限(未遵守地方管辖权的规定——作者)之外作出的行政行为，且未得到授权；4. 基于事实理由不能实施的行政行为；5. 行政行为的完成以违法行为为要件，该违法行为构成犯罪或罚款事实要件；6. 违反善良风俗。"《葡萄牙行政程序法典》(1996 年)第 133 条第 2 款规定了下列法定无效瑕疵："a)有越权瑕疵的行为；b)不属第 2 条所指的部或法人职责范围内的行为；c)标的属不能、不可理解或构成犯罪的行为；d)侵犯基本权利的根本内容的行为；e)受胁迫作出的行为；f)根本违反法定方式作出的行为；g)在秩序混乱中作出合议机关决议，或未具法定人数或未达法律要求的多数而作出的合议机关决议；h)与既判案件相悖的行为；i)随已被撤销或废止的行政行为而发生的行为，只要就维护该随后发生的行为并不存在有正当利益的对立利害关系人。"我国台湾地区"行政程序法"第 110 条规定："行政处分有下列各款情形之一者，无效：一、不能由书面处分中得知处分机关者。二、应以证书方式作成而未给予证书者。三、内容对任何人均属不能实现者。四、所要求或许可之行为构成犯罪者。五、内容违背公共秩序、善良风俗者。六、未经授权而违背法规有关专属管辖之规定或缺乏事务权限者。”从上述规定可以发现，各国、地区对法定无效瑕疵既有一些共同的认识，也有从各自具体情况出发所作的规定。

(2)其他无效瑕疵。《联邦德国行政程序法》(1997年)第44条第1款规定：“行政行为具有严重瑕疵，该瑕疵按所考虑的一切情况明智判断属明显者，行政行为无效。”《葡萄牙行政程序法典》(1996年)第133条第1款规定：“无效行政行为，是欠缺任何主要要素的行政行为，……”我国台湾地区“行政程序法”第111条第7款规定：“其他具有重大明显之瑕疵者。”也就是说，除法定无效瑕疵外，其他既重大又明显的瑕疵也属于无效瑕疵。

在德国学者汉斯·J.沃尔夫等看来，下列瑕疵属于重大瑕疵：没有法律依据，违反法律规范的明确禁止性规定，无行政权和超越职权，以及不遵守法律有关实体和程序的强制性规定等。①

一个瑕疵要构成无效瑕疵，除了它的重大属性外，还要具备明显属性。“明显性瑕疵理论的根据是：只有行政行为如此违反法治行政的各项要求，以至于不能期望任何人接受其具有约束力时，才能不遵守。”②明显性标准具体又有四点：第一，这种明显性不是对行政主体内部来观察的，而是社会外部可以观察的。第二，这种明显性既不取决于关系人即行政主体和相对人的认识能力，也不取决于专家的认识能力，

---

① 参见[德]汉斯·J.沃尔夫等：《行政法》(第二卷)，高家伟译，商务印书馆2002年版，第87—89页。

② 同上书，第83页。

而是一般公民的认识能力。“确定明显瑕疵的标准既不是相对人的主观想象，也不是受过训练的法学家的认识能力，而是一个典型的、理智的公民的认识。”①第三，这种明显性需要达到毫无争议的明显。“如果有关合法或者违法存在着疑义，行政行为的瑕疵就不‘明显’，出于法的安定性考虑，应当遵守该行政行为，直到其被撤回或者废除。”②第四，这种明显性不局限于文书上的明显，还包括综合全案可以认定的明显。“行政行为存在的瑕疵是必须自始明显，还是包括一些隐性的瑕疵？我们认为，自综合考虑全案情况发现的瑕疵也导致行政行为无效。如果关系人认识到这种隐性的严重瑕疵，不能期望他临时服从行政行为，这种隐性的严重瑕疵也导致行政行为无效。”③

但是，《联邦德国行政程序法》(1997 年)第 44 条第 3 款列举规定下列瑕疵即使明显也不属于无效瑕疵：“行政行为不因下列原因而无效：1. 未遵守地方管辖权的规定，但第 2 款第 3 项的情况除外；2. 根据第 20 条第 1 款第 2 至 6 项规定应回避的人未回避的；3. 法规规定应共同参与的委员会，未作出颁布行政行为所需的决议，或不具决议资格的；4. 根据法规，需要另一行政机关参与，而其未参与的。”

2. 我国立法例。我国还没有统一的立法规定无效瑕疵，只有一些单行法进行了探索。《专利法》④第 45 条规定：“自国务院专利行政部门公告授予专利权之日起，任何单位或者个人认为该专利权的授予不符合本法有关规定的，可以请求专利复审委员会宣告该专利权无效。”

---

① [德]哈特穆特·毛雷尔：《行政法学总论》，高家伟译，法律出版社 2000 年版，第 251 页。

② [德]汉斯·J. 沃尔夫等：《行政法》(第二卷)，高家伟译，商务印书馆 2002 年版，第 83 页。

③ 同上书，第 84 页。

④ 2008 年 12 月 27 日全国人大常委会第三次修正。

《专利法实施细则》①作了进一步规定。《土地管理法》第78条第1款规定:“无权批准征收、使用土地的单位或者个人非法批准占用土地的,超越批准权限非法批准占用土地的,不按照土地利用总体规划确定的用途批准用地的,或者违反法律规定的程序批准占用、征收土地的,其批准文件无效,对非法批准征收、使用土地的直接负责的主管人员和其他直接责任人员,依法给予行政处分;构成犯罪的,依法追究刑事责任。非法批准、使用的土地应当收回,有关当事人拒不归还的,以非法占用土地论处。”《公务员法》第101条规定:“对有下列违反本法规定情形的,由县级以上领导机关或者公务员主管部门按照管理权限,区别不同情况,分别予以责令纠正或者宣布无效;……”更为重要的是《行政处罚法》第3条第2款的规定,即“没有法律依据或者不遵守法定程序的行政处罚决定无效”。

但是,单行法对“无效”及其瑕疵的规定,并非完全属于无效瑕疵。例如,上述规定中的土地越权审批可以视为无效瑕疵,②但“不遵守法定程序”显然并非都属于无效瑕疵。无效、撤销和废止本属三种不同情形,但有时却指向同一瑕疵而加以规定。《婚姻登记条例》③第9条第2款规定:“婚姻登记机关经审查认为受胁迫结婚的情况属实且不涉及子女抚养、财产及债务问题的,应当撤销该婚姻,宣告结婚证作废。”其中,“受胁迫结婚的情况”应属于无效瑕疵,但规定的却是可撤销瑕疵,还规定可以是废止的“作废”。同样,基于单行法规定而在司法解释或判例中使用的“无效”及其瑕疵,也并非完全属于无效瑕疵。因此,我们无法从上述立法、司法解释和判例中概括出无效瑕疵的

---

① 2010年1月9日国务院令第569号修改发布。

② 参见段小京:《〈关于行政诉讼撤诉若干问题的规定〉的理解与适用》,《人民司法》(应用)2008年第3期。

③ 2003年8月8日国务院令第387号发布。

类型。

可喜的探索是现在已有多个地方开展了行政程序立法，建立了本地方的无效行政行为制度。《湖南省行政程序规定》第 161 条和《辽宁省行政执法程序规定》第 66 条第 1 款规定了三类法定无效瑕疵即不具有法定行政执法主体资格的，没有法定依据的，以及法律、法规、规章规定的其他无效瑕疵。《山东省行政程序规定》第 132 条第 1 款规定："行政决定有下列情形之一的，应当确认无效：（一）行政机关无权作出的；（二）未加盖行政机关印章的；（三）内容不可能实现的；（四）应当确认无效的其他情形。"

（二）我国重大明显瑕疵的类型

无效问题在司法实践中经常出现，需要法院加以回应，需要最高法院通过司法解释加以统一规范。从最高法院的司法解释和有关判例，沿着从结果到原因的思路，也就是具体行政行为没有强制执行力、拘束力、确定力和公定力即具有重大明显瑕疵，我们可以梳理出司法实践中的重大明显瑕疵类型。

1. 可排除强制执行力的重大明显瑕疵类型。早在 1985 年，"最高法院应用法律文书批复"规定，法院不予强制执行行政处罚决定的法定情形是"处罚决定确有错误"。这一司法解释所称的"错误"，就是瑕疵或违法。它并没有区分具体行政行为的瑕疵程度及瑕疵类型，可能的原因在于当时司法审查经验还没有累积到一定程度，还没有制定行政诉讼法。1991 年的"最高法院贯彻行政诉讼法意见"第 85 条没有参照《行政诉讼法》第 54 条规定的违法情形，反而承袭上述司法解释作的规定，也"并未对何谓确有错误作出规定"。① 但基于系对《行政诉

① 甘文：《行政诉讼司法解释之评论——理由、观点与问题》，中国法制出版社 2000 年版，第 221 页。

讼法》的解释,可以合理推断的是,法院仍会以该法第 54 条规定的违法情形为参照,把握对“错误”的归类及程度裁量。

1999 年的“行政诉讼法若干问题解释”第 95 条规定:“被申请执行的具体行政行为有下列情形之一的,人民法院应当裁定不准予执行:(一)明显缺乏事实根据的;(二)明显缺乏法律依据的;(三)其他明显违法并损害被执行人合法权益的。”《行政诉讼法》第 54 条第 2 项规定的判决撤销或者部分撤销具体行政行为的法定情形是,主要证据不足,适用法律、法规错误,违反法定程序,超越职权,以及滥用职权。两者相比,“行政诉讼法若干问题解释”第 95 条规定的法定情形,有明显性标准的限定,且把违反法定程序、超越职权和滥用职权纳入到了明显缺乏法律依据。① 至于“明显违法并损害被执行人合法权益的”情形,则有赖于司法裁量。② 在上述制度设计时,已经有无效行政行为学说的支持。最高法院法官江必新在 1989 年结合行政诉讼法的起草指出,现实中存在当事人不敢告行政机关的情况,但具体行政行为的无效不取决于相对人的态度和诉讼时效是否已过。“行政行为确属无效或部分无效的,可以在行政机关申请人民法院强制执行时,要求行政机关撤销或变更,可不予执行。”③因此,“行政诉讼法若干问题解释”所规定的具体行政行为不得被强制执行的瑕疵即为重大明显瑕疵,已经初步确立起无效瑕疵类型制度。并且,这一司法解释为 2011 年的《行政强制

① 参见甘文:《行政诉讼司法解释之评论——理由、观点与问题》,中国法制出版社 2000 年版,第 223 页。

② 在实践中,法院虽然引用“行政诉讼法若干问题解释”第 95 条的规定作出不准予执行裁定,但瑕疵的归类仍多参照《行政诉讼法》第 54 条第 2 项的规定(参见李柏延等:《对经法院裁定不准予执行的非诉卫生行政处罚案件的评析》,《中国卫生监督杂志》2002 年第 2 期)。

③ 江必新:《行政诉讼问题研究》,中国人民公安大学出版社 1989 年版,第 219 页。

法》第58条第1款所采纳，上升为立法。该款规定："人民法院发现有下列情形之一的，在作出裁定前可以听取被执行人和行政机关的意见：(一)明显缺乏事实根据的；(二)明显缺乏法律、法规依据的；(三)其他明显违法并损害被执行人合法权益的。"

2012年的"执行房屋征收补偿决定规定"第6条第1款，除了继续把明显缺乏事实根据和明显缺乏法律依据作为不予执行的重大明显瑕疵外，还规定了五类不予执行的重大明显瑕疵。它们是："超越职权"，"明显不符合公平补偿原则，严重损害被执行人合法权益，或者使被执行人基本生活、生产经营条件没有保障"，"明显违反行政目的，严重损害公共利益"，"严重违反法定程序或者正当程序"，以及"法律、法规、规章等规定的其他不宜强制执行的情形"。对应"行政诉讼法若干问题解释"第95条，从明显缺乏法律依据中分离出了违反法定程序、超越职权和滥用职权，把违反法定程序扩大和完善为"严重违反法定程序或者正当程序"，①把滥用职权区分出"明显不符合公平补偿原则，严重损害被执行人合法权益，或者使被执行人基本生活、生产经营条件没有保障"和"明显违反行政目的，严重损害公共利益"。这就吸收了2011年最高法院《关于坚决防止土地征收、房屋拆迁强制执行引发恶性事件的紧急通知》有关"补偿安置不到位或具体行政行为虽然合法但确有明显不合理及不宜执行"的情形。并且，该条规定取消了"行政诉讼法若干问题解释"第95条和《行政强制法》第58条第1款所规定的有关法定情形上的司法裁量权，规定"法律、法规、规章等规定的其他不宜强制执行的情形"。在最高法院看来，《土地管理

---

① 参见《人民法院报》记者：《最高法院行政庭负责人解读〈关于办理申请人民法院强制执行国有土地上房屋征收补偿决定案件若干问题的规定〉——强化非诉执行司法审查　维护人民群众合法权益》，《人民法院报》2012年4月10日专版。

法》第78条[①]和《行政处罚法》第3条所规定的"无效"[②]，都属于这一类。[③] 这样，不予执行的重大明显瑕疵得以细化、类型化了；重大明显瑕疵不限于违法，还包括严重不合理；不限于实体，还包括严重违反程序。最高法院之所以对重大明显瑕疵作出上述细化、扩大及对司法裁量权予以限缩规定，是因为："征收补偿问题复杂多样，目前法律、法规和司法解释规定的审查标准往往比较原则、笼统、分散，有必要综合汇总并结合新情况、新问题及行政立法及政策的最新成果，使之具体化并一目了然；在严格审查标准的同时给予法官必要的裁量权，坚决防止滥用强制手段和'形式合法、实质不合法'现象的发生。"[④]至于把严重违反正当程序纳入到重大明显瑕疵，从而扩大不予强制执行的重大明显瑕疵范围，也是有充分法律依据的。[⑤]

有关裁定不准予执行的判例并不多。已有的几个判例都是关于相对人错误即资格或身份上的瑕疵。金山桥案[(2005)东行执字第291号]裁定认为："东营金山桥学校还未正式成立，不具备行政法律关系的主体资格，申请人东营市散装水泥办公室作出的'散征字(2005)第35号'散装水泥专项资金征收通知是在没有查明事实根据的情况下作出的，法院不应给予支持。"李海文等案[(2011)会行执字第21号]裁定认为："该决定书系在未查清被执行人胡文芳身份的情形下作出，故事实不清"。

---

① 该条规定："无权批准征收、使用土地的单位或者个人非法批准占用土地的，超越批准权限非法批准占用土地的，不按照土地利用总体规划确定的用途批准用地的，或者违反法律规定的程序批准占用、征收土地的，其批准文件无效，……"

② 该条第2款规定："没有法定依据或者不遵守法定程序的，行政处罚无效。"

③ 参见段小京：《〈关于行政诉讼撤诉若干问题的规定〉的理解与适用》，《人民司法》(应用)2008年第3期。

④ 赵大光等：《〈关于办理申请人民法院强制执行国有土地上房屋征收补偿决定案件若干问题的规定〉的理解与适用》，《人民司法》(应用)2012年第11期。

⑤ 同上。

2. 可排除公定力的重大明显瑕疵类型。2009 年的“最高法院行政许可法解释”第 7 条规定:“作为被诉行政许可行为基础的其他行政决定或者文书存在以下情形之一的,人民法院不予认可:(一)明显缺乏事实根据;(二)明显缺乏法律依据;(三)超越职权;(四)其他重大明显违法情形。”这一司法解释具有以下重要意义。

(1)明确规定了对基础行为的审查标准。起草者指出:“所谓关联行政行为指的是作为行政许可基础的行政行为。比如饭店的营业许可就需要以卫生许可和消防许可等行政行为为基础。关联行政行为在行政许可领域是大量存在的,堪称行政许可与其他行政行为相区别的重要特点之一,因此,对关联行政行为如何审查或者说审查到什么程度,就成为一个带有普遍性的问题。我们认为,对关联行政行为的审查程度应当低于对被诉行政行为的合法性审查,具体可以参照《若干解释》(‘行政诉讼法若干问题解释’——本书作者)第 95 条之规定,即非诉执行案件中,对申请执行的具体行政行为的审查。”①对行政许可基础行为的审查之所以能够借鉴强制执行审查,在于行政许可基础行为和申请强制执行的具体行政行为,都是已发生形式确定力的具体行政行为,除非它具有重大明显瑕疵。

(2)排除公定力与排除强制执行力的重大明显瑕疵趋于统一。如上所述,这些重大明显瑕疵也系借鉴“最高法院行政诉讼法解释”第 95 条而作的规定,排除公定力的重大明显瑕疵与法律和司法解释中排除执行力的重大明显瑕疵一致。“超越职权”只是从“明显缺乏法律、法规依据”中分离了出来,“其他重大明显违法情形”只是比“其他明显违法并损害被执行人合法权益”更为概括。

---

① 参见赵大光等:《最高人民法院〈关于审理行政许可案件若干问题的规定〉之解读》,《法律适用》2010 年第 4 期。

(3)整合并正式确立了“重大明显瑕疵”制度。该条第4项规定了“其他重大明显违法情形”。“违法情形”即瑕疵的中国化表达,“其他”重大明显瑕疵则表明前三项规定中虽没有“重大”两字但都属于重大明显瑕疵。并且,该条系借鉴“行政诉讼法若干问题解释”第95条而作的规定,因而就意味着是对被排除法律效力具体行政行为存在重大明显瑕疵探索的一次总结,确认了排除强制执行力的法定情形也都属于重大明显瑕疵。

(4)为其他领域个案中重大明显瑕疵的认定提供了参照系。排除公定力的司法探索,还表现为民事、刑事和行政个案。在这些个案中,未经法定机关批准、未遵循法定期限而获得诉权,是不是重大明显瑕疵并不明晰。甚至在司法解释中不具备企业法人资格的营业执照,是否属于重大明显瑕疵也不是很清晰。“最高法院行政许可法解释”第7条的规定,尽管不能适用于行政许可案件以外的案件,但为其他领域个案中重大明显瑕疵的认定提供了参照系。

这样,最高法院通过统一和整合重大明显瑕疵,打通了排除公定力与排除强制执行力间的关节,促进了分散规定的无效瑕疵类型的稳定性,因而促使无效行政行为制度逐步确立。

(三)我国瑕疵的重大明显性标准

瑕疵的重大明显性标准,对特别法中所规定瑕疵是否属于无效瑕疵,以及对个案中具体行政行为的瑕疵是否构成无效瑕疵,具有重要意义。例如,《行政许可法》第69条第2款规定:“被许可人以欺骗、贿赂等不正当手段取得行政许可的,应当予以撤销。”第4款规定:“……依照本条第二款的规定撤销行政许可的,被许可人基于行政许可取得的利益不受保护。”在缺乏瑕疵的重大明显性标准时,我们就无法判断欺骗、贿赂等不正当手段是否构成行政许可行为的重大明显瑕疵,该行政许可行为是否属于无效。我们只能从“不受保护”即不适用该法第8

条规定的信赖保护原则，而不适用信赖保护原则的情形只能是无效瑕疵，①推断欺骗、贿赂等不正当手段属于无效瑕疵。因此，我们有必要梳理最高法院对瑕疵的重大明显性标准的探索。

1. 瑕疵的明显性标准。“行政诉讼法若干问题解释”第95条第一次确立了具体行政行为瑕疵的明显性标准，在每类瑕疵前都用“明显”加以限定。这里的“明显”性标准，即“卷面无错误标准”。“对被申请执行的具体行政行为的司法审查，与行政诉讼中的司法审查，所适用的程序应当有较大区别。在这种司法程序中，相对人对被申请的具体行政行为已经丧失诉权，没有设定双方当事人对抗辩论的程序，法院仅通过对行政机关申请执行时提供的材料进行审查，来判断具体行政行为的合法性。”②但这种“卷面错误”标准，又容易引发与“行政诉讼法若干问题解释”第86条规定的申请执行条件间的混淆。③

“行政诉讼法若干问题解释”第95条在瑕疵前以“明显”限定的方法，为《行政强制法》第58条所采纳。但该条第1款规定，具体行政行为具有重大明显瑕疵的，法院“在作出裁定前可以听取被执行人和行政机关的意见”。这就把最高法院的瑕疵明显性标准作了推进，即不限于“卷面错误”或文书上的明显，还包括综合全案可以认定的明显。这样，明显性标准也从形式审查，发展成为实质性审查。“执行房屋征收补偿决定规定”贯彻了《行政强制法》发展了的明显性标准，④在第5

---

① 参见[德]哈特穆特·毛雷尔：《行政法学总论》，高家伟译，法律出版社2000年版，第274页。

② 甘文：《行政诉讼司法解释之评论——理由、观点与问题》，中国法制出版社2000年版，第222页。

③ 参见李柏延等：《对经法院裁定不准予执行的非诉卫生行政处罚案件的评析》，《中国卫生监督杂志》2002年第2期。

④ 参见《人民法院报》记者：《最高法院行政庭负责人解读〈关于办理申请人民法院强制执行国有土地上房屋征收补偿决定案件若干问题的规定〉——强化非诉执行司法审查　维护人民群众合法权益》，《人民法院报》2012年4月10日专版。

条规定:“人民法院在审查期间,可以根据需要调取相关证据、询问当事人、组织听证或者进行现场调查。”

2. 瑕疵的重大性标准。最高法院虽然对排除具体行政行为法律效力的瑕疵进行了类型化,但强制执行中的“无效性审查”瑕疵与行政诉讼中的合法性审查瑕疵,除明显性标准外,并无本质区别。一方面,“行政诉讼法若干问题解释”第 95 条所规定的瑕疵类型,比《行政诉讼法》第 54 条所规定的更为概括,包容了该条所规定的所有瑕疵。另一方面,法官们在实践中需要更强的可操作性即更为具体的瑕疵类型,因而不得不以《行政诉讼法》第 54 条的瑕疵类型为参照。

“最高法院行政许可法解释”第 7 条提出了“重大明显”瑕疵的概念。但对“重大”的标准,并未在司法解释及其起草说明中有所体现。从该条的逻辑上说,第 4 项规定“其他重大明显违法情形”,可以有两种解释:第一,第 4 项系取决于重大性特征的瑕疵,前 3 项即明显缺乏事实根据、明显缺乏法律依据和超越职权则不需要取决于重大性特征。第二,第 4 项和前 3 项都需要取决于重大性特征,“其他重大”不仅是对第 4 项的限定而且也是对前 3 项的限定。从起草说明中有关该条系参照“最高法院行政诉讼法解释”第 95 条所作规定,①而第 95 条并未确立重大性标准来看,我们应选择第一种解释。这样,第 4 项的“重大”则取决于司法裁量。上述讨论,也可以适用于“执行房屋征收补偿决定规定”第 6 条规定有关“严重”瑕疵的解读。

因此,最高法院在瑕疵的重大性标准上,尚未探索出一个判断标准。

3. 不取决于重大明显性特征的无效瑕疵。“最高法院行政许可法

---

①　参见赵大光等:《最高人民法院〈关于审理行政许可案件若干问题的规定〉之解读》,《法律适用》2010 年第 4 期。

解释”第7条，在各类重大瑕疵前都用“明显”加以限定，但在“超越职权”前并没有用“明显”加以限定。“执行房屋征收补偿决定规定”同样在各类重大瑕疵前限定为“明显”，但对“超越职权”“严重违反法定程序或者正当程序”和“法律、法规、规章等规定的其他不宜强制执行的情形”却没有使用“明显”加以限定。也就是说，只要超越职权，严重违反法定程序或者正当程序，以及法律、法规、规章等规定的其他不宜强制执行的情形，无需考虑明显与否，即构成无效瑕疵，从而“不予认可”或裁定不准予执行。同时，基于前文有关没有重大性标准的分析，除了明文限定“重大”“严重”外，其他瑕疵并不取决于重大性特征。“超越职权”以及“法律、法规、规章等规定的其他不宜强制执行的情形”，则既不取决于重大性特征又不取决于明显性特征。这对将来在立法上分别列举和概括规定重大明显瑕疵，提供了经验支持。

本节小结

具体行政行为的瑕疵即违法，可以分为明显轻微瑕疵、一般瑕疵和重大明显瑕疵三类。判断明显轻微瑕疵的标准有：明显轻微的程序和形式瑕疵，该程序和形式瑕疵的存在并没有损害当事人实体上的合法权益，以及同一行为的反复被认为不合理。不同国家、不同时代对明显轻微瑕疵会有不同认定。我国的判例为明显轻微瑕疵的类型化及其补正进行了探索。对重大明显瑕疵，在国外立法上有列举和概括两种规定形式。重大和明显是两个标准。我国虽然还没有建立起统一的重大明显瑕疵制度，但最高法院通过有关具体行政行为强制执行力和基础行为拘束力的司法解释，逐渐形成了重大明显瑕疵的类型，以及瑕疵的重大明显性标准，为立法提供了丰富的经验。

第九章　具体行政行为的效力原理

本章思路　具体行政行为的效力原理是每部行政法学教科书的必要内容，且也已有多部专著。但这些理论多是以"共同法学"为基础的境外学说的借鉴。本章试图运用判例研究方法，总结根植于我国本土实践的具体行政行为效力原理，并纠正谬误。

第一节　具体行政行为效力的内容

根据湖南泰和案［最参行第45号］裁判要旨理由，具体行政行为的效力内容包括公定力、确定力、拘束力和执行力四个方面。对这些效力的研究，作者自1996年以来，陆续发表了多篇论文，①出版了《行政行为的效力研究》（中国人民大学出版社2002年版）。这些研究引起了学界的关注，所概括出的很多术语，如"完全公定力"和"有限公定力"也得以流行。学界有赞誉，②也有批评。③ 其中的批评以及相关争

---

① 参见叶必丰：《行政行为的确定力研究》，《中国法学》1996年第3期；叶必丰：《论行政行为的执行力》，《行政法学研究》1997年第3期；叶必丰：《论行政行为的公定力》，《法学研究》1998年第2期；叶必丰：《行政行为执行力的追溯》，《法学研究》2002年第5期；叶必丰：《行政行为的生效时间》，《湖北行政学院学报》2002年第5期。

② 参见章志远：《行政行为效力研究的一部力作——〈行政行为的效力研究〉述评》，《湖北行政学院学报》2003年第5期。

③ 参见沈岿：《法治和良知自由——行政行为无效理论及其实践之探索》，《中外法学》2001年4期；沈岿：《行政行为公定力与妨害公务》，《中国法学》2006年第5期；毛玮：《论行政行为的先定力》，《行政法学研究》2005年第3期，等。

鸣,为本节的写作和谬误的纠正提供了宝贵的启迪。本节不再探讨有关学说,而立足于我国司法实践进行总结和梳理。

一、具体行政行为的公定力

(一)公定力的内涵、表现和界限

1.公定力的内涵。“行政行为最重要的特色在于,尽管是有瑕疵的行为,但这种行为也具有公定力,对方仍有服从的义务。”①湖南泰和案[最参行第45号]裁判要旨理由认为,公定力是指“土地管理部门的拍卖出让公告一经作出,即具有被推定为合法而要求所有机关、组织和个人予以尊重”的法律效力。这说明公定力是一种对世的推定效力。“最高法院行政许可案件规定”第7条规定:“作为被诉行政许可行为基础的其他行政决定或者文书存在以下情形之一的,人民法院不予认可:(一)明显缺乏事实根据;(二)明显缺乏法律依据;(三)超越职权;(四)其他重大明显违法情形。”这说明具体行政行为除非因存在重大明显瑕疵,都具有公定力;它是具体行政行为在作为基础行为时,对相关法律行为的效力。俞国华案[最参行第51号]裁判要旨指出:“复议机关未依行政复议法规定的申请复议期限受理案件并作出复议决定,不拘束人民法院对行政案件起诉期限的认定。”这说明,公定力是一种对相关法律行为的拘束力。基于上述司法解释和判例,公定力可以概括为:具体行政行为如构成其他法律行为的实施要件即基础行为,除具有重大明显瑕疵外,即具有被推定为有效,并拘束该法律行为实施的效力。公定力是法律安定性的必然要求,是对权利义务关系的法律保护。

2.公定力的表现。罗伦富案[最典行2002—5]判决认为,道路交

---

① [日]田中二郎:《新版行政法》,中国政法大学《行政法研究资料》,1985年,第552页。

通事故进行责任认定行为作为一种行政确认行为，“直接关系到发生道路交通事故后，当事人是否构成犯罪以及应否被追究刑事责任、是否违法以及应否被行政处罚、是否承担民事赔偿责任或者能否得到民事赔偿的问题”。也就是说，公定力是一种对世的法律效力，对其作出机关和相对人以外的所有国家机关、社会组织或个人的法律效力。

公定力表现为具体行政行为对司法裁判、仲裁裁决的拘束力。嘉和泰案[最典民 2008—3]裁判摘要认为，具体行政行为应作为认定合同是否有效的前提；大庆振富案[最典民 2007—4]裁判摘要认为，法院无权在民事诉讼中审查具体行政行为。江世田等案[最参刑第 205 号]判决认为，被告人聚众以暴力手段抢回被依法查扣的制假设备，构成妨害公务罪。“最高法院行政许可案件规定”第 7 条规定：“作为被诉行政许可行为基础的其他行政决定或者文书存在以下情形之一的，人民法院不予认可：……”反之，只要不具有该条所规定的情形，具体行政行为即对行政裁判具有拘束力。赵立新案[最参行第 12 号]裁判要旨指出：“企业的经济性质，应以发生法律效力的《企业法人营业执照》为准。因此，人民法院确定企业经济的性质，应当根据企业在工商行政管理机关注册登记的具有法律效力的《企业法人营业执照》上所确定的企业经济性质为准。”该裁判要旨理由进一步说明，即使《企业法人营业执照》存在瑕疵，法院也“只能依照法律规定的登记文本来确定”。

公定力表现为具体行政行为对相关具体行政行为实施的拘束力。“以后作出的行政行为必须建立在以前作出的行政行为的基础上，尤其是其行为必须依据这个基础作出。”①根据《行政许可法》第 41 条和国务院法制办解释，许可证持有人在许可机关辖区外从事所许可行为，

① [德]奥托·迈耶：《德国行政法》，刘飞译，商务印书馆 2002 年版，第 101 页。

无需再申领许可。[①] 洋浦大源案［最(2003)行终字第2号］终审判决认为,被告省林业局对原告根据工商营业执照所核定的经营范围从事木材经营活动实施处罚,缺乏法律依据,构成违法。沈希贤等案［最典行2004—3］判决认为:“被告规划委员会在审批该项目的《建设工程规划许可证》时,应当审查第三人是否已取得了环境影响报告书。”换句话说,被告审批《建设工程规划许可证》的行为,如基础行为没有重大明显瑕疵即受其拘束,如有重大明显瑕疵则不受其拘束。

公定力对授益行政行为的相对人,在我国还表现为信赖保护。《行政许可法》第8条第1款规定:“公民、法人或者其他组织依法取得的行政许可受法律保护,行政机关不得擅自改变已经生效的行政许可。”这是信赖保护的实定法规定。依学说,它构成对具体行政行为作出机关改变权的限制。[②] 但我国的判例却加以发展,构成具体行政行为公定力的又一表现。周口益民案［最典行2005—8］二审判决认为:“原周口地区建设局于2000年7月7日作出的周地建城(2000)10号文批准益民公司为管道燃气专营单位(河南省燃气管理实施办法第二条规定燃气包含天然气),并载明‘能与天然气西气东输工程接轨’,据此,益民公司已取得了燃气专营权。在招标活动开始之前,周地建城(2000)10号文仍然生效,很显然对《招标方案》《中标通知书》及54号文的作出构成障碍。尽管市计委有权组织城市天然气管网项目招标工作,但在周地建城(2000)10号文已经授予益民公司燃气专营权的情况下,按照正当程序,市计委亦应在依法先行修正、废止或者撤销该文件,并对益民公司基于信赖该批准行为的合法投入给予合理弥补之后,方

---

① 参见“国务院法制办公室对《关于提请解释〈中华人民共和国行政许可法〉有关适用问题的函》的复函”,2004年8月2日国法函［2004］293号。

② 参见王贵松:《行政信赖保护论》,山东人民出版社2007年版,第131页。

可作出《招标方案》。因此,市计委置当时仍然生效的周地建城(2000)10号文于不顾,径行发布《招标方案》属于违反法定程序,亦损害了益民公司的信赖利益。”洋浦大源案[最(2003)行终字第2号]终审判决认为,上诉人洋浦大源实业有限公司具有洋浦经济开发区工商局颁发的《企业法人营业执照》,获准经营范围有“木材切片加工”。被上诉人海南省林业局对上诉人符合经营范围的经营行为进行处罚,违反了信赖利益保护原则。

3. 公定力的界限。具体行政行为存在重大明显瑕疵的,不具有公定力。沈希贤等案[最典行2004—3]被诉建设许可证,系以计划部门的批准行为为基础行为。该基础行为缺乏实施要件即环境部门批准的环境影响报告书,存在瑕疵。限于受案范围和起诉期限制度,审理法院通过对不确定法律概念即“有关批准文件”的解释,把基础行为的要件作为颁发被诉建设许可证的共同要件,①通过推翻被诉建设许可证实现了推翻有重大明显瑕疵基础行为的目的,表明了法院不受重大明显瑕疵行政行为拘束的态度。俞国华案[最参行第51号]裁判要旨指出:“复议机关未依行政复议法规定的申请复议期限受理案件并作出复议决定,不拘束人民法院对行政案件起诉期限的认定。利害关系人即使在收到复议决定书之日起15日内起诉,经审查若属逾期起诉且无正当理由,应当不予受理或者驳回起诉。”这一裁判要旨的意义,不仅在于再次表明最高法院排除重大明显瑕疵行政行为公定力的态度,而且还在于明确表达了“不受拘束”的意思。这与最高法院在此前的司法解释和判决中有关“不予认定”“不予认可”和“尊重”等相比,更为准确地表达了公定力即对其他机关拘束力的规则。

---

① 参见朱芒:《“行政行为违法性继承”的表现及其范围》,《中国法学》2010年第3期。

2009年“最高法院行政许可法解释”第7条则统一规定：在审理行政许可案件中，作为被诉行政许可行为基础的其他行政决定或者文书存在重大明显瑕疵的，法院不予认可。这一司法解释清晰而明确地宣布，法院不受无效行政行为的拘束，无效行政行为不具有公定力，并且不必以基础行为的实施要件构成实施被诉行为的共同要件为前提。同时，它的间接意义则是，法院通过否定以具有法定违法情形具体行政行为为基础的行政许可行为，指示行政许可机关在行政许可中拒绝受该类具体行政行为的拘束。对此，此前的沈希贤等案［最典行2004—3］判决就有较明确的要求。法院认为：“被告规划委员会在审批该项目的《建设工程规划许可证》时，应当审查第三人是否已取得了环境影响报告书。”这就是要求被告审查基础行为是否存在重大明显瑕疵，拒绝受存在重大明显瑕疵基础行为的拘束。因此，存在重大明显瑕疵的具体行政行为不能拘束其他行政行为的实施。

（二）公定力基础行为的构成要件

具体行政行为的公定力，是以该行为构成另一法律行为的基础行为或前提要件为条件的。如果该具体行政行为并非另一法律行为的实施要件，则不存在拘束性或公定力问题。民事诉讼所要解决的是民事争议而不是行政争议，审查具体行政行为的合法性并不是民事诉讼的任务，大庆振富案［最典民书2007—4］和交通勘察案［最参（2009）民二终字第99号］判决对此就有专门论证。但是，具体行政行为又经常与民事诉讼发生密切关联，到底什么样的关联行政行为才能构成民事裁判的基础行为？为此，最高法院在民事诉讼中很早就开始了探索，现在已逐渐形成了判断基础行为的构成要件。

1. 实质性行政行为。绿谷案［最典民2004—7］判决把行政行为区分为实质性行政行为和形式性行政行为。该判决从司法权与行政权分工的角度指出：“实质性的行政行为，如本案所涉的审批行为，则是我国法律赋予有关行政主管部门的特有的权力”行为；形式性行政行为，是备案、登记等程序性行政行为。早些时审理的郑某案[最参民房第1号]和后来的深圳蒲公堂案[最参(2007)民二终字第32号]、贵州捷安案[最参(2009)民二终字第3号]等判决都一致指出，行政主体的登记类行政行为即形式性行政行为，是指没有直接决定实体法律关系存在与否的非设权性行为，而是宣示性登记，只具有登记事项的公示效力、证据效力和对抗善意第三人的效力。由此看来，实质性行政行为是指行政主体运用行政权，创设实体行政法关系的行为；形式性行政行为是指行政主体运用行政权，确认或宣示法律事实或法律关系(多为民事法律关系)的行为。这一区分不同于德国行政法学上有关实体行政行为和形式行政行为的区分，而等同于德国行政法学上形成性行政行为和确认性行政行为的区分。① 但是，绿谷案[最典民2004—7]判决的上述区分目的，不是为了下定义，而是为了确定法院在民事诉讼中对具体行政行为的审查范围。它指出，对形式性行政行为，“人民法院可以通过民事诉讼的判决结果直接或间接地”“作出变更”；对实质性行政行为，法院“不能通过民事诉讼程序和作出民事判决予以变更。即使审批不当，也只能通过行政复议程序或者行政诉讼程序予以纠正”。所谓“民事诉讼的判决结果直接或间接地”作出变更，并非审查和判决变更该形式性行政行为。它是指法院对该形式性行政行为所确认或宣示的法律事实或法律关系予以实质性审查，根据当事人的举证和质辩而不是根据该形式性行政行为的确认或宣示对民事争议作出判决。根据贵州捷安案[最参(2009)民二终字第3号]和中国信达案[最参(2005)民二终字第164号]等的实质性审查，形式性行政行为的权利

① 参见[德]汉斯·J.沃尔夫等：《行政法》(第二卷)，高家伟译，商务印书馆2002年版，第42、48—49页。

人具有按该行为推定的权利，争议该权利的当事人必须有足够的证据才能获得法院的支持。因此，绿谷案［最典民 2004—7］判决不是基于具体行政行为的瑕疵及其程度而对形式性行政行为民事裁判拘束力的排除，而是对民事裁判基础行为要件的确立，即民事裁判只以实质性行政行为而不以形式性行政行为为基础行为。这一判决已成为我国民事诉讼实践的普遍认识。①

2. 对案件事实和法律效果的涵摄。实质性行政行为作为民事裁判的基础行为，还必须以该行为涵摄了案件事实和法律效果为构成要件。宁夏君信案［最参（2004）民二终字第 260 号］裁判摘要指出："如果该审计报告未能直接、充分地证明案件争议的事实，不能单独作为定案的依据。"成都春来案［最参（2009）民提字第 60 号］判决认为，所提举工商行政处罚决定书能证明当事人的行为违法，但不能证明当事人所有权关系。具体行政行为不能涵摄案件事实和法律效果的，即使系实质性行政行为，也不能成为民事裁判的基础行为。并且，根据宁夏君信案［最参（2004）民二终字第 260 号］判决，实质性行政行为不以其理由而以其结论为限度对民事裁判发生拘束。

3. 法律规范的强制性规定。1999 年，最高法院关于合同法的司法解释第 10 条规定："当事人超越经营范围订立合同，人民法院不因此认定合同无效。但违反国家限制经营、特许经营以及法律、行政法规禁止经营规定的除外。"②2002 年，最高法院关于商标民事纠纷的司法解释第 22 条第 1 款规定："人民法院在审理商标纠纷案件中，根据当事人的请求和案件的具体情况，可以对涉及的注册商标是否驰名依法作出认

---

① 参见黄贤华：《股权纠纷关联行政争议案件的司法困境及出路》，《法律适用》2011 年第 7 期；许福庆：《行政行为与民事判决效力冲突及解决》，《法律适用》2009 年第 5 期。

② 《最高人民法院关于适用〈中华人民共和国合同法〉若干问题的解释（一）》，最高法院审判委员会第 1090 次会议通过，1999 年 12 月 19 日法释［1999］19 号发布。

定。”第3款规定:“当事人对曾经被行政主管机关或者人民法院认定的驰名商标请求保护的,对方当事人对涉及的商标驰名不持异议,人民法院不再审查。提出异议的,人民法院依照商标法第十四条的规定审查。”①山西黄翰案[最参(2006)民二终字第19号]和浙江中光案[最参(2004)民二终字第143号]裁判摘要指出,民事法律行为不以法律规范强制规定的具体行政行为为依据的,不发生法律效力;法律规范没有强制性要求的,则不影响效力。这些司法解释和裁判都表明,民事裁判以具体行政行为为基础行为,不仅取决于实质性行政行为及其对案件事实和法律效果的涵摄,还取决于法律规范的强制性规定。只有法律规范强制性规定民事裁判以实质性行政行为为基础行为时,才符合构成要件。强制性规定在法条上的语义,根据武汉瑞通案[最参(2009)民二终字第140号]判决,典型的表现是“必须”“不得”,即命令性和禁止性条款。

4. 当事人的约定。2001年最高法院的司法解释指出:“审计是国家对建设单位的一种行政监督,不影响建设单位与承建单位的合同效力。建设工程承包合同案件应以当事人的约定作为法院判决的依据。只有在合同明确约定以审计结论作为结算依据或者合同约定不明确、合同约定无效的情况下,才能将审计结论作为判决的依据。”②也就是说,能够涵摄案件事实和法律效果的实质性行政行为,如果没有法律规范的强制性规定,但是有当事人双方的约定,则可以作为民事裁判的基础行为。

---

① 《最高人民法院关于审理商标民事纠纷案件适用法律若干问题的解释》,最高法院审判委员会第1246次会议通过,2002年10月12日法释[2002]32号发布。

② 参见《最高人民法院关于建设工程承包合同案件中双方当事人已确认的工程决算价款与审计部门审计的工程决算价款不一致时如何适用法律问题的电话答复意见》,2001年4月2日2001民一他字第2号发布。

通过上述探索,最高法院确立了能够涵摄案件事实和法律效果的实质性行政行为,如果有法律规范的强制性规定或者当事人双方的约定,则可以作为民事裁判基础行为的判断标准。这一判断标准,除实质性行政行为要件与行政诉讼实践有冲突外,①对具体行政行为在其他场合是否构成另一法律行为的基础行为,具有借鉴意义。

二、具体行政行为的确定力

根据湖南泰和案[最指行第45号]裁判要旨理由,确定力是指已生效具体行政行为除非具有重大明显瑕疵,对作出该行为的行政主体和相对人所具有的不受任意改变的法律效力。这里的改变,既包括撤销、重作,也包括废止和变更等。它既包括对事实认定和法律适用的改变,也包括对权利义务的改变,但一般不包括对告知的改变和对具体行政行为的解释。这一效力来源于法安性原则。

(一)形式确定力

形式确定力即不可争力,是具体行政行为对相对人的一种法律效力,指在复议或诉讼期限届满后相对人不能再申请复议、起诉要求改变具体行政行为。行政复议机关或法院,对逾期的复议申请或起诉不应受理。② 即使被错误受理,也应维持已具完全形式确定力的具体行政行为。十堰金港案[最(2000)行终字第10号]终审判决认为:“市政府对超过申请期限的行政复议申请以行政复议案件受理,并按照行政复议程序进行审查,属违反法定程序。”俞国华案[最参行第51号]裁判要旨指出:“复议机关未依行政复议法规定的申请复议期限受理案件

① 参见最高法院《关于审理房屋登记案件若干问题的规定》,最高法院审判委员会第1491次会议通过,2010年8月2日法释[2010]15号发布;赵大光等:《〈关于审理房屋登记案件若干问题的规定〉的理解与适用》,《人民司法》(应用)2010年第23期。

② 参见董用权案[最参行第50号]。

并作出复议决定,不拘束人民法院对行政案件起诉期限的认定。利害关系人即使在收到复议决定书之日起 15 日内起诉,经审查若属逾期起诉且无正当理由,应当不受理或者驳回起诉。”

依学说,具体行政行为存在无效瑕疵的,不具有形式存续力,不受救济期限的限制。① 从我国《行政复议法》、《行政诉讼法》、“行政诉讼法若干问题解释”和判例来看,具体行政行为即使存在无效瑕疵也不能获得复议或诉讼救济。但与具体行政行为的执行相结合来看,我国又有具体行政行为存在无效瑕疵即不具形式确定力的通道。根据《行政诉讼法》和“行政诉讼法若干问题解释”有关非诉强制执行的规定,各地法院在实践中纷纷采用了听证的方式。其中,江苏省高级法院还于 2009 年制定了《关于非诉行政执行案件听证审查若干问题的规定(试行)》。这一司法政策详细规定了听证原则、听证的范围和听证参与人,以及听证的告知、申请、通知和撤回。它在第 3 条明确规定:“本规定所称听证,是指人民法院对行政机关或具体行政行为确定的权利人申请强制执行的具体行政行为,在作出是否准予强制执行裁定前,为了查清案件事实,审查执行依据,依照本规定听取当事人陈述、申辩和质证的活动。”此类司法政策在其他地方也有。② 正是在这些司法实践的基础上,《行政强制法》第 58 条规定了法院的听取意见制度,裁定期限、说明理由和送达制度,以及裁定不予执行的异议制度。这种非诉执行的听证审查制度已俨然成为行政诉讼的简化版,非诉执行裁定书也与行政诉讼裁判文书相差无几。③ 正在探索的“裁执分离”模式,则已

---

① 参见赵宏:《法治国下的行政行为存续力》,法律出版社 2007 年版,第 48、50—51 页。

② 参见《福建省高级人民法院关于审查非诉执行行政案件的若干规定(试行)》、《广东省法院办理执行非诉具体行政行为案件办法(试行)》(粤高法[2000]68 号)和《湖南省高级人民法院关于审查和执行非诉行政执行案件的若干规定》,等。

③ 参见《广东省增城市人民法院(2008)增法非诉行执审字第 25 号行政执行裁定书》。

接近执行诉讼制度。[①] 这样，如果相对人不履行具有无效瑕疵的具体行政行为，基于行政主体的申请而进入司法执行程序，则法院对申请执行的审查相当于无效行政行为的确认诉讼，无效行政行为的形式确定力不再受复议和诉讼时效的限制。无效确认诉讼需要由相对人起诉且不受诉讼时效的限制，法院裁定不准予执行制度原则上系由行政机关提出申请且有法定期限即救济期限届满后三个月的限制。尽管有这样的区别，但相对人不履行义务，而行政机关在救济期限届满后三个月内没有申请法院强制执行的，也就意味着不能再向法院申请强制执行，无效行政行为事实上没有得到执行。

形式确定力并不能阻却相对人通过复议和诉讼以外的途径再要求改变具体行政行为。相对人根据《宪法》第41条第1款的规定，以及现行各种行政监督制度的安排，仍可以要求有关行政机关予以改变。[②] 但是，这种要求不同于复议申请和起诉，不能启动一个类似于复议或诉讼那样的法律程序，不一定能带来一种预期的法律效果，多数情况下只能得到行政主体的一个解释性答复。

（二）实质确定力

实质确定力即“一事不再理”，是指行政主体不得任意改变自己所作的具体行政行为，否则应承担相应的法律责任。焦志刚案［最典行2006—10］裁判摘要指出：“依法作出的行政处罚决定一旦生效，其法律效力不仅及于行政相对人，也及于行政机关，不能随意被撤销。已经生效的行政处罚决定如果随意被撤销，不利于社会秩序的恢复和稳定。”“错误的治安管理行政处罚决定只能依照法定程序纠正。”根据青

---

① 参见上海市虹口区法院课题组：《拆迁执行案件“裁执分离”模式的实践探索与展望》，《上海审判研究》2012年第7期。

② 参见华晓雯案［(2006)沪二中行终字第155号］。

岛万和案[最参行第30号]判决，实质确定力不仅是对行政主体直接改变所作具体行政行为的限制，而且也是对行政主体通过实施另一具体行政行为间接改变已作具体行政行为的限制。

具体行政行为的实质确定力，并不具有绝对意义，法律安定性原则需要与行政合法性原则平衡。第一，法律规范明文规定可予以改变的。法律规范明文规定的改变，不以具体行政行为是否违法为前提，如吊销、暂扣证照，以及撤销或撤回具体行政行为，等。第二，具体行政行为明文规定的改变，则是指该行为明文规定在特定情形出现时可予以改变的情形。陈燕翼案[最(1999)行终字第17号]判决认定，原告持有有效期为2年的临时规划许可证，被告在期满后予以废止并不违法。具体行政行为明文规定改变的情形，在学说上称为附款规定。第三，法律或客观情况发生重大变化的。《行政许可法》第8条第2款规定："行政许可所依据的法律、法规、规章修改或者废止，或者准予行政许可所依据的客观情况发生重大变化的，为了公共利益的需要，行政机关可以依法变更或者撤回已经生效的行政许可。"同时，法院也允许行政主体在情势变更时对具体行政行为的改变。"行政诉讼法若干问题解释"第56条规定："有下列情形之一的，人民法院应当判决驳回原告的诉讼请求：(三)被诉具体行政行为合法，但因法律、政策变化需要变更或者废止的。"具体行政行为系授益行为的，则实质确定力构成信赖保护。青岛万和案[最参行第30号]裁判要旨理由认为，基于重大公共利益，行政主体可以改变所作授益行政行为，但应当按照信赖保护原则给予补偿。对上述改变，行政主体都有裁量权。

具体行政行为存在无效瑕疵是否具有实质确定力？根据《行政诉讼法》第51条和"行政诉讼法若干问题解释"第50条的规定，具体行政行为确实存在应予撤销的违法情形，并且撤销该行为并不影响公共利益和他人合法权益的，行政主体可予以撤销。坑贝元案[最参行第

46 号］裁判要旨理由认为，已发生形式确定力的具体行政行为如确有违法情形，虽不能通过行政复议和行政诉讼获得救济，但可以由具体行政行为的作出机关“自我纠错”。根据《行政许可法》第 69 条的规定，具有违法情形的具体行政行为即使系作为授益行为的行政许可，也可被撤销。也就是说，从立法和判例上还难以判断可改变的具体行政行为是否应以无效瑕疵为前提。

三、具体行政行为的其他效力

（一）具体行政行为的执行力

狭义的“行政行为的执行力，是指违反相对人意思，行政权以其自身的力量能够实现行政行为内容的效力”①即行政强制执行。但在我国，对具体行政行为的强制执行，实行以法院强制执行为主，以行政主体强制执行为补充的制度。因此，将具体行政行为的执行力限定为行政执行，显然是不全面的。同时，对具体行政行为的强制执行，是针对相对人而言的。其实，对行政主体不履行义务，也需要“强制”即行政复议和行政诉讼等。另外，并非每个具体行政行为都需要通过强制来实现其内容，也可以由义务人自行履行来实现。这样，我们对执行力可以做最广义的界定，即具体行政行为的内容具有得以实现的法律效力。湖南泰和案［最参行第 45 号］裁判要旨理由认为，“通过相应的行为依法实现拍卖公告所设定的权利义务”即拍卖公告的执行力。

但是，具体行政行为具有重大明显瑕疵的，不具有执行力。这一制度是最高法院在探索强化司法审查中发展起来的，是在具体行政行为各法律效力中率先予以探索并取得成效的领域，并已积极寻求无效行政行为学说的支持。

---

① ［日］盐野宏：《行政法》，杨建顺译，法律出版社 1999 年版，第 109 页。

早在1985年,“最高法院应用法律文书批复”就规定,行政机关申请法院强制执行的,法院“如果发现处罚决定确有错误,则不予执行,并通知主管行政机关”。这一司法解释的背景是,1982年《民事诉讼法(试行)》①第3条第2款规定“法律规定由人民法院审理的行政案件,适用本法规定”之后,立法上出现了“诉讼——执行”条款,即当事人对行政处罚不服的可在法定期限内向法院起诉,逾期不起诉又不执行的可由行政机关申请法院强制执行。在1982年前,法律上几乎看不到这类条款。如《环境保护法(试行)》②和《森林法(试行)》,③都是当时极为有限的立法,都未规定这类条款。《民事诉讼法(试行)》后的《海洋环境保护法》④和《森林法》⑤,则都规定了这一条款。法律在规定行政处罚由法院强制执行的同时,却并未规定强制执行行政处罚决定的程序。于是,最高法院基于司法实践的需要,根据《民事诉讼法(试行)》第170条有关执行员应当“了解案情”的规定,作出了对被执行行政行为进行司法审查的解释。

1991年,基于实践中“不予执行”已扩大到行政处罚以外具体行政行为的经验⑥以及《行政诉讼法》的制定和实施,“最高法院贯彻行政诉讼法意见”第85条规定:“如果人民法院发现据以执行的法律文书确有错误,经院长批准,不予执行,并将申请材料退回行政机关。”在当时,上述规定主要是司法审查的需要,但在理由上却已经有无效行政行为学说的支持。最高法院法官江必新在1989年结合行政诉讼法的起

---

① 1982年3月8日全国人大常委会通过,1991年4月9日失效。

② 1979年9月13日全国人大常委会原则通过,1989年12月26日失效。

③ 1979年2月23日全国人大常委会原则通过,1984年12月31日失效。

④ 1982年8月23日全国人大常委会通过,1999年12月25日全国人大常委会修正。

⑤ 1984年9月20日全国人大常委会通过,1998年4月29日全国人大常委会修正。

⑥ 甘文:《行政诉讼司法解释之评论——理由、观点与问题》,中国法制出版社2000年版,第178页。

草指出，现实中存在当事人不敢告行政机关的情况，但具体行政行为的无效不取决于相对人的态度和诉讼时效是否已过。“行政行为确属无效或部分无效的，可以在行政机关申请人民法院强制执行时，要求行政机关撤销或变更，可不予执行。”①

1999 年的“行政诉讼法若干问题解释”第 95 条规定，具体行政行为具有法定违法情形的，法院裁定不准予执行。这一规定是对《行政诉讼法》第 66 条行政机关申请法院强制执行条款的解释，依据是《行政诉讼法》第 5 条具体行政行为的合法性审查条款。它在目的上是为了实现司法审查，在功能上却已与无效行政行为不具有强制执行力原理相契合。有的法官对此认为，它是区别于具体行政行为合法性审查制度的无效审查制度，②是对大陆法系无效行政行为制度的借鉴。③同时，在起草者主观上，裁定不准予执行制度是作为司法审查制度组成部分加以考虑的。“行政诉讼法若干问题解释”规定“是否准予强制执行作出裁定”的“核心内容是，法院应当‘对具体行政行为的合法性进行审查’。其重要意义是，明确了法院对具体行政行为合法性审查原则的适用范围，更加符合行政诉讼法的立法精神”。④ 但把被执行具体行政行为纳入司法审查的正当性理由，却是无效行政行为学说。“行政机关作出的具体行政行为，是否当然具有强制执行力，是一个有争论的问题。根据传统的公定力理论，行政机关的行政行为一经作出即被假设具有法律效力，对相对人具有约束力。……而现代很多国家的行

---

① 江必新：《行政诉讼问题研究》，中国人民公安大学出版社 1989 年版，第 219 页。

② 参见杨临萍等：《关于房屋征收与补偿条例非诉执行的若干思考》，《法律适用》2012 年第 1 期。

③ 参见江必新：《司法解释对行政法学理论的发展》，《中国法学》2001 年第 4 期。

④ 甘文：《行政诉讼司法解释之评论——理由、观点与问题》，中国法制出版社 2000 年版，第 222 页。

政法理论已经对公定力理论作了修正。美国的执行诉讼制度及相关的理论便是一个典型的例子。”①因此，我们可以说，“行政诉讼法若干问题解释”已经建立起对存在重大明显瑕疵具体行政行为排除强制执行力的制度。

2011 年的《行政强制法》第 58 条，作了类似“行政诉讼法若干问题解释”第 95 条的规定，即法院发现申请强制执行的具体行政行为具有重大明显瑕疵的，“在作出裁定前可以听取被执行人和行政机关的意见”，并裁定不予执行。这就以法律的形式确认了司法解释建立的，对重大明显瑕疵具体行政行为排除强制执行力的“无效审查”制度。“从《行政强制法》第 57 条和第 58 条的关系来看，人民法院非诉强制执行也只能采取无效性审查标准。……在仅仅只能‘书面审查’和‘7 日内’就必须作出执行裁定的情况下，人民法院根本就不具备进行合法性、合理性，甚至可执行性审查的条件，只能按照无效性标准对明显违法的具体行政行为进行审查。”②但是，该法没有把排除强制执行力的具体行政行为范围进一步发展和扩大到行政机关的强制执行，而仍限定在申请法院强制执行的范围内，仍具有司法审查的性质。

2011 年，最高法院《关于坚决防止土地征收、房屋拆迁强制执行引发恶性事件的紧急通知》强调在执行中应坚持公正、中立的司法审查，指示执行法院不得强制执行特定的房屋征收补偿决定。2012 年出台的“执行房屋征收补偿决定规定”第 6 条，吸收了上述紧急通知的内容，贯彻了“行政诉讼法若干问题解释”和《行政强制法》关于重大明显

① 甘文：《行政诉讼司法解释之评论——理由、观点与问题》，中国法制出版社 2000 年版，第 178—179 页。

② 参见杨临萍等：《关于房屋征收与补偿条例非诉执行的若干思考》，《法律适用》2012 年第 1 期。

瑕疵具体行政行为不具有强制执行力的制度。[①] 对此，早在该司法解释发布前，最高法院法官就根据“行政诉讼法若干问题解释”和《行政强制法》非诉强制执行的规定表态认为，对房屋征收补偿决定的非诉强制执行应坚持无效性审查制度。“鉴于我国房屋征收与补偿的非诉执行不仅是一个法律问题，更是一个涉及社会稳定的大局问题。国有土地上房屋征收非诉强制执行的无效性审查标准有其特殊内容。”[②]他们认为，首要的内容就是审查房屋征收补偿决定是否具有无效瑕疵。

(二)具体行政行为的拘束力

根据湖南泰和案[最参行第45号]裁判要旨理由，拘束力是指已生效具体行政行为所具有的约束和限制行政主体和相对人行为的法律效力。它与确定力是不同的。确定力所保护的是具体行政行为本身不受任意改变，拘束力所要求的是行为人的行为应当与具体行政行为相一致。在法律后果上，相对人违反形式确定力的申请或起诉将不被受理，相对人违反拘束力的行为将受行政处罚。

根据华侨搪瓷案[最参行第55号]和韦波案[最参行第48号]，拘束力是对行政主体和相对人双方而言的，对他人不具有拘束力。拘束力是一种约束力、限制力，即要求遵守的法律效力。发生拘束力的是具体行政行为所设定的权利义务，并且这种权利义务本身又是作其他行为的一种规则，必须得到遵守。拘束力所直接指向的是行为，是对有关行为的一种强制规范。如果有关行为违反了这种规则，则行为人应承担相应的法律责任。国务院法制办的解释指出：“《医疗机构制剂许可

---

① 参见《人民法院报》记者：《最高法院行政庭负责人解读〈关于办理申请人民法院强制执行国有土地上房屋征收补偿决定案件若干问题的规定〉——强化非诉执行司法审查　维护人民群众合法权益》，《人民法院报》2012年4月10日专版。

② 杨临萍等：《关于房屋征收与补偿条例非诉执行的若干思考》，《法律适用》2012年第1期。

证》是医疗机构制剂室符合配制制剂条件的合法证明文件，非经药品监督管理部门批准，医疗机构不得擅自决定或者变更配制场所。"①"行政许可法第四十一条规定，法律、行政法规设定的行政许可，其适用范围没有地域限制的，申请人取得的行政许可在全国范围内有效。据此，一项行政许可如果有地域限制，行政机关作出的准予行政许可决定应当明确规定该行政许可的适用范围。例如，公民、法人或者其他组织申请取水，行政机关作出的准予行政许可决定应当规定取水量和取水地点，被许可人只能在该地点取水。……根据行政许可法第六十四条的规定，被许可人在作出行政许可决定的行政机关管辖区域外违法从事行政许可事项活动的，违法行为发生地的行政机关应当依法查处，并将被许可人的违法事实、处理结果抄告作出行政许可决定的行政机关。"②最高法院的司法解释也指出："违反森林法的规定，在林木采伐许可证规定的地点以外，采伐本单位或者本人所有的森林或者其他林木的，除农村居民采伐自留地和房前屋后个人所有的零星林木以外，属于《最高人民法院关于审理破坏森林资源刑事案件具体应用法律若干问题的解释》第五条第一款第（一）项'未经林业行政主管部门及法律规定的其他主管部门批准并核发林木采伐许可证'规定的情形，数量较大的，应当依照刑法第三百四十五条第二款的规定，以滥伐林木罪定罪处罚。"③

---

① "国务院法制办公室对宁夏回族自治区政府法制办《关于对〈中华人民共和国药品管理法〉第四十八条有关法律适用问题的请示》的复函"，2003 年 3 月 6 日国法函［2003］20 号。

② "国务院法制办公室对《关于提请解释〈中华人民共和国行政许可法〉有关适用问题的函》的复函"，2004 年 8 月 2 日国法函［2004］293 号。

③ 《最高人民法院关于在林木采伐许可证规定的地点以外采伐本单位或者本人所有的森林或者其他林木的行为如何适用法律问题的批复》，最高法院审判委员会第 1312 次会议通过，2004 年 3 月 26 日法释［2004］3 号。

具体行政行为的拘束力，所体现的是具体行政行为的规范和调整功能。奥托·迈耶认为，具体行政行为是自行发生作用的，①即它本来的功能就是规范社会秩序，实现法治。② 它通过对法律的具体化，具体设定行政主体与相对人之间的权利义务关系，确定和维护了社会秩序。周口益民案［最典行 2005—8］的被诉具体行政行为，是为了调整工程建设秩序；焦志刚案［最典行 2006—10］的被诉具体行政行为，是为了调整治安秩序；福建水电案［最典行 1998—1］的被诉具体行政行为，是为了调整资源配置秩序，等。因此，具体行政行为除了存在重大明显瑕疵或被依法推翻外，就应得到遵守。

但存在重大明显瑕疵的具体行政行为不具有拘束力。前述强制执行力的排除制度，其实也是对具体行政行为拘束相对人效力的排除制度。一方面，相对人对具体行政行为不申请复议、不起诉又不履行义务，即“置之不理”。另一方面，法院对行政主体申请强制执行的具体行政行为，发现存在法定情形的，则裁定不准予执行。也就是说，具有无效瑕疵的行政行为不能拘束相对人。最高法院《关于行政诉讼撤诉若干问题的规定》第 2 条规定：“被告改变被诉具体行政行为，原告申请撤诉，符合下列条件的，人民法院应当裁定准许……”能代表最高法院态度的说明指出：“无效的行政行为自始就不产生法律效力，相对人无需服从，不存在处分的基础。”③这一制度设计并未与不可诉请撤销性相联系，并非排除无效行政行为的形式确定力制度，却鲜明地表达了无效行政行为对相对人不具拘束力的态度。

---

①　参见［德］奥托·迈耶：《德国行政法》，刘飞译，商务印书馆 2002 年版，第 103 页。

②　参见［德］汉斯·J. 沃尔夫等：《行政法》（第二卷），高家伟译，商务印书馆 2002 年版，第 11 页；赵宏：《法治国下的目的性创设》，法律出版社 2012 年版，第 65 页。

③　参见段小京：《〈关于行政诉讼撤诉若干问题的规定〉的理解与适用》，《人民司法》（应用）2008 年第 3 期。

本节小结

我国虽然还没有统一的立法对具体行政行为的效力制度加以规定，但最高法院在实践中已逐步探索出这一制度，即具体行政行为具有公定力、确定力、执行力和拘束力，但存在重大明显瑕疵的除外。

第二节　具体行政行为的效力时间

一、具体行政行为的生效

具体行政行为效力的发生时间，一般为告知之时。这是各国行政法上的通行做法。[①] 告知之时生效，意味着具体行政行为只有在告知相对人后才能发生法律效力，只能对所告知的人发生法律效力，只能以告知的内容为限度发生法律效力。具体行政行为未告知的，不发生法律效力。南充源艺案[最参行第73号]判决认为，被诉具体行政行为未依法送达相对人，应依法确认该行为不具有法律效力。北方矿业处罚案[最(1999)行终字第11号]判决认为，被告所告知的具体行政行为是“吊销许可证”，而非辩称的撤销或其他意思，因而只能以该内容为限度进行诉讼。告知之时，包括行政主体告诉之时和相对人知悉、知道之时。具体行政行为以相对人知道之时而非行政主体告知之时起生效。[②] 相对人知道之时发生争议的，应予以认定。

---

① 参见《联邦德国行政程序法》(1997年)第43条第1款、《韩国行政程序法》(1996年)第15条第1款、《荷兰国基本行政法典》(1994年)(行政程序法部分)第三章第40、41条，以及日本最高法院于昭和29年8月24日和昭和57年7月15日的判决([日]盐野宏：《行政法》，杨建顺译，法律出版社1999年版，第119页)，等。

② 参见俞飞案[最参行第113号]。

（一）受领之时

“受领”在我国法律中的表述一般为“收到通知之日”，曾在学说上被作为一种独立的生效形式，①其实只是认定知道之时的标准。根据南充源艺案［最参行第 73 号］判决，尽管行政主体进行了告知，但相对人并未收到，且未收到不能归责于相对人的，具体行政行为未生效。受领人应当是具体行政行为的相对人（含利害关系人）本人及其受委托人或家庭成员中的成年人，但家庭成员有相对立的权益时除外。陈晓艳案［（2008）沪二中行终字第 154 号］判决认为，结婚证依法应由当事人亲自签名，但鉴于双方当事人并无相对立的权益，申办过程中有相互代签并认可的事实，结婚证代签收仅为明显轻微瑕疵，并不影响其生效。

（二）实际知道之时

行政主体未尽应告知职责，相对人实际已获悉的，具体行政行为从实际知道之日起生效。但是，在相对人是否实际知道具体行政行为存在争议时，行政主体负有举证责任。王增田案［最参行第 8 号］裁判要旨指出：“被告或者第三人认为原告在某一特定时间知道具体行政行为内容，但其提供的证据无法排除合理怀疑且原告予以否认的，人民法院应当推定原告在特定时间不知道具体行政行为内容。”

（三）公告及限定之时

依法可以公告告知的，以公告之时或公告限定之时为相对人知道之时。陆如珍等案［（2006）浙行终字第 21 号］判决认定征地公告已依法发布，原告以事后获知的主张不能成立。法律规范虽然未规定可以

---

①　参见罗豪才：《行政法学》，北京大学出版社 1996 年版，第 127、180 页；胡建淼：《行政法学》，法律出版社 1998 年版，第 285—286 页；熊文钊：《行政法通论》，中国人事出版社 1995 年版，第 196 页。

公告告知,但相对人明知并接受公告告知的,公告之时即为知道之时。北京希优案[最典行2011—7]裁判摘要指出:"当事人在接受电子政务化的行政处理方式后,又以行政机关未向其送达书面处理决定书为由主张行政程序违法的,人民法院不予支持。"该案的电子化处理,即为网上公告。相反,法律规范未规定公告告知,且相对人事先不知以公告告知的,则不能认定公告之时或公告限定之时为相对人知道之时,而应认定相对人实际知道之时为生效之时。[1] 任丘城汽案[最参行第89号]裁判要旨认为:"行政主体未尝试其他送达方式而径行通过公告送达方式送达行政处罚决定的,视为未送达。"

(四)附款限定之时

具体行政行为的附款,是告知的内容之一。具体行政行为以附款设定生效条件的,则在该条件成就之时生效。该条件可以是明确规定的时间,也可以是特定或不特定法律事实。但是,附款所限定的一般是形式确定力、拘束力和执行力,即对具体行政行为规制作用的时间限定。至于具体行政行为公定力和实质确定力的发生时间,则不可限定,都应以告知为发生时间。

二、具体行政行为的失效

具体行政行为自生效之时起,具有持续的法律效力,至相应法律事实的发生而失效。

(一)无效和撤销

1. 无效。如本书第八章所述,我国某些单行法使用了"无效"术语。基于单行法的规定,我国司法解释和判例也使用了"无效"。"行政诉讼法若干问题解释"第57条第2款规定:"有下列情形的,人民法

① 参见陈炯杰案[最参行第21号]。

院应当作出确认被诉具体行政行为违法或者无效的判决:(一)被告不履行法定职责,但判决责令其履行法定职责已无实际意义的;(二)被诉具体行政行为违法,但不具有可撤销内容的;(三)被诉具体行政行为依法不成立或者无效的。"周口益民案[最典行2005—8]二审判决认为:"被诉的行政行为虽然存在违法之处,但尚不属于《招标投标法》规定的中标结果当然无效的情形。只有无效的行政行为才有撤销的必要,而违法的行政行为并不当然无效。本案中,被诉行政行为虽然存在一些违法的情况,但是否导致行政行为无效或被撤销,应结合本案其他情况认定。"贤成案[最(1997)行终字第18号]终审判决认为:"中方四家公司在未经土地合法使用权人同意,且未依法变更登记的情况下,又以该土地与(香港)鸿昌国际投资有限公司签订合作合同,属于以非自有财产与他方合作经营,且合作协议有处分第三者权益的条款。原深圳市外资办批准该合同的行为,违反了《中华人民共和国中外合作经营企业法实施细则》、对外贸易经济合作部《外商投资企业合同、章程的审批原则和审查要点》的规定,应属无效。"但是,这些单行法和司法上的"无效",主要是指没有法律效力,而并非真正的具体行政行为无效制度。

我国完整意义上的无效行政行为制度,是从地方开始探索的。我国《湖南省行政程序规定》第161条第1款规定了无效的原因即重大明显瑕疵,第2、3款规定了无效规则。第2款规定:"行政执法行为的内容被部分确认无效的,其他部分仍然有效,但是除去无效部分后行政行为不能成立的,应当全部无效。"第3款规定:"无效的行政执法行为,自始不发生法律效力。"随后,《山东省行政程序规定》第132条和《辽宁省行政执法程序规定》第66条等,也作了几乎与上述条款相同的规定。

同时,法院通过个案的不断推进,也似乎预示着立法上的"无效"术语将逐渐演变成无效瑕疵。俞飞案[最参行第113号]裁判要旨指出:“行政机关在送达行政处罚事先告知书与行政处罚决定书时应依照法定方式送达,否则,不仅行政相对人陈述、申辩的权利可能被剥夺,而且行政处罚决定也未生效。当此情况下,行政处罚应以存在重大明显违法情形为由被确认无效。”

从理论和已有的探索来看,具体行政行为存在重大明显瑕疵的构成无效,自始不具有法律效力,权利义务关系应恢复到该具体行政行为作出以前的状态。① 其中,具体行政行为的内容具有可分性,部分内容具有重大而明显瑕疵的,该部分无效,其他部分不受影响。具体行政行为的无效部分十分重要,行政主体剔除该部分后即不会作出该具体行政行为的,则具体行政行为全部无效。

从理论上说,相对人对无效的具体行政行为可以置之不理。也就是说,具体行政行为具有重大明显瑕疵的,相对人可不申请复议、不起诉也不履行;如果行政主体申请法院强制执行的,法院将裁定不予执行。但相对人也应认识到置之不理的风险。“如果关系人自己认为行政行为无效,须冒一定的风险。行政机关很有可能不接受公民的意见而执行(违法的、可撤销的但却有效的)行政行为;而且,确认行政行为无效的请求也可能一无所获。公民在法定期限要求撤销行政行为,才是明智之举。”因为“违法的——可撤销的与违法的——无效的之间的界限在具体案件中很有可能是模糊的”。“在适法提起的撤销之诉中,查明行政行为无效的,作出确认判决;撤销诉讼转变为确认诉讼。”②

---

① 《葡萄牙行政程序法典》(1996 年)第 134 条第 1 款规定:“无效行为不产生任何法律效果,不需取决于宣告无效。”第 2 款规定:“任何利害关系人可随时主张行政行为无效;任何行政机关或法院也可随时宣告行政行为无效。”但是,《联邦德国行政程序法》(1997 年)第 44 条第 5 款规定:“行政机关可随时依职权确认无效;申请人有正当权益的,行政机关应其申请也须确认无效。”

② [德]哈特穆特·毛雷尔:《行政法学总论》,高家伟译,法律出版社 2000 年版,第 254 页。

在无效行政行为已发生法律效果的情况下,需依法予以处理。这种处理的一般规则是,如果具体行政行为的无效瑕疵导致相对人损失的,应依法承担赔偿责任;①如果法律效果系授益的,应予以收回,且受益人不得主张信赖保护。《土地管理法》第78条第1款的规定被认为是无效行政行为的规定,②指出:“非法批准、使用的土地应当收回,有关当事人拒不归还的,以非法占用土地论处”。有时,授予的利益无法收回。长江船舶案[(1996)武行终字第65号]原告方职工韩国涛以欺诈手段骗取被告颁发了因私护照,并已持照出境。法院如果判决确认该因私护照无效或撤销该因私护照,则意味着韩国涛在国外不再受中华人民共和国的保护。对此,《联邦德国行政程序法》(1997年)第47条规定了无效行政行为的转换,即转换为一个合法行政行为予以解决。“转换的适法性要件是:(1)新行政行为包含在原来的、待转换的行政行为中;(2)新旧行政行为目标相同;(3)新行政行为——自身——的实体和形式合法;(4)如果行政机关认识到原行政行为的违法性就会作出新行政行为;(5)转换不会对关系人不利;(6)原行政行为是可撤回的;(7)听取了关系人的意见。”③我国目前尚无规定。

2. 撤销。“行政行为的撤销是指根据公定力的作用对一时有效成立的行政行为的效力以存在瑕疵为由事后予以消灭。”④同无效一样,被撤销的具体行政行为视为自始不具有法律效力,权利义务关系也应恢复到该具体行政行为作出以前的状态。如果法律效果已经发生,则

---

① 参见叶必丰:《行政法与行政诉讼法》,高等教育出版社2012年版,第307—312页。

② 参见段小京:《〈关于行政诉讼撤诉若干问题的规定〉的理解与适用》,《人民司法》(应用)2008年第3期。

③ [德]哈特穆特·毛雷尔:《行政法学总论》,高家伟译,法律出版社2000年版,第260页。

④ [日]室井力主编:《日本现代行政法》,吴微译,中国政法大学出版社1995年版,第105页。

也应依法赔偿或收回利益。如果撤销具体行政行为将导致公共利益或他人合法权益损失的，则根据“行政诉讼法若干问题解释”第58、59条的规定，可判决确认违法并责令行政主体采取补救措施，或判决撤销并责令行政主体重作、采取补救措施。这里的补救措施，是否包括我国台湾地区“行政程序法”第116条所规定的另定失效时间，①尚未发现可资解释的判例。但可以假设的是，长江船舶案[(1996)武行终字第65号]因私护照如系可撤销瑕疵，一旦其持有人回国，则其效力即告消灭，尽管其有效期并未届满。

行政行为的撤销构成一个新的具体行政行为，因而应遵循程序规则。赵博案[最参行第104号]裁判要旨指出：“虽然《行政许可法》未就撤销行政许可应当遵循的程序作出具体规定，但根据《行政许可法》第五条和第七条的原则规定，撤销行政许可应给予相对人陈述和申辩的机会，否则，即构成程序违法。”

(二)撤回和废止

具体行政行为可因情势变更或附款的规定，基于公共利益的需要或相对人申请而撤回或废止，从而向后失去法律效力。《行政许可法》第8条第2款规定：“行政许可所依据的法律、法规、规章修改或者废止，或者准予行政许可所依据的客观情况发生重大变化的，为了公共利益的需要，行政机关可以依法变更或者撤回已经生效的行政许可。由此给公民、法人或者其他组织造成财产损失的，行政机关应当依法给予补偿。”根据“行政诉讼法若干问题解释”第56条第3项的规定，法院承认行政主体因法律、政策变化需要而废止具体行政行为。已有的地方行政程序立法或规定，如《山东省行政程序规定》第120条、《辽宁省

① 该条规定：“违法行政处分撤销后，溯及既往失其效力。但为维护公益或为避免受益人财产上之损失，为撤销之机关得另定失其效力之日期。”

行政执法程序规定》第9条、《常州市行政执法程序暂行规定》第136条和《西安市行政程序规定》第118条,作了简明扼要的规定。

撤回或废止本身构成具体行政行为,应符合具体行政行为的一般合法要件。邓州云龙案[最参行第141号]裁判要旨指出:"行政许可的注销或划转受到法定事由、正当程序和若干基本原则的限制,应具有一定的稳定性,不得随意收回或注销。"撤回和废止尤应满足以下合法要件:第一,情势变更或附款规定。情势变更,即法律上发生立、废、改等变化或事实上发生变化。并且,这种变化达到了"重大"的程度,即当初如果存在目前情形则不可能实施该具体行政行为。万金德等案[(2008)沪二中行终字第226号]在被告作出房屋拆迁补偿裁决后,原告与开发商又达成和解并向被告要求不再执行该裁决,获被告同意。一审判决认为:"平等民事主体间的民事争议已不存在,被拆迁户与拆迁单位的权利义务已由双方签订的民事协议明确,原裁决对争议双方不再具有约束力。"被告的同意即废止原裁决,之所以废止是因为当初如已和解就根本不需要裁决,即事实已发生重大变化。具体行政行为附款规定特定法律事实发生则予以撤回或废止的,既是对情势变更的管控,也是为了增强相对人对撤回或废止的预见性。在附款规定的条件成就时,具体行政行为的作出机关可予以撤回或废止。湖南泰和案[最参行第45号]所涉《关于尽快办理宗地用地手续的函》,就"要求泰和公司2007年10月10日前按会议纪要办理用地手续,逾期将废止会议纪要,并依法对该宗土地挂牌出让"。第二,公共利益或相对人申请。行政主体基于公共利益的需要,可以依职权撤回或废止具体行政行为。根据《行政许可法》第8条的规定,即使授益行政行为也无例外。青岛万和案[最参行第30号]裁判要旨理由也认为,为了公共利益可以废止授益行政行为。同时,相对人也可以申请行政主体撤回或废止具体行政行为,由原批准机关决定。① 行政主体认为撤回或废止具体行政行为不影响公共利益的，可以决定撤回或废止。万金德等案[（2008）沪二中行终字第226号]被诉房屋拆迁补偿裁决作出后，双方当事人又达成了和解协议，并一致向被告申请撤回该裁决，获被告支持。被告的撤回并未影响公共利益，为判决所支持。第三，依法补偿。根据《行政许可法》第8条第2款的规定，以及青岛万和案[最参行第30号]和李富伟等案[（2010）汝行初字第6号]等司法实践，行政主体依职权撤回或废止授益行政行为的，应坚持信赖保护原则，对相对人依法予以补偿。在具体行政行为设有撤回或废止附款时，相对人不能以信赖保护原则阻却行政主体撤回或废止，而只能依法获得补偿。相对人申请行政主体撤回或废止的，原则上不存在补偿问题。第四，符合法定程序。撤回或废止的程序，我国法律规范几乎没有加以规定。在已有的地方行政程序立法或规定中，规定最为详细的系《西安市行政程序规定》。它在第118条第1款规定："市、区（县）人民政府及其所属部门设置的行政给付项目的范围、对象、等级、标准需要变更或者废止相应项目的，应提前三十日告知当事人。"第2款规定："变更或者废止行政给付可能给当事人生活带来重大不利影响的，行政机关应当举行听证。"在法律规范没有规定撤回和废止的相应程序时，也可适用被撤回和废止行政行为作出时的程序，至少应适用正当程序。

行政主体对具体行政行为后续法律效力的消灭，虽有各种各样的用语，②但都属于撤回或废止。当然，只有符合上述合法要件的行政决

---

① 《行政许可法》第67条规定："取得直接关系公共利益的特定行业的市场准入行政许可的被许可人，应当按照国家规定的服务标准、资费标准和行政机关依法规定的条件，向用户提供安全、方便、稳定和价格合理的服务，并履行普遍服务的义务；未经作出行政许可决定的行政机关批准，不得擅自停业、歇业。"

② 参见大连日隆案[最（1998）行终字第6号（1998）行终字第6号]和派安国际案[最（2001）行终字第15号]等。

定，才属于合法的撤回或废止。对不符合上述合法要件而构成违法的撤回或废止决定，相对人或利害关系人可诉请撤销，或诉请赔偿损失。① 但周口益民案［最典行 2005—8］却并未判决赔偿损失，而按信赖保护原则判决被告补偿即采取补救措施。

法律规范对撤回和废止的构成要件未作明确规定和区分，因而实务中往往也难以区分撤回和废止。一般说来，有权决定撤回的主体，是具体行政行为的实施主体；有权决定废止的主体，则除了具体行政行为的实施主体外，还有享有监督权的机关。具体行政行为的实施主体除明示撤回或废止外，对具体行政行为向后消灭法律效力的，原则上可认定为废止。青岛万和案［最参行第 30 号］被告在供热经营权已授予原告的具体行政行为仍然有效的情况下，决定将该供热经营权授予第三人。前后两个具体行政行为有冲突的，如果后一具体行政行为合法或被确认有效，则可以认定为已废止前一具体行政行为。有时，甚至是上级机关进行行业整治的政策性废止。派安国际案［最(2001)行终字第 15 号］被诉行为［2000］019 号《关于对禁采区内列为第二批关闭的石矿场实施关闭的通知》，就是广东省广州市矿产资源管理办公室在地方性法规生效后全省范围的废止通知。

撤回和废止所针对的是有效具体行政行为，所消灭的是该行为向后的法律效力。也就是说，具体行政行为被撤回或废止的，自撤回或废止之日起失效，但此前的法律效力不受影响。

（三）行政处罚

有的法律和法规对相对人违反具体行政行为拘束力的行为，设定了消灭该具体行政行为法律效力的行政处罚。这类行政处罚主要用于

---

① 参见北方矿业处罚案［最(1999)行终字第 11 号］和北方矿业赔偿案［最(1999)行终字第 10 号］。

授益行政行为，其典型是吊销和撤销。《安全生产法》[1]第93条规定："生产经营单位不具备本法和其他有关法律、行政法规和国家标准或者行业标准规定的安全生产条件，经停产停业整顿仍不具备安全生产条件的，予以关闭；有关部门应当依法吊销其有关证照。"第79条第1款规定："承担安全评价、认证、检测、检验工作的机构，出具虚假证明"的，依法追究法律责任。第2款规定："对有前款违法行为的机构，撤销其相应资格。"《注册会计师法》[2]第39条第1款，以及《宗教活动场所管理条例》[3]第40条第2款、第41条等，都有关于撤销资格类行政行为的处罚规定。具体行政行为被吊销或撤销（处罚）的，并非其成立时存在违法情形，并非自始不具有法律效力，而原则上应从吊销或撤销（处罚）之日起丧失法律效力。但是，法律规范对被吊销或撤销（处罚）的具体行政行为效力有特别规定的，按规定认定。《民法通则》第36条规定："……法人的民事权利能力和民事行为能力，从法人成立时产生，到法人终止时消灭。"《公司登记管理条例》[4]第38条规定："经公司登记机关核准注销登记，公司终止。"据此，广西北生案[最典民2006—9]裁判摘要指出："法人被依法吊销营业执照后没有进行清算，也没有办理注销登记的，不属于法人终止，依法仍享有民事裁判的权利能力和行为能力。此类法人与他人产生合同纠纷的，应当以自己的名义参加民事裁判。其开办单位因不是合同当事人，不具备诉讼主体资格。"烟台龙晴案[最(2000)行终字第3号]判决也认为："原审原告长城公司被工商管理机关吊销营业执照但尚未被公司登记机关注销登

① 2002年6月29日全国人大常委会通过。

② 1993年10月31日全国人大常委会通过。

③ 2004年11月30日国务院令第426号。

④ 1994年6月24日国务院令第156号发布，已为2005年12月18日国务院令第451号修订为第45条。

记”,“具备原告主体资格”。

（四）其他失效情形

具体行政行为所设定的义务已得到履行或强制履行,权利已经得到实现,属于具体行政行为内容已得以实现。具体行政行为内容已实现或附有效期的具体行政行为期限届满的,就丧失了法律效力。张富贵案[最参行第112号]一审判决认为:第三人持有的“采矿许可证,在许可证有效期届满前,其未办理该采矿许可证延续登记手续,该采矿许可证已自行终止”。期限届满而未行使的权利,除法律规范另有规定外,视为放弃;①期限届满继续从事具体行政行为所设定的业务,构成违法。②

具体行政行为的效力可因标的物的灭失而消灭。“行政处理的对象消灭时,行政处理的执行成为不可能,效力当然终止。例如,公安局命令主人修理有倒塌危险的房屋,如房屋被焚,命令修理的行政处理也因为缺乏对象而消灭。”③

具体行政行为的效力可因相对人的死亡而消灭。“行政处理的效力,原则上只及于当事人,除法律另有规定外不能继承。”④谢成新等案[(2009)沪一中受终第字41号]所涉谢志勇,在收容期间死亡,因而收容决定自然失效。但具体行政行为的标的系可继承财产,相对人死亡的,不应使具体行政行为自然失效,而应依法予以变更。⑤

（五）关于失效的特别说明

吕贵国案[最参行第65号]被告认为,第三人持有的房屋拆迁许

---

① 参见田永案[最典行1999—4]。

② 参见陈燕翼案[最(1999)行终字第17号]。

③ 王名扬:《法国行政法》,中国政法大学出版社1989年版,第160页。

④ 同上。

⑤ 参见张成银案[最典行2005—3]和苏玉英案[京(2001)一中行初字第86号]。

可证因有效期届满而已失效，因而不能受理原告关于房屋拆迁补偿行政裁决的申请。这就提出了一个已失效具体行政行为在成为基础行为时，是否能拘束关联行为，即是否仍具有公定力的问题。对此，该案判决未作回应，我们只能从同类判例中加以观察。

陈燕翼案［最（1999）行终字第17号］武汉市洪山区规划分局向原告颁发了有效期为2年的临时规划许可证，在有效期届满后向原告发出了"临时建筑手续期限已过，自行废止"的通知。在原告没有自行拆除临时建筑的情况下，被告武汉市规划局作出了违法建筑限期拆除决定。原告不服，诉请撤消违法建筑限期拆除决定。一审判决认为：原告"超过规定的有效期限，即为重新办理手续又未自行拆除，市规划局作出的《违法建筑限期拆除通知书》合法"，"其赔偿请求不予支持"。二审维持了一审判决。显然，临时规划许可证对违法建筑限期拆除决定和判决发挥着拘束力，也仍然存在形式确定力。

夏鸣案［最参行第42号］原告试图推翻已过有效期的杨房地拆许字（2009）03号房屋拆迁许可证，以及杨房管拆许延字（2009）第24号房屋拆迁期限延长许可通知。但判决认为，对杨房地拆许字（2009）03号许可证"合法性提出的异议，不属于本案审查范围"。这是因为，起诉期限已过，该许可证已发生形式确定力；该形式确定力并不因该许可证有效期届满失效而消灭。同时，该案裁判摘要进一步指出："对房屋拆迁期限延长许可通知案件，法院应重点审查拆迁期限延长许可行为与前置许可行为内容是否一致，前置许可行为是否属重大、明显违法等，听证程序并非作出延长许可行为的法定必经程序。"也就是说，因有效期届满而失效的具体行政行为，仍具有公定力。

可以这么说，具体行政行为存在瑕疵而被确认无效或撤销的，其公定力、确定力、拘束力和执行力均告消灭。除无效和撤销外，具体行政行为的失效并未丧失其公定力和确定力（尤其是形式确定力），仅向后消灭其拘束力和执行力，不再具有规制作用，也就是烟台长城案［最（2001）行终字第10号］和北海鑫工等案［最（2004）行终字第2号］判决所说的企业被吊销营业执照“而丧失了从事经营活动的行为能力”。

三、具体行政行为的追溯力

《葡萄牙行政程序法典》（1996年）第128条规定：“一、下列行政行为具有追溯效力：a）仅用以限制对先前行为的解释的行政行为；b）执行法院撤销行政行为的裁判的行政行为，但涉及行为的重复作出者例外；c）或法律赋予追溯效力的行政行为。二、如不属上款所规定的情况，行为者在下列情况下，才可赋予行政行为追溯效力：a）赋予追溯效力对利害关系人有利，且不损害第三人的权利或受法律保护的利益，但在该行为的效力拟溯及之日必须已存在证明赋予追溯效力为合理的前提；b）作为声明异议或诉愿的后果，行政机关或工作人员针对其所作的行政行为而作出的废止性决定；c）赋予行政行为追溯效力系为法律所容许者。”《澳门行政程序法》（1994年）第110条、《西班牙公共行政机关及共同的行政程序法》（1992年）第57条、《意大利行政程序法草案》（1955年）第38条第2款，都作了相同或相似的规定。具体行政行为的追溯效力，并不包括公定力和确定力，而仅仅是指拘束力和执行力。公定力和确定力是无法追溯的。但是，具体行政行为被赋予追溯力，必须具备以下条件。

（一）具有可追溯性

一般说来，只有在具体行政行为的法律效果事先已经存在的情况下，才具有追溯的可能性。第一，行政确认。也就是说，在具体行政行为作出前利益关系已经存在，并且已经得到全部或部分实现，所作具体行政行为只是将其追认为权利义务关系。在这种情况下，具体行政行为的拘束力和执行力可以追溯到利益关系发生之时。梅令湾社案［最

(1999)行再字第1号]的行政确认就具有追溯力。第二,补办手续。根据电网管理局案[最(1996)行终字第4号]判决,相对人已从事的行为应经许可而未经许可,且符合许可条件的,可依法补办手续。获补办的行政许可就具有追溯效力。第三,情况紧急。因情况紧急,来不及实施具体行政行为的,尽管对相对人有负担,依法也可先行实施,事后补办手续。《防洪法》①第45条第1款规定:“在紧急防汛期,防汛指挥机构根据防汛抗洪的需要,有权……决定采取取土占地、砍伐林木、清除阻水障碍物和其他必要的紧急措施;……”第2款规定:“依照前款规定……取土占地、砍伐林木的,在汛期结束后依法向有关部门补办手续……”根据这一规定,事后所作的行政征用决定、砍伐许可证等,都具有追溯效力。

(二)具有可预见性

在法律具有可预见性或可排除法律秩序的不确定性、不明确性,并且被赋予溯及力更有利于人权的保障和公共利益维护的前提下,可以具有溯及力。这里的可预见性,是指正在制定的法律,已在相应的生效范围内作广泛的讨论,人们普遍地了解其所推出的重要制度及其对以往制度的改革。② 具体行政行为的追溯效力也是如此。具体行政行为的法律效果在事实上已先行存在的情况下,被赋予追溯力,符合可预见性条件。

(三)具有无害性

行政主体在具体行政行为中规定追溯力,不得影响第三人的合法权益。对影响到第三人合法权益的授益行政行为,不应规定追溯执行

---

① 1997年8月29日全国人大常委会通过,2009年8月27日全国人大常委会修正。

② 参见陈新民:《德国公法学基础理论》(下册),山东人民出版社2001年版,第562—563页以下。

力。行政确认往往需要被赋予追溯效力，因而需要给予争议双方当事人同等的机会。张成银案［最典行 2005—3］终审判决认为："根据正当程序的要求，行政机关在可能作出对他人不利的行政决定时，应当专门听取利害关系人的意见。本案中，复议机关审查的对象是颁发鼓房字第 1741 号房屋所有权证行为，复议的决定结果与现持证人张成银有着直接的利害关系，故复议机关在行政复议时应正式通知张成银参加复议。"在争议双方当事人有同等参与机会的情况下，行政确认被赋予追溯力具有无害性。

四、具体行政行为效力的中止

（一）更有利行为的替代

湖北省物价局批准宜昌三游洞的门票价格为每张 15 元。在该具体行政行为持续有效期间，2001 年 4 月 9 日，湖北省物价局基于相对人的申请，又批准三游洞景点内举办"世界流通铸币展览"期间（2001 年 4 月 25 日至 2002 年 3 月止）的门票价格为每张 20 元，并规定："展览结束后，临展门票价格取消，恢复执行每张 15 元门票价格"。[①] 这就意味着原每张门票 15 元的价格行政行为，在 2001 年 4 月 25 日至 2002 年 3 月期间被中止了。在这里，两个具体行政行为所针对的标的是相同的，后一具体行政行为一定期间内取代了前一具体行政行为，但并没有废止或完全取代前一具体行政行为。这种取代的法律依据是《价格法》[②]的规定。该法第 25 条第 1 款规定："政府指导价、政府定价的具体适用范围、价格水平，应当根据经济运行情况，按照规定的定价权限

---

① 《湖北省物价局关于宜昌三游洞举办"世界流通铸币"展览临时门票价格的批复》，2001 年 4 月 9 日，鄂价房服字［2001］98 号，《中华人民共和国物价公报》（湖北版）2001 年第 5 期。

② 1997 年 12 月 29 日全国人大常委会通过。

和程序适时调整。”第 2 款规定：“消费者、经营者可以对政府指导价、政府定价提出调整建议。”在替代期间，原具体行政行为的拘束力和执行力中止。

（二）强制措施和行政处罚

《刑事诉讼法》①第 139 条规定：“在侦查活动中发现的可用以证明犯罪嫌疑人有罪或者无罪的各种财物、文件，应当查封、扣押；与案件无关的财物、文件，不得查封、扣押。”《行政强制法》第 9 条规定：“行政强制措施的种类：……（二）查封场所、设施或者财物；（三）扣押财物；……”《海关法》②第 6 条规定：“海关可以行使下列权力：……（三）查阅、复制与进出境运输工具、货物、物品有关的合同、发票、账册、单据、记录、文件、业务函电、录音录像制品和其他资料；对其中与违反本法或者其他有关法律、行政法规的进出境运输工具、货物、物品有牵连的，可以扣留。”因此，如果许可证等具体行政行为文书，在刑事侦查和行政调查中被依法查扣，可构成具体行政行为效力的中止。

《行政处罚法》第 8 条规定，行政处罚的种类包括暂扣许可证、暂扣执照。《注册会计师法》第 39 条第 1 款规定，会计师事务所违反该法第 20、21 条规定情节严重的，可以由省级以上政府财政部门“暂停其经营业务”；注册会计师违反该法第 20、21 条规定情节严重的，由省级以上政府财政部门“暂停其执行业务”。诸如此类消灭具体行政行为一段时间效力的行政处罚，也构成对具体行政行为效力的中止。

（三）违法的行政决定

违法的行政决定也会导致具体行政行为效力的中止。吴希碧案原

---

① 1979 年 7 月 1 日全国人大通过，1996 年 3 月 17 日全国人大第一次修正，2012 年 3 月 14 日全国人大第二次修正。

② 1987 年 1 月 22 日全国人大常委会通过，2000 年 7 月 8 日全国人大常委会修正。

告依法取得了被告颁发的《沙土石资源开采许可证》,期限为 1991 年 6 月至 1993 年 6 月。1991 年 9 月 11 日,被告为满足另一申请人的开采要求,宣布废止原告持有的许可证,要求原告停止开采。9 月 14 日,原告停止开采。经审理,法院撤销了被告的废止决定,确认原告持有的许可证继续有效,并将许可期限予以延长(续展),"延长时间:从 1991 年 9 月 14 日起至本判决发生法律效力止的总天数"。① 续展应当以有必要为前提,即以充分保障相对人合法权益为前提。对违法的暂扣或吊扣等行政决定,实践中一般并没有对期限予以相应的续展或延长,只要予以撤销即可恢复,并对损失予以赔偿。具体行政行为即使附有期限,予以续展的意义也不大,续展申请比较容易得到批准。但在资源类附有效期限行政许可被非法中止或终止,且因停产停业而无法恢复其效力的,则可以予以续展。这样,具体行政行为在被非法终止到恢复前,实际上构成了效力中止。

另外,由于不可抗力的因素,具体行政行为的效力也可予以中止。

本节小结

具体行政行为以告知为生效时间,具体需要按受领、实际知道、公告或附款为标准加以认定。具体行政行为被确认无效或撤销的,自始不具有法律效力。除无效和撤销外,具体行政行为的失效并未丧失其公定力和确定力(尤其是形式确定力),仅向后消灭其拘束力和执行力,不再具有规制作用。具体行政行为可因具有可追溯性、可预见性和追溯无害性而溯及既往,也可因更有利行为的替代、强制措施、行政处罚或违法的行政决定而中止效力。

---

① 参见最高法院中国应用法学研究所编:《人民法院案例选》(行政卷),人民法院出版社 1997 年版,第 707 页以下。

第十章 行政协议和行政合同的实践

本章思路 在我国法律上除了行政区域边界争议的处理外并没有行政协议的专门规定，在我国法学理论上也没有专门的研究。但在我国区域经济一体化进程中，政府机关间的合作纪要、共识、协议越来越多。与此相类似的是，行政合同及其纠纷解决机制尽管在我国中央制度层面仍为空白，但在司法实践中却越来越多。本章试图对行政协议和行政合同实践加以总结，概括出相应的规律，为制度建设提供支持。

第一节 区域经济一体化孕育的行政协议*

在我国经济高速发展的进程中，存在着地区上的不平衡。为此，国家采取了"分类指导"的原则，即所谓东部新跨越、西部开发、东北振兴和中部崛起。同时，由于地理、经济、文化等因素上的共性，我国经济社会的发展又呈现出区域性，如长三角区域、（泛）珠三角区域和环渤海区域等。区域经济一体化，主要是通过市场自发解决的。但是，市场的力量却受到政府的制约，区域经济一体化遭遇了行政区划上的障碍。对此，长三角区域政府在实践中创造出了旨在推动和促进区域经济一体化的协商对话并缔结协议的联席会议制度，并为泛珠三角区域政府、

---

* 本节曾以"我国区域经济一体化背景下的行政协议"为题，发表于《法学研究》2006年第2期，略有修改。

环渤海区域政府和其他区域政府所效仿。从法学上看,区域政府间的联席会议制度应当以所缔结的协议来定位。这类协议既不是共同行政行为也不是行政合同,而类似于美国的州际协定和《西班牙公共行政机关及共同的行政程序法》所规定的行政协议,是政府间实现平等合作的一项法律机制。在我国,这既是一项法制创新也是一个新的行政法学范畴。对于行政协议这一创新,法学界并未予以关注和重视。相反,其他学界却不满足于行政协议,对政府组织提出了旨在实现经济一体化的更高要求。有的认为,以经济区来统一现行行政区划,并以此为基础建立统一的行政和司法机构,对各行政区域的经济和社会发展进行有法律拘束力的规划和规制。① 也有的则主张版图扩张,把某些省市的部分区域划归另一省市,从而扩大某一省市的发展空间。② 还有的认为,在现行行政区域不变的前提下,建立跨行政区域的管理机构等,③甚至在2005年的"两会"上提出了这样的议案。④ 从法学应当关注现实问题出发,我们有必要对行政协议的法治基础、缔结、主要条款和履行进行探讨,分析这一领域中央与地方、地方与地方、政府与公众、政府与市场之间的关系,从而为区域经济一体化的发展建立一种区域政府间进行平等、有效合作的法律机制。本文试图主要以美国解决州际法律问题的经验为借鉴,以长三角区域为样本来展开此项探讨。

---

① 参见中国科学院可持续发展战略研究组:《2004中国可持续发展战略报告》,科学出版社2004年版,第63页。

② 参见丁汀:《长三角经济一体化3种方案》,《财经时报》2003年3月22日,第2版。

③ 参见王贻志:《长三角一体化进程中的政府合作机制评估与分析》,载万斌主编:《2005年:中国长三角区域发展报告》,社会科学出版社2005年版,第214页;丁汀:《长三角经济一体化3种方案》,《财经时报》2003年3月22日,第2版;刘志忠:《协调长三角,还有四个要素被忽视了》,《人民日报·华东新闻》2003年8月15日,第7版;王洪庆等:《长三角经济一体化的实现途径新探》,《经济纵横》2004年第7期,第18—20页。

④ 参见张建平等:《拆除束缚"长三角"的"汉界楚河"》,《扬子晚报》2003年3月11日。

一、行政协议的法治基础

(一)美国州际协定的宪政基础:州权平等

美国是联邦制国家,除了联邦有宪法和法律外,各州都有自己的宪法和法律。各州之间的法律冲突,与单一制国家相比,更为突出和明显。美国"州际之间商务的发展和全美经济一体化的趋势,需要消除各州在立法上各自为政的局面,减少州际之间的法律冲突和经济壁垒"。① 为此,解决州际法律冲突的机制也逐渐发展了起来,如州际模范法、"法律重述"、共同诉讼行为和州际协定等。其中,州际协定是指有关各州为了解决共同的问题,作出安排,协调行动而缔结的协议。州际协定发端于殖民地时代北美各州之间的边界争端,在19世纪末到20世纪初开始适用于解决相邻各州之间水流分配、航海权、桥梁和隧道的共用问题。20世纪20年代以来,州际协定开始广泛地适用于自然资源保护、刑事管辖权、公用事业管制、税收和审计,以及都市群的规划、建设、使用和管理等领域的合作。② 到20世纪六七十年代,美国联邦政府也开始作为成员方加入州际协定。州际协定具有灵活性,可以在不改变各州法律的情况下协调行动,并具法律约束力。这一经验表明,除了中央或联邦的法制统一工作外,地方或各州通过合作或协调也可以实现法制的统一和行政上的协调,而不必改变行政区划或各自的版图。

美国的州际协定之所以能得到广泛发展,不仅仅是基于现实的需要,而且具有坚实的宪政基础。

---

① 封丽霞:《美国普通法的法典化——一个比较法的观察》,载 http://www.110.com/ziliao/article-140000.html,最后访问日期:2009年8月4日。

② See Felix Frankfurter and Landis, op. cit., p. 696.

近代以来,西方国家确立了人生而平等的观念。《美国独立宣言》也确立了这一法律原则:“我们认为这些真理是不言而喻的:人人生而平等,他们都从他们的‘造物主’那边被赋予了某些不可转让的权利,其中包括生命权、自由权和追求幸福的权利。”这种权利并非宪法或政府赐予的礼物,而是先于宪法和政府而存在的人所固有的权利。宪法和政府必循尊重和保护这种先在的权利。① 人生而平等的观念,又衍生出民族或种族平等,国家不分大小、强弱一律平等。美国的各州在独立并加入联邦之前,是各有宗主国的殖民地或附庸国,但其相互间却是平等的。美国联邦的成立,也是以各州在联邦中具有平等地位为前提的。否则,各州也就不愿意加入,联邦也难以成立,宪法就难以通过。“建筑在更屈从于大州意志的原则基础上的政权,不大可能为小州所接受。”②各州的平等权也是先于宪法和联邦而存在的一项权利。州的权力并非源于宪法和联邦,相反,联邦的权力却源于各州通过宪法所进行的授予。未授予联邦的权力,仍属于各州。③

当然,各州加入联邦后,已不再是主权国家。各州平等也并非是国家间的平等,而是一种区域平等。区域平等的观念,渊源于孟德斯鸠的思想。他认为,“一个共和国,如果小的话,则亡于外力;如果大的话,则亡于内部的邪恶”。④ 一个联邦共和国,是由若干个小国联合组成的相对较大的国家。要建立一个联邦共和国并免于内乱而亡,就有赖于区域平等来保障。“要联合的国家大小相同,强弱相等,那是不容易

---

① 参见[美]路易斯·亨金等:《宪政与权利》,郑戈等译,三联书店 1996 年版,“导论”第 3、4 页。

② [美]汉密尔顿等:《联邦党人文集》,程逢如等译,商务印书馆 1980 年版,第 314 页。

③ 参见[美]托马斯·弗莱纳—格斯特:《联邦制、地方分权与权利》,载[美]路易斯·亨金等:《宪政与权利》,郑戈等译,三联书店 1996 年版,第 11 页。

④ [法]孟德斯鸠:《论法的精神》(上册),张雁深译,商务印书馆 1982 年版,第 130 页。

的。吕西亚共和国是二十三个城市联合而成的；大城市在公共议会中有三票；中等城市两票；小城市一票。荷兰共和国是大小七省所组成的，每省一票。”①汉密尔顿等人正是以此来论证美国宪法的。②“如果在由一个完整的民族组成的国家中，各个地区应在政权中保持按比例的代表权；如果在独立的主权国家之间为了某一单一目的而组成的联盟之中，各方在共同的委员会中都应有平等的代表权，而不管各国的大小；如果以上都是正确的，则在具有民族的和联盟的双重性质的复合型共和国之中，政权应该建筑在按比例的和平等的代表权这两个原则参半的基础上。”③这就是《美国宪法》第1条第2款第3项所规定的众议员应按各州的人口比例进行分配，以及第3款所规定的合众国参议院由每州选出的两名参议员组成、每名参议员有一票表决权。

区域平等，无疑表现为州与州的关系。一州不得动用武力对付他州，强州不得凌弱，不得强占他州港口。无论强弱，各州都不得通过制定通商条例来设置贸易壁垒，等等。④ 同时，区域平等也表现为州与联邦的关系。联邦未经州的让与或经州议会同意，不得占用该州的土地资源并行使联邦专有立法权（《美国宪法》第3条第8款第17项），否则就是增加该州的负担，从而导致各州不平等。联邦不得分解一州，不得在该州管辖范围内组建或建立新州；未经有关州议会的同意，联邦不得将两个或两个以上的州合并或将几个州的一部分合并组成新州；同样，未经联邦国会的同意，两个或两个以上的州不得擅自合并成一个新州，或几个州不得将各自的一部分合并组成新州（《美国宪法》第4条第3款第1

① ［法］孟德斯鸠：《论法的精神》（上册），张雁深译，商务印书馆1982年版，第132页。

② 参见［美］汉密尔顿等：《联邦党人文集》，程逢如等译，商务印书馆1980年版，第41—44页。

③ 同上书，第314页。

④ 同上书，第29页以下。

项)。各州更不得通过结盟而威胁到联邦或其他各州(第1条第9项最后一段)。总之,对美国“宪法条文不得作有损于合众国或任何一州的任何权利的解释”(《美国宪法》第4条第3款第2项)。

“各州,如同个人一样。”①平等个人间的交往,只能通过协商和对话,缔结对双方都具约束力的合同。联邦本身就是有关平等的主权国家,通过不断协商而缔结协约,自愿放弃主权,作为成员,联合组成的一个国家。② 平等的各州之间,同样存在法律纠纷。可是,“在任何社会环境下,解决价值冲突的办法都只有寥寥几种。一种办法是通过地理上的隔绝。另外一种更主动的办法就是退出。弥合个别的或文化上的差异的第三种办法是通过对话,在这种情况下,价值冲突原则上能够表现出一种积极的征象,也就是说,能够成为增进交流和自我理解的手段。最后,价值冲突也可以通过使用武力或暴力来加以解决”。③ 在现代社会,隔绝和退出已经成为不可能;武力或暴力,也已经被抛弃。剩下的纠纷解决机制,只有对话和协商。州际法律纠纷的解决也是如此。即使存在司法救济途径的场合,各州间的协商对话也不可或缺。康涅狄格州和宾夕法尼亚州关于怀俄明土地争执,就是一个明显的例子。“邦联条例强迫双方将问题提交联邦法庭裁决。法庭判决宾夕法尼亚州胜诉。但是康涅狄格州对此判决表示强烈不满,而且也没有表示完全屈从,一直通过谈判和协商,获得它认为和自己所受损失相等的东西为止。”④何况,由于某些纠纷具有普遍性、制度性而并非个案,无法由联邦法院来裁决,但

---

① [美]汉密尔顿等:《联邦党人文集》,程逢如等译,商务印书馆1980年版,第31页。

② 参见[法]孟德斯鸠:《论法的精神》(上册),张雁深译,商务印书馆1982年版,第130页。

③ 转引自[美]华勒斯坦等:《开放的社会科学》,刘锋译,生活·读书·新知三联书店1997年版,第75页。

④ [美]汉密尔顿等:《联邦党人文集》,程逢如等译,商务印书馆1980年版,第31页。

又具区域性而不具全国性,也无法由联邦来统一立法。因此,解决问题的途径,只能是在联邦所提供的制度平台上由各州展开对话和协商,并通过缔结协议作出制度化安排。

(二)我国行政协议的法治基础:区域平等

我国宪法也确认公民在法律面前人人平等,维护和保障民族平等(第3、4条)。《民族区域自治法》则进一步规定了民族平等,即各民族包括民族自治地方的少数民族一律平等。该法规定了民族自治地方的高度自治权,甚至规定:“民族自治地方的自治机关依照国家的军事制度和当地的实际需要,经国务院批准,可以组织本地方维护社会治安的公安部队”(第24条);“上级国家机关非经民族自治地方自治机关同意,不得改变民族自治地方所属企业的隶属关系”(第68条)。

我国的民族区域自治,是根据民族聚居来确立的。《民族区域自治法》第2条规定:“各少数民族聚居的地方实行区域自治”;“民族自治地方分为自治区、自治州、自治县”。第12条第2款还规定:“民族自治地方内其他少数民族聚居的地方,建立相应的自治地方或者民族乡。”并且,“民族自治地方一经建立,未经法定程序,不得撤销或者合并;民族自治地方的区域界线一经确定,未经法定程序,不得变动;确实需要撤销、合并或者变动的,由上级国家机关的有关部门和民族自治地方的自治机关充分协商拟定,按照法定程序报请批准”(第14条第2款)。由此看来,民族区域自治地方的区域平等权,几乎获得了美国宪法对州权那样的保障。

我国香港特别行政区和澳门特别行政区所具有的自治权,则比民族自治地方的自治权还要多,所受的法律保障更强、更为严格。民族自治地方和特别行政区的这种自治权及其区域平等权,是实现区域对话和协商,甚至与上级国家机关或中央政府实现协商对话的坚实法治基础。

从《宪法》《地方各级人民代表大会和地方各级人民组织法》以及

《选举法》[①]的规定上来看,省和直辖市的国家权力机关、行政机关和司法机关的地位,以及全国人大代表的比例,也都是平等的。《水法》和《行政区域边界争议处理条例》[②]等法律、法规所规定的对区域性纠纷的处理,也体现了区域平等的精神。其中,人大代表比例的平等,就基于或来源于人的平等。与宪法和法律规定相呼应的是,在现实生活中反对地域歧视,要求地域平等的观念也正在兴起。任诚宇、李东照诉深圳市公安局龙岗区分局地域歧视案就是一个典型的例子,[③]而此前发生的姜妍、栾倩、张天珠三名女生状告教育部侵犯平等受教育权[④]以及"高考移民"事件,[⑤]都反映了要求区域平等的呼声。[⑥] 更为重要的是,这些案件或事件都将地域平等建立在宪法所确立的人的平等之上,紧密了地域平等与人的平等之间的关系。

并且,根据法律和法规的规定,对区域性事务的安排和纠纷的处理,也应以互让互谅、协商一致为原则。《行政区域边界争议处理条例》第3条就规定:"处理因行政区域界线不明确而发生的边界争议,应当按照有利于各族人民的团结,有利于国家的统一管理,有利于保护、开发和利用自然资源的原则,由争议双方人民政府从实际情况出发,兼顾当地双方

---

① 1979年7月1日全国人大通过,1982年12月10日全国人大第一次修正,1986年12月2日全国人大常委会第二次修正,1995年2月28日全国人大常委会第三次修正,2004年10月27日全国人大常委会第四次修正。

② 1989年2月3日国务院令第26号发布,并规定废止1981年5月30日国务院发布的《行政区域边界争议处理办法》。

③ 参见李钧德:《全国首例地域歧视案调解结案——深圳市公安局龙岗区分局向河南人道歉》,《中国青年报》2006年2月9日。

④ 参见赖颢宁等:《教育部原副部长:高校分配名额应照顾西部地区》,《新京报》2005年3月13日。

⑤ 参见吕所知等:《海南理科状元将复读 不管到哪明年仍是高考移民》,《武汉晚报》2005年7月18日。

⑥ 参见李克杰:《高考移民与公民受教育权平等》,《中华工商时报》2004年7月9日。

群众的生产和生活,实事求是,互谅互让地协商解决。经争议双方协商未达成协议的,由争议双方的上级人民政府决定。必要时,可以按照行政区划管理的权限,通过变更行政区域的方法解决。解决边界争议,必须明确划定争议地区的行政区域界线。”与美国的情况一样,即使有诉讼救济途径,协商也仍是必不可少的纠纷解决途径。①

当然,我国公民的权利是一种法定权利,除了人大代表比例和民族的平等外,区域平等并非基于或来源于人的平等。除民族自治地方外,行政区域的确定并非基于民族聚居,区域平等也不是以民族平等为基础的。区域平等只是表现为稳定秩序的需要,只是对已有区域的平等,宪法和法律并不反对区域的细分、合并或部分调整,也不限制中央政府对省或直辖市土地资源的直接使用。也就是说,我国的区域平等缺乏地方自主权这一前提,缺乏法治的良好保障。也正因为此,在区域经济一体化进程中,才会有动辄区域合并或在现有行政区划基础上增设一级政权组织的主张。这不仅不利于区域经济一体化的进程,反而会增加某些地方在区域经济一体化中自己被兼并的担忧,从而人为增加区域经济一体化的阻力。因此,本文认为,我国应增强对区域平等的法治保障。只有这样,区域经济一体化才能顺利发展,区域政府间的合作以及协议的缔结才具有坚实的基础。

二、区域政府间行政协议的缔结

(一)缔结主体

目前,长三角区域行政协议的缔结主体,是长三角区域的行政机关,即省、市政府或职能部门;缔结形式是行政首长联席会议,包括长三角16

① 参见王海:《深圳横幅歧视案可能撤诉 传豫粤两省正协商解决》,《新京报》2005年4月22日。

市的市长联席会议、经协委(办)主任联席会议和职能部门行政首长联席会议。其他区域的情况,也是如此。我们在这里需要讨论的是,行政机关是否都有资格或有权与辖区外行政机关缔结合作协议?

在美国,行政机关在辖区内都有与其他行政机关签署行政协议的资格。但是,对州际协定却只有州长才有资格签署。也就是说,州际协定的缔结主体只有州长。这是因为,在殖民地时代,州际协定当然只能由全权代表殖民地的总督来缔结。在结成联邦后,作为成员国的代表并非州议会或州法院,而是州长。州与州缔约,涉及成员国结盟,只能由代表成员国的州长签署。除了州长以外的其他行政机关,则不能缔结州际协定,不能成为州际协定的缔结主体。但西班牙却与美国不同。《西班牙公共行政机关及共同的行政程序法》(1992 年)第 5 条第 1 项规定:“为在任何时候确保公共行政机关行为有必要的一贯性及其必不可少的协调与合作,可以召集不同自治区政府机构组成的部门会议,以交换看法,共同检查各部门的问题所要采取的对策和解决办法。”第 6 条第 1 款规定:“全国政府和自治区政府的机构之间可以在各自的职能范围内签署协作协议。”也就是说,行政机关——无论是中央各部门还是地方各级政府都有资格与其他行政机关签署协作协议,都是行政协议的缔结主体。

在我国,行政机关与辖区内的其他行政机关缔结协议,并无法律上的障碍。但是,行政机关能否与辖区外的行政机关缔结协议?我国是单一制国家,地方政府既是上级政府和国务院的下级行政机关,又是本级人大及其常务委员会的执行机关,与法国共和八年至 1982 年间省政府的地位相当,并不具有充分的地方自主权。① 地方行政机关只能在

① 参见潘小娟:《法国行政体制》,中国法制出版社 1997 年版,第 89、92 页;张金鉴:《欧洲各国政府》,台湾三民书局 1976 年版,第 226 页以下。

本行政区域内行使职权,①跨区域的事务都属于上级政府和国务院的职权范围。② 省级行政区域的划分,属于国务院的职权;③省级以下行政区域界线的变更,审批权属于省、自治区、直辖市政府。④ 当然,这只是说明地方政府不能以单方面决定的形式来处理边界纠纷和跨区域行政事务。行政协议不同于单方面的决定,不是以命令与服从为理念,而是一种以平等、自愿和协商为理念而形成的法律机制。因此,地方政府以行政协议的形式来处理行政区域边界纠纷,法律上是允许和承认的。⑤ 同样,地方政府以行政协议的形式来协调共同面临的发展问题,也并无不妥。《湖南省行政程序规定》第 16 条第 1 款规定:"各级人民政府之间为促进经济社会发展,有效实施行政管理,可以按照合法、平等、互利的原则开展跨行政区域的合作。"由此看来,为了实现区域经济一体化,区域政府间缔结各种行政协议,在主体资格上并无瑕疵。

---

① 有意思的是,《地方各级人民代表大会和地方各级人民政府组织法》在规定县级以上地方各级人大和常委的职权时使用了"在本行政区域内"的限定词(第 8 条第 1 项、第 44 条第 1 项),而在规定县级以上地方各级政府的职权时却未使用相应的文字加以限定(第 59 条)。

② 西班牙 1978 年宪法第 149 条明文规定,跨区域的交通、电讯、水资源利用和公共设施等事务,属于中央政府的绝对权力(参见卓忠宏:《西班牙区域主义发展及其影响》,台湾《淡江人文社会学刊》2004 年 3 月总第 18 期,第 85 页)。

③ 参见《宪法》第 89 条第 15 项,《国务院关于行政区划管理的规定》第 4 条。

④ 参见《国务院关于行政区划管理的规定》第 5 条。

⑤ 《行政区域边界争议处理条例》第 11 条规定:"省、自治区、直辖市之间的边界争议,由有关省、自治区、直辖市人民政府协商解决;经协商未达成协议的,双方应当将各自的解决方案并附边界线地形图,报国务院处理";"国务院受理的省、自治区、直辖市之间的边界争议,由民政部会同国务院有关部门调解;经调解未达成协议的,由民政部会同国务院有关部门提出解决方案,报国务院决定"。第 12 条规定:"省、自治区、直辖市境内的边界争议,由争议双方人民政府协商解决;经协商未达成协议的,双方应当将各自的解决方案并附边界线地形图,报双方的上一级人民政府处理";"争议双方的上一级人民政府受理的边界争议,由其民政部门会同有关部门调解;经调解未达成协议的,由民政部门会同有关部门提出解决方案,报本级人民政府决定"。第 13 条规定:"经双方人民政府协商解决的边界争议,由双方人民政府的代表在边界协议和所附边界线地形图上签字。"

值得注意的是,地方各级政府与地方各级政府的职能部门是两种不同的行政机关。各职能部门在本级政府与外地政府缔结协议以前,原则上不宜与辖区外行政机关缔结合作协议;如缔结协议的,应经本级政府批准。各职能部门在本级政府与外地政府缔结协议的基础上,则可以与外地行政机关缔结协议。长三角区域政府及其职能部门是在长三角区域政府先缔结具有概括性和原则性的《长江三角洲城市经济协调会章程》的基础上,再缔结各种行政协议的。泛珠三角地区政府则是在先缔结了概括性和原则性的《泛珠三角区域合作框架协议》,然后由各职能部门分别缔结各种具体、专门的行政协议。各职能部门缔结的行政协议,有章程或框架协议为基础和依据,也就可以避免缔结主体是否合格的质疑。

另外,我们发现长三角区域的党组织也与行政机关一起参与了协议的缔结。例如,《关于加强沪浙两地教育交流合作的意见》,就是由中共浙江省委教育工作委员会、浙江省教育厅、中共上海市教育工作委员会、上海市教育委员会共同缔结的。我们认为,党组织作为一方主体参与缔结,使得协议的性质到底还是不是行政协议变得模糊不清了。如果是行政协议,党组织就不应作为一方主体参与缔结;如果是党组织间的协议,则不应由行政机关参与缔结。

(二)缔结程序

缔结程序有很多,在这里我们不拟一一讨论,仅讨论下列两个比较重要的问题。

1. 公众参与。从国外的情况来看,某些行政协议尤其是美国的州际协定构成法的渊源。也就是说,行政协议虽然是在行政机关之间缔结的,但却不仅仅约束作为缔结主体的行政机关,而且也约束公众,是公众权利义务的一般规则。如果这一点在我国也可以成立的话,那么行政协议的缔结就涉及公众参与问题。根据我国《立法法》《行政法规制定程序条例》和《规章制定程序条例》的规定，法律、法规和规章的制定应征求公众的意见，甚至在必要时举行听证会。行政协议作为法的渊源，也就应当遵循与立法相类似的程序，在缔结阶段给予公众参与的机会。对那些不构成法的渊源的行政协议，也应参照行政规范性文件的制定程序，给予公众参与机会。《上海市行政规范性文件制定和备案规定》第12条规定："起草规范性文件，起草部门应当听取相关机关、组织和管理相对人或者专家的意见"；"起草部门听取意见，可以采取书面征求意见或者召开座谈会、论证会、听证会等形式，并向规范性文件制定机关说明听取、采纳意见的情况"。但目前，长三角地区政府在缔结行政协议时，并未给予公众参与机会，公众的意愿和要求得不到很好的体现和反映，区域经济一体化进程中市场与政府的互动很不充分，甚至连最终缔结的行政协议也没有公开。我们即使依据《上海市行政信息公开规定》申请提供，也没有得到有关部门的任何答复。这是亟待完善和解决的重大程序问题。相比之下，泛珠三角的行政协议都已在网站上公布，开放性更强。

2. 行政协议的批准。在《美国宪法》第1条第10款第1项规定："任何一州，未经国会同意，……不得与他州或外国缔结协定或盟约。"这是因为制宪时，联邦的地位尚未巩固，联邦担心由分散的各殖民地演变而来的各州通过与他州或外国缔结协定或盟约，脱离联邦，或加入他国。① 随着联邦地位的巩固和各州"异心"不再，联邦政府的担心也就逐渐减退了，所担心的只是联邦政府对各州的实际控制问题。于是，美国联邦上诉法院于1962年作出裁决，除非得到国会的批准，政治性的州际协定不能生效，而不涉及政治的州际协定不必得到国会的同意。②

① 参见[美]汉密尔顿等：《联邦党人文集》，程逢如等译，商务印书馆1980年版，第22—23、34页。

② See Tobin v. United States. 306 F. 2nd 270 at 2724, D. C. Cir. (1962).

但是，不涉及政治的社会和经济事务也可能影响联邦政府对各州的控制。于是，美国最高法院在 1978 年的裁决中又作了补充解释，认为如果一个州际协定没有通过侵占联邦政府权力的方式来扩大作为成员国的州的权力的话，并不需要国会的同意。① 这个标准基本上可以解决州际协定是否需要得到国会同意或批准的问题，但仍会有争议。因此，很多州为了减少风险和保险起见，在州际协定涉及联邦政府所关注或敏感的问题时，往往事先主动请求国会的同意。

政治架构是否被任意改变，以及中央政府如何实现对地方政府的控制等问题，在单一制国家也是存在的。在西班牙，自 1959 年以来，巴斯克人的分离主义和区域经济发展的严重不平衡，中央政府不得不一边实行区域地方自治（全国被划分为 19 个自治区域）一边加强对地方的控制。1992 年制定的《西班牙公共行政机关及其共同的行政程序法》第 8 条第 2 款规定："无论是部门会议协议还是协作协议都应通知参议院。"这里规定的虽然只是"通知参议院"而不是由参议院批准或同意，但这毕竟也是一种监督。并且，由于宪法已经规定了中央与地方的权限分工，参议院在了解和掌握了行政协议后，如果发生地方政府的行政协议侵犯中央政府的职权时，则可启动违宪审查来加以推翻。即使是地方政府，也需要实现对下级政府的控制。为此，《湖南省行政程序规定》第 16 条第 3 款规定："上级人民政府应当加强对下级人民政府之间区域合作的组织、指导、协调和监督。"

对长三角的一体化，有人设想成立长三角"城市联盟"。② 尽管两会上的言论受法律保护，但这种结盟在任何国家里中央政府都不会坐

---

① See Steel Corp. v. Multistate Tax Commission. 434 U. S. 452 (1978).

② 参见刘海琴等：《委员提案围绕民生关注热点 涉及生活方方面面》，《南京晨报》2005 年 3 月 4 日；刘颖等：《江苏三位政协委员建议成立长三角"城市联盟"引争议》，《南京晨报》2005 年 3 月 6 日。

视不管，也会引起其他地方政府和公众的不安，今后需要谨而慎之。即使区域政府间旨在推进区域经济一体化而缔结的行政协议，也涉及中央与地方的关系问题。第一，是否所有的省际行政协议都要经中央政府同意？我国的中央政府对地方政府的控制能力，比其他国家要强。尤其是我国中央政府在人事和财政上的控制，其他国家都是无法比拟的。因此，我国中央政府就不需要对每个省际行政协议都行使审批权，因而可以采用美国的模式。也就是说，对涉及可能侵入中央政府权限范围的省际行政协议，以及法律和行政法规明文规定须经审批的省际行政协议，[①]须经中央政府同意；其他省际行政协议，则不必经中央政府同意；可能涉及侵入中央政府权限范围的行政协议，主要是对经济和社会领域展开全面合作的框架性省际行政协议。第二，对行政协议由谁来负责监控？无论是美国还是西班牙，对州际协定或地方行政协议都是由中央的议事机构即国会、参议院来监控的。但我国的情况是，省级政府既是国务院的下级行政机关又是本级人大及其常委会的执行机关，与全国人大及其常委会之间没有直接的隶属关系。省级以下政府与全国人大及其常委会之间的中间环节更多。因此，我们认为省际行政协议应由国务院负责监控。第三，对省际行政协议采用何种监控形式？在美国，监控形式是“同意”即批准，西班牙则是“通知”。我国《行政区域边界争议处理条例》对省际边界协议的监控则是“备案”，类似于西班牙的“通知”。我们认为，还是用正式的批准为妥。另外，到了20 世纪 60 年代，美国发展出了对州际协定予以监控的新形式，即联邦

---

① 例如，根据《行政区域边界争议处理条例》第 16 条的规定，争议双方政府达成的边界协议，由双方政府联合上报备案。其中，省、自治区、直辖市之间的边界协议，上报国务院备案；自治州、自治县的边界协议，逐级上报国务院备案；县、市、市辖区的边界协议，逐级上报民政部备案；乡、民族乡、镇的边界协议，逐级上报本省（自治区、直辖市）政府备案。

政府直接作为州际协定的成员方参与谈判和缔结。这样,使得原来只是事后同意权的监控,成了自始至终的全程监控。对此,我们也并非不可借鉴,并且《民族区域自治法》①第14条第2款也已经规定对民族自治地方的撤销、合并或变动,中央政府应参与协商。

必须指出的是,这里需要中央政府批准的省际行政协议,应当采用两个标准:一是跨省、自治区或直辖市,二是影响到中央政府的控制力。长三角地区两省一市政府间的行政协议,以及16城市政府间的行政协议,都属于省际行政协议。但是,上海市的某区所属的一个街道,与浙江省某县的一个乡政府间的合作协议,不足以影响到中央政府的控制力,因此虽然跨省、直辖市却不属于省际行政协议。但是,这样的行政协议却影响到了上级政府的控制力,因此应分别报经上级政府同意。长三角区域政府一开始就缔结的《长江三角洲城市经济协调会章程》俨然一个"盟约",2004年11月2日又在上海缔结了《长江三角洲地区城市合作协议》。同样,泛珠三角地区和环渤海地区也都缔结了经济社会领域的全面性合作框架协议。但是,这些章程或全面性合作框架协议都未经国务院批准。这是今后需要注意的。

行政协议除了涉及中央与地方的关系外,还涉及政府与人大的关系。那些全面性的合作协议,至少是本辖区内的重大行政事务,应按照地方组织法第44条第4项的规定经本级人大常委会讨论、决定。

(三)主要条款

行政协议应包括哪些主要条款?美国的公私法不分,州际协定实质上被认为是一种合同,因而州际协定也应当具备合同法所要求的主要条款。西班牙存在着公法和私法的分野,行政协议是一种公法协议。为此,《西班牙公共行政机关及共同的行政程序法》第6条第2款对行

① 1984年5月31日全国人大通过,2001年2月28日全国人大常委会修正。

政协议的主要条款作了明确规定："协议文本应按照以下内容格式化：1. 签署协议的机构及各方的法律能力；2. 各行政机关所行使的职能；3. 资金来源；4. 为履行协议所需进行的工作；5. 是否有必要成立一个工作机构；6. 有效期限：如缔约各方同意，所确立的有效期限不妨碍协议的延长；7. 前项所述原因之外的终止以及因终止而结束有关行为的方式。"

长三角的行政协议是在实践中摸索出来的，在我国也是首创，因而除了宪法外，当时既无法律可依也无先例可循，同时也无理论的指导。这样，我们也就无法说明我国的行政协议应该有哪些条款，而只能概括长三角的行政协议实际上有哪些条款。从我们已经搜集到的长三角行政协议来看，主要有以下条款。

1. 签署协议的机构及各方的法律能力。每份行政协议都载明了签署机构、有资格代表该机构签署协议的负责人的签名、该机构印章。

2. 合作的共识。长三角行政协议的开头部分，所表达的往往是合作各方对合作所达成的共识。这一部分虽然比较抽象和原则，但对认识的统一还是有积极意义的。当然，这一部分应尽量简明扼要，不能过于冗长。

3. 合作安排。这是长三角行政协议最主要的条款，也是合作各方的权利义务。这部分应尽可能明确具体，以便协议的履行。不过，有的协议还不尽如人意，不够具体和明确。在此需要特别强调的是，政府合作协议不能约定应该由市场自行解决的内容，也不能约定法律所禁止的事项。

4. 所要成立的工作机构或合作机制。例如，《长三角地区道路交通运输一体化发展议定书》第二部分专门规定了合作机制，包括协调委员会的设立、组成、主席的轮值、会议的举行、秘书处和协调委员会的职责等内容。当然，工作机构并非每个行政协议所必需，只是在有必要时才在协议中订明。

5. 协议的加入和退出。起初的《长江三角洲城市经济协调会章程》规定："长三角协调会由长江三角洲地区 15 城市组成"，并未规定加入和退出。协调会在 2003 年接受台州市申请加入后，也就被称为"15+1"。2004 年，长三角经济协调会修改了章程，将前述规定修改为"长三角协调会由长三角地区的城市和其他城市组成"，并专门制定了《"长江三角洲城市经济协调会"城市入会规程（建议稿）》，规定了入会条件。① 这样，在符合入会条件的情况下基本实现了行政协议的开放性。但对协议的退出未作规定，需作完善。

6. 生效时间。长三角的行政协议几乎都未明确规定协议的有效期限，多数协议也未明确规定生效时间，而只有签署时间。在这种情况下，我们也只能将签署时间视为协议的生效时间。少数协议规定了生效时间，分两种形式。一是规定确定的生效时间，如《关于长三角食用农产品标准化（合作）的协议》规定："本协议自即日起在两省一市试行"。二是规定一个不确定的法律事实的发生作为生效时间，如《沪苏浙共同推进长三角创新体系建设协议书》约定："本协议现有两省一市科技行政管理部门草签，报两省一市政府批准后正式签约。"从法理上讲，这两种生效时间的规定都是可以的。相比之下，泛珠三角行政协议关于生效时间的规定要规范得多。它们的特点是将作为生效时间的签署时间作为专门的一条加以规定，并且每个协议都有这一条，也形成了一个基本固定的格式。例如，《泛珠三角区域（九省区）质量技术监督合作框架协议》最末一条即第 6 条规定："本协议一式九份，签署各方各执一份，二〇〇四年九月二日于广州签署，签署之日起生效。"对此，

① 所规定的入会条件是：城市化水平不低于 20%、GDP 总量相对上海比值不低于 5%、人均 GDP 相对上海比值不低于 20%、经济联系强度系数不低于 10 等成为入会"门槛"。（李刚殷等：《长三角上演"名分"争夺战》，《工人日报》2005 年 11 月 2 日。）

长三角区域政府有必要予以学习和借鉴。

7. 协议的修改、补充。长三角的少数协议还规定了协议的修改和补充。例如,《关于长三角食用农产品标准化(合作)的协议》规定:“以上条款如有不妥和不完善之处,在试行中三方可协商修改和补充。”长三角的多数协议并未规定此款内容。在这种情况下,履行时如发现需要修改或补充的,也应通过协商,订立修改或补充协议来解决。修改或补充协议应与缔结协议一样,履行批准手续。

除上述条款外,无论是区域一体化已基本成型的长三角和泛珠三角地区的协议,还是其他区域相继缔结的协议,都未约定协议履行中的违约责任、监督和纠纷解决机制。这些内容在国外是由法律规定并有现成机制的,一般无须专门约定。但在我国目前,尚无法可依,有必要在协议中明确。

三、区域政府间行政协议的履行

(一)行政协议的效力

行政协议的效力是行政协议履行的前提。

在美国,州际协定是参与州之间的合同,就像一般民事合同对个人或公司的效力一样,州际协定对成员州具有约束力。① 并且,州际协定的效力优先于成员州在缔结该协议之前颁布的法规,甚至有时也优先于此后新制定的法规。② 在大陆法系,《西班牙公共行政机关及其共同

① See Frederick L. Zimmerman and Mitchell Wendell, *The Law and Use of Interstate Compacts*, Chicago: The Council of State Governments, 1961.

② Green, v. Biddle, 8 Wheat 1. (1823); State v. Hoofman, 9 Md. 28 (1856); President, Managers C. v. Trenton City Bridge Co., 13 N. J. Eq. 46 (1860); State v. Faudre, 54 W. Va. 22 (1903). Cf. Coffee v. Groover, 123 U. S. 1(1887). See Union Fisherman's Cooperative Packing Co. v. Shoemaker, 98 Or. 659, 193 p. 476(1920).

的行政程序法》第 8 条第 2 款明文规定："部门会议协议和协作协议自签署后即对参与的行政机关产生约束力，除非协议中另有规定。"

在我国，虽然没有法律的明文规定，但长三角地区政府之所以要签订协议，就是因为要用有约束力的协议来约束各方，实现合作。因此，行政协议对缔约各方的约束力，应该是协议的应有之义。

长三角的行政协议，主要是对政府合作事务的安排，但这种安排往往涉及公众的权利义务。① 这些涉及公众权利义务的行政协议，对公众是否具有约束力？如果行政协议只是一种合同，那么对公众就没有约束力，因为缔约双方不能通过合同来反对或约束第三方。公众并不是行政协议的缔约主体。我们如果把政府假设为公众的缔约代表，那么公众是缔约主体，政府只是代理人。这显然与行政协议的要求不符。然而，如果行政协议对辖区内的公众不产生约束力，那么协议的履行将成为不可能，很多条款就会变成一纸空文，政府合作和区域一体化的目标也就无法实现。为此，作者曾主张把行政协议作为法律规范性文件来对待，使行政协议不仅仅约束缔约方（法律规范性文件的制定者），而且也约束辖区内所涉及的公众。这如同国际条约，不仅仅对缔约的

---

①　例如，《长江三角洲地区旅游城市合作（杭州）宣言》第 8 条规定："建设无障碍旅游区要与长三角旅游的整体发展步伐相适应，目前可先从取消区域内国内旅游地陪制、取消外地旅游车入城、入禁区的限制措施、允许其它城市的旅行社在本市开办分支机构、在各入城口设置醒目的旅游指示系统等方面入手，逐渐取消旅游壁垒和进入障碍。"这对两省一市的旅行社来说，实际上是取得了同等待遇的权利。又如，《关于长三角食用农产品标准化互认（合作）的协议》规定："实施联合警示和退出制度。对生产、销售不符合标准的食用农产品的企业、单位或个人，两省一市在互相通报的基础上，实行'一二三'警示和退出制度，即：第一次不合格，发出警告并通报另两省（市）质量技术监督部门和有关部门；第二次不合格，提出严重警告，通报两省一市质量技术监督部门、有关部门和有关市场，质量技术监督部门可委派人员到相关基地检测审查；第三次不合格，经原食用农产品认证（定）机构确认，取消相应称号，责令退出市场，并向社会公告。"这实际上是对农产品生产经营者设定了相应的义务。

国家发生约束力，而且对缔约国的人民也发生约束力。但何渊博士认为，行政协议对相对人的拘束力，来源于合同法上相对性理论的突破，是对第三方利益的保护。[①] 这一解释，似乎更为合理。

长三角行政协议的缔结主体的法律地位各不相同，有的是省、直辖市政府，有的是《立法法》所规定的较大市政府，有的是上述政府的职能部门。缔结主体的法律地位不同，行政协议的法律地位及其效力也各不相同。在假设行政协议是一种法律规范性文件的认识能够成立的前提下，两省一市政府所缔结的协议等同于规章，与规章具有相同的效力；职能部门缔结的行政协议，只能等同于法律、法规和规章以外的行政规范性文件，与这类行政规范性文件具有相同的法律效力。但在16市中，上海是直辖市，南京、常州、无锡、苏州、杭州和宁波是较大市，舟山、扬州、绍兴、南通、湖州、嘉兴、镇江、泰州和台州则是不具有立法权的市。这样，16市缔结的行政协议在上海、南京、常州、无锡、苏州、杭州和宁波可以作为规章对待，而在舟山、扬州、绍兴、南通、湖州、嘉兴、镇江、泰州和台州则只能作为行政规范性文件来对待。同样的案件，在不同城市审理可能出现不同的结果。为了避免这种现象的发生，我们建议最好是在同级行政机关之间缔结行政协议，即涉及16市的问题可以由两省一市政府来缔结协议，并在协议中约定：该协议在江苏仅适用于南京、常州、无锡、苏州、扬州、南通、镇江和泰州，在浙江仅适用于杭州、宁波、舟山、绍兴、湖州、嘉兴和台州。何渊博士表示反对将行政协议假设为行政规范性文件，并认为行政协议的效力高于辖区内规章的效力；不同级别政府机关间的协议，可以通过上级机关批准的方式来解决。[②] 我们愿意接受何渊博士的这一观点。

---

① 参见何渊：《区域行政协议》，上海交通大学2007年博士学位论文，第56页以下。

② 同上书，第65、69页。

行政协议的效力，有的可以通过协议来约定，如生效时间或生效期限、对地的适用范围，有的则无法由协议来约定而只能由法律加以明确规定，如协议对公众的效力问题。并且，行政协议的效力问题也不仅仅是长三角地区的问题，而是泛珠三角地区、京津唐和环渤海地区、西部地区、东北地区和中部地区一体化进程中，以及行政机关的其他合作领域中都遇到的全国性、普遍性问题，亟待由全国性立法予以规范。

（二）行政协议的履行模式

长三角行政协议的履行模式有两种。

1. 各自履行。某些行政协议并未规定专门的履行机构，由各缔结方自行履行协议中的义务。在这种情况下，缔约方往往是根据自己的职权，制定在本辖区内实施的规章、行政规范性文件或国民经济和社会发展计划来履行协议中的义务的。例如，杭州市政府办公厅于 2004 年 4 月 22 日专门下达了《关于印发杭州市 2004 年接轨上海融入长三角工作要点的通知》（杭政办函[2004]107 号），落实有关协议的履行。

2. 设置专门机构。在我国区域一体化进程遇到行政障碍时，我国绝大多数学者都寄希望于一个权威机构的建立。这一观念与一种秩序的确立寄希望于一个皇帝没有什么区别，只不过是在当前社会的翻版而已。历史的经验反复告诉我们，人或者机构的权威越高，风险也就越大。作为一个法治社会，我们所需要的权威只能赋予法律，确立起法律的权威，“即必须承认法律——制定的法律——不但是公民的权利和义务来源，而且是所谓主权者的权利的或者政府的一切构成权的基础”。[1] 法律并非因人或机构才具有权威，相反人或机构因法律才获得权威。法律是原因，人或机构的权利或权威是结果。我们不能把人或机构的权利或权威作为原因，把法律作为结果——这样只能使法律降

---

① ［荷］克拉勃：《近代国家观念》，王检译，商务印书馆 1957 年版，第 25 页。

为权力或权威的仆役或工具。我们所要服从的是法律,而不是人或机构。那么,法律本身的权威又因何而来呢?第一,在精神层面,是人们所达成的普遍的正义观念;第二,在物质层面,是人们所处的互相依赖的社会关系。① 也就是说,人们对法律权威的服从,实质上就是对真理和正义的服从,是因为无法摆脱社会关系而独存。② 同样,区域一体化首先所需要的是构建法律和制度,而不是机构或组织。尽管人们常常拿欧盟来类比我们国内区域的一体化,以欧盟委员会、欧洲议会和欧洲法院等组织来论证建立权威、统一机构的必要性,但殊不知欧盟委员会等机构是根据国际条约即《马斯特里赫特条约》建立的。尽管人们拿美国的州际管理机构来类比,但殊不知它是州际协定的约定和结果。这些条约和州际协定并不是外部强加的,而是基于平等自愿,以及制度化合作并结成一个共同体的需要而缔结的国际性法律和国内区域性协定。对长三角经济一体化的实现,我们也要从对机构的关注转变到对法治的构建上来。

美国的州际协定,几乎都规定成立相应的机构来负责实施。这些机构可以分为两种类型:一是负责制定共同的计划,协议及计划的实施仍由各州进行;二是既负责制订共同的计划,又负责具体的实施和管理。长三角区域政府履行协议的机构也有两种。

(1)行政首长联席会议。即市长、局长、主任联席会议。联席会议是缔结行政协议的组织形式,但往往为行政协议所确认,并成为一种制度,负责处理协议履行中发生的重大问题。多数联席会议下设办公室或秘书处,负责在协议履行中的信息沟通、互相协调。例如,《沪苏浙

---

① [荷]克拉勃:《近代国家观念》,王检译,商务印书馆1957年版,第30—31页。

② 参见[英]威廉·葛德文:《政治正义论》(第二、三卷),何慕李译,商务印书馆1982年版,第710页;[法]狄骥:《宪法论》,钱克新译,商务印书馆1962年版,第49页。

共同推进长三角创新体系建设协议书》第9条规定:"加强长三角创新体系建设的组织协调。在科技部指导下,建立长三角创新体系建设的联席会议制度,下设办公室,负责长三角创新体系建设有关重大问题的组织协调。每年召开一至两次联席会议,研究决定有关重大事项。两省一市科技行政管理部门确定相关处室负责落实联席会议确定的具体任务,并设立相应的专项资金,引导、推动长三角创新体系建设。"

(2)"独立管理机构"。即由协议缔结各方派员共同组建,并直接隶属于协议缔结主体的共同上级机关,按协议运行,全权负责辖区内经济和社会事务的机构。江苏的靖江园管委会就属于这种情况。2003年2月15日,江阴市和靖江市正式签署《关于建立江阴经济开发区靖江园区的协议》。为了统一管理该园区,根据协议成立了园区管委会,全面负责园区的投资开发和各项管理事务。园区党委书记和管委会主任由一名江阴市副市长兼任,三名管委会副主任中两名由江阴派出,一名由靖江派出。管委会的税务、工商和技术监督等许多事务,既不向靖江市负责也不向江阴市负责,而直接向江苏省在该园区设置的派出机构负责。

长三角区域行政协议的实施机构尽管与国外的类似机构大同小异,但缺乏相应的法律基础。国外的行政协议或州际协定是法律明确规定的,并且这类机构的法律地位、组织和运行也是由法律规定的。《西班牙公共行政机关及其共同的行政程序法》第7条规定:"一、如果协议的操作需要成立一个共同的机构,它可采取具有法人资格的联合委员会的形式进行。二、联合委员会章程应确立其宗旨,以及组织、运转和财务制度细则。三、决策机构应由所有参加联合委员会的单位代表根据有关章程确定的比例组成。四、可通过适用于参加联合委员会的行政机关的法律所规定的任何方式,提供委托范围内的服务。"这种法律基础并不是长三角地区本身能解决的,必须由全国性的立法加以解决。也就是说,行政协议只能约定是否成立相应的机构、成立什么样的机构,但这些机构的法律地位必须由类似于行政协议法的法律来加以规定。

(三)行政协议纠纷的解决

区域政府在行政协议的履行中,不可避免地会发生纠纷。这种纠纷应如何解决?

在西班牙,对这类纠纷可以通过行政诉讼和宪法诉讼的途径解决。《西班牙公共行政机关及共同的行政程序法》第 8 条第 3 款规定,在不违反协议中有关实施机构条款规定的情况下,"解释和履行中可能产生的争议问题应属行政纠纷法庭过问并管辖,否则,可由宪法法院管辖"。

在美国,对州际协定纠纷的解决有两种途径:第一,仲裁和调解。20 世纪 20 年代以来,美国对州际协定纠纷纷纷在协定中约定以仲裁的形式来解决。例如,《蛇河协定》(*Snake River Compact*)的第 4 条对仲裁作了规定,"当两个州的行政官员对有关协定的管理问题不能达成一致的时候,成员州可以要求美国地质调查委员会(United States Geological Survey)或其它有权组织任命一名联邦代表参与到该争端的解决过程中来,争端的最终解决方法由三方中的多数意见决定"。再如,《克拉马斯河协定》(*Klamath River Compact*)第 10 条规定,"当协定委员会的双方代表对有关管理问题不能达成一致时,由两州代表各自任命一名人员,然后由这两名人员选出第三个人员,由这三个人员组成的调解委员会来处理协定委员会的争端。各成员州必须遵守该决定。当然,法院对该决定的效力具有最终裁决权"。另外,有的州际协定则约定以调解的形式解决纠纷。《皮克斯河协定》(*Pecos River Compact*)第 13 条规定,当发生纠纷时,应组成缔约双方代表及选出的第三方在内的三人委员会,但三人委员会只有最终解决方法的建议权,而没有决定权。[①] 第二,司法程序。在美国,因为州际协定是各州之间的合同,所以成员方之间由协定的解释、实施或者权利义务的确认等引起的诉讼通常都在美国联邦最高法院进行。[②] 比如,Rio Grande 协定第 4 条对司法程序作了相关规定,"新墨西哥州和德克萨斯州一致同意,有关水流质量和数量引起的争端依据已经生效的州际协定来解决。但是,这并不能理解为诉讼程序的禁止。如果一成员州擅自违反协定的规则,对另一成员州造成损害,受害的州有权向联邦最高法院提起要求赔偿的诉讼。……"《加拿大河协定》(*Canadian River Compact*)第 4 条对州际协定的司法解决机制也作了规定。

长三角的行政协议以及我国其他地方的行政协议,都没有约定协议履行中纠纷的解决机制。我国的相关法律由于并未规定行政协议,也就不可能规定行政协议纠纷的解决机制。然而,行政协议履行过程中的纠纷难以避免。如果不加以妥善的解决,协议将变成一纸空文,合作成果将付诸东流。如果按照现有的行政协议来解决,则只能按照行政协议的补充和修改条款的规定进行。这就需要重新谈判,并按照行政协议的缔结程序进行,甚至可能会把以往的协议推倒重来,成本之高是难以承受的。当然,在我国通过诉讼程序来解决协议纠纷,困难较大,但借鉴美国的仲裁程序,即在行政协议中约定仲裁机制,并由法律赋予这种仲裁的效力,是值得充分考虑的。

本节小结

本文所探讨的是以长三角区域行政协议为样本的,我国经济一体

---

① See F. Zimmerman, *Interstate Cooperation: Compact and Administrative Agreements*, Westport, CT: Greenwood Press, 2002, 50.

② 在一定条件下,有关州际协定的诉讼涉及私方利益是完全可能的。此时,该诉讼可能在州法院或低层次联邦法院中被启动。see Hinderlider v. La Plata River and Cherry Creek Ditch Co. ,304 U. S. 92 (1938).

化背景下的政府协作机制之一，即行政协议问题。本文的结论可以概括如下：我国区域经济一体化背景下出现的大量行政协议，是区域政府为克服行政区障碍而进行合作的法律机制，类似于美国的州际协定。区域政府间的行政协议，应当以区域平等为法治基础，是对话和协商的结果。行政协议的缔结，主要涉及主体资格、公众参与和主要条款，其中关系到中央与地方、地方与地方、政府与公众、公权与私权的界限。行政协议的履行，则涉及行政协议的效力、实施机构和纠纷解决机制。行政协议不仅适用于区域政府间的合作，而且也可适用于所有行政机关之间纠纷的解决与合作。但是，它的运用和发展，需要行政协议法为制度平台，需要由全国人大常委会来制定行政协议法。

其实，行政协议不仅仅是区域政府间开展合作的法律机制，而且也是各级各类没有隶属关系的行政机关之间开展合作的法律机制。即使就目前而言，不仅仅有区域政府之间的行政协议，而且还有其他行政机关间的很多行政协议。其中，较多的有国务院主管部门与地方政府之间的合作协议，如教育部与广东省政府签订的《关于提高自主创新能力、加快广东经济社会发展合作协议》；①行政主管部门之间的合作协议，如中国科学院、科技部和教育部签订的关于共建"西安加速器质谱中心"的框架协议，②等。还有中央政府及其主管部门与特别行政区政府及其主管部门缔结的合作协议，如中央政府与香港特别行政区政府签订的《内地与香港关于建立更紧密经贸关系的安排》，国家体育总局与香港特别行政区政府民政事务局就内地和香港两地体育交流与合作所签订的协议，③以及科技部与澳门特别行政区政府签订的《内地与澳

① 参见唐景莉等：《服务地方经济社会发展 部省联合打造创新型广东——教育部直属高校与广东强强合作》，《中国教育报》2006 年 1 月 22 日。

② 参见柯昌万：《科技部中科院教育部共建"西安加速器质谱中心"》，《中国教育报》2004 年 7 月 6 日。

③ 参见王静：《内地与香港签署交流合作协议》，《中国体育报》2004 年 5 月 14 日。

门关于成立科技合作委员会的协议》。①

随着和谐社会建设的深入，政府组织内部的和谐建设也将得到发展，行政机关之间的合作将日益增多，行政协议也将有更广泛的发展空间。同时，行政机关相互间频繁发生的摩擦或纠纷，也可以用行政协议机制来解决。就行政机关间的权限纠纷而言，在已有法律不变的前提下，目前主要是通过共同上级机关的决定、法律解释来解决的，以及通过行政诉讼对行政行为是否越权的裁判来间接解决的。② 但今后，行政机关之间也可以依法通过对话和协商缔结行政协议来解决此类纠纷。这一解决纠纷的形式与行政合同一样是柔性的，更能实现相互间的和谐与合作，节约资源，从而造福于公众。

合同是当事人双方意思自治的体现。尽管如此，仍需要合同法来规范。行政协议的缔结，也是行政机关在平等、自愿和协商的基础上进行的，他人不能越俎代庖。但是，行政协议是运用公权力缔结的，与合同相比，容易影响公众的个人权利。它涉及中央与地方的关系、政府与公众的关系、公权力与私权利的关系。就目前区域经济一体化进程中的区域政府协议而言，就存在城市结盟，无视农村和农民的倾向，也存在行政协议事实上的封闭性、拒绝申请加入的排斥性现象，③等。由此所提出的问题是，行政协议是否适用于所有领域，它的有效要件是什么，协议中是否可以约定任何内容，如何予以规范，等等。本文所探讨的行政协议的法治基础、缔结和履行，其中也有许多问题并不是协议缔结方所能解决的，也需要由立法加以规定。并且，行政协议的大量出现，也到了把行政协议法的制定提上议事日程的时候。也就是说，行政

---

① 参见澳门特别行政区政府第 312/2005 号行政长官批示；《内地与澳签约成立科合委会》，澳门《华侨报》2005 年 10 月 7 日。

② 参见叶必丰：《行政法学》，武汉大学出版社 2003 年版，第 147—152 页。

③ 参见李刚殷等：《长三角上演“名分”争夺战》，《工人日报》2005 年 11 月 2 日。

协议既需要也有必要以行政协议法为制度平台，既需要也有必要制定行政协议法来监控和保障。只有行政协议法，才能进一步促进行政协议这一合作机制的发展，才能实现政府对各主管部门、中央对地方、国家权力机关对行政机关的监控，才能保障公众的参与和明确政府与市场的界限。

在行政协议法的立法模式上，可以有多种选择：第一，制定单行的行政协议法；第二，将行政协议与行政合同结合在一个法律中，即制定行政协议与行政合同法；第三，借鉴西班牙的经验，在正在起草的“行政程序”法中增加一章，专门规定行政协议，即把现行“行政程序法”（草拟稿）中的第七章“行政合同”改为“行政协议与行政合同”，然后分别设行政协议和行政合同两节。鉴于我国“行政协议”已经比较普遍，与行政合同结合制定会增加许多变数，我国“行政程序法”的出台还需要相当长的时间，我们也可以先制定单行的“行政协议法”。通过制定和实施“行政协议法”，在进一步总结经验的基础上，再纳入统一的“行政程序法”并废止“行政协议法”，是比较合理的选择。同时，由于行政协议涉及中央与地方、国家权力机关与行政机关的关系，因而即使作为单行法来制定，也不宜由国务院制定为行政法规而应该由全国人大常委会制定为法律。

第二节　行政合同的司法探索和态度

一、行政合同的发展

在行政合同学说上，我国已有较多积累。截至 2013 年 3 月 26 日，在中国期刊网检索，以“行政合同”为主题的硕博论文有 381 篇，以它为题名的有 118 篇；以它为主题的期刊论文 80398 篇，以它为篇名的有

361 篇。同时,以“行政契约”为主题的硕博论文有 131 篇,以它为题名的有 27 篇;以它为主题的期刊论文有 251 篇,以它为篇名的有 81 篇。在专著方面,1994 年张树义出版了《行政合同》(中国政法大学出版社),2000 年余凌云出版了《行政契约论》(中国人民大学出版社,2006 年二版),2002 年杨解君编有《行政契约与政府信息公开》的会议文集(东南大学出版社),2009 年杨解君出版了《中国大陆行政法的革命——契约理念的确立及其展开》(台湾元照出版公司),等。这些论著多为学说阐释、制度建构和行政实践总结。但法院对行政合同的态度如何呢?

“现行法律中没有关于行政合同的规定。”①已有的地方行政程序立法或规定已经开始对行政合同的探索。《湖南省行政程序规定》第 93—98 条,《山东省行政程序规定》第 100—105 条,以及《西安市行政程序规定》第 87—93 条等都规定了行政合同。但司法实践中却常常发生是否存在行政合同的争议。这种争议是当事人在诉辩中提出的。原告以民事合同提起民事诉讼,则被告抗辩认为系行政合同因而不属于民事诉讼范围;②原告以行政合同提起行政诉讼,则被告抗辩认为系民事合同因而不属于行政诉讼受案范围或者行政合同也应通过民事诉讼途径救济。③ 这种争议,关系到讼争案件到底应按民事案件受理还是行政案件受理,对已受理的讼争案件法院行使行政审判权或民事审判权的合法性。丰台育欣案[京(2009)二中民终字第 21886 号]二审判决指出:“民事诉讼受理范围为平等主体间因财产关系和人身关系提

---

① 2004 年 9 月 22 日全国人大法工委询问答复(“国土资源部门解除国有土地使用权有偿出让合同属于民事争议还是属于行政争议?”)。

② 参见常教北海案[(2006)佛中法民五终字第 392 号]和葛国清案[(2008)赣中立终字第 4 号]等。

③ 参见潘宝海案[(2006)沈行终字第 6 号]等。

起的诉讼案件。本案中，社保所虽非为了自身利益，与育欣学校在培训农村剩余劳动力上产生合同关系，但其在培训事项上，对育欣学校并没有直接的、相对的行政管理职能，对育欣学校也不享有明确的行政优益权。双方之间的合同关系系平等主体之间产生的合同关系，应定性为民事合同关系，而非行政合同关系。现一审法院认定双方之间的合同关系为行政合同关系，双方因此发生纠纷，应提起行政诉讼而非民事诉讼，并驳回诚信育欣学校起诉不当，本院予以纠正。”也就是说，当事人之间的争议逼迫法院表明自己的态度。

2013 年 4 月 11 日在北大法宝上检索，以“行政合同”为关键词，案件类型“全部”，法院级别“全选”，文书性质“全选”，审理程序“全选”，共有记录 154 条。154 条记录包括裁判文书和案例精选两类。在 154 条记录中，最早出现“行政合同”的，是陈嘉猷案［（1993）行终字第 25 号］。但该案系案例精选，并非裁判文书。“行政合同”出现在评析部分，并没有出现在判决中。当事人并没有就双方间是否存在行政合同发生争议，法院也并未表态，法官在事后评析中认为当事人间存在行政合同关系。“行政合同”最早出现在判决中，是佟文功等案［（1997）辽行终字第 28 号～37 号］。该案虽然也是案例精选，当事人也并未就行政合同进行诉辩，但案由却是行政合同。并且，法院在判决理由部分，借助于行政合同论证了动迁协议的违法性，撤销了动迁协议，驳回了原告对被告不履行动迁协议的赔偿请求。在 154 条记录中，最早出现“行政合同”的判决书，是石中跃等案［（1998）鄂行初字第 12 号］。该案被告是以行政合同中的行政优益权加以抗辩的，但并未获法院的回应。

最高法院中国应用法学研究所曾编写出版“人民法院案例选”。1997 年出版的《人民法院案例选》（行政卷）（1992—1996 年合订本，人民法院出版社 1997 年版），并没有行政合同的案例。2000 年出版的《人民法院案例选》（行政卷下）（1992—1999 年合订本，中国法制出版社 2000 年版），专设“行政合同”一栏，收录海安角斜案和郑兴彬案。郑兴彬案涉及土地承包合同。无论是当事人、裁判还是评析，都没有认为它属于行政合同。相反，评析是把它作为经济合同对待的。[①] 海安角斜案涉及供用电合同。当事人和裁判都没有认为它属于行政合同，但主审法官的评析认为它属于行政合同。[②] “人民法院案例选”在案例指导制度出台前，具有一定的指导作用。因此，“人民法院案例选”上述栏目的设定及案例收录，在某种程度上也可以视为最高法院非正式但较重要的有关行政合同的表态。

2013 年 4 月 12 日在北大法宝，选择“法律法规”——“中央法规司法解释”，以“行政合同”为关键词，选择“精确”检索，发现在最高法院正式文件中最早提出行政合同的，系《最高人民法院副院长李国光在全国法院行政审判工作会议上的讲话》。该讲话把行政合同案件作为一种新类型行政案件，指出：“随着行政管理方式的多样化和行政管理理念的变革，行政机关常常通过与行政相对人签订合同的方式，履行行政管理职能，形成大量的国有土地出让、国有资产租赁等独具特色的行政合同。这种以实现行政管理为目的的合同，不同于平等主体之间订立的以设定民事权利义务关系为目的的民事合同。在行政审判实践中，行政合同纠纷案件成为日益增多的新类型行政案件。不少法院对审理行政合同案件进行了有益的探索，积累了一定的经验，但在审理中也遇到了一些问题。今后，我们需要对行政合同的类型、行政合同与民事合同的区别和联系、审理行政合同案件的法律适用及判决方式等问题，继续进行深入探索。从目前的情况看，在审理行政合同纠纷案件

---

① 参见最高法院中国应用法学研究所：《人民法院案例选》（行政卷下）（1992—1999 年合订本），中国法制出版社 2000 年版，第 1464—1467 页。

② 同上书，第 1459—1463 页。

时，法律、法规对行政合同有特别规定的，应当优先适用特别规定；没有特别规定的，可以根据案件的具体情况，参照合同法的相应规定，并对实体处理方式进行积极的尝试，及时总结审判经验”。① 在前述 154 条案例记录中，有 126 个案例就是在这个讲话后裁判的。

在前述“中央法规司法解释”的检索中，我们发现最早规定行政合同的司法解释，系《最高人民法院关于规范行政案件案由的通知》②。该通知规定了“不作为类案件案由的构成要素和确定方法”，其中包括“诉××（行政主体）不履行行政合同义务”。该通知附有“行政行为种类”，其中第 12 种就是“行政合同”。在前述 154 条案例记录中，有 120 个案例就是在这一司法解释后裁判的。

在司法探索中，哪些是或不是行政合同仍充满争议。海安角斜案评析认为，供用电合同属于行政合同，盖因当时的供电局政企不分。2013 年 4 月 13 日在北大法宝检索，查到最高法院终审的供用电合同三件，都未提及行政合同，而属于民事案件。③ 在前述 154 条案例记录中，被认定为行政合同的有特许经营权合同、土地和房屋征收补偿合同、国有土地转让合同、教育委培合同、教育投资合同、社会保险合同、房屋租赁合同、目标责任合同和执行和解合同，等等。这些个案中的裁判都只是对行政合同要素的探索，并未形成稳定的状态。但可以肯定的是，那些非财产关系的合同，如教育委培合同、目标责任合同（计生协议等）和执行和解合同等，无法认定为民事合同。

---

① 《最高人民法院副院长李国光在全国法院行政审判工作会议上的讲话——深入贯彻党的十六大精神　努力开创行政审判工作新局面　为全面建设小康社会提供司法保障》（2003 年 2 月 13 日）。

② 2004 年 1 月 14 日最高法院法发［2004］2 号。

③ 参见商丘电业案［最（1997）经终字第 146 号］、薛城供电局案［最 CLI. C. 330022］和天富热电案［最（2006）民二终字第 141 号］。

就国有土地转让合同来说，到底是行政合同还是民事合同，最高法院内部的争议也曾相持不下，只能请求全国人大常委会法工委解释。2004年全国人大常委会法工委答复指出："在国有土地使用权出让合同履行过程中，土地管理部门解除出让合同，是代表国家行使国有土地所有权，追究合同另一方的违约责任，不是行使行政管理权，由此产生的争议应属于民事争议。""现行法律中没有关于行政合同的规定。在国有土地使用权出让合同履行过程中，因土地管理部门解除国有土地使用权出让合同发生的争议，宜作为民事争议处理。"①随后，最高法院发布了《最高人民法院关于审理涉及国有土地使用权合同纠纷案件适用法律问题的解释》，②全面确立了国有土地转让合同的民事性质。即便如此，此后的个案中仍存在不同认定的现象。山东华林案［（2005）东行终字第7号］终审判决指出："签订国有土地出让合同是为了实现合理开发利用土地资源的行政目标，在合同签订后，依照法律规定，作为出让方的政府仍然有对受让方使用土地情况的监督权及受让方存在违法情形或违反合同情形时的制裁权。因此，国有土地使用权出让是由行政机关通过行政权来实现的，是土地所有者处置土地的一种方式，合同双方是管理与被管理的关系，本案中，上诉人与被上诉人签订的19号出让合同确立的是一种行政法律关系，不是民事法律关系，该合同属于行政合同。本案是由于上诉人作出的19号解除合同而引起的行政争议，根据《中华人民共和国行政诉讼法》第十一条的规定，行政合同争议应作为行政案件受理。因此，上诉人开发区分局主张国有土地使用权出让合同属于民事合同的理由不能成立，其主张本院不予支

① 2004年9月22日全国人大法工委询问答复（"国土资源部门解除国有土地使用权有偿出让合同属于民事争议还是属于行政争议？"）。

② 2005年6月18日最高法院法释［2005］5号发布。

持。”嘉和泰案[最典民2008—3]裁判摘要认为,行政主体单方面变更、解除土地转让合同的行为,应按照民事违约行为来认定。湖南泰和案[最参行第45号]诉讼标的即土地拍卖公告,实系原国有土地转让协议的单方面解除。但该案裁判要旨却认为:“土地管理部门出让国有建设用地使用权之前的拍卖行为以及与之相关的拍卖公告等属于行政行为,具有可诉性。行政相对人或利害关系人对该行为不服提起行政诉讼的,人民法院应当作为行政案件予以受理。”莱芜泰和案[最参行第83号]裁判要旨认为:“土地行政管理部门通过拍卖出让国有土地使用权,与竞得人签署成交确认书的行为,属于具体行政行为。当事人不服提起行政诉讼的,人民法院应当受理。”

案件当事人的争议逼迫法院表明态度,法院在同类案件上的不同回应又形成了新的争议。在没有法律规范对行政合同作出统一规定的情况下,法院的回应或对争议的解决,只能借助于行政合同学说的支持。于是,在一个个判例中,不断表明了行政合同的含义及其区别于民事合同的特点、行政合同的缔结和履行、行政合同履行诉讼的态度,也不断证明了行政合同的制度建设需求。

二、行政合同与民事合同的区别

通过检索发现,有多个判例对行政合同曾予以界定。常教北海案[(2006)佛中法民五终字第392号]裁定认为,“行政合同,也叫行政契约,指行政机关为了实施行政管理目标,与相对人之间经过协商一致所达成的协议”。先锋汽车案[(2007)渝二中行再终字第3号]判决认为,“行政契约是指特定的行政主体为实现特定的行政目标,依法与其他行政主体或行政相对人签订的具有行政法上权利义务内容的协议”。徐小平案[(2011)渝三中法行终字第30号]一审判决认为:“行政合同是指行政主体为了行使行政职能,实现某一行政管理目的,依据法律和政策与公民、法人或其他组织通过协商的方式，在意思表示一致的基础上所达成的协议。”行政合同区别于民事合同的特征，从判例上加以概括，有以下几方面。

（一）主体的法定性

彭泽物资案［（2003）赣民一终字第72号］一审判决认为，行政合同必以“行政机关或法律法规授权的组织”为一方主体。至于行政合同的另一方主体，则是公民、法人或其他组织。行政合同的主体不同于民事合同主体，原则上都具有法定性。艾瑞克案［（2002）豫法民二初字第30号］判决认为，根据《有线电视管理规定》①第8、10条的规定，“行政区域性有线电视台，由当地广播行政管理部门设立，任何单位不得与个人合资、合股设立有线电视台和建设、经营有线电视网。本案合同约定由深圳瀚光公司投资设立、经营管理驻马店行政区域有线电视台网显然违反了上述规定。根据《中华人民共和国经济合同法》第七条第一款的规定，本案合同因违反法律和国家政策计划而无效”。基于行政合同主体资格的法定性，权利义务未经行政主体同意不得转移。② 否则，行政主体可依法解除该行政合同。③ 主体的法定性，意味着行政主体可以选择行政合同的相对人，但又受到法律限制。

（二）主体地位不平等

葛国清案［（2008）赣中立终字第4号］裁定认为：被诉合同“双方当事人不是平等的民事主体，该合同属行政合同”。大庆振富案［最典民2007—4］裁判摘要指出：“根据《中华人民共和国合同法》第二条的规定，合同是平等主体的自然人、法人、其他组织之间设立、变更、终止

① 1994年2月3日广电部令第12号发布。
② 参见艾瑞克案［（2002）豫法民二初字第30号］。
③ 参见陈嘉猷案［（1993）行终字第25号］。

民事权利义务关系的协议。法人响应政府号召，以向政府书面请示报告并经政府审批同意的形式介入市政建设，政府在不通知法人参加的情况下单方就法人介入市政建设而享有的优惠政策作出决定，法人只能按照政府决定执行的，法人与政府之间并非民法意义上的平等主体关系，双方亦没有就此形成民事合同关系。因此发生纠纷的，尽管双方之间的纠纷具有一定的民事因素，亦不属于人民法院受理民事案件的范围。"

如果主体地位平等，就不属于行政合同。彭泽物资案[(2003)赣民一终字第72号]一审判决认为："行政机关或法律法规授权的组织订立行政合同的直接目的是为了履行行政职能，在行政合同中，双方当事人的法律地位并不平等，这是行政合同区别于民事合同、经济合同的主要特点。本案中，交通局、运管所的行政职能是从事交通运输的行业管理，规范交通运输市场，交通局、运管所与平安公司签订《合作协议》的目的并不是为了履行其行政管理职能，而是以平等的民事主体身份参与'合作'，享受收取管理费的权利，并以其用自身的行政管理职权保障平安公司的正常营运为义务，该《合作协议》的成立并不是基于管理与被管理的关系，双方在合同中的法律地位完全平等，所以该份《合作协议》不属于行政合同，而是属于民事合同，应受民法调整。"上海虹城案[最(2002)民一终字第15号]和李欣芳案[(2010)平民初字第2号]判决也有相同认定。

（三）以行政职责为前提

先锋汽车案[(2007)渝二中行再终字第3号]判决认为："开县交通局和开县运管所没有确定出租车用什么品牌车辆的法定职权，亦没有资格对用于出让经营权和新增出租车实施政府采购行为。开县运管所的法定代表人虽然参与了先锋公司与汽车销售商之间买卖车辆事宜的磋商，但不能代表，也并未代表行政机关与先锋公司或汽车销售商签订购车合同，因此，开县运管所与先锋公司之间不涉及行政合同法律关系。”“本案事实中开县运管所法定代表人与先锋公司法定代表人的接触或参与汽车买卖双方的磋商行为，是在开县交通局和开县人民政府，在向重庆市交通局和重庆市人民政府报送新增出租车请示的过程中，还未得到重庆市人民政府批复时进行的联系和磋商行为，对运管所法定代表人该时期的行为，是对新增出租车内部信息的透露。这种对内部信息的透露，只是基于是运管所法定代表人特殊身份而为之，但并不能代表运管所行使行政职权与先锋公司形成行政契约关系。”常教北海案[（2006）佛中法民五终字第 392 号]裁定认为，“该公司的职能其实是代理镇政府行使征地、征地补偿等应由镇政府行使的行政职能。”“被告伦教土地公司与原告签订的上述协议所产生的法律后果应由授权人伦教街道办事处予以承担。”“因此，被告伦教土地公司与原告签订的征地补偿协议实际上是代理被告伦教街道办事处在征用农村集体土地时所作补偿而签订的行政合同，即属于行政行为，原告与两被告之间存在行政法律关系。”判例表明，行政合同的缔结以行政权的行使或行政职责的履行为前提。

（四）行政主体具有优益权

行政权在行政合同的履行中表现为行政优益权。崔邦安案[（2006）宜中行终字第 00036 号]终审判决认为：“按照行政合同的基本原则，行政主体为维护公共利益享有行政优益权，在合同的履行有损于公共利益时，行政主体有权解除行政合同。”福建元洪案[（1996）闽行终字第 5 号]一审判决认为：行政“合同的发动权为行政主体一方并由行政主体事先承诺了义务，获得了合同履行的特权，即有单方解除或者变更契约权”。行政优益权源于“政府便利的终止”这一惯例。[①] 但

① 任亚东案[（2005）淮行终字第 022 号]。

是，除行政主体外，作为行政合同“当事人的个人或组织不享有单方的变更和解除权”。①

行政主体在行政合同关系中的优益权，不限于对行政合同的单方面变更和解除权。徐小平案［（2011）渝三中法行终字第30号］终审判决认为：“涪陵国土局作为行政主体，在涉案《安置协议书》签订、履行中处于主导地位，享有行政优益权，负有核实徐小平是否属于住房安置对象、预先制定协议主要内容、向徐小平发出邀约等职权。而作为相对方的徐小平是该行政合同的承诺方，仅享有部分合同当事人的权利，其权利的行使相对受到更多的限制。”

判例认为，不具有行政优益权的合同不属于行政合同。丰台育欣案［京（2009）二中民终字第21886号］裁定认为：被上诉人“对育欣学校也不享有明确的行政优益权。双方之间的合同关系系平等主体之间产生的合同关系，应定性为民事合同关系，而非行政合同关系”。

（五）以行政目标为目的

常教北海案［（2006）佛中法民五终字第392号］裁定认为，“行政合同是属于行政行为之一。行政合同与民事合同最根本的区别在于：行政主体签订的行政合同的目的是在于实施国家行政管理目标，合同内容是属于涉及国家和社会的公共事务等社会公益性内容，而民事合同则没有这方面的功能和内容。”常胜强案［（2008）豫法行终字第00109号］判决认为：“本案目标责任书是延津县人民政府及其职能部门为了实现对企业的行政管理目标，所采取的一种行政管理行为。1990至1992年延津县化肥厂管理不善，全面停产，严重亏损，为了促使该企业摆脱困境，转亏为盈，延津县人民政府采取了多种行政管理行为，该目标责任书就是其中的一个主要行政管理行为，它直接反映了行

① 葛春海案［（2009）鹤行终字第20号］。

政机关与相对人之间一种行政管理关系。”

（六）适用行政法规范

先锋汽车案[（2007）渝二中行再终字第3号]判决认为：“先锋公司与汽车销售商之间的买卖车辆合同关系，存在的商业风险是否与开县运管所相关，亦不属行政法律规范调整”，并非行政合同。合肥今世缘案[（2004）皖行终字第93号]二审判决认为：“原贵池市建委与合肥今世缘公司签订的《贵池市公交经营权出让协议》，属准予合肥今世缘公司进入该市公共客运交通市场的特许经营协议，性质为行政合同。城市公共客运交通系直接关系公共利益的市政公用行业，开放市政公用行业市场，实施政府特许经营，必须具备有关法律、法规、规章规定的条件，行业主管部门亦应按照规定的市场准入条件审查经营者的资质。以协议方式实施特许经营的，除应遵守民事法律的有关规定外，还应遵守行政法律、法规、规章的特别规定，以切实维护公共利益。”平果华商案[（2012）百中民一终字第385号]终审判决认为：“首先，《特许经营协议》为民事主体与行政机关之间签订的行政合同，其效力的认定应适用行政法律法规，由行政审判作出。再而，百色新山铝产业示范园管理委员会是百色市政府的派出机构，并非仅是事业单位，且其性质及职权范围的认定亦属行政法范畴。”

（七）行政法上的权利义务

葛国清案[（2008）赣中立终字第4号]终审裁定认为：“上诉人为规范河道采砂秩序，以拍卖的形式，将指定河段的采砂权授予竞价成交的行政相对人。上诉人与被上诉人之间签订的《于都县河道采砂拍卖转让合同》以上诉人履行行政管理职责为主要义务，……该合同属行政合同。”南阳卧龙案[（2010）南中执复字第12号]裁定认为：“行政合同是行政机关为实现行政职能，同公民、法人和其他组织经过协商设立、变更和终止双方行政法上权利义务的协议。对行政当事人自由的限制，行政公益权与经济补偿的平衡是行政合同的内容特征。”武汉天证案[（2009）武行终字第135号]裁定认为，被诉协议“既非执行公务，也未履行公法上的权利义务，故该协议不符合行政合同特征”。

三、行政合同的缔结和履行

（一）行政合同的缔结

1. 行政权限合法。根据司法实践，行政合同的缔结须以行政职责的履行为前提，因而行政主体缔结行政合同应当符合法定权限。郑细清案[（2001）莆中行终字第58号]判决认为：“被告仙游县教育局明知原告是1996年高考落榜生，不属于国家招生计划的对象，不属于委培的对象，且未经仙游县人民政府或莆田市教委批准，擅自与原告确立事实上的教育行政委培合同关系，系属超越职权的行为，被告因超越职权与原告间所确立的事实上的教育行政委培合同无效，原告主张委培合同合法有效及被告辩称委培合同权利瑕疵的理由均不能成立。”

2. 意思表示一致。丰都水电案[（2006）丰法行初字第52号]判决认为：“安置补偿数额基于双方订立的合同，并非被告单方依职权作出的强制性具体行政行为，即不是依据被告单方作出的安置补偿决定。……该合同是被告与原告在意思表示一致的基础上所达成的协议。”郑义财案[最参行第102]裁判要旨理由认为，意思表示一致“是行政合同区别于其他行政行为的最明显的特征”。

行政合同既然是意思表示一致的结果，也就不存在具体行政行为那样的告知。当事人在签订行政合同之时，即已知晓合同内容。曾朝华案[（2009）成行终字第172号]裁定指出：“曾朝华于2005年1月13日与成都市成华区土地统一征用开发办公室签订《征地拆迁住房安置协议书》时，即已知晓该协议的内容”，起诉期限即开始计算。

3. 真实、自愿、平等。丰都水电案[（2006）丰法行初字第52号]判决认为："被告与原告订立合同的行为属于非强制性的行政行为"，符合自愿原则。西南航天案[CLI. C. 121243]二审判决认为："双方自愿达成《协议》，该协议是行政机关与相对人之间签订的一个行政合同，其内容系当事人双方的真实意思表示，符合相关法律和规范性文件的规定，该行政合同依法成立。"同时，行政合同双方当事人的地位尽管并非平等，但佟文功等案[(1997)辽行终字第28号~37号]判决认为权利义务应当平等。

行政合同违反上述原则的，无效。部分条款违反上述原则的，该部分无效。佟文功等案[(1997)辽行终字第28号~37号]一审判决认为："订立行政合同必须合法，遵守意思表示真实自愿、主体之间权利义务平等的原则。被告在未取得出售商品房资格的情况下便与各动迁业主签订有买卖房屋内容的动迁协议，违反了合同真实自愿原则。因此，协议中有关卖房的条款均属无效，应予撤销"；其他部分继续有效。

对行政合同真实性争议的诉讼，司法上实行谁主张、谁举证的原则。高山下居民案[(2006)浦中行终字第1号]判决认为："(一)1993年6月23日的《国家建设征用土地协议书》系高山下小组、洋浦土地局所签署，并无充分证据表明该协议书内容违反法律、法规，意思表示不真实。该《国家建设征用土地协议书》是经过双方确认之后才签订的，符合法律、法规规定，应予确认。1991年所测量的土地中是否含有国有土地不影响合同的效力。高山下小组请求法院确认该《国家建设征用土地协议书》系伪造，无事实和法律依据，对此诉讼请求，本院不予支持。(二)洋浦土地局2004年4月16日作出的《关于高山下村土地补偿款问题的答复》是对1993年6月23日双方签订的《国家建设征用土地协议书》的真实性的说明，该答复并没有对高山下小组的实体权益造成新的侵害。高山下小组提出撤销洋浦土地局作出的该答复的主张是前一诉讼请求内容的重复。本院对高山下小组的此项请求亦不予支持。”

4. 约定内容合法。子兴地产案[(2006)佛中法行终字第 107 号]二审判决认为:“国土部门代表国家以土地所有者的身份与土地使用人签订土地出让合同,是国家实现对土地行政管理的一种方式,虽然土地出让合同遵循平等、自愿、有偿的原则,但其以实现公共利益和行政管理需要为目的,且双方当事人权利义务的约定有别于民事合同,土地出让合同属于行政合同范畴,……该土地出让合同没有事实和法律依据,应予确认违法。”也就是说,行政合同的缔结不以意思自治为原则,而实行意思法定主义。约定内容的法定主义,意味着合同自由的限制。南阳卧龙案[(2010)南中执复字第 12 号]裁定认为:“行政当事人的合同自由范围受到法律的限制,违反法律的限制规定将对国家承担法律责任。”约定内容的法定主义,还意味着不得违反强制性规范。

5. 依法登记、备案或审批。行政合同依法需要登记、备案或审批的,应获得登记、备案或批准。否则,行政合同无效。合肥今世缘案[(2004)皖行终字第 93 号]二审判决认为,原被告在特许经营协议“签订后,合肥今世缘公司及贵池区公交公司并未取得原贵池市建设委员会颁发的经营权许可证书,其依法自始不具有贵池区城市公共客运交通经营权”,该协议无效。陈顺烟等案[(2001)莆中行终字第 101 号]一审判决认为:“被告莆田市教委原确有定向委培师范类学生的意向,并与省电大莆田分校签订‘定向培养学生协议书’,但按该协议约定,协议书须经省教委审核后才能生效。由于自 1997 年起全省实行并轨招生,双方签订的协议未能得到省教委的审批,致该协议无效。”二审判决认为:“被上诉人与省电大莆田分校签订的‘定向培养学生协议书’,因没有得到省教育主管部门的审核而无效。”

行政合同依法经备案、登记或审批的,自相对人知悉备案、登记或审批之日起生效。张国林案[(2004)东行终字第 15 号]一审判决认为,“张国林与广饶县国土资源局签订的国有土地使用权出让合同,符合行政合同的特征,双方间行政合同关系成立。本案诉讼时效应从广饶县国土资源局向张国林颁发《国有土地使用证》时计算”。

（二）行政合同的履行原则

行政合同的当事人应履行合同所约定的义务,坚持诚实信用原则和信赖保护原则。徐小平案[（2011）渝三中法行终字第30号]判决指出:“出于对国家机关的公权力信任,徐小平已经依照涉案《安置协议书》的约定履行了搬迁交房、预留购房款等义务,配合了涪陵国土局征地拆迁工作的推进。涪陵国土局多年来并未对涉案《安置协议书》的内容作出变更,基于诚实信用和信赖利益保护原则,涪陵国土局亦应当履行该协议约定的义务。”

将信赖保护原则作为行政合同的履行原则,是对行政主体的要求。它适用于行政主体不履行或拖延履行义务的场合,但更多地适用于对行政主体单方面解除或变更合同的限制。邓州云龙案[（2010）南行终字第120号]一审判决认为,被告单方面解除行政合同“不仅不符合行政管理的诚信原则,也缺失法律法规依据,违反了行政合同约定,构成行政违约”。二审判决认为:“根据诚信原则和信赖保护原则,行政机关的行政许可行为业经作出,应当具有稳定性,使人信赖,非经一定的程序不得收回或注销。”

诚实信用原则可以适用于相对人履行义务。衡阳建材案[（2011）衡中法行终字第31号]终审判决指出:“上诉人与被上诉人签订国有土地使用权出让合同,而且该国有土地由划拨土地改变为出让土地后的使用权仍然登记在上诉人的名下。现在时过二年之后,上诉人又以不知道该合同内容为由向人民法院提起行政诉讼,与法律诚信原则相悖。”诚实信用原则也可以适用于行政主体履行义务。但它与信赖保护原则的侧重点不同,更多地适用于行政主体不履行或拖延履行义务。

常胜强案[(2008)豫法行终字第00109号]判决认为:“常胜强履行了目标责任书规定的相应义务,完成了目标责任书规定的弥补亏损的任务,延津县人民政府应当恪守诚信,成为100万元奖金的兑付主体,与延津县工业经济发展局共同承担连带清偿责任。”

(三)行政优益权的行使条件

行政合同履行中争议最多的是行政主体单方面变更或解除合同即行政优益权的行使。这些争议,反映了行政主体行使行政优益权的随意性。基于诚实信用原则和信赖保护原则,法院在个案的判决中探索了对行政优益权的限制,初步形成了它的行使条件。

1. 基于公共利益之目的。崔邦安案[(2006)宜中行终字第00036号]终审判决认为:“被上诉人根据群众举报,经调查核实崔邦安不符合移民安置条件。但由于被上诉人工作的失误和上诉人自己的过错,被上诉人已与崔邦安签订了《保险安置合同》,该合同的履行已有损于公共利益,即将国家用于安置移民的经费使用到不应当给予安置的对象上。被上诉人在公证机关撤销合同的公证后,行使行政优益权,解除与崔邦安签订的《保险安置合同》,在实体上符合行政合同的基本原则,未违背相关法律规范的禁止性规定。”任亚东案[(2005)淮行终字第022号]判决认为:“在行政合同的履行、变更或解除中,行政主体享有行政优益权,即当国家和公共利益或政策在合同的履行过程中发生变化时,行政机关不必取得相对人的同意,有权单方面根据国家和社会公共利益作出变更或解除合同的规定。”

2. 须有法律规定和合同约定依据。琼昌旅游案[(2005)琼行终字第35号]判决认为:“行政合同履行过程中,政府享有单方解除合同的权利。但是,必须依照法律或合同约定的条件解除,不得随意单方解除。”张素兰案[(2002)岩行终字第68号]终审判决认为:“漳平市教育局在无明确政策法律规定的情况下,仅凭不具有法律约束力的漳平市政府(2001)23 号‘市教育工作专题会议纪要’及‘2000 年届师范委培(捐资)毕业生录用测试工作方案’,单方变更合同约定的分配方式显然是违反法律的规定,漳平市教育局单方变更合同约定的行为应属无效。张素兰报名参加择优考试并不意味着接受要约,同意被上诉人变更合同,因为行政合同有别于经济合同,行政相对人与行政机关的地位并不平等,况且漳平市教育局测试方案中并无明确参加择优考试,即为放弃原委培协议的分配形式的意思表示。”

3. 需承担损失补偿责任。南阳卧龙案[(2010)南中执复字第 12 号]裁定认为:“经与对方当事人协商一致后,行政当事人可以享有维护公共利益和公共安全所必需的行政公益权,并且以向对方承担经济补偿义务作为平衡手段。”先锋铜矿案[(2001)雅行初字第 6 号]判决认为:“被告石棉县矿管局根据现行有关勘探和采矿的行政法律法规规定做出‘关于暂时停止先锋乡广金坪、黄水沟等采矿点的通知’合法,应予确认。原告提出的行政赔偿无法律依据,本院不能支持。但被告(1996)10 号文件明确:‘……以前投入费用等勘探完后才予补偿’的承诺,属于现行的行政法律、法规规定的行政合同范围,应当履行。因安那美企业已经解体,故依法由被告承担履行合同的补偿责任。”

四、行政合同的履行诉讼

(一)行政诉讼

一份合同或协议是否属于行政合同,当前屡屡引发争议。但在属于行政合同的情况下,在履行行政合同中的争议,属于行政诉讼而非民事诉讼的范围。最高法院《关于规范行政案件案由的通知》(法发[2004]2 号)列明了行政合同案件。郑义财案[最参行第 102]裁判要旨指出:“人民政府土地行政主管部门与被征用土地农村集体经济组织签订的土地征收补偿合同是行政合同,由此引起的纠纷属于人民法院行政诉讼的受案范围。”如果当事人提起民事诉讼，则会被驳回。常教北海案[(2006)佛中法民五终字第392号]判决认为：“被告伦教土地公司与原告签订的征地补偿协议实际上是代理被告伦教街道办事处在征用农村集体土地时所作补偿而签订的行政合同，即属于行政行为，原告与两被告之间存在行政法律关系。……原告基于不服该行政行为而提起本案的诉讼，依法应属于人民法院主管行政案件的受案范围，而不属于民事案件的受案范围。因此，原告提起民事诉讼，不符合《中华人民共和国民事诉讼法》规定的民事案件的受理条件，对其起诉依法应予以驳回，原告可另行循行政或行政诉讼的途径处理。”合肥今世缘案[(2004)皖行终字第93号]二审判决认为，“一审判决认为出让费的收取与计算属民商事范畴，池州市建委可通过诉讼另行解决，属于适用法律错误”。

但是，司法实践中也存在个别矛盾的判例。潘宝海案[(2006)沈行终字第6号]终审裁定认为，“上诉人潘宝海起诉要求本案被上诉人按照双方签订的合同给付拆迁补偿款，因该合同业经本院(2004)沈民(2)房终字第882号民事裁定认定属于行政合同，而行政合同案件应作为民事案件处理，故上诉人潘宝海的请求事项不属于行政审判权限范围”。原告提起民事诉讼被认定为行政合同而裁定驳回，提起行政诉讼又被认定为属于民事诉讼范围而裁定驳回，从而无法获得诉讼救济的机会。

从判例来看，违约之诉与侵权之诉的诉讼途径也不相同。钟玉生案[(2006)琼行终字第24号]判决认为，被告未按协议约定而强制拆除的行为属于违约行为，所引发的损害赔偿争议属于行政诉讼受案范围。肖楚希案[(2010)常民一终字第359号]二审判决认为：“西洞庭国土局的拆迁行为虽是行政行为，但本案依法属于人民法院受理民事诉讼案件的范围。理由是：西洞庭国土局与焦德顺之间签订的《房屋拆迁补偿协议书》,并非平等民事主体之间协商一致的结果”,“从性质上看属于行政行为而不是民事行为。但本案并非审理西洞庭国土局的征收拆迁行政行为,本案所审理的是被拆迁人焦德贵根据《房屋拆迁补偿协议书》约定的自行拆除方式拆除房屋过程中发生的肖楚希受伤致残受损之事,属侵权之诉,依法属于人民法院受理民事诉讼案件的范围”。

从判例来看,行政主体不履行行政合同义务或单方面变更、解除行政合同导致相对人损失的,属于行政赔偿诉讼。钟玉生案[(2006)琼行终字第24号]二审判决指出:“原审认定事实清楚,适用法律不当,上诉人要求龙华区政府对违反协议约定强制拆除的行为所造成的损失予以赔偿的理由成立,本院予以支持。”

(二)行政诉讼之履行

在行政判例中,有一类相对人请求履行行政合同的诉讼,包括履行合同义务的诉讼和履行行政职责的诉讼两类。

1. 履行合同义务。西南航天案[CLI. C. 121243]一审判决认为:“市网点办基于对商业网点的管理的目的,经与航天职大协商,双方自愿签订了《协议》”,“行政合同依法成立”。“市网点办未依法取得该门面房屋的产权,对该门面房屋的使用方式应按照合同的约定执行。现商业网点周边环境发生较大变化,同时受市场经济规律的作用影响,商业网点因此停办,门面房屋闲置,该房屋的现状符合双方合同约定的条件,航天职大据此要求依照合同约定按每平方米180元收回房屋的主张,应予支持。”遂判决被告依合同约定交付。张素兰案[(2002)岩行终字第68号]二审法院认为“张素兰要求漳平市教育局履行委培合同的请求成立”,遂“判令被上诉人漳平市教育局在2003年1月31日前履行1997年10月20日与上诉人签订的委培合同书”。

2. 履行行政职责。申钟案[最(1997)行终字第14号]判决认为:

"《会议纪要》中的部分条款设定了教育行政管理部门行使职权的内容,且该纪要条款以举办人各方签名同意为生效条件,应视为中牟县教委与电气化学校的两名举办人三方签订的行政协议。被上诉人申钟在中牟县教委不履行协议中确定的义务条款时,以被上诉人中牟县教委不履行义务提起行政诉讼,属于人民法院的受案范围。"张国林案[(2004)东行终字第15号]判决:"判决责令广饶县国土资源局于判决生效之日起十日内履行答复张国林申请的法定职责。"也就是说,行政职责不限于法律规范的规定,还可以是行政合同的约定。基于《行政诉讼法》关于具体行政行为的受案范围规定,相对人也可以不诉请履行合同义务,而诉请履行行政职责。

(三)行政诉讼之撤销、确认违法

行政主体对相对人的违约,无需通过诉讼解决,可运用其行政优益权单方面变更或解除行政合同,或决定收取违约金。但行政主体对行政合同的单方面变更、解除或收取违约金决定,又往往引发新的争议。对这类争议,基于《行政诉讼法》关于具体行政行为的受案范围的规定,相对人一般是通过行政诉讼诉请撤销或确认违法。

邓州云龙案[(2010)南行终字第120号]二审判决认为:"被上诉人云龙公司是经与邓州市人民政府签订的协议和依照邓州市人民政府相关文件规定依法成立的,办理有《企业法人营业执照》和《道路运输经营许可证》,出租汽车营运合法,应受到法律保护。……上诉人将云龙公司经营管理的出租车牌照予以注销并划转给其他出租车公司没有法律依据。《注销通知》认定云龙公司存在经营管理不善等问题和多次要求整改,未有任何整改措施,缺少证据支持。同时,上诉人作出的《注销通知》涉及云龙公司的企业自主经营权,在作出时没有履行告知程序,听取云龙公司的陈述、申辩,违背行政行为作出的正当程序。《停办函》《调整通知》是注销通知的从属行政行为,也应随着《注销通知》的被撤销而撤销。”

许昌振兴案[(2010)许行终字第20号]二审判决认为:“上诉人与被上诉人之间系行政合同关系,双方签订的两份出让合同,因上诉人违约未在合同约定的期限内缴纳全部出让金,而致合同被解除或终止履行。上诉人并未依约取得出让土地的使用权,所以,不存在被上诉人强行收回土地的行为。上诉人要求确认被上诉人收回土地行为违法的请求依法不能成立。上诉人在履行合同中所缴纳的违约罚款及部分出让金,已被南阳公安局依法追回。其要求退回该款的请求亦无法支持。”

本节小结

当事人的诉辩迫使法院表明对行政合同的态度,从而在司法上逐渐形成了行政合同的定义、区别于民事合同的特征、行政合同的缔结要件、行政合同的履行原则、行政优益权的行使条件、行政合同履行争议的救济途径以及行政合同履行纠纷的判决类型。司法上对行政合同的认定尚未形成稳定的状态,但非财产关系合同的存在反映了行政合同的制度建设需求。法院对行政合同的认识,并非立法的体现,而是寻求学说支持的结果。

案例索引

［本案例索引的每项，均按本书使用的案例缩略名，原案例名和裁判文书，以及出现在本书的页码三部分编写。］

一、最高法院指导案例

二、最高法院典型案例

此类案例系《中华人民共和国最高人民法院公报》上公布的典型案例。

三、最高法院参考案例

此类案例系最高法院各业务庭发布的“指导案例”或参考案例,区别于最高法院指导案例。此类案例除已注明出处外,均来自最高法院行政庭:《中国行政审判指导案例》(第1卷),(第1—39号案例),中国法制出版社2010年版;最高法院行政庭:《中国行政审判案例》(第2卷,第40—80号案例),中国法制出版社2011年版;最高法院行政庭:《中国行政审判案例》(第3卷,第81—120号案例),中国法制出版社2013年版;最高法院行政庭:《中国行政审判案例》(第4卷,第121—160号案例),中国法制出版社2013年版。

四、最高法院终审案例

疾人联合会不履行法定职责上诉案——中华人民共和国最高人民法院(2004)行终字第1号行政裁定书》。 169、171、216、281

9. 深圳亿亨案[最(2001)行终字第12号],《广东深圳亿亨投资有限公司不服河南省郑州市人民政府行政决定上诉案——中华人民共和国最高人民法院(2001)行终字第12号行政判决书》。 171

10. 武汉兴松案[最(2002)行终字第7号],《湖北省武汉市国土资源管理局与武汉兴松房地产开发有限公司行政纠纷上诉案——中华人民共和国最高人民法院(2002)行终字第7号行政判决书》。 184

11. 西柳土地案[最(2001)民一终字第79号],《辽宁省海城市西柳镇人民政府诉辽宁省海城市诚信房屋开发总公司土地使用权转让、侵权赔偿纠纷上诉案——中华人民共和国最高人民法院(2001)民一终字第79号民事判决书》。 184

12. 张宗信案[最(2004)行终字第5号],《张宗信诉国家信访局不履行法定职责上诉案——中华人民共和国最高人民法院(2004)行终字第5号行政裁定书》。 187

13. 东方娱乐案[最(1997)行终字第6号],《武汉市东方娱乐有限公司诉武汉市公安局行政强制措施上诉案——中华人民共和国最高人民法院(1997)行终字第6号行政判决书》。 188

14. 海南南庄案[最(2002)行终字第8号],《海南南庄装饰工程有限公司诉海口市人民政府违法批转土地、不履行土地经营权交付义务以及请示行政赔偿上诉案——中华人民共和国最高人民法院(2002)行终字第8号行政裁定书》。 196

15. 赖恒安案[最(1998)行终字第10号],《赖恒安与重庆市人民政府不予复议行政纠纷上诉案——中华人民共和国最高人民法院(1998)行终字第10号行政判决书》。 201、215、292

16. 成和平等案[最(1998)行终字第3号],《成和平、蔡国锋等76人诉兰州市规划土地管理局规划许可上诉案——中华人民共和国最高人民法院(1998)行终字第3号行政裁定书》。 215

17. 裕友赔偿案[最(1996)行终字第1号],《天津裕友企业有限公司诉天津经济技术开发区管理委员会行政赔偿上诉案——中华人民共和国最高人民法院(1996)行终字第1号行政裁定书》。 216、273、332

18. 北方矿业处罚案[最(1999)行终字第11号],《山西省经济贸易委员会、大同市新荣区人民政府与大同市北方矿业有限责任公司吊销许可证纠纷上诉案——中华人民共和国最高人民法院(1999)行终字第11号行政判决书》。

五、地方法院案例

53. 唐某案[(2006)沪一中行终字第 115 号],上海市第一中级人民法院(2006)沪一中行终字第 115 号行政判决书。 342
54. 马承洁等案[京(2000)西行初字第 8 号],北京市西城区人民法院(2000)西行初字第 8 号行政判决书。 342
55. 金山桥案[(2005)东行执字第 291 号],山东省东营市中级人民法院(2005)东行执字第 291 号行政裁定书。 350
56. 李海文等案[(2011)会行执字第 21 号],会同县人民法院(2011)会行执字第 21 号行政裁定书。 350
57. 华晓雯案[(2006)沪二中行终字第 155 号],《上海市第二中级人民法院(2006)沪二中行终字第 155 号行政判决书》。 367
58. 陆如珍等案[(2006)浙行终字第 21 号],浙江省高级人民法院(2006)浙行终字第 21 号行政判决书。 377
59. 万金德等案[(2008)沪二中行终字第 226 号],上海市第二中级人民法院(2008)沪二中行终字第 226 号行政判决书。 383、384
60. 李富伟等案[(2010)汝行初字第 6 号],湖南省汝城县人民法院(2010)汝行初字第 6 号行政判决书。 384
61. 谢成新等案[(2009)沪一中受终字第 41 号],上海市第一中级人民法院(2009)沪一中受终字第 41 号行政裁定书。 387
62. 苏玉英案[京(2001)一中行初字第 86 号],北京市第一中级人民法院(2001)一中行初字第 86 号行政判决书。 387
63. 丰台育欣案[京(2009)二中民终字第 21886 号],北京市第二中级人民法院(2009)二中民终字第 21886 号民事裁定书。 423、432
64. 陈嘉猷案[(1993)行终字第 25 号],柳州市中级人民法院(1993)行终字第 25 号行政判决书。 424
65. 石中跃等案[(1998)鄂行初字第 12 号],湖北省高级人民法院(1998)鄂行初字第 12 号行政判决书。 424
66. 佟文功等案[(1997)辽行终字第 28 号~37 号],辽宁省辽阳市中级人民法院(1997)辽行终字第 28 号~37 号。 424、435
67. 山东华林案[(2005)东行终字第 7 号],山东省东营市中级人民法院(2005)东行终字第 7 号行政判决书。 427
68. 常教北海案[(2006)佛中法民五终字第 392 号],广东省佛山市中级人民法院(2006)佛中法民五终字第 392 号民事裁定书。 423、428、431、432、440
69. 先锋汽车案[(2007)渝二中行再终字第 3 号],重庆市第二中级人民法院(2007)渝二中行再终字第 3 号行政判决书。 428、430、433

主要参考文献

一、中译文献

(一)译著

1. [德]奥托·迈耶:《德国行政法》,刘飞译,商务印书馆 2002 年版。
2. [德]耶利内克:《主观公法权利体系》,曾韬等译,中国政法大学出版社 2012 年版。
3. [德]哈特穆特·毛雷尔:《行政法学总论》,高家伟译,法律出版社 2000 年版。
4. [德]汉斯·J. 沃尔夫等:《行政法》(第一、二卷),高家伟译,商务印书馆 2002 年版。
5. [德]阿图尔·考夫曼、温弗里德·哈斯莫尔主编:《当代法哲学和法律理论导论》,郑永流译,法律出版社 2002 年版。
6. [德]罗伯特·霍恩、海因·科茨、汉斯·G. 莱塞:《德国民商法导论》,楚建译,中国大百科全书出版社 1996 年版。
7. [德]拉德布鲁赫:《法学导论》,米健等译,中国大百科全书出版社 1997 年版。
8. [法]狄骥:《宪法论》,钱克新译,商务印书馆 1962 年版。
9. [法]狄骥:《公法的变迁·法律与国家》,郑戈、冷静译,辽海出版社、春风文艺出版社 1999 年版。
10. [法]狄骥:《宪法学教程》,王文利等译,辽海出版社、春风文艺出版社 1999 年版。
11. [法]莫里斯·奥里乌:《行政法与公法精要》,龚觅等译,辽海出版社、春风文艺出版社 1999 年版。
12. [法]勒内·达维:《英国法与法国法:一种实质性比较》,潘华仿等译,清华大学出版社 2002 年版。

13. [法]孟德斯鸠:《论法的精神》(上册),张雁深译,商务印书馆 1982 年版。
14. [法]卢梭:《社会契约论》,何兆武译,商务印书馆 1982 年版。
15. [法]里韦罗、瓦利纳:《法国行政法》,鲁仁译,商务印书馆 2008 年版。
16. [英]洛克:《政府论》(下册),叶启芳等译,商务印书馆 1983 年版。
17. [英]威廉·韦德:《行政法》,徐炳等译,中国大百科全书出版社 1997 年版。
18. [英]丹宁:《法律的训诫》,杨百揆等译,法律出版社 1999 年版。
19. [英]威廉·葛德文:《政治正义论》(第二、三卷),何慕李译,商务印书馆 1982 年版。
20. [美]庞德:《通过法律的社会控制·法律的任务》,沈宗灵等译,商务印书馆 1984 年版。
21. [美]庞德:《法理学》,封丽霞译,法律出版社 2007 年版。
22. [美]弗里德曼:《法律制度》,李琼英等译,中国政法大学出版社 1994 年版。
23. [美]华勒斯坦等:《开放的社会科学》,刘锋译,三联书店 1997 年版。
24. [美]W.考夫曼:《存在主义》,陈鼓应等译,商务印书馆 1987 年版。
25. [美]菲利克斯·A. 尼格罗等:《公共行政学简明教程》,郭晓来等译,中共中央党校出版社 1997 年版。
26. [美]伯纳德·施瓦茨:《行政法》,徐炳译,群众出版社 1986 年版。
27. [美]欧内斯特·盖尔霍恩等:《行政法和行政程序概要》,黄列译,中国社会科学出版社 1996 年版。
28. [美]本杰明·卡多佐:《司法过程的性质》,苏力译,商务印书馆 2000 年版。
29. [美]希尔斯曼:《美国是如何治理的》,曹大鹏译,商务印书馆 1986 年版。
30. [美]路易斯·亨金等:《宪政与权利》,郑戈等译,三联书店 1996 年版。
31. [日]室井力主编:《日本现代行政法》,吴薇译,中国政法大学出版社 1995 年版。
32. [日]盐野宏:《行政法》,杨建顺译,法律出版社 1999 年版。
33. [日]南博方:《日本行政法》,杨建顺等译,中国人民大学出版社 1988 年版。
34. [奥]埃利希:《法社会学原理》,舒国滢译,中国大百科全书出版社 2009 年版。
35. [奥]凯尔森:《纯粹法理论》,张书友译,中国法制出版社 2008 年版。
36. [奥]凯尔森:《法与国家的一般理论》,沈宗灵译,中国大百科全书出版社 1996 年版。
37. [荷]克拉勃:《近代国家观念》,王检译,商务印书馆 1957 年版。
38. [印]赛夫:《德国行政法》,周伟译,台湾五南图书出版有限公司 1991 年版。
39. [俄]拉扎列夫主编:《法与国家的一般理论》,王哲等译,法律出版社 1999

年版。
40. [比]R. C. 范·卡内冈:《法官、立法者与法学教授》,薛张敏敏译,北京大学出版社 2006 年版。

(二)译文

41. [德]格奥尔格·诺尔特:《德国和欧洲行政法的一般原则》,于安译,《行政法学研究》1994 年第 4 期。
42. [日]藤田宙靖:《行政与法》,李贵连等译,《中外法学》1996 年第 3 期。
43. [日]盐野宏:《行政程序法典总则规定的几个问题》,《外国法学译丛》1986 年第 3 期。
44. [葡]安娜·维列纳:《法律行为解释中的意思与含义》,《澳门法律学刊》1997 年卷。

二、中文著作

45. 何勤华:《西方法学史》,中国政法大学出版社 1996 年版。
46. 赵宏:《法治国下的行政行为存续力》,法律出版社 2007 年版。
47. 赵宏:《法治国下的目的性创设》,法律出版社 2012 年版。
48. 沈宗灵:《现代西方法律哲学》,法律出版社 1983 年版。
49. 沈宗灵主编:《法理学》,高等教育出版社 1994 年版。
50. 张文显:《二十世纪西方法哲学思潮研究》,法律出版社 1996 年版。
51. 张文显:《法学基本范畴研究》,中国政法大学出版社 1993 年版。
52. 龚祥瑞:《比较宪法与行政法》,法律出版社 1985 年版。
53. 张尚鷟主编:《行政法学》,北京大学出版社 1990 年版。
54. 张尚鷟:《行政法知识讲话》,群众出版社 1986 年版。
55. 张尚鷟:《行政法教程》,中国广播电视大学出版社 1988 年版。
56. 张尚鷟主编:《走出低谷的中国行政法学》,中国政法大学出版社 1991 年版。
57. 罗豪才主编:《行政法学》,北京大学出版社 1996 年版。
58. 罗豪才主编:《行政法论》,光明日报出版社 1988 年版。
59. 罗豪才主编:《行政法学》,中国政法大学出版社 1989 年版。
60. 许崇德等主编:《新中国行政法学研究综述》,法律出版社 1991 年版。
61. 王名扬:《法国行政法》,中国政法大学出版社 1989 年版。
62. 王名扬:《英国行政法》,中国政法大学出版社 1987 年版。

63. 王名扬:《美国行政法》(上、下),中国法制出版社 1995 年版。
64. 应松年主编:《行政法学新论》,中国方正出版社 1999 年版。
65. 应松年主编:《行政法学教程》,中国政法大学出版社 1988 年版。
66. 应松年、朱维究:《行政法学总论》,工人出版社 1985 年版。
67. 应松年主编:《行政行为法》,人民出版社 1993 年版。
68. 姜明安:《行政法与行政诉讼》,中国卓越出版公司 1990 年版。
69. 姜明安主编:《行政法与行政诉讼法》,北京大学出版社、高等教育出版社 1999 年版。
70. 姜明安:《行政法学》,山西人民出版社 1985 年版。
71. 姜明安:《行政法概论》,北京大学出版社 1986 年版。
72. 姜明安主编:《行政法学》,法律出版社 1998 年版。
73. 姜明安主编:《行政诉讼案例评析》,中国民主法制出版社 1994 年版。
74. 姜明安主编:《行政诉讼与行政执法的法律适用》,人民法院出版社 1995 年版。
75. 胡建淼:《行政法学》,法律出版社 1998、2003 年版。
76. 胡建淼:《外国行政法规与案例评述》,中国法制出版社 1997 年版。
77. 胡建淼主编:《行政法教程》,杭州大学出版社 1992 年版。
78. 刘兆兴:《德国联邦宪法法院总论》,法律出版社 1998 年版。
79. 刘莘等主编:《中国行政法学新理论》,中国方正出版社 1997 年版。
80. 莫纪宏:《宪法审判制度概要》,中国人民公安大学出版社 1998 年版。
81. 杨解君主编:《行政法学》,中国方正出版社 2002 年版。
82. 江必新:《行政诉讼问题研究》,中国人民公安大学出版社 1989 年版。
83. 王珉灿主编:《行政法概要》,法律出版社 1983 年版。
84. 白鹏飞:《行政法总论》,上海商务印书馆 1927 年版。
85. 赵章程:《行政法总论》,上海商务印书馆 1935 年版。
86. 张焕光等:《行政法基本知识》,山西人民出版社 1986 年版。
87. 张焕光等:《行政法学原理》,劳动人事出版社 1989 年版。
88. 皮纯协主编:《中国行政法教程》,中国政法大学出版社 1988 年版。
89. 张树义等主编:《中国行政法学》,中国政法大学出版社 1989 年版。
90. 张树义主编:《行政法学新论》,时事出版社 1991 年版。
91. 方昕等:《行政法总论》,人民出版社 1990 年版。
92. 杨海坤:《中国行政法基本理论》,南京大学出版社 1992 年版。
93. 王连昌主编:《行政法学》,中国政法大学出版社 1994 年版。
94. 杨小君主编:《行政法》,中国经济出版社 1989 年版。

95. 杨小君:《国家赔偿法律问题研究》,北京大学出版社 2005 年版。
96. 黄杰主编:《行政诉讼法贯彻意见析解》,中国人民公安大学出版社 1992 年版。
97. 范扬:《行政法总论》,商务印书馆 1935 年版。
98. 曹建明主编:《WTO 与中国的司法审判》,法律出版社 2001 年版。
99. 张千帆:《宪政、法治与经济发展》,北京大学出版社 2004 年版。
100. 周佑勇:《行政不作为判解》,武汉大学出版社 2000 年版。
101. 周佑勇:《行政法基本原则研究》,武汉大学出版社 2005 年版。
102. 甘文:《行政诉讼司法解释之评论——理由、观点与问题》,中国法制出版社 2000 年版。
103. 靳东升主编:《依法治税——中央与地方税权关系研究》,经济科学出版社 2005 年版。
104. 朱孔武:《财政立宪主义研究》,法律出版社 2006 年版。
105. 季卫东:《宪政新论》,北京大学出版社 2002 年版。
106. 刘军宁等:《市场社会与公共秩序》,三联书店 1996 年版。
107. 于安:《德国行政法》,清华大学出版社 1999 年版。
108. 胡康生主编:《中华人民共和国物权法释义》,法律出版社 2007 年版。
109. 梁治平编:《法律解释问题》,法律出版社 1998 年版。
110. 李飞主编:《〈中华人民共和国突发事件应对法〉释义及实用指南》,中国民主法制出版社 2007 年版。
111. 周旺生:《立法论》,北京大学出版社 1994 年版。
112. 徐向华主编:《地方性法规法律责任的设定——上海市地方性法规的解析》,法律出版社 2007 年版。
113. 王学辉等:《行政权研究》,中国检察出版社 2002 年版。
114. 朱新力:《行政违法研究》,杭州大学出版社 1999 年版。
115. 李国光主编:《民事诉讼程序改革报告》,法律出版社 2003 年版。
116. 董安生:《民事法律行为》,中国人民大学出版社 1994 年版。
117. 王贵松:《行政信赖保护论》,山东人民出版社 2007 年版。
118. 潘小娟:《法国行政体制》,中国法制出版社 1997 年版。
119. 熊文钊:《行政法通论》,中国人事出版社 1995 年版。
120. 刘楚汉等主编:《税务行政复议、诉讼案 100 例评点》,湖北科学技术出版社 1994 年版。
121. 最高法院中国应用法学研究所编:《人民法院案例选》(国家赔偿卷),中国法制出版社 2000 年版。

122. 最高人民法院中国应用法学研究所编:《人民法院案例选》(行政卷)(上、下),中国法制出版社2000年版。
123. 最高人民法院中国应用法学研究所编:《人民法院案例选》(行政卷),人民法院出版社1997年版。
124. 张金鉴:《欧洲各国政府》,台湾三民书局1976年版。
125. 林纪东:《行政法》,台湾三民书局1988年版。
126. 翁岳生:《行政法与现代法治国家》,台湾祥新印刷公司1979年版。
127. 翁岳生主编:《行政法》(上、下册),中国法制出版社2002年版。
128. 王伯奇:《王伯奇法学论著集》,台湾三民书局1999年版。
129. 陈新民:《公法学札记》,台湾三民书局1993年版。
130. 陈新民:《行政法学总论》,台湾三民书局1997年第6版。
131. 陈新民:《中国行政法学原理》,中国政法大学出版社2002年版。
132. 陈新民:《德国公法学基础理论》(上、下册),山东人民出版社2001年版。
133. 王和雄:《论行政不作为之权利保护》,台湾三民书局1994年版。
134. 许宗力:《法与国家权力》,台湾月旦出版社有限公司1993年版。
135. 陈敏:《行政法总论》,台湾新学林出版有限公司2007年版。
136. 台湾行政法学会主编:《损失补偿·行政程序法》,台湾元照出版有限公司2005年版。
137. 城仲模:《行政法之基础理论》,台湾三民书局1988年版。
138. 管欧:《中国行政法总论》,台湾蓝星打字排版有限公司1981年版。
139. 张载宇:《行政法要论》,台湾汉林出版社1977年版。
140. 洪文玲:《论行政调查》,载台湾行政法学会主编:《行政法争议问题研究》(下),台湾五南图书出版公司1990年版。

三、中文论文

141. 应松年等:《行政法学理论基础问题初探》,《中国政法大学学报》1983年第2期。
142. 应松年、杨解君:《论行政违法的主客观构成》,《江苏社会科学》2000年第2期。
143. 张弘:《法的价值分析——秩序、效益、权利》,《外国法学研究》1996年第2期。
144. 童之伟:《论宪法学新体系的范畴架构》,《法学研究》1997年第5期。

145. 张光博:《宪法学基本范畴的再认识》,《法学研究》1987 年第 3 期。
146. 李龙等:《宪法学基本范畴简论》,《中国法学》1996 年第 6 期。
147. 袁吉亮:《论立法解释制度之非》,《中国法学》1994 年第 4 期。
148. 杨海坤等:《国内行政行为分类研究述评》,《黑龙江社会科学》2000 年第 3 期。
149. 皮纯协等:《行政行为分类的研究》,人大复印资料《中国政治》1991 年第 12 期。
150. 章志远:《行政行为概念之科学界定》,《浙江社会科学》2003 年第 1 期。
151. 章志远:《宪法惯例的理论及其实践》,《江苏社会科学》2005 年第 10 期。
152. 杨建顺:《关于行政行为理论与问题的研究》,《行政法学研究》1995 年第 3 期。
153. 朱新力等:《行政行为的重新定位》,《浙江大学学报》(人文社会科学版)2003 年第 6 期。
154. 杨解君:《抽象行政行为与具体行政行为划分质疑》,《中央政法管理干部学院学报》1995 年第 1 期。
155. 罗文燕等:《具体行政行为和抽象行政行为区别标准新表述》,《浙江工商大学学报》2004 年第 4 期。
156. 杨寅:《〈行政程序法试拟稿〉立法思路评析》,《法学》2003 年第 9 期。
157. 张守文:《税权的定位与分配》,《法商研究》(中南政法学院学报)2000 年第 1 期。
158. 黄海鹰:《中央和地方事权与财权的法律划分》,《东北财经大学学报》2006 年第 4 期。
159. 吕忠梅等:《税法的宪政之维》,刘剑文主编:《财税法论丛》(第 5 卷),法律出版社 2004 年版。
160. 秦前红:《中国宪法领域的法比较——方法与趋势》,《河南省政法管理干部学院学报》2007 年第 1 期。
161. 苏彩霞:《刑法解释方法的位阶与运用》,《中国法学》2008 年第 5 期。
162. 苏力:《解释的难题:对几种法律文本解释方法的追问》,《中国社会科学》1997 年第 4 期。
163. 吴偕林:《关于不作为行政行为与不作为行政案件范围的思考》,《行政法学研究》1995 年第 1 期。
164. 朱维究、阎尔宝:《程序行政行为初论》,《政法论坛》1997 年第 3 期。
165. 刘飞宇:《行政信息公开与个人资料保护的衔接——以我国行政公开第一案为视角》,《法学》2005 年第 4 期。

166. 朱芒:《“行政行为违法性继承”的表现及其范围——从个案判决与成文法规范关系角度的探讨》,《中国法学》2010 年第 3 期。
167. 沈岿:《法治和良知自由——行政行为无效理论及其实践之探索》,《中外法学》2001 年 4 期。
168. 沈岿:《行政行为公定力与妨害公务》,《中国法学》2006 年第 5 期。
169. 江必新:《司法解释对行政法学理论的发展》,《中国法学》2001 年第 4 期。
170. 林明锵:《论型式化之行政行为与未型式化之行政行为》,《当代公法理论》,台湾月旦出版公司 1993 年版。
171. 卓忠宏:《西班牙区域主义发展及其影响》,载台湾《淡江人文社会学刊》2004 年 3 月总第 18 期。

四、英文文献

172. Ernest Gellhorn & Ronald M. Levin, *Administrative Law and Process*, West Publishing Co. ,1990.
173. Peter L. Strauss, *An Introduction to Administrative Justice in the United States*, Carolina Academic Press,1989.
174. P. P. Craig, *Administrative Law*, London, Sweet & Maxwell,1983.
175. J. M. Evans & C. , *Administrative Law*, Emond Montgomere Publications Limited, Toronto, Canada, 1995.
176. K. N. Llewellyn:“The Constitution as an Institution”, in *Columbia Law Review*, Vol. XXXIV (1934),7.